資本主義観の
経済思想史

和田重司 [著]
Shigeshi Wada

中央大学出版部

まえがき

　私たちの住んでいる資本主義社会を経済学者はどのように見てきたのだろうか。本書は，経済学の母国と言われるイギリスの経済学史をとおして，資本主義の歴史的性質を，著名な経済学者たちがどのように評価してきたか，その移り変わりを追ってみようとするものである。そのことをとおして，私たちの住んでいる社会が，私たちにとってどのような意味を持っているかを考えようとするものである。

　私は長年にわたって中央大学経済学部で経済学史の講義を担当してきた。数年前停年退職に際して，最終講義の代りに学部の機関誌，『経済学論纂』（第44巻5・6合併号）の『退職記念号』に，長年の講義の反省を兼ねて私自身の総括の一文を掲載させてもらおうと試みた。『退職記念号』に退職者自身の一文を掲載しようという試みは少々異例であったかも知れないが，私としては短い時間で話をまとめねばならない最終講義よりも，長年の講義の反省と総括としては，この方法による方が実質的な気持ちの表現ができると思ったのである。論題は，自然に気持ちの赴くところに従って「経済思想史における資本主義観の変遷」とし，いささか長文の第1次草稿を書き上げたのであったが，退職間際の慌しさに煽られて，落ち着いて草稿に手を加えることができないまま，同学の諸兄姉の記念論稿を掲載させていただいたにもかかわらず，私自身の一文掲載はお流れになってしまった。

　ところで退職後，このことが仕残した仕事のように思えて気になっていたのであるが，幸い自由時間が利用できるようになったことでもあり，上記の草稿で取り上げた学説史上の著者たちを一人一人，改めて論じなおすことになった。

それは本書前半の目次に見られるとおりジェイムズ・ステュアートから始めてケインズに至るまでの著者たちである。イギリス経済学の批判者としてのマルクスを第7章に配した点を除けば，取り上げた著者たちは，イギリス経済学史の山脈のいわば巨峰を個別に描くことになっているかと思う。終章（総括）に先だつ各章の論稿は，一つ一つ学術論文としてそれぞれの著者の抱える問題点を論じた個別研究である。私の経済学史の講義は，こうした巨峰だけを講じたわけではなく，それと対照的な学説や，巨峰の裾野の説明にも相応の時間を費やしたのであったが，それでも年間の講義の基本的な骨格はこうした巨峰を中心に描くものであった。

　主として停年退職後私は，自分の長年の講義の反省をしているつもりで，一人一人の経済学者についてのこのような個別の論究をしたのである。しかし，その都度思いがけない新しい発見をし，そうした発見を楽しんだり，あるいはそうした事柄を現職の時代の講義で話すことができなかったことを反省したり（悔やんだり）していたのであるが，いずれにしてもそれらの論稿は，それぞれの経済学者が格闘したそれぞれの時代の問題や，彼らが独自に抱えた個別の問題を明らかにすることに精力をとられているために，このような諸論稿を集めても資本主義観の変遷の大きな流れをつかむには必ずしも適していない。個別の研究なしに大きな流れだけを描くのが不都合であるのは明らかであるが，逆に巨峰の細部に立ち入った論究を並べただけでは，それらを連ねた山系の性質全体を知るのに十分でないのも明らかである。

　そこで，私は本書を編成するに際して，本書の最終章に，個々の個別論文とは別に，資本主義観の変遷を大きな流れとして描く総括的な「終章」を置くことにした。いわば山系の尾根伝いの姿を描いてみる必要を感じた。そのために現職最後のあわただしい時期に書き流した草稿を読みなおし，筐底に沈められていたその草稿に，今でもなお描きたいと思う事柄を大略そのまま見いだしうることを発見し，数年間の個別研究にもかかわらず，私自身の考えの骨格はぶれていないことを確認し，うれしくも思いまた自信をも感じた。もちろん私は，当初の書き流しの草稿に2度，3度と手を加えた。

「終章—総括」については若干お断りをさせてもらいたい。まず，この章は前述の事情で，もともと「退職記念号」に掲載するために書かれた私の長年の講義の反省文であり，本書全体の問題関心の中軸をなすものである。この章は最終講義の代りに，もともと学生を念頭に置いて書かれたものであり，そのため，できるだけ引用，引証文献の出所を省いている。文意も文章も平易になるよう心がけたつもりであるから，経済学史を専門にしない人たちにまず読んでほしいのはこの章である。「終章」はある意味では各章の総括であると同時に，各章は「総括」章の見解を個別に証明するような関係にある。したがって，本書全体の問題関心は，実質上，「終章」冒頭の「はじめに」にまとめられている。読者にはまずこの部分に目をやってくださることを希望したい。また，終章は，先行諸章の総括であるため，前後のコンテキストから必要と思われる場合には，各章の論点に重複して言及することもやむを得ないこととなった。以上，読者のご寛恕を乞うておきたい。

近来，経済学史の分野に限らず経済史の分野でも経済学一般においても，細部の個別研究が盛んで大きな流れを論じたり，全体的な構造を分析したりする論策は大変少ない。経済学説史の一齣についての大変突っ込んだ研究は多いけれども，そのことが私たちの住んでいる資本主義の全体的な理解にとってどのような意義を持つかという点は，必ずしも深刻に問われていないことが多い。専門が細分化される一方で，全体認識が困難になったのである。それだけに，若い世代の人たちだけでなく多くの人たちが，自分たちの住んでいる資本主義が歴史的にどのような位置や意義を持つものかがわからないままで，先行き不安定な不確実性に押し流されている。本書は，したがってまた私のかつての講義も，いささか口はばったいが，こうした社会に対する不安定な感覚の根源を，経済思想史を振り返ることによってえぐりだしてみようと試みたものである。

本書は，目次に見られるとおり，あるいは「終章」で総括的に描かれているとおり，16世紀に成長し始めた初期資本主義の様相を描いたジェームズ・ステュアートが，自由市場経済の不安定性と政府の統制の必要性を強調した学説から説き起こして，自由主義的資本主義をめぐる擁護論と批判論との葛藤が展

開された19世紀の短い期間を経て，20世紀に再び完全雇用達成の不安定性と政府の統制の必要性を強調することになったジョン・メイナード・ケインズの学説に至るまでの，資本主義観の変遷の1つの大きな循環を描き出そうとしている。これは経済学の歴史についての私なりの主観を含んだ1つの解釈でしかないかもしれないが，筆者としての私は，読者が，特に若い世代の人たちが，こうした思想史上の資本主義観の変遷を踏まえた上で，現代の世相に対峙してほしいと願うものである。

　最後になるが私は，中央大学に対してまた同僚の皆様に対しても，長年にわたって自由な研究と教育の環境に恵まれたことに，感謝の気持ちを表明しておかねばならない。また，振り返ってみればその間多くの学生が結構熱心に講義を聞いてくれた。毎年3ないし4名の学生の答案は，私の意のあるところを私以上にはっきりとまとめてくれていて，講義を続けていく上での励ましになったことを懐かしく思い出す。さらに大学院の院生諸兄姉は，経済思想史上の多様な分野を専攻していたが，研究室で彼らと交わした賑やかな議論は，まことに広範な分野に及んで，私に新しい知識を吸収する貴重な機会を与えてくれた。一人一人名前を挙げることをしないが，記して謝意を表しておきたい。

　また「古典研究会」の方々にも深い感謝の気持ちを表明したい。この研究会は，さまざまな古典の読書会に近い私的な集まりであるが，実に，40年の長期にわたって連綿として続いている。私はその間自由闊達な議論を楽しんできたと思っていたが，振り返ってみるとそのことが，私に，西ヨーロッパ思想史を理解する上で1人では得難い広汎で貴重な素地を提供してくれた。

　最後に，本書の出版を引き受けてくださり，貴重なご意見をいただいた中央大学出版部副部長大澤雅範氏にも，感謝の気持ちを記させていただきたい。

2010年1月
和　田　重　司

目　次

まえがき

第1章　ジェームズ・ステュアートと形成期の資本主義観　1

1. 資本概念のない資本主義論 …………………………………… 1
2. 封建制から近代社会へ ………………………………………… 2
3. 独立小商品生産者という問題 ………………………………… 12
4. 原始蓄積の経済学 ……………………………………………… 20

第2章　アダム・スミスの資本主義観　31

1. 資本主義の「自然的」ヴィジョンと現実 …………………… 31
2. 資本主義経済学の古典 ………………………………………… 32
3. 理念的理論と現実と近代的自然法 …………………………… 34
4. 批判理論としての理念的資本主義論 ………………………… 39
5. スミスの自由主義と「自由貿易帝国主義」………………… 43

第3章　アダム・スミスの経験科学と神学の問題　53

1. 道徳感情と神の観念 …………………………………………… 53
2. 同感の経験心理学と贖罪論 …………………………………… 55
3. 同感から良心へ，良心から神の観念へ ……………………… 63
4. スミスの経験科学と神学 ……………………………………… 68

v

第4章 スミスからミルへ──「自然的」と「人為的」　　85

1. スミスの「自然的」という言葉 …………………………………… 85
2. ミル「自然論」の意図 ……………………………………………… 86
3. スミスの「当為」とミルの「人為」 ……………………………… 89
4. ありふれた自然に対するスミスの期待とミルの批判 …………… 95
5. 自然の不変性と可変性──スミスからミルへ …………………… 97

第5章 スミスの同感理論からJ. S. ミルの代議制論へ　　101

1. スミスの同感理論と功利主義 …………………………………… 101
2. 神の目的から人間の目的へ ……………………………………… 104
3. 同感判断と功利判断の主観性と客観性 ………………………… 107
4. 自然的調和と人為的調整 ………………………………………… 115
5. 同感理論と代議制論 ……………………………………………… 120

第6章 J. S. ミルとマルクスの資本主義観　　127

1. ミルとマルクスの距離 …………………………………………… 127
2. ミル分配論を規制するもの ……………………………………… 128
3. ミルの生産論は物理的法則であるか …………………………… 132
4. ミルの企業内民主主義の発想 …………………………………… 134
5. マルクスの株式会社・協同組合論 ……………………………… 138
6. 生産手段の社会的占有と個人的所有の再建という問題 ……… 142

第7章 マルクスの資本主義観　　151

1. 敗戦直後の『資本論』──設題に代えて ……………………… 151
2. 『資本論』第1部──剰余価値論と資本主義観 ………………… 153
3. 『資本論』第3部──生産価格論と資本主義観 ………………… 158
4. 史的唯物論と資本主義観 ………………………………………… 164

5. エンゲルス晩年のマルクス評 …………………………………… 174

第8章　マーシャルの「騎士道の社会主義」　181

1. ミルとケインズの間で ………………………………………… 181
2. ミルとマルクスとマーシャル ………………………………… 182
3. 自由競争とマーシャルの社会主義観 ………………………… 187
4. 結びにかえて——マーシャルの改良主義への評価 ………… 200

第9章　G. E. ムーアの倫理学とJ. M. ケインズの資本主義観　207

1. 社会・経済思想史の転機 ……………………………………… 207
2. ムーアの近代思想批判とケインズの均衡理論批判 ………… 213
3. ムーアの保守主義とケインズの政策理論 …………………… 222
4. 『一般理論』の一般性をめぐって …………………………… 232

終章　総括——資本主義観の経済思想史　249

はじめに…………………………………………………………… 249
1. ジェームズ・ステュアート（1713-1780）…………………… 253
2. アダム・スミス（1723-1790）………………………………… 262
3. マルサス，リカードウ，初期社会主義（19世紀初期）……… 270
4. ジョン・ステュアート・ミル（1806-1873）………………… 278
5. カール・マルクス（1818-1883）……………………………… 287
6. アルフレッド・マーシャル（1842-1924）…………………… 298
7. ジョン・メイナード・ケインズ（1883-1946）……………… 308

あとがき …………………………………………………………… 323
初出一覧 …………………………………………………………… 326
事項索引 …………………………………………………………… 327
人名索引 …………………………………………………………… 334

第1章

ジェームズ・ステュアートと形成期の資本主義観

1 資本概念のない資本主義論

　ジェームズ・ステュアート（1713-1780）の主著は周知のように強い歴史的関心によって特徴づけられている。彼は農，工，商という産業構造の発展史論とならんで，しばしば古代社会と封建社会と近代社会の特徴を比較しているが，ほかならぬこうした体制比較史的な検討も，彼の歴史論の大きな特徴になっている。

　本章は，経済学史上最初の体系を構築したステュアートが，古代社会や封建社会との比較を通して近代社会の特徴をどのように理解したかを検討する。もちろんステュアートの時代には資本主義という言葉は存在しなかったし，資本という概念もやっとフランスの重農主義者によって形成されはじめられたばかりの時期であったが，資本主義が成長し始めたのは16世紀以来と言われているのであるから，ステュアートは初期の形成期ではあっても資本主義時代に属する現象を観察していたことになる。私の興味はこうした過渡的な事情の中にあって，資本主義の名称も概念もないままで，この時代の歴史的な特徴を彼がどのように認識したかという点にある。彼は彼の住む近代社会を，自由な市場社会として封建社会から区別することができたが，スミス以降に概念化された資本主義を，資本主義として，つまり資本によって生産が行われ，資本によって賃金労働者が雇用され，資本によって生産物が分配交換され，しかもその全体が資本の価値増殖を目的として遂行される社会として認識することはできな

1

かった。これは，現に住んでいる社会の歴史的特徴を識別すること，したがってまたその将来の歴史的特徴を見定めることの難しさを示す一例であろうか。

　我が国のステュアート研究では，彼の経済学的な時代認識は，小林昇氏の提案にしたがって（スミスの資本主義的蓄積に先行するものとして）原始蓄積の理論体系という特徴づけが広く行われているように思われる。私も本章でこの提案を踏襲したいと思っている。しかし，その場合ステュアートが分析の対象にしたのは，主として独立小商品生産者であったと見られることがある[1]。この見方には，私は本章で疑問を呈したいと思う。ステュアートが描いた生産者は，後代の経済学の概念でいうところの独立生産者とは言いきれないような，微妙で複雑な事情を抱えこんでいるように思われるからである。

　後代の経済学の観念から言えば，独立生産者は資本家的生産者と区別された概念ということになろうが，いまだこのような概念の区別を知らないままで，資本主義生成の状況を観察したステュアートの眼には，生産者像はもっと複雑な形，つまり１つの概念にきれいに整理しきれない形で映し出されていたのであって[2]，独立の商人や生産者の間で行われる単なる市場経済についての彼の叙述の紙背には，生成期の資本主義的な関係が透けて見えるようになっている。まさにそのこと自体が，彼の資本主義観の１つの特徴を示すものであると考えられる。

　したがって以下彼の資本主義観を論じるにあたって，①彼が奴隷制や封建制に対して近代社会をどのように特徴づけたかという問題とともに，②彼が描き出した生産者像がどのような過渡的な性質を持つものであったかという問題，③彼は原資蓄積をどのように受け止めたかという問題，さらに全体としてその学説史上の位置づけをどのように考えたらいいかという問題を吟味したいと思う。

2 封建制から近代社会へ

　ステュアートは『原理』第2編第25章で封建制から近代社会への数世紀に

わたる「大きな」変動を3段階に分けて説明している。

「第1段階は封建的な統治が支配していた時期である。そのころは大諸侯 great barons たちが相談を受けて，国王の戦争に協力を求められた。というのは彼らこそ戦費を賄い，しかも大きな損失を被る立場にあったからである」。「第2段階は……勤労の時代とともに，そしてまた交易の勃興とともに始まったと言ってよかろう。その臣民が他国の国民の犠牲において自らを富まし始めた国の君主の側では，民衆の自由を支持することによって大領主 great lords の権力を制限するという方法を思いついた」。「第3の，そして最後の段階については……公収入が国民的な富の大きさに適切に釣り合うようになった時期に，そして一般的法律が支配するようになり，貴族 the great の恣意的な権力の支配がやんだ時期にあたる」（以上 cf. II-28-30)[3]。

ステュアートの言うところによれば，封建制のもとでは領主たちは恣意的な権力を行使した。したがってその支配下にある従者や農民は自由を持つことがなく，身分的・人格的に領主に従属することになっていた。ところが商業が盛んになると，貨幣の流通も盛んになり，一面においてこれらの領主たちと対立的な関係にある国王は，この新しい事情を活用し公債を発行し租税を徴収することができるようになり，そうすることによって商業の発達を促進しようとすると同時に，領主権力を抑えようとした。他方，領主たちは商業の発達によって奢侈品を供給され貨幣経済に巻き込まれるようになると，貨幣収入を増加させる必要に迫られ，不要不急の従者を解雇し，貨幣地代を増収するために借地条件の改善に努めたのである。この試みは農地からの小屋住み農（cottager）の追放と農場の商品経済化をもたらした。

農村から追放された人々は新しく職を探さなければならない。すなわち商工業にエムプロイメントを探さなければならない。そうすることができなければ，追放された農民が困窮するばかりでなく，新しい時代の秩序と発展はありえない。しかし自由市場はこうした就業を保証するメカニズムを必ずしも備えているわけではない。したがってステュアートの経済政策論の全課題は，農村から追放された人たちの雇用というこの一点に集約される。初期資本主義の代表的

な経済学者の全課題が，雇用問題であったことは，20世紀の代表的な経済学者ケインズの中心課題が雇用問題であったことと，はるかに対応している。

　今，離農人口の商工業への就業が成功したとすると，商工業からは地主貴族に対して奢侈品などの工業製品や輸入品が供給されるだろう。地主貴族は農民から受け取った貨幣地代でそれを購入する。商工業者は受け取った貨幣で農民からさまざまな農産物を購入する。あわせて商工業者は農民に対して若干の家具や農具を供給するだろうし，こうして農工分業，都市と農村の間の交易が生じるだろう。その結果農業に対する需要は旺盛でありうるし，この需要が農業発展のバネにもなりうる。農業の発展は地代の増収をも可能にする。地代の増収は商工業への需要増大をもたらしうる。こうして農業，工業，商業の発展が可能になる。封建貴族も，その恣意的な権力を失ったとしても，商業社会に適合的な富力と権威を維持し，新時代の商業社会に順応しうる。こうした事態のバランスのとれた進行が，ステュアートの政策論の目標であり，西ヨーロッパで進行していると見られた自由主義化の趨勢（実質的には資本主義の成長）に対する彼の希望的な展望である。

　以上，封建社会から近代市場社会への移行過程がステュアートの目にどのように映ったかを，大づかみにまとめてみたのであるが，このような見方をどのように特徴づけたらいいのであろうか。

　第1に目につくのは，君主，貴族，民衆の力関係の変化という形で歴史の変遷を見ている点である。そこには独立生産者層の両極分解というような，純粋に経済的な図式は，視野の前面に浮き出てはいない。経済の変化に対応した政治権力の変化という問題がむしろ前面に出ている。封建制のもとでは貴族の「恣意的な」権力が乱用され，民衆はその力に圧せられて産業を発展させることができなかった。近代では貴族の恣意的な権力が崩壊して，君主の力が強くなり，民衆の自由な経済活動が解放された。しかしそれだけに為政者が流通をうまく統御・統制し，富がバランスよく分配されるような方策を取らなければ，近代社会はうまく維持・発展させられないであろう。

　第2に，このように彼は，封建制を領主の「恣意的な」権力によって支配

される社会，近代社会をこの恣意的な権力がなくなって民衆が「自由に」勤労に従事できる社会と特徴づけている。だからこの「自由」を彼がどのようにつかんでいたかが問題である。彼は次のように言っている。「ある国民が自由であるということを，私は，彼らが一般的法律によって支配されていることにほかならないと解している」と。また，法律の変更も「規則的な一定の方法によってだけなされるように制定」されていなくてはならない (cf. I-315-316)。この要件を満たしていれば，民衆の自由は君主制のもとでも民主制のもとでも専制的統治形態のもとでさえも (cf. I-316) 可能である。ただ，その安定性が，専制的統治よりも君主制よりも民主制における方が大きいという違いがあるにすぎない。しかし民主制においてもその自由は確実に安定的だというわけではない (cf. I-322)[4]。

　第3に，専制君主制のもとでも法治国家であれば民衆の自由は維持されるというのはいささか理解しにくい言い方であるが，ステュアートの見るところでは，市場経済の発展した社会においては，為政者は何をするにも市場原理に拘束されているのであって，それを無視した政策を立案することはできないのである。この意味で，また後で述べるように，為政者の政策は，（例えば景気対策的な）臨機応変の自由裁量的な政策実施を伴うものでなければならないのであるけれども，その場合の「自由裁量」は，彼の考えでは，それが法の枠内で，しかも市場経済の原理に制約される形で行われるという意味で，「恣意的」とは異質なものとして意識されているのである。

　彼が論難しているのは権力の恣意的な乱用である。なぜなら自由な勤労を妨げているのはまさにこのことだからである。そこで彼は言う，「統治形態ないしその運用におけるこの相違こそが，この研究（すなわち『原理』——引用者）においてどうしても検討する必要のある唯一の事柄である」(I-324)。

　したがってステュアートの「自由」概念は，近代自然法のそれとは思想史的な流れを異にしている。この点を押さえることは大変重要である。彼は「すべての人間を平等なものとする空想的な自然法の諸原理」に対して批判的な立場を表明している。したがって「想像上の契約説」（＝社会契約説）も「原始的黙

約の説」も否定される (cf. I-320)。というのもこの「空想的な」説によれば,「あらゆる政府が同じものであるべきだし，また下層階級の完全な自由と独立に反すると思われる従属は，どれも圧政的なものと考えねばならない」(同上) からである。人の人としての自由と独立を基礎にして，おそらくあらゆる政府に一般的に妥当すべき法のあり方を考える近代的自然法に対して，ステュアートの考える法の枠内で与えられる自由は，考える方向が逆であるような面を持っているようにも思われる。自然法的な一般性は，彼の歴史主義と相対主義に反する。このことは，彼がスミス的な思想に対立することをあらかじめ明言しているようなものだ。人の人に対する従属は，歴史的に多様な形態をとりうるだけでなく，(彼の自由の定義に照応して) 合理的で正当だと見なされるべき従属もありうるのである。

　彼の言うところでは,「従属は依存に比例する限りでは,合理的で正当である」(I-317)。Reasonable で just と見なされるべき「従属と依存の比例関係」は，歴史的にいくつかの形態を持っている。古代の奴隷は，戦いに敗れて殺されても仕方がないところを，助けられ生かされている（依存）のであるから，主人への従属の度合い (degree) は一番強い。子の親に対する依存とその従属の度合いは 2 番目に強い。封建社会で土地の耕作を許されている農民は，領主に対する依存の度合いが強いわけだから，従属の度合いも 3 番目に強い。「第 4 に，自分自身の勤労の販売に全面的に依存している人間は，4 番目に高い依存状態にある。これは彼らを就業させる (employ) 人びとに対する職人や製造業者 (tradesmen and manufacturers) に見られる場合である」(cf. I-318)。

　ステュアートは労働 (labour) は他人によって強制された労務であり，勤労 (industry) は自由意志に基づいてお金を稼ぐための仕事であると規定して，近代以前の労働と近代社会の勤労とを区別したが (cf. I-224)，封建社会では農民は他人に強制されて労働する奴隷であり，近代の勤労者は自分の金銭欲に強制されて働く奴隷だという有名な文章を残している (cf. I-52)。しかし上記の引用文はまた別の視角で近代以前の従属と近代勤労者の従属とを比べている。「職人と製造業者も彼らを就業させる人々に従属する」。そして近代の勤労者は，

最下層の勤労者でも先にみたように自由なのであるが，反面ではここで見たように従属的である。彼によればこの両側面は矛盾ではない。彼のこのような最下層勤労者についての見方は，マルクスの鳥のように自由な労働者が雇用契約によって資本に従属するという見方を連想させる。マルクスがステュアートを相対的に高く評価する理由の一端は労働者についてのこのような見方にあったのであろう[5]。

　こうした次第であるからステュアートは「決してこの体制が幸福と安全に至る唯一の道だとは考えていない」(I-326)。この点は『原理』第2編第14章の全体をあげての古代スパルタ体制の礼賛論にきわめて印象的な形で表現されている。彼はもちろんこのような古代奴隷制が現代にそのまま復活させられうるとは考えていないのであるが，同時代のファーガソンなどの例があるにしても，次のような彼の手放しのスパルタ礼賛は無視することができない。スパルタ，すなわち「リュクルゴスの共和国は，卑見によれば政治経済の<u>最も完全な方式</u>の見本を示していて，<u>古代であれ現代であれ</u>，どこにもそれに匹敵するものを見出すことはできない」(I-332. 下線は引用者による)。この第2編第24章は，経済政策のフォーマルな目的である国民の「安全，安楽および幸福」なるものが，近代の市場経済だけに随伴するものではなく，極めて質素な生活基盤においてであるとはいえ，スパルタ共和国において完全に実現可能であるというのである。

　なぜ彼はこのような極度に人目をひくスパルタ礼賛の1章を，彼の体系の中に挿入したのであろうか。その理由の1つは，前にも引用したように彼は，一面では近代以前の労働と近代の勤労とを区別する歴史的な感覚を持っているのだが，他面では依存と従属の4つの種類分けに見られるように，奴隷労働と農奴の労働と近代の勤労とを，依存・従属の程度の相違として相対的に並べるのである。近代社会と古代社会と封建社会とを「従属と異存の比例関係」という同一の基準で区別される相対的な社会形態として理解しているのである。近代社会の勤労は最も広汎に自由の度合いを享受しているが，「安全，安楽および幸福」という点では，近代社会は唯一のものとは言えない。自然法や社会

契約説を否定していることと結び付いて，彼は，スミスなどとは違って近代の社会関係を絶対的なものとは理解していないのである。

このように奴隷あるいは奴隷労働を，自然法に立脚して自然権に反するものとして批判するのではなく，経験主義的に歴史上実際に見られた事実としてだけ描こうとする方法態度は，形成期の初期資本主義（後代から振り返れば過渡期と言えるような時期）の状況を，特徴的な仕方で描き出している。

したがって農地からの不要不急の人手の一掃という原資蓄積の実状は，何の躊躇もなく描かれている。そこには所有権上の争い（封建的な上級所有権から近代的な私的所有権への編成替え）や所有権に関する論争のようなことは見られない。ただ，封建地主が，貨幣収入の増収を迫られて，不要な人手を一掃して貨幣地代の増収を図ったという事実を躊躇することなく描いている。そしてこの描写は，上記の過渡期において封建貴族が近代的な貨幣追求型の地主に転変した史実を，おそらく大過なく反映しているであろう。

その場合問題は，追放された人たちを新たに就職させることである。そのことなしには，追放された当の人たちにとってはもちろんのこと，君主にとっても地主にとっても，順調な貨幣循環，したがって貨幣経済の安定と維持が不可能になる点が強調される。彼らを就業させるということは，地主の手に入った貨幣地代が製造業や商業の提供する商品の購入に回されうるということであり，また商工業者の手に入った貨幣は農産物の購入に回されうるのであり，こうして農民の手に入った貨幣は地主への地代支払いを可能にするであろう。こうした農工商の発展によって貨幣地代の増収も可能になる。その場合問題なのは，貨幣循環の各関節のバランスの問題であって，これは主として，為政者の背負うべき役割とされている。このバランスのとれた発展という問題には，さまざまな問題に交じって少なくとも次の2つの思惑が含まれている。

1つは，封建時代の恣意的な権力を失った貴族が，上記のような貨幣経済に順応することによって，資本主義経済の枢要な一翼を担わされる。現状は地主貴族のこのような漸進的な適応を要請する。この意味では近代資本主義社会は，封建社会に対する全く新しい社会としてではなく，封建社会との連続性を持っ

た社会として描かれている。この点をむしろ強調した点は彼の資本主義観の1つの特徴であろう。こうした連続性，漸進性をどのように確保しうるかという関心が彼を突き動かしていたのかもしれない。今もし封建社会以来の貴族が，保守主義を貫いて頑固に旧習を墨守したとすると，貴族の存在はかえって根っこから転覆させられたであろう。ステュアートは言う，「もし為政者が諸個人の（封建的な――引用者）恣意的依存関係を解体させるならば，勤労者の富が権力にあずかることはあっても，貴顕の人々の権力を根絶させることはなかろう。仮に彼がこのような（恣意的な――引用者）依存関係を存続させようとしても，彼の計画は失敗するだろう」。「ヴェネツィアやジェノアが栄えたころ，自らの没落を避けるために元老院の門戸を富裕な市民に開放せざるを得なかった。……こういう便法で急激な革命がしばしば阻止されてきた。いくつかの王国は，流血の反乱や長期の内乱を避けてきた。そのうえほかの国々はまた等しくここで述べた諸原理の力を証明しているのであって，富裕な人々が彼らを縛る鎖を粉々に砕いて，封建制度の基礎そのものを転覆したのである」。「すべてこうした暴力的転覆は為政者の近視眼によるものだ。こうした為政者は，富と産業から来る諸結果を無視して，愚かにも父祖伝来の従属関係が……引き続き存続するものと空想したのである」。「もっと緩やかであるが，全く類似した変革が現代においても進行している」（以上，I-327–328）。

　ここには封建制から近代資本主義社会への体制移行のプロセスについてのステュアートの見方がよく表現されている。そこで言われていることは，新しい自由な市場経済が発展しているにもかかわらず，為政者や封建貴族が伝統的な封建権力（彼によれば恣意的な権力行使）を墨守しようとするならば，つまり保守的な態度を墨守しようとするならば，急激な革命を引き起こすことになるだろう。他面，自由な「交易や勤労は今や時代の流れになっているのだから」（I-329），為政者もその立法と政策志向に際して市場原理に依拠すべきであり，貴族も貨幣経済の発展に順応するほかないのである。そうすることによって，「急激な革命」を避け，封建貴族もまた緩やかな変革に対応できるだろう。こうしたつかみ方がステュアートの資本主義生成論を特徴づけていると言えるだ

ろう。

　ここで若干横道にそれるかもしれないが，以上の体制移行をめぐるステュアートの歴史観は，20世紀の次のような体制論をめぐるケインズの見解を想起させるであろう。ケインズも，失業の増加など資本主義制度の諸矛盾の激化や社会主義者の資本主義批判等々に直面し，伝統的な資本主義政策の原理と見なされた自由放任主義を保守主義的に墨守することが「急激な革命」への近道であると考え，ステュアートを想起させるような大規模な雇用増進政策の必要を説いただけでなく，社会主義者たちも歓迎したような金利生活者のユウサネイジアや社会福祉政策を推進しようとした。ケインズは何も体制の移行を主張しようとしたわけではなく，反対に資本主義の維持を目指したにすぎない。しかし，ステュアートが伝統的な封建的（恣意的）権力を保守的に墨守しようとすることが「急激な革命」へ導くと考えたのと同じように，ケインズもまた資本主義の伝統的な原理と見なされていた自由放任主義に固執することが社会主義革命への近道であると考えた点において，つまり，体制の漸進的な進化を図ろうとした点において，両者の歴史認識には一脈相通じるものがあることは明らかであろう。

　2つ目の問題は，ステュアートの歴史観に，経済の変動が政治権力の変動や政体，さらには為政者の政策を左右するという見方が，一貫しているという点である。この点は1つ目の問題に関して引用した文章にすでに含まれているとおりである。またこのように経済の変動を基礎にして歴史の変化を考える見方は，周知のように，ヒュームにもファーガソンにもスミスにも共通に見られる考え方である。パスカルの指摘以来周知のように，このことは後年のマルクスの史的唯物論の1つの大事な想源になった歴史観である[6]。

　しかし，政治権力の変化という問題が，古代アリストテレス以来の君主，貴族，民衆という政治形態の変転という舞台回しの上での，地主貴族の市場経済発展への適応という問題であり，民衆政治の回避という問題であった点にも，一言の言及が必要であろう。貴族勢力が凋落し，民衆と国王が直接対峙するようになる状態は，きわめて不安定であり危険であるというのである。したがっ

て，市場経済の発展は，封建制から資本主義への発展という観点で見られているわけではない。実際上は，自由な市場活動の拡大，雇用関係の拡大の状況を描きながら，後代の歴史観から振り返れば事実上その紙背に資本主義の成長発展が透けて見えるような描写をしていながらも，なおそれを描いている当の本人には，それが，概念上も資本主義の発展，すなわち生産への資本の投下とかマニュファクチュアの普及とか資本の生産性の向上というような資本主義の新しい特徴としては認識されていないのである。

　次の2つの文章のうち第1のものは奴隷労働とおそらく小商品生産者の生産性を比べている。第2のものはおそらく資本家的な大企業と小商品生産者の競争力を比べている。しかしどちらの場合も資本の生産性の向上という問題がつかまれていない。①「製造業に従事する一群の奴隷……の製品は，自由人によって作られた同種のものよりもはるかに安く提供されうる」。「自由人の方は各人が自分の力で必要なものを調達しなければならないし，またおそらく独立した家屋を，さらに扶養すべき妻子を持っている」(I-225)。だから経費がかさむと言うのであろう。②「大規模な企業がなぜ個人事業（private industry）を破滅させるかと言えば，それは前者が奴隷の単純さに近づいてくるからではないだろうか」(ibid.)。この文章は，大企業における労働の細分化によって，個々の労働者の労働は「奴隷の単純さに近づいている」という事態を映し出しているのであるが，このことはステュアートもまたファーガソンやスミス同様のマニュファクチュア内労働の細分化による弊害を事実上描写していたことになるだろう。新しく生れた大企業の労働の，奴隷労働に比肩すべき悲惨さを，彼は見逃していないことを示している。しかも，大企業の競争力が強いのは，大企業内の労働が奴隷労働と同様に酷使されているからだというようにも読める。しかし，スミスと違って彼は，資本による分業労働の合理的な組織化によって，企業の生産性が大幅に増大するという側面には注目していない。スミスは，新しい生産様式の資本の生産性の向上というこの側面に主として注目した。この観点の違いが，ステュアートとスミスの資本主義観の明暗を分ける岐路であるように見える。

3 独立小商品生産者という問題

　さて，商業の発展に押されて地主貴族は小屋住み農を排除し，領地を貨幣収入の多い経営に編成替えした。その結果，多くの農民が土地を失い，商業や製造業において新しく職を探さなければならなくなった。ところで，農地から追放された人々はどのような形で次の職にありついたであろうか。その場合，従来農業に従事していた人が，いきなり商業や製造業で自立できたであろうか。この点を考えると，ステュアートは独立小商品生産者の世界とはとても思えないような状況を描いている。

　ステュアート研究者の間ではよく知られている文章であるが，『原理』第1編第8章での農産物の価格を構成する費用項目を見ても，その第1項目は，「農業者やその家族やその使用人の栄養物」である（I-55. Farmer, his family, servant）。このサーヴァントには賃金（wages）が支払われる。そのほかに不定期労働者（his hire of labourers occasionally）という表現もある。家計と経営とがはっきり区別されていないような表現であり，それゆえに独立小商品生産者の描写であるような様相を呈しているけれども，賃金を支払われるサーヴァントというからには事実上，雇用関係が見られていると読み取ることができる。

　ステュアートは『スコットランド・ラナーク州の利益についての諸考察』（1769）[7]のなかで，「日雇労働者のうち極めて貧しい部類の生活」ぶりを描写している。彼は，「勤勉な住民の下層階級」について，「以前彼らは小屋住み農（cottager）と呼ばれ，今日われわれは日雇労働者（day labourer）と呼ぶ」[8]と言っているから，この『諸考察』で描かれている日雇労働者は，封建的な土地所有関係から追放された農民の，少なくともその変容の1過程を，ステュアートの目で映し出したものと見ることができるだろう。その意味では，資本主義生成過程についての彼の見方をうかがう上で貴重な文献である。経験重視の現実としての彼の描写は，当時の農村およびその周辺都市の事情を我々の目に浮かぶように描いていて大変興味深い。紙面の都合でこれを全文引用するわけにも

12

いかないが，彼の文章では，当時の賃金労働のさまざまな形態やそれに対応した賃金水準や，さらにそのような賃金労働者の雇い主も様々な形で描かれている。彼の描写は，小生産者という概念的な枠組をはるかに超えている。その要約を試みよう；――

　溝作り職人（ditcher）のように「出来高仕事をする」不定期に雇われる労働者は，日雇労働者よりも日賃金が高い。なぜなら彼らは，技能は高いが就労が不安定だし，ある１つの仕事を終ったときに，すぐに別の仕事が見つかるわけではないからである。（ただしステュアートは誰がこのような人たちを雇うのかを明らかにしていない――和田）。日雇労働者は，年間を通じて雇ってくれるジェントルマンのもとで働く。日雇労働者のうち極めて貧しい部分の生活を見ると，彼らの賃金は週３シリング６ペンスである。この額では，この労働者の家族のオートミール（労働者の主要な食物――和田）の必要最小限の量を購入することができるだけである。したがって彼はそのほかに，燃料やその他の食物や家賃のために稼がなければならない。燃料はどこの地域でも豊富だからあまり費用はかからない。日雇労働者は野菜の類を産する若干の地所を借地として持っていなければならない。そこでこの労働者は家屋と菜園のために13シリング４ペンスは支払うだろう。彼はそのほかに牧場で飼育する牝牛を１頭持っていなければなるまい。牛の牧草のためには少なくとも年間20シリングほど支出する方が好ましい。牝牛からはバターを生産し，年間２ポンドほどの収入を得ることができる。この額は菜園付きの住まいの家賃や牛の牧草に支払う資金になる。そのほかに女房の紡糸からの収入も加わる。多くの婦人は紡糸作業で最低週20ペンスないし２シリングは稼いでいて，無視しえない階級を構成している。（この階級は紡糸作業の原料である羊毛をどのように入手していたのであろうか？――和田）。また若い住民は農業者（farmer）のもとで働いていて，賃金の一部を蓄えて結婚の準備をしたりしている。またあらゆる種類の製造工（manufacturers）に対する求人は子供たちに仕事口を提供している。（おそらく単純労働をする manufacturers として子供たちを求める人たちはどんな人だったのだろうか？　文章の背後には資本家的な企業家が透けて見える情景だ――和田）。作男

13

(servant) の賃金は，日雇労働者よりも 5 ポンドほど安い。これでは年間のオートミール代としても足りないわけであるが，この不足分は彼の主人（master）が支弁することになる[9]。(この主人が農業者なのか地主なのか，ここでの叙述からは判断できない。しかし不足分を補ってもらうのは，近代的な賃金労働者よりも，封建色の濃い地主のもとで働くサーヴァントを連想させる。実際マスターの語を地主に当てている個所もある。Master's rent（I-136）──和田）。

　以上，ステュアートはさまざまな雇用形態，実際上のさまざまな賃金支払い形態を見ていることが明らかである。それを一律に資本主義的な理論的な概念に整理しようとはしていない。上記の紡糸作業に携わる女房たちの「無視しえない階級」についてもそうである。酒井進氏はある論文で[10]，18 世紀初頭のイングランドにおいて織元が，紡糸と織布工程に関して非常に広範な地域で問屋制の組織を展開し，仕上げ工程だけは織元の家屋内のマニュファクチュアで実施していたというウイリアム・テンプルの実例を詳細に分析している。もしも上記要約文の 18 世紀後半のグラスゴウ近くのラナーク州で「無視しえない階級を構成する」ほどの「女房たちの紡糸」が，それに類似した作業組織に組み込まれていたとすると，要約文の叙述はよほど理解しやすい。仮にこうした類推が当たっているとすると，ステュアートは，マニュファクチュアによる生産に随伴した近代的な問屋制を念頭に置いて日雇労働者一家の生計を描いたことになる。もっとも問屋制と言ってもステュアートは自由な市場経済を繰り返し強調しているのであるから，封建時代のギルド制の拘束がなくなった後の，そのような意味で近代的な問屋制である。酒井氏によればこのような近代的な問屋制は，近代のマニュファクチュアの時代には，マニュファクチュアの随伴物として残存したのだとされている[11]。

　しかし，ステュアートの現象描写においては，事態をきれいな範疇に整理するのは難しい。たしかに上記要約文において，日雇労働者の家族，したがってそこでの女房たちは，牝牛 1 頭を飼っている（牧草地に借料を払って。したがって近代的な借地関係で）とされているが羊を飼っている様子はない。したがって

女房たちの紡糸の材料は，他から購入するか，織元から前貸しを受けるかのどちらかであるように見える。しかしこの肝心なことがはっきりしないのである。したがって紡糸作業の対価が，賃金あるいは手間賃という形態をとっているのか単なる販売益金なのかもはっきり述べられていない。したがって紡糸の納め先がどのような生産様式であったかも，ここでの文章だけでははっきりしない。

　前述の要約文では，年間を通して日雇労働者を雇ってくれるのはジェントルマンだとされている。別の個所では日雇労働者に employment を与えるのはlandlord と farmer だとされている[12]。また次の文では商人もまた製造業の企業家と並んで賃金労働者の雇い主とされている。「商人，あるいは製造業において（in the manufacturing way）大きな事業を運営している人たちは，豊作で食糧が安価なときには賃金の価値を引き下げようと努力する」[13]。賃金を引き下げようとするのは，賃金労働者を雇用している人たち，後代の経済学者が資本家と呼んだ人たちであるはずだ。すなわち文中の「商人」も「大きな事業を運営している人たち」も，事実上は資本家の機能をはたしている。

　邦訳は，上記本文の「商人あるいは製造業において大きな事業を……」の部分は，「商人すなわちマニュファクチュア様式で大きな事業を運営している人たち……」となっている。この文章だとステュアートもまたスミス同様マニュファクチュア様式に着目していたことになる。またそのような人たちが商人の言い換えであったことになる。私はこの文章をどう訳すべきかを断定するのはなかなか難しいように思う。上記酒井論文が示しているように，広範な問屋制によって紡糸の作業を組織し（多少とも商人的に），自宅奥には仕上げ作業のためのマニュファクチュアを経営していたウイリアム・テンプルの事例を念頭に置くなら，紡糸作業を組織した問屋資本は，ステュアートの眼には「商人」に見えただろうし，同時に「大規模に事業を運営している人たち」にも見えたであろう。ステュアートの市場経済に対する観点は優れて貨幣流通の視点であるから，紡糸作業を問屋商業資本的に大規模に運営するという把握はむしろステュアート的だとさえ言えるだろう。しかし，仕上げ作業だけを行う作業場を，多様に分割されたさまざまな工程の労働の間で1つの製品を作るための協業

15

が行われる作業場という意味の，スミスの言うマニュファクチュア（あるいはマルクスの言う異種的マニュファクチュアであれ有機的マニュファクチュアであれ）と呼べるかどうかも問題だし[14]，それにスミスがマニュファクチュアを言う場合には，製造業と商業（manufacturer と merchant）とはその機能も概念もはっきりと区別されていて，この点でも「商人すなわちマニュファクチュア様式で……」表現に伏在するステュアートの見方とはかなりの隔たりがある。こうした点もまた考慮に入れざるをえないようにも思われる。

　前節でも引用した文章であるが，今ここでの問題，つまり雇用関係をステュアートがどのように把握しどのように表現していたかという問題に関して，それを再度引用してみたい。彼はこう言っていた。「自分自身の勤労の販売に全面的に依存する人間は，4番目の依存状態にある。これは，彼らをエンプロイしている人に対する関係において職人や製造業者に見られる場合である」（I-318）。この文章は，独立の職人や製造業者が，彼らに注文を出した顧客に対してもある種の依存関係を持ち，したがってそれに比例した従属関係を持つという事情を述べたものと解することもできるが，先に述べたようにこの文章はまた，雇用関係を意味するものと読むこともできる。次の文章は資本―賃金労働関係における依存関係を，資本という用語を使うことなしに，また勤労に基づく利潤という独立小商品生産者の舞台を踏まえたままで描き出している。「技能と能力を持ちながらも……独り立ちするのに必要な一連の器具や機械や住居その他多くのものが高価だという理由から，他人のために働かざるをえない多くの人がいる」。この文章は事実上，生産手段を所有できないから賃金労働者として雇ってもらうという無産の労働者の依存関係を描いている。そのために次のような従属関係が出てくる。「親方（master）は，自分の雇い職人の利潤（profit）にあずかることによって，自らの利潤（profit）を大いに増加させる。親方は雇い職人に絶えず仕事を提供してやるのだから，この分け前にあずかる正当な権利を持っているのであり，また雇い職人の方でも，自分たちの技量に見合った利潤と共に生理的必要物を確実に獲得できるので，進んで自分の親方と分け合うようになるのである」（以上，I-421）。ここでの文章は，スミスに比肩すべき

資本―賃金労働関係の認識を含むだけではなく，(後述の原始蓄積論を考慮すれば)それによって生産手段を所有しえないがゆえに，自らの生活物資を超える生産物（価値）を雇い主に分け与えなければならないということを示唆している点で，マルクスと比較するに値する資本主義観を含むものではあるまいか。

　にもかかわらずこれはいかにもステュアート的な表現だ。近代の賃金労働者の雇用主に対する依存と従属の度合いは，前述のように農奴や奴隷と比較されるときのあの相対的な基準，すなわち依存と従属のディグリーの違いとして順に並べられている。奴隷と農奴と賃金労働者の依存と従属は，度合いの違いとして表現されているにすぎない。実際の叙述の内容は，実は三者間の歴史的な質の違いを鋭く指摘しているにもかかわらず，そうである。奴隷は，戦争に負けたにもかかわらず命を助けてもらったという依存に基づいて，生活必要物以上のすべてのものが主人のものになるという事情が説明されている。これは奴隷の置かれた歴史的，質的な特性にほかならないであろう。封建制下では農奴は，そもそも食物を生産する許しを，つまり土地を使用する許しを領主から得ているにすぎず，したがって自由も制限され余剰生産物の自己獲得もない。これに対して賃金労働者は，能力次第では，そしてまた好都合な需要に恵まれれば，自分の生活必要物をはるかに超えた生産物（ここでは，言葉の広すぎる用法，しかし当時は通用しなかったわけではない用法だが，それは利潤と表現されている）をもたらしうる。賃金労働者は生産手段を所有しえないが為に，雇われざるを得ないという関係におかれているから，生活必要物を超えて「職人が行った仕事の価値」（＝利潤）を親方に分け与えなければならいのではあるが，それは分け合うという関係にあるのであって，その必要品を超える全部が親方のものになるわけではない。生産物に対する需要の強さや景気いかんによって，必要品を超えて労働者の手元に残される部分にも変動がありうるであろう。従属の度合いは，市場や流通の状況に左右される依存の度合いに比例することになる。ここには奴隷とも農奴とも違う近代賃金労働者の置かれた境遇の歴史的な特質が，ステュアート的な言葉で表現されていることは明らかである。そして彼は経済思想史上において，こうした歴史的な対比，歴史的，体制的な特徴を描きだす

点では最も早く，もっとも優れた経済学者の1人であろうと思われる。にもかかわらず，彼の論述の意識的，方法的な主要軸線は，依存と従属の度合いの比較である。

彼は植民地における奴隷の使用を肯定している（cf. I-228-229）が，またアメリカ植民地とイギリス本国との関係についても依存と従属の比例関係というこの特徴的な基準を適用している。アメリカは本国に対して輸出入の両面ですっかり依存しているから，よしんば自由貿易になったところで，アメリカの本国への従属は避けられないであろうというのである[15]。

次の文章は，貨幣とサーヴィス労働とのさまざまな交換のなかに，資本─賃金労働の関係を含めている。あるいは両者を並列的に並べている。「貨幣で購入しうる無形のもののうち第1の種類は個人的奉仕であって，たとえば日雇い労働者，召使の給仕，医者とか法律家の助言，……内外での公務の執行，ないし陸と海で王国の防衛にあたる者たちの奉仕……」（II-44-45）。ここで「日雇い労働者」という項目は，訳者注記によれば初版（1767年）にはなく，やっと著作集版（1805年）でやっと追記されたものである。もっとも（彼の没年は1780年であるから），追記実行の時期は1805年よりも早いのではあるが。

このようにステュアートにおいては，賃金によって雇われる人々は日雇い労働者や召使から兵士に至るまでさまざまである。このことは，農村から一掃された人々が，さまざまな雇い主によって雇用されることに対応しているであろう。ただ，彼らを迎えて雇用する人たちが，産業資本家という理論的に概念化された人たちでないこともまた明らかである。雇い主は雑多であるように思われる。農業においても領主，地主，ジェントルマン，ファーマーなどが雇い主として表現されているが，農業以外の分野でも商人，「大きな事業を経営する人たち」，港湾事業を営む商人（cf. V-311），政府事業等々さまざまな雇用主が，排出されたフリー・ハンドを雇用しているように描かれている。さらにそのほかにも東インド会社などの特権会社や銀行などは，賃金労働者なしで運営されたのであろうか。そのうちファーマーというのは，前後の文章次第では借地農業資本家という意味付けで翻訳されうる場合もある言葉であるが，彼の前記文

献においてはファーマーには資本が足りないとされており，それゆえ農業で主として人手を雇うのは主として地主ということになる。そのほか，召使や医者や法律家や官吏や兵士に支払われる賃金の元本は，資本ではなく，貨幣（収入）である。スミスにおいては明瞭にこの区別がなされているが，ステュアートにおいては，資本の投下と貨幣収入の支出とがまだ判然と区別されていないのである。

　一言でいえば，ステュアートは賃金労働者雇用元本としての資本の用語と概念を，彼の経済学の体系の主な柱として樹立しようという意図を持ってはいないと言わねばなるまい。彼の capital や stock や fund という用語は『原理』第4編で銀行や公債を取り扱う部分で特に頻繁に使用されている。銀行の創業資本とか株式購入の元本とか一定の利子を受け取ることのできる債権の価値とか，いくつもの意味を持たされている[16]。そのため彼が事実上眼前に見ていたはずの資本─賃金労働関係も，貨幣循環の観点で描かれたり，商品交換の関係に還元されたりしているのである。商人が安く買って高く売ろうとするように，雇用主も賃金を押し下げようと努力し，製品の販売価格を高く維持しようと工夫するであろう。このことは確かに資本家のビヘイヴィアをつかんでいるには違いないが，商品交換市場での自由で独立した商人の行動原理からの類比を超えるものではない。こうした事情から彼の体系が独立小商品生産者の社会であるかのような外観も出てくるのであろう。もちろん，資本主義以前の関係と比較して資本と労働との交換の特殊性は，時折見事に実写されている。生産手段を所有していない労働者の，雇用機会を与える雇用主に対する「依存」関係が，労働者の「仕事の価値」がその生活必要物の価値を上回る分について，雇用主はその分け前にあずかる，労働者もそのことを容認するというような「従属」関係をもたらすと言う。この描写は，たしかに資本主義社会の歴史的特徴を描いているし，前述のようにマルクスを想起させさえするのであるが，それもまたステュアート独自の観点と方法で処理されている点もまた考慮しなければならない。すなわちそれは前節で検討したような奴隷制，親に対する子，農奴制，近代的な雇用制という依存と従属の4段階の1つとして，度合いの違いとして，

処理されているだけでなく，景気や労働に対する需要の状況に応じて上記の分け前の量的な配分が決まるという流通論的な枠組にとどまっているのであって，資本がまさに上記の依存関係に立脚して，生産を組織して（1つの作業場で労働者間の分業に基づく協業を組織して）生産性を向上させるという生産資本としての資本の特質は考慮されていないのである。スミス『国富論』の索引においては，capital や stock の項目は，大きなスペースを割り当てられて，詳細に諸事項を指示しているが，ステュアート『原理』の索引には capital, stock の項目自体が見出せない。この点がまた，ステュアート経済学とスミスやマルクスの資本主義観との大きな違いを表示しているのである。

4 原始蓄積の経済学

　スミスの体系において資本は何よりもまず2つの役割をはたしている。1つは，資本は自由な部門間移動によってより大きな利潤を追求する。その結果として各産業の利潤率は平準化し，それによって各産業間のバランスがとれることになる。産業間のバランスがとれるということは，別な表現をすれば需給のバランスがとれるということに等しい。政府の手助けを借りなくても産業間のバランスと需給の均衡が達成されうる。もう1つは，スミスが資本の生産性に着目していることである。生産への資本のより大きな投下によって各マニュファクチュアの規模が大きくなるだけではなく，分業のよりいっそう合理的な編成が可能になる。そのことによって著しい生産性の向上が実現する。その結果製品価格の大幅な引き下げが可能になり，政府の手を借りなくても製品の販売市場を拡大することができる。これは大変楽観的，理念的な資本論である。

　しかしそれだけではない。スミスのこのような資本のつかみ方は，さらに彼の貨幣のつかみ方とも連接している。マニュファクチュアのマスターの貨幣の使用方法を想像してみよう。マスターは製品を販売して貨幣を手に入れることができたならば，できるだけすばやくその貨幣で原料を購入するなり労働者を追加的に雇うなり，いずれにしても自由競争を生き抜くために資本の回転速度

を高めようと努力するであろう。それによってマニュファクチュアの生産性を高めたり，あるいは生産規模を広げたりすることができる。彼は自由競争によってこのことを強制されているのである。資金を遊ばせておくようでは，マニュファクチュアのマスターとしての腕前が疑われる。ところでこうしたマニュファクチュア資本の使用方法を念頭において，貨幣の機能を論じようとするならば，貨幣の流通手段としての機能が前面に浮かび上がってくるはずである。製品販売によって得られた貨幣は，できるだけ速やかに原料などの商品の購入にあてられるからである。そして貨幣がこのような機能で理解されるならば，貨幣経済＝商品経済において需要と供給の自動的なバランスがとれるだろうという理論は，それだけ推論しやすくなる道理であろう。

　ところがステュアートの場合はこのように楽観的な資本循環の概念がない。したがって貨幣循環は，マニュファクチュアのマスターの手元で観察されるのではなく，地主の手元で看取される。ステュアートの見るところでは地主といえども本来は倹約家である。貨幣地代は将来何かの必要が生じたときに備えて蓄蔵されがちだ。それが蓄蔵される限りでは，需要不足を生じさせる要因になるであろう。したがって地主の手元に蓄蔵されがちな貨幣を引き出して，製造品に対する需要を生み出し，そのことによって産業や商業を刺激し，そうすることによって雇用を人為的，政策的に促進することが必要になる。

　スミスの経済学が生産サイドの経済学だとすると，ステュアートの経済学は需要サイドの経済学になる。その場合の要点は地主の手元に蓄蔵される貨幣の流動化である。このつかみ方と関連して彼はしばしば貨幣を富の蓄蔵手段として描いている。腐食することがなく，しかも流動性に富む金属貨幣は，むしろ富の中の富である。しかし貨幣が蓄蔵手段として機能する限りは，それは需要の不均衡を引き起こす作用をするであろう。したがって為政者が，この事態を回避して，需要と供給の均衡を達成するために，大きな恒常的な役割を果さなければならなくなるであろう。スミスにおいて楽観的な資本が果している役割を，ステュアートにおいては為政者の skilful hand（I-431 あるいは artful hand, I-308）が果さなければならないのである。

こうしてステュアート体系は，農村から排除された人手の雇用の実現が為政者の最大の課題になるという意味で，原始蓄積論の体系と言われうるものになっているのである。そしてこの点は，彼の資本主義形成理論の大きな特徴となっている。そのうえこの体系はマルクスの原始蓄積理論の構想と近似した論点をいくつも持っている。しかしまた当然ながら大きな違いも含んでいる。以下，ステュアートの産業振興論的な原始蓄積論とマルクスの資本の創世記としての原始蓄積理論との簡単な対比を試みて，本章の結びにしたいと思う。

　『原理』は人口と農業，商業（と貿易），工業，貨幣，利子，銀行，（私的信用，商業信用），為替，公信用（公債），租税という諸項目を，すなわちスミス『国富論』が扱っているのと同様の経済学の全領域を，ほぼ歴史的発展の順序に沿って，順序立てて論じている。この意味ではステュアートは，その分析を何も原始蓄積論だけに限定しているわけではなく，上記の諸項目を歴史的にも国際比較の面でも，それぞれ全面的に検討しようと努力している。しかし原始蓄積にかかわる問題は彼が全巻を通して念頭に置いた主要問題である。土地から追放され糊口の道を失った人々に職を与える方法を発見することが，「この著作全体を通じて私が念頭に置いている主要な論点」(I-132) である。これは後代になって原始蓄積論と言われる事項の中心的な問題である。

　本章の主題の1つである原始蓄積という観点から見ると，『原理』は，農業から一掃された人々をどのように商業，工業に就職させることができるかという基本的な問題を中心にして，保護貿易政策や輸出奨励政策が，ある場合には幼稚産業の育成政策であり，またある場合には産業振興政策でありうること，アメリカ植民地貿易や東インド会社なども金属貨幣の流入を可能にするものであり，このことは農村からのフリーハンズの解放と就業に伴って膨張するはずの国内貨幣流通の必要を満たすことによって，農工商の国内分業を促進するものであること，銀行業が産業促進効果を持ちうること，土地担保貸し付けで銀行は地主の有効需要を創造しうること，公債はうまく管理すれば戦争をも含めて政府のさまざまな事業を可能にし，そのことによって雇用と産業を促進しうること，さらには公債の利子と元本を支払うための租税，特に消費税は，上記

の目的に適合的であること，等々を明らかにしようとする。このようなものである限りでは，彼の『原理』は原始蓄積の体系を包含するものであるばかりではない。それは，原始蓄積諸理論の歴史を展望した Perelman によって，「経済学の全文献の中でも原始蓄積についてのもっとも手のこんだ分析である」と評価されるほどのものである[17]。

　ところでマルクスの原始蓄積論はどうであろうか。まず両者の相違点と言えば，ステュアートが農村から排除された人々のエンプロイメントの促進という観点で観察している事柄を，マルクスは人為的，政策的な労働力の創出過程として読み替えている。前者は近代産業の成立過程であり，後者は資本関係の形成過程である。いずれにしてもマルクスがステュアートの叙述の背後に透けて見える事柄を学んだ，あるいは少なくとも彼の叙述そのものに注目したことは明らかだ。邦訳にして60ページ足らずの「いわゆる原始蓄積」（『資本論』第1巻第24章）において，ステュアートは4回も引用ないし言及されている。「いわゆる原始蓄積」というのはスミスの previous accumulation のことだと述べられているにもかかわらず，スミスからの引用は1個所あるだけである。それは資本家的生産が社会的に支配的になった段階で，利潤の一部が投資されるという資本主義的蓄積と区別されている。すなわち原始蓄積というのは，このような資本主義的蓄積が一般化していない段階で，その前提条件である賃金労働者や資本家がどのように創出されたのかを問う問題である。

　したがってマルクスは『資本論』第1巻で描かれた資本主義的蓄積を踏まえた上で，そのような資本関係がどのようにして生じたのかを振り返ろうとしている。彼が眼前に見ていた経済のメカニズムは，すでに成熟の域に達した資本主義である。だから彼にとっては当初から原始蓄積は資本の生成史である。彼にとっては，16世紀以来の産業の発展は，資本主義の形成にほかならない。彼は成熟した資本主義の観点から，歴史を見ることができた。しかしステュアートにとっては，それは，何か自由主義化の趨勢が眼前に進行している状態であり，初めて経験する新しい歴史的経験である。成熟した資本主義からその過去の発生を反省しようというのではない。成熟した資本主義は彼にとっては未

知の世界である。そのため，彼がその意味を見定めるために持ち出したのは，前述の依存と従属の4段階というような古くから現在に至るまでに歴史に通用するような尺度，方法であったのであろう。このような違いが，形成期の資本主義についての両者の叙述の違いをもたらす基盤になっている。

そのうえ彼の資本主義観は，法則性の科学と結び付く自然法を否定した上での経験的な事実観察に徹しようとしたものであったから，産業の発展が封建的な政治権力を切り崩し，自由な市場経済をもたらしたという，スミスにもマルクスにも見られるような歴史認識に到達していたにもかかわらず，自由主義社会の先行きについては，その安定的な発展に自信を持つことができなかったように見受けられる。自由で結ばれた社会組織は自由によって崩壊するかもしれない（cf. I-93 and 179）というような鋭い，しかし悲観的な，しかしまたプラトン，アリストテレス以来の政体交代論を思わせるような予想を立てているのである[18]。初期資本主義を観察した論者のこのような予見は，自由放任が資本主義の崩壊を早めることを恐れた後代のケインズの『自由放任の終焉』の論旨を想起させるものを持っていて，今更ながらその鋭さが目につく。

ところで，マルクスが原始蓄積過程として振り返ったその過去の現象も，ステュアートの認識とずいぶん重なる。マルクスはまず，ステュアートの問題設定を踏襲して土地からの農民追放から論じ始めている（第2節）。次に追放された人々の就業強制の諸方法を論じている（第3節）。就業しない状態というのは浮浪者の状態であり，ステュアート風に言えば idle な状態である。ステュアートも，為政者がありとあらゆる方策を講じて，彼らの就業を実現させるべきだと主張した。第4節では資本家的借地農業者の生成をきわめて簡単に論じている。封建制下のベイリフの借地農業者への転成がその最初の形態だとされる。第5節は産業資本のための国内市場の形成を分析している。この部分も，用語法の違いがあるがステュアートの分析と類似している。ステュアートの場合には，農地からの不要な人手の追放→農地の経営改善→貨幣地代の増収→これを需要源とする商工業の興隆→商工業からの農産物への需要増大→農業のいっそうの発展→地代の増収→……という循環，あるいは貨幣循環が描かれてい

る。ここで地代の増収とその商工業への支出増大が決定的なテコになっている。マルクスの場合も農地の牧羊場化に際して貨幣地代の増収が目指されたことが指摘されている。もっともその場合，16世紀の価格革命（貨幣価値の低下）によって借地農業者の地代負担が軽減され，借地農業者の手元での資本の蓄積がそれだけ容易になったことが，農業における資本の発生という観点から評価されている。とはいえステュアートが飽くことなく描いた農業と商工業との分業関係，相互需要の発展を，マルクスも国内市場の形成として意味づけている。この点はむしろステュアートの描いた構図を下敷きにすることによって理論的な言い換えが可能であるように思える。すなわち商工業（資本）の農業からの食料品購入（可変資本の物的要素）および原料の購入（不変資本の流動的要素），農業の商工業からの道具の購入（不変資本の要素）と意味づけられた再生産論的な相互販売・相互購入の関係である。第6節は「産業資本家の生成」と題されている。産業資本家は独立自営の小商品生産者の両極分解という過程を経て生成したとはされていない。もっと雑多な淵源を持つものとされている[19]。「同職組合の親方，独立の商工業者あるいは賃金労働者でさえ」も資本家に成長することがあったとされている。さらに高利貸し資本や商人資本などは，資本が生産過程を掌握する時代以前にすでに資本として認められている。マルクスは産業資本家の先祖探しには第6節冒頭のほんの1パラグラフを当てているにすぎない。むしろ彼の関心はこうした雑多な始祖たちが為政者の権力的な助成のおかげで，雇用対象として無産の労働者を見出すことができ，資本家への道を短縮したという原始蓄積特有の政策に向けられている。彼はこれらの諸政策を上記のパラグラフに続く個所で，イギリスでは①植民地制度，②国債制度，③近代租税制度，④保護貿易制度と総括している。これらの諸点はすべてステュアートがその主著のどこかで，あるいは特に『原理』の後半で詳細に分析した諸項目とほぼ一致している。資本形成論＝マルクス，産業振興論＝ステュアートという違いを含むとはいえ，このことは特に注目すべき点である。マルクスによれば;——

　①東インド会社のような植民地制度は商業や航海を温室的に育成した。分捕

られた財宝は本国に流れ込んで資本に転化した。②植民地制度はそれに伴う海上貿易や商業戦争とともに国債制度の温室になったのであり，公債は原始蓄積のもっとも力強いテコの1つになる。不妊の貨幣に生殖力を与えてそれを資本に転化させたのである。③近代的租税制度は，国債の利子支払いと元本支払いのために，国債制度の必然的補足物になった。消費税は賃金労働者に重荷を負わせることになった[20]。④保護貿易制度は，この租税制度の不可欠な構成部分の1つである。なぜなら保護関税は消費税と同じ効果を持つからである。保護関税と輸出奨励は国内の製造業を興し，近代的な生産様式への移行を強行的に短縮するための人工的な手段であった，等々——。

以上の諸項目はステュアートが，幼稚産業，外国貿易，国内商業の3段階のうちの前2段階において適用されるものとして産業振興の諸方便を論じた諸項目と類似しているどころか，ほとんど一致している。マルクスが資本に転化すると言っているところを，ステュアートは産業を振興するという用語で表現しているように読める。この意味でステュアートの経済政策論は実質上マルクスの言う原始蓄積論の体系を含んでいると言うことができるだろう。

本章はしかし，マルクスの理論からステュアートの論議の意味づけをしようとしたわけではない。むしろ両者の議論を学説の年代史上に並べてみた場合，マルクスの方がステュアートから，その経験的な観察を学びとって，マルクス的な理論に焼きなおしているという関係が浮かび上がってくる。このことは，ステュアートもマルクスも資本主義発展の歴史的事実を，経験主義的に描こうとした点で共通しているからだと思われる。現実の資本主義は，両者が描いたとおり，国家権力に支えられて成長したというのが事実であったというほかはないのである。

他面，スミスの『国富論』においては，現実の資本主義の生成と発展は第3編の封建制の崩壊過程や第4編の重商主義論において叙述されている。それが現実の歴史の経験的な描写であるためであろうか，封建的な政治権力の崩壊過程についてのステュアートとスミスの描写には重なる部面が多いし，重商主義期の資本主義における国家の経済干渉についても，ある意味ではスミスはス

テュアート以上に組織だった叙述をしている。両者にとって事実問題としては，資本主義は善かれ悪しかれ国家の介入を伴ったのである。ただ，このような発展がうまくいったと見られていたのかというと，両人どちらにおいても必ずしもそうだとは言えない。ステュアートの場合は，先に見たように自由な市場は安定的な均衡化のメカニズムを持っているとは見られていないし，それゆえに為政者は絶えず市場の状況を見張っていなければならず，スキルフルハンドによって市場の振動（動揺）が小幅な振動にとどまるよう尽力しなければならないという始末である。そればかりではない，彼の自由市場の将来像には，自由によって結ばれた社会は自由によって崩壊するかも知れないというような悲観的な危惧の念がまとわりついているばかりか，保護政策によってもなお国際競争市場で立ちゆかなくなった場合には，貿易を遮断して一国だけでの自給体制を考えるべきだというような悲観的分析をしているほどである。スミスが，国家干渉による産業の保護育成をどのように批判的に見ていたかは，『国富論』第4編の重商主義批判によって周知のとおりである。ステュアートは国家干渉はなかなか難しいということを論じた。スミスは国家干渉はむしろかえって有害だと断じた。しかし両者の見方に微妙に重なるところが全然ないとはいえないであろう。

　このように見てくると，初期資本主義の発展は実際の，現実の歴史という意味では，ステュアートによってもスミスによってもマルクスによっても，国家の強制権力によって支えられた大変問題の多い体制であると見られていたことになる。その限りでは，このような現実感がとりもなおさず彼ら3人の初期資本主義観であったと言わざるをえないであろう。

　そうだとすると，スミス『国富論』第1・2編で描かれたあの楽観的できれいな，ケインズの言を借りれば芸術的な資本主義理論のイメージは，いったい何であったのだろうか。第1，2編の資本主義像は，所有権の安全などの資本主義を支える基礎条件さえ整えば，自由な市民の経済活動によって自然に社会的な調和と発展がもたらされるというその機構を美しく描き出している。こうした構想が，どのような思想史上の背景の中で生まれたものであるかという問

題について，本書では次章と，本書全体の総括を試みた終章で検討を試みなければならない。

(注)
1) 小林昇「経済学の形成時代」(初出は 1960 年)，『小林昇経済学著作集』，I，未来社，1976 年，59 ページ。小林教授はその後の諸論稿でもおおよそこの特徴づけを維持されたが，当初の「原資蓄積の一般理論」という表現は後年「原資蓄積期の一般理論」に変更された。同『著作集』，XI，未来社，1989 年，263 ページ参照。私自身も同氏のお考えを，独立生産者という点も含めて踏襲したものの1人である。拙稿「ステュアートとスミスと経済学の成立」，田中敏弘編『古典経済学の形成と発展』，日本経済評論社，1990 年，84 ページなど。しかし本稿では，まさにこの独立生産者なるものの実態を問題にする。
2) 小林昇氏の論述にも次のような文章が見られる。「『原理』でのファーマーは地代を支払っている農民であって独立生産者とは言えないのではないかという疑問が生じる。また他方，『原理』ではサーヴァントを持っているファーマーの描かれている事例が多く，こうなるとファーマーとは資本家的小作農ではなかろうかという逆の方向からの疑問も生じる。事実，『原理』の中ではランドロード，ファーマー，ペザント，さらに土地の proprietor 等々という表現がそれぞれ多義的であって，それらの概念を確定することはまず不可能だと言えよう」(「経済学と後進国」，(初出は 1983 年)，同上『著作集』，XI，219-220 ページ)。
3) J. Steuart, *An Inquiry into the Principles of Political Economy*, (1st ed., 1767) in *Collected Works of James Steuart*, voll. I-IV, 1805, rep. Routledge / Thoemmes Press, 1995. 小林昇監訳，竹本洋他訳『経済の原理』，2 分冊，名古屋大学出版会，1998 年。邦訳には英文の巻数とページ数が付記してある。引用は本文中に英文の巻数，ページ数を II-28 のように注記する。
4) 八幡清文「スミスとステュアートの近代的自由論」，『国学院経済学』第 48 巻第 3・4 号，2000 年 6 月号はこのような意味でのステュアートの自由概念を詳細に論じている。なお，モンテスキュウ『法の精神』第 11 編第 3 章「自由とは何であるか」でも，同じ趣旨の文章が見出せる。——「自由とは法の許すすべてのことをなす権利である」。『世界の大思想 16 モンテスキュウ』，河出書房，1966 年，151 ページ。
5) ステュアートの経済理論についての研究は現在では相当に進んでいる。資本主義を特徴づける平均利潤を（彼の言う「積極的利潤」を），彼がどのようにつかんだかという点だけに関しても，精密な研究の展開が 1 つの論争史を形成しているほどである。小林昇氏の問題提起を受けて早くも 1951 年に始まり 1980 年代に至るまでの論争史に

ついては田添京二『サー・ジェイムズ・ステュアートの経済学』，福島大学学術研究叢書，1990 年，前編第 6 章第 2 節参照．また均衡価格論を中心とするミクロ的な均衡メカニズムを踏まえつつ，ステュアートの体系全体にわたっての経済理論的分析も進んでいる．このような理論的分析が初期資本主義観の問題として現在どのような問題性を投げかけるかという問題を，直接には論じ残したままで，本稿は若干ディメンションを変えて思想史的な側面に関して試論的なアプローチを試みることになった．

6) Cf. R. Pascal, 'Property and Society—The Scottish Historical School of the Eighteenth Century', *Modern Quarterly*, 1938. 水田洋訳「財産と社会――18 世紀スコットランドの歴史学派」参照．(水田洋訳『スミス国富論』，下（『世界の大思想』15），河出書房，1965 年，423-437 ページ所収)．

7) J. Steuart, *Considerations on the Interest of the County of Lanark in Scotland*, in *Collected Works of James Steuart*, vol. V-1805. 飯塚正朝，渡辺邦博訳，「スコットランド・ラナーク州の利益についての諸考察」，上，下，『佐賀大学経済論集』，第 19 巻第 2 号，1986 年 12 月，同 1987 年 8 月所収．この『諸考察』についての論究は，田添京二「ステュアート『ラナーク州の利害についての諸考察』について」（初出 1960），田添京二前掲書に所収．渡辺邦博「『ラナーク州の利益に関する諸考察』について」，桃山学院大『経済経営論集』，第 28 巻第 2 号，1986 年 10 月，および上掲邦訳の（下）に付されている飯塚，渡辺両氏による解題．

8) J. Steuart, op. cit., p. 288. 同上訳，上，106 ページ．

9) Cf. ibid., pp. 287 and 291-294. 同上訳，上，105，108-110 ページ参照．

10) 酒井進「ある織元の生涯と著作――評伝ウイリアム・テンプル――(1)」，『専修経済学論集』，第 39 巻第 3 号，2005 年 3 月号．

11) 酒井進「イギリス重商主義の経済＝政治機構――スミスの経済学と政治意識」，『専修経済学論集』，第 34 巻第 3 号，2000 年 3 月号参照．

12) Cf. J. Steuart, op. cit, p. 310. 同上訳，122 ページ参照．

13) Ibid., p. 312. 同上訳，123 ページ．

14) なにもスミスやマルクスに限らず，ペティーの『ロンドン市の成長に関するいくつかのエッセイ』（1696 年）や『東インド貿易についての考察』（1701 年，著者はマーティンと推定）においても，すでにマニュファクチュアの用語は，多様な労働の 1 つの作業場内での分業と協業による生産性の向上を意味するものとして使われている．松石勝彦『『資本論』と産業革命』，青木書店，2007 年，96-98 ページ参照．またマルクスのマニュファクチュアのつかみ方については同書第 5 章を参照．

15) Cf. D. Raynor, A. Skinner, 'Sir James Steuart: Nine Letters on the American Conflict, 1775-1778', *The William and Mary Quarterly*, Third Series, vol. LI, No. 4, Oct., 1994.

16) 詳しくは拙稿「J. ステュアートと A. スミスの自由市場論」，『経済学論纂』（中央大学），

第 43 巻第 3・4 号，2003 年 3 月，93 ページなどを参照。

17) M. Perelman, *The Invention of Capitalism, Classical Economy and the Secret History of Primitive Accumulation*, Duke Univ. Press, 2000, p. 149.

18) プラトンは言う，民主制国家の真髄である自由こそが，「民主制国家を崩壊させるのではないだろうか」と（プラトン『国家』，藤沢令夫訳，岩波文庫，下，1992 年，217 ページ）。

19) この点, 歴史の事実と『資本論』の叙述との対応関係を詳細に論じた松石勝彦前掲書，第 5 章を参照。

20) ステュアートの同じ趣旨の論述については上掲『原理』の II-25 などを参照。

第2章

アダム・スミスの資本主義観

1 資本主義の「自然的」ヴィジョンと現実

　アダム・スミスは近代社会を，産業資本に立脚する資本主義社会として体系的に描きだした最初の人である。ところで，19世紀後半以降20世紀にかけて資本主義という用語が，社会主義に対する対語として使用されていたという事情からして当然ながら[1]，近代社会というのではなくて資本主義という場合の方が，よりいっそう歴史的な意味を含意するものとみることができるだろう。近代と言えば，古代，中世，近代という過去から現在への歴史的な変遷を含意するけれども，現在から未来へかけての見方はオープンになっている。社会主義も近代的でなければなるまい。しかし，資本主義と言えば，古代奴隷制，封建制，資本主義という過去から現在への歴史的な変遷を含意するだけではなく，少なくとも19世紀後半から20世紀にかけての問題状況においては，社会主義への移行という現在から未来にかけての歴史問題が付随していた。しかし20世紀末から21世紀の現状においてはほかならぬこの問題が，曖昧模糊となって風化しているかに見える[2]。そこで本章は，そもそも近代社会を古典派的な仕方で初めて資本主義として描き出したアダム・スミスの資本主義観が，こうした現代的な問題状況から見てどのような意味と内容を示しているかを検討してみようとするものである。

　またスミスの資本主義観といっても，彼の「自然的自由の体系」に集約される彼の理念的な資本主義のヴィジョンは，現実の資本主義の発展に対する批判

基準であるという意義を持っているように考えられるが，このヴィジョンは，先進国の資本主義の発展および学説史の展開に対してどのような意義を持っただろうか，また資本主義の世界的な展開に対してはどのような意味を持っただろうか。これら二重の問題を検討して，現時点から観て，それがどのような意味を持っているのかということを考えてみたい。

2 資本主義経済学の古典

　近代商業社会の最初の経済学体系の創立者はジェームズ・ステュアートであるとされているが[3]，近代資本主義の経済的機構を産業資本に立脚するものとして最初に体系化した人は，アダム・スミスであろう。
　スミスは，近代資本主義時代の当初から信用業や特権的株式会社や特定の商業部面で機能していた資本だけではなく，広範な生産部門での近代的な生産資本の機能を定式化したし，その上この生産資本を基礎として，それに対する商業資本や銀行資本の分業論的な関係をも定式化したのである[4]。このことによって，スミスは史上初めて古典的な形で，近代社会を資本によって編成された資本主義社会として描き出したと言うことができる。本章の冒頭で「産業資本に立脚する資本主義」という表現を使ったのは，このような諸資本の分業論的編成を言い表すためである。スミスが長らく経済学体系の始祖と言われてきた１つの理由はこの特徴を踏まえてのことだったろうと考えられる。このような特徴づけは少なくともスミス経済学の一面については当たっているはずである。
　もちろんスミスの時代にも「資本主義」capitalism という用語は存在しない。しかしスミスは capital，あるいは capital stock，あるいは単に stock という用語で，特に生産の分野での資本の投下がどのようにすばらしい生産力の向上をもたらすかを分析した。このことの基礎のうえに，生産にとっての商業の，そしてまた商業資本の役割を分析し，さらには銀行資本がどのように生産や商業の発展に寄与しうるかを分析した。こうした社会的分業の体系的な分析によってスミスは，近代社会が資本と資本家たちによって編成されている，そのメカ

ニズムを古典的な形で解明したのである。

　近代というつかみ方の枠内でも，私有財産制や市民的な自由や交換＝分業の発展という歴史的な特徴を表現することができるだろうが，スミスは、その分業が生産資本の投下によって著しく生産力を発展させるという資本主義の特徴を表現することができたわけである。そうすることによってスミスは，社会の基本的な分配所得を利潤と賃金と地代に区分し，これに基づいて社会が資本家と賃金労働者と地主という３つの基本的な階級によって構成されることを史上はじめて定式化した。これらの３つの所得は，それぞれ市場メカニズムによって決定されるのであって，かつての領主の収入や農奴の生活資料が封建的な習慣や経済外的な権力的強制によって決定されていたのとは決定的に違っている。そのような違いをスミスは定式化したことになる。

　したがって，資本主義という用語が存在しなかった時代に，彼は，近代社会が実際には新しい資本主義的な時代に移行していたことを描き出したのである。資本主義という用語は，スミスが実際に描いた機構をも踏まえて，はるかに後代になって広く使用されるようになったということになる。スミス以前には，重農主義のケネーにおいても，重商主義のステュアートにおいても，賃金と利潤との区別は経済理論の中心基軸にはなりえなかったし，社会は資本家，労働者，地主という資本主義的な古典的な区分ではなくて，むしろ封建遺制を引きずった旧型の士，農，工商の残影を思い起こさせるような地主，農民，商工業者という区分であった。節約と奢侈という内容の違いはあるが，社会全体の盛衰を左右する主役は地主であった。これに比べるとスミスの基本的な所得と社会階級の区分は，画期的な定式化であったと言わなければならない。そしてこのような新しい経済理論は，典型的な資本主義時代を通じてリカードウ，J. S. ミルを経て一方ではマルクスへ，他方ではマーシャルへ受け継がれたのであって，その継承がさまざまな洗練やスミス批判を含むものであったとしても，スミスはたしかに資本主義経済学のもっとも有力な始祖であった。ケインズ以降，こうした３大所得（３大階級）の区分を度外視して，それらを国民所得というかたちで一括し，その集計値を財政・金融当局の自由裁量的な政策の対象として

問題にするようになったのは，明らかに資本主義の大きな変容を表現している。

3 理念的理論と現実と近代的自然法

　スミスが社会全体の生産や流通，さらには貨幣循環の主役が産業資本であることを明らかにしたという場合，その資本を歴史的な性質という点でどのように意味付けていただろうか。

　この点ではスミスの経済思想が 17 世紀ヨーロッパ大陸の近代自然法学に強く影響されていることが，まず注目されねばならない。この点は，スミスの『法学講義』で彼自身がグロチウス，プーフェンドルフなどの名をあげて，自ら自然法学の体系化を試みようと言明していることからも明らかである。『法学講義』のポリースあるいは内政論の終りでは「こうして我々は，法律（law）の最初の3大対象すなわち司法，ポリース，公収入を終了した。我々は今や……軍備を取り上げるところに進む」（LJB. 541，訳 408）とある。ところが軍備論が終ったところでは，「自然法（the laws of nature）について，我々が提案したとおりに，それが司法，ポリース，公収入，軍備にかかわるところを考察した，……」（LJB. 544。訳 416）と述べている。したがってこれらの引用を重ねてみると，law と the laws of nature は同じ意味を持たされており，スミスが彼なりに自然法学の体系を構想していたことがわかる。

　近代自然法学の影響を強く受けているといっても，スミスは，どちらかと言えばその特徴的な手法にならって「自然状態」や「原契約」の仮定的前提を踏襲しているわけではない。「自然状態」は未開社会への言及によって回避されているし，「原契約」は明確に否定されている。それでも私有財産権がすべての社会で守られるべき基本的な権利であるとする近代自然法学の基本的な考えを，スミスは自らの社会理論の，そしてまた経済学の基礎前提として踏まえている[5]。その場合，「自然状態」や「原契約」の代りにスミスが論証の基礎としているのは，歴史に見られる経験的な事実の自然的な発展経路（理念的にあるべき経路と考えられたもの）と，スミスの眼前で中産階級の勤勉な人々の間で

広く観察されたヒューマン・ネイチュアである。

　『道徳感情論』では，その主題の一面をなす同感判断による自己規制は，近代商業社会の中でこそ一番よく養成されるとされている。この認識は，同感をつうじての判断力が，彼の眼前の商業社会で広く一般的に観察されるということを意味する。そのような人間の感情の働きをスミスは人間の本性＝自然（human nature）と見なした。

　スミスの『法学講義』は公法についても私法についても，すなわち統治形態についても私有財産権についても，未開社会から近代商業社会に至るまでのそれらの歴史的な変遷を描いている。それは私有財産権が，時代や国の違いに応じてさまざまであるということを示すだけではなく，狩猟，牧畜，農耕，商業という経済の発展に応じて，私有財産権が拡大（enlarge＝一般化）されてきたという経験的・歴史的ないきさつを解明している。すなわち私有財産権が近代商業社会で広く一般的に認められる基本的権利として，確立してきた由来が歴史的にたどられているのである。

　未開社会や古代社会や封建社会，あるいは中国やアメリカ等々で，私有財産のあり方は違う。そうした違いを，その社会の生産力の違いや統治形態の違いとの関連で，スミスは，『道徳感情論』で解明した同感原理を援用しながら説明している。しかし生産力や統治の形態が変化（進歩）するにつれて，ある時代の制度や習慣は，かつては「いかに必要であったとしても，……今ではまったくの厄介物」（LJB. 529, 訳374）になってしまう。こうして私有財産の社会的な認知の仕方が変化する。というのも，「人々の間に彼らの旧習を保持することは，それらの原因が除去された時には背理的である」からである（同上）。

　このような変化（進歩）の過程で私有財産権は「拡大」され今日に至っている。資本主義システムを支える基本権である私有財産権に関しては（あるいはむしろこの点に限っては）スミスは，普通に観察される今日の状況のなかに自然的なものを見出そうとしているのである。それはスミスの眼前の商業社会の人々によって同感をもって是認されている。その権利の侵害に人々は憤慨するのが普通であり，その憤慨の感情がまた「自然的」であり，こうした感情に基づいて

統治や法が成立している。そしてこのような状態は，この上なく有効に社会の産業を促進する。「法律と統治もまた，このこと以外の目的を目指しているとは思われないのであって，それらは，自分の所有を拡大した個人の安全を保障して彼が平和にその果実を享受できるようにするのである」(LJB. 489, 訳 268)。

『法学講義』では，自然法という言葉は多用されてはいないが，随所で「自然に」という言葉が使用されている。社会の（生産力を中心にした）発展にともなって，「自然に」近代的な所有権が確立する。この過程を『法学講義』は追っているのである。その場合，「自然的な」というのは，スミスにとってはおおよそ次のことを意味するであろう。すなわち歴史的に必然的に成立したこと，またそうあるべきこと，現在広く人々に同感され是認されていること，またそうであるべきことを意味しているであろう。その上に，19世紀とは違って[6]，スミスの当時においては，ニュートンの自然哲学の法則に倣って，「自然的」は，永久不変性，普遍的法則性を含んでいたのであって，スミスの「自然的」の用法もその枠を外れてはいない。

以上，特にイングランドで発達した商業社会適合的な私有財産制度を自然的なものとみなすスミスの近代自然法学的な手法を振りかえってみたが，本稿の主題に関連して当面次の3点を指摘しておきたい。

まず第1に，自然法はもともと実定法とは違うものとして構想されたものである。それは実定法批判の理念を提示したものである。またそれと同時に，実定法は改訂されて当然自然法に準拠すべきものと考えられたのである。スミスにもこの考えと同じ思考が見られる。スミスは，広く歴史を反省して大ブリテンに現に実際に見られるような基本としての私有財産制度の確立を，一応自然必然的なものとして見定めているのではあるが，しかしそれだけではない。ということは，この私有財産制度を基礎として展開されていた，言葉を変えれば，私有財産権の具体的な援用諸形態として実際に行われていた重商主義政策に対するスミスの批判を想起すれば自ずと明らかであろう。先に「自然的」の意味を説明して，「そうあるべきこと」という表現をしたのはそのためである。すなわちスミスは，イングランドにおいて私有財産権という基本的制度は最高

の発展を示すものとして肯定したが，私有財産権の実際の運用（利己主義的，貨幣追求的，利潤追求的，殖産興業的な保護主義で偏狭なナショナリズム＝現実の資本主義＝重商主義）を批判することになったのである。両側面の関係についてスミスは，「各人が自分の労働の果実を享受することについて，大ブリテンの法律が与えている保障は，これさえあれば，これらおよびその他20 ものばかげた商業上の諸規制にもかかわらず，どの国でも繁栄させるのにそれだけで十分である」（WN. IV. v. b. 43, 訳 III-77）と見ている。この意味ではスミスの自然法的な理念は最初から現実の資本主義に対する批判理論的側面をもっていたことになろう。

　第2に，このような（それ自体としては法的な権利論としての）自然法的な理念は，資本主義の経済的な機構を，それに対応した理念的な構造として描こうとするに際しては，いくつかのほかの要素，要因に結びついている。『道徳感情論』との関連で言えば，経済行為も経済政策も広く人々の同感を得られるようなものであるべきであろう。他人を押しのけて，独りよがりの利得を追求する行為は好ましくないし，経済行為はフェアプレイである場合にだけ，お互いに同感し合えるものとなろう。重商主義政府の，血で書かれたような過酷な統制政策は，それ自体，人々の同感によって支持されていないことを示している。またスミスと同じように自然法思想の影響を受けた重農主義者の理想的な経済理論の構想もスミスに大きな影響を与えたことは，古くからよく知られている。ケネーの経済表は，理想的，理念的にあるべき経済の構造を表式化したものであって，アンシャンレジーム下のフランス経済の実情とは違うだけではなく，それを批判しただけでもなく，困窮したフランス財政経済を改革するための指針にしてほしいという願望を込めたものである。こうした諸要素を踏まえてスミスは，『国富論』第1・2編の基礎理論と，第3編の封建制批判，第4編の重商主義批判，第5編の国家論（自由主義経済を成立させるための条件論）という構想を立てたについては，さらにスミスの古代哲学からの影響を考えなければならないように思われる。重農主義には『国富論』第1・2編に相当する理念的理論はあるが，それに立脚した現実の歴史批判を，すなわち『国富論』第3編，

第4編に相当するような分析を，経済表の理論と体系的に結合してはいないように思われる。前章でみたようにステュアートは，自然法思想に反対し，現実の経験論的な叙述と経済理論の叙述の順序と構想をうまく組み合わせているが，スミスは現実の歴史の経験論的な描写（第3・4編）と理念的な理論（第1・2編）とを一応区別して論じている。そして両者を結びつけるための条件論（そのための国家の役割論）を第5編にまとめている。ところでスミスが高く評価した古代哲学，特にプラトンの《国家論》を読んでみると，イデア論としての哲人国家論と現実の諸国家批判と現実の国家を理念的な国家に近付けるための条件論（プラトンにおいては教育論）とが，有機的に区別されまた結び付けられて《国家論》の構想を形作っているように思われる。このことはスミス『国富論』に特有な構想，すなわち重農主義ともステュアートとも違った構想に，何らかの関連があるのではないかという思いを起こさせる[7]。

　第3に，上記の自然法論とも古代哲学のイデア論とも関連することだが，スミスの言う「自然的」には「そうあるべき」という意味が含まれるのであるが，このことはなにもイングランドだけについて言われているのではない。普遍性が含意されている。スコットランドについてもフランスについても，同じ尺度が適用される。スミスは『法学講義』その他で，時代と国が違えば事情も異なるという事実を，事実としては経験論的に描いてはいるが，それは各時代，各国が取るべき進路は，多様であるほかないということを述べているわけでも，多様な諸事情をお互い認め合ってゆこうなどというのではない。スミスにとっての「自然的」基準からは，市民革命以前の諸制度も，市民革命以後の重商主義的諸政策も，スミスと同時代の遅れた諸国の諸慣習もすべて不自然なもの，あるいは富裕の進歩を遅らせた諸事情として批判される。この見方は，後で述べるように，スミス自然法学の体系の中で，歴史を扱う場合にある特有な（あるいはむしろ奇妙な）手法を持ち込むことになる。つまりはどこの国もスミスが「自然的」と見なしたような方向への発展が唯一「自然的」である。このような見方も人間の基本的人権を押しなべて人類全般の自然権と見なした自然法的な思考と関係しているものと考えられるが，このことは後で見るように国際関

係の中で資本主義を評価する場合に，大きな問題を惹起することになるであろう。

　第4に，不変的，普遍的な意味合いをもつ「自然的」の見方からすると，過去から現在への歴史は，あるいは理念的な理論の立場から批判的に描くことができるだろうが，理念的な理論の立場から観た未来の進路については，もはや何の変化も生じないだろうなどという見方がなされるほどではないまでも，なおオープンな問題にとどまるであろう。前述のように「資本主義」とは違って「近代」という発想は，過去から現在への歴史的な変化を問題にするとしても，現在から未来への変化という問題については，その解答はオープンだと言えるだろう。スミスの資本主義像はむしろ近代社会のイメージに近い。あるいは彼は近代社会論のイメージでもって資本主義社会を描いていたのである。

4　批判理論としての理念的資本主義論

　周知のようにスミスは，社会の富裕を増進する最有力な原因は分業に基づく生産力の向上であるという命題を，すでに『法学講義』の頃から繰り返している。ところで，分業を推し進める原理は，人々に内在する交換性向（propensity to exchange）である。自分の利益になるように他人を説得し，持ち物を交換する性向である。さらに，この交換は自由に行われる場合には，当事者双方が利益をうる場合にだけ成立する。そうすることによって両当事者は相互に同感し合えるだろう。そしてそのような場で投下労働価値の等価交換の着想も生まれている。複雑な商品交換の場においてはこの原理をそのまま追認することは難しいかもしれないが，上記の原理はスミス交換理論の基本原理であり，またそうあるべき基本である。

　ところで分業を成立させる条件は，人々が専業に専念している間，その人々の生活と生産とを維持しうるだけの貯え（stock）がなければならない。そうでなければ人々はある一定期間をかけて自分の専業に専念できない。ここで注目すべきは，この意味でのストックがスミスの資本概念の核である点だ。

『法学講義』には理論的に整理された資本概念はないが，それでも分業に基づく生産力の向上という点は理論的に最重要な扱いを受けている。その分業を支えるための条件としての一定の貯えを得ることができなければならないという点も明確に指摘されている。「人々が……ある特定の勤労をするようになった時には，彼らはその仕事によって，それに従事している間自分たちを支えるだけのものをえなければならない。1人の矢作りは，彼がそれを作るのに時間をかけている間彼を維持するだろうだけを，余剰生産物と交換に入手することについて確実でなければならない」(LJB. 494-495, 訳284-5)。

　この貯えはまだ資本の名で呼ばれてはいないが，スミスが資本を考えて行く際の萌芽を示している。したがって『国富論』において本格的に資本の分析をする場合にも，表現は次のようになる。「織物工が彼の特定の仕事に専念できるのは，彼が彼の織物を完成するだけでなく売るまでの間，彼の生活を維持し，彼に仕事の材料を供給するに足るだけの貯えが，彼自身の所有物としてであれ，だれか他の人の所有物としてであれ，どこかに前もって貯蔵されている場合だけである。」(WN. II- 序論, 訳II-16)。

　以上のようにスミスにとって「資本」は，なによりもまず生産力的な分業を支えるための貯えであり，生産者自身の手元であれ誰か他の人の手元においてであれ，どこかに貯蔵された貯えである。このような意味での資本は歴史的には分業が行われる限り，資本主義をはるかに超えて（それ以前にもそれ以後にも）存在するはずだ。このつかみ方には，原始蓄積の暴力的な性格や，生産者からの生活手段，生産手段の分離という認識はほとんど窺えない。この点はステュアートの資本主義成立論と大きく異なっている。ステュアートが強調した農民の農地からの追放については，おそらくただ1箇所だけ次のように述べられているにすぎない。大土地所有者は商業や貿易の発展に応じて奢侈的支出を増し，それに伴って従者を解雇した。「同じ原因から，彼らは，借地人のうちの不必要な部分を次第に解雇することになった」(WN. III. iv. 13. 訳II-244)。これはスミスの重要な歴史認識であるが，彼は追放された借地人の再雇用よりも，従者解雇による封建的大土地所有者の武力の喪失と権力の失墜の方に，より直

接的な関心を向けている。

　資本家と賃金労働者との関係も，自然的な意味合いでは，商品交換の原理から導き出されるべきものである。資本家と労働者は私有財産所有者として対等であるべきだ。労働者にとっての財産は彼の労働能力である。彼の体に備わった彼自身の能力である。資本家は利潤目当てで労働者に賃金を支出するだろうし，労働者はその賃金のおかげで一定の生産期間，自分の生活を維持できる。商品交換の原理と同様に，雇用契約によっても当事者双方が利益を得るという訳である。

　もっとも現実にはこのような微温的な階級関係などありはしない。前章でみたように，この点マルクスによって高く評価されたステュアートのある面での描き方の中には，よほど現実的・経験的な見方があったと言えるかもしれない。そしてそれはそれで，スミスも批判的に描写してはいる。すなわち周知のことだが；──雇用契約の交渉に際しては，貯えをもった資本家の方が貯えをもっていない労働者よりもはるかに有利である。資本家はお互いに連絡して協同歩調を画策することが容易にできる。彼らは結束し，また政府に働きかけて，賃金水準を低く押さえ込もうとし，産業保護政策を実現しようとする。重商主義政策というのはその最たる実例だ。これはどちらかといえば物価を引き上げ産業全体の雇用力を狭め社会の富裕の増進を妨げるばかりでなく，最大多数を占める労働者階級にとっても不都合である。それだからといって労働者が結束しようとすると，国家権力による抑圧を受ける。資本のもとでの分業組織に組みこまれて毎日毎日単純で同じ労働を強いられている労働者たちは，知的にも道徳的にも頽廃するだろう──と。

　彼は自身の「自然的」＝理念的な理論の基準によって，現実の資本主義を批判しているのである。批判の基準としての理論的な「自然的自由の体系」を描き出そうとしているのである。彼が心に描く自然的なヴィジョンのもとでなら，資本相互の自由で公正な競争によって資本の利潤率は低下するだろうけれども，社会の利潤総額は増大するという状況が生じうるであろう。このような状態のもとでは，生活資料は豊富になりその価格は安価になり（つまりポリースの目的

41

は自由市場で実現することになり），労働需要も増大し，いっそう豊かな実質賃金が実現するだろう。このような事情のもとでは地主階級の境遇もよくなるだろう。社会の生活資料を生産している労働者は社会の最大多数を占めているのであって，そのような労働者階級の賃金が高くなり生活が改善されるということは「衡平」(equity) であるにほかならず，このような状態に反対する人（同感しない人）はいないであろうとスミスは言う (cf. WN. 1. viii. 36, 訳 1-142-143)。

ここには，スミスの資本主義の現実に対する批判の立脚点が倫理的な言葉で表現されている。すなわちスミスの理念的＝理論的な資本主義観が示されている。それは理念的な資本主義観であるだけではなく，合わせて現実の資本主義の批判の基準であったために，19世紀の資本主義改良思想の原点が据えられていると言えるであろう。このことは，スミス『国富論』が古典的，規範的資本主義像を提供したものとして，後世に長く参照され続けてきたゆえんでもある。

☆　　　☆　　　☆

さて，「自然的自由の体系」に結実したスミスの理念的なヴィジョンが，敗戦直後の我が国で，「太平洋戦争」の大惨害をもたらした我が国の封建遺制，軍国主義，植民地収奪等に対する批判の依拠すべきひとつの古典として，大きな意義を持ちえたことは周知のとおりである。この事情は前述のように，スミスが封建遺制批判，重商主義的植民地政策批判という意図をこめて，自由主義的資本主義のあり方を示したことと共鳴しあっている。この点でスミスは敗戦後の我が国の民主化運動のなかで，思想史研究という地味な形を取ったにすぎないとはいえ，それなりに大きな役割を果したと言うことができるだろう。

しかしスミスは我が国だけでこのような啓蒙的な役割を果しただけではない。資本主義の現実を批判する彼の理念的なヴィジョンは，スミスの母国の経済思想史の上でも，現実の資本主義批判ないし改良の拠り所の1つとして，大きな意義をもっていたものとみなければならない。彼の重商主義批判はとりもなおさず資本主義の現実への批判にほかならなかったからである。このことはスミス以降ほとんど現在に至るまで，自由主義的資本主義を擁護しようとする場

合にも，あるいはその欠陥を修正するためのよすがを見出そうとする場合にも，連綿としてスミス思想への回顧が続いているという事実からしても明らかであろう。現実の資本主義が生み出したさまざまな弊害に対して，どのような対処の仕方がありうるかという問題意識なしには，到底このような思想史的な現象は生じえなかったであろう。この点は，イギリスにおける改良主義の祖と言われるジョン・ステュアート・ミルが，19世紀の資本主義の現実の発展が産み落としたさまざまな弊害を目の当たりにして，その新しい事態に合わせてスミスの思想の再構築を目指すという意図のもとに，彼の改良主義を構築しようとしたという事実を想起すれば，これまた明らかである。その上で，イギリス経済思想史において，改良主義の展開のなかでのミルの重要なポジションをも想起すべきであろう。

しかし，資本主義の改良，特に20世紀以降の改良は，産業政策にしても福祉政策にしても非商品経済的な様相を強めてきたのであり，それに応じて官僚制が強まったのであるから，仮に改良主義の思想的源流がスミスにまでたどりうるとしても，それを実現する手法はスミスの考えた自由主義とはむしろ対照的な政策，制度である場合が多い。仮に資本主義の理想的な原理をスミスがはじめて古典的な形で描いたと言えるのだとすれば，現在の官僚制的資本主義はずいぶんと非スミス的，非資本主義的になってしまっていると言わねばならない。しかしその場合スミス的な自由の精神は，スミスの名をあげるかどうかにかかわりなく，官僚統制に対する警戒，批判，抵抗というきわめて貴重な市民的運動のなかに受け継がれていると言わねばならない。

それでは，先進国と後進国との相克が見られる国際的な舞台では，スミスの自由主義思想はどのような意義をもったであろうか。

5 スミスの自由主義と「自由貿易帝国主義」

以上，スミスの自然法的な，そしてまた理念的な資本主義理論の概括を試みたが，このような見方に立つ場合，国際的な進歩の多様性はどのように見られ

ているであろうか。スミスの自然的基準あるいは自然法的基準から見れば，当時の大ブリテンの実際の資本主義＝重商主義は批判の対象になるという関係にあったから，フランス，ドイツ，スペイン等々の国々はそれぞれ，封建遺制を抱える国として，あるいは分立的な封建的領邦国家として，あるいは16世紀的な大土地所有制度を残したまま富裕の進歩をすっかり遅らせてしまった国として，批判の対象になっている。その批判は各国の多様性を認識した上での批判ではあるが，その多様性を自然なこととして認めてゆこうとする立場ではない。彼の「自然的自由の体系」という理論的，理念的な基準からすれば，こうした諸国はみなできうることならば，所有の制度や統治の制度を変更し，国内的にも対外的にも自由な産業活動が可能になるようにして，富裕の自然的進歩の行程を踏まえるべきである。スミスは遅れた国々について暗にこのような示唆を与えているように見える。タタール人のような極度に遅れている地域に対しては，さすがに一挙にこのような自然的行程への軌道修正を勧めているわけではないが，しかしその場合には，タタール人の遊牧生活における私有財産制度の未発達ぶりや生活の過酷さが批判がましく例示されるばかりで，そこに各地各種の歴史的事情の違いや社会生活の相対的価値の多様性を見出そうとする観点があるわけではない。

　アメリカの先住民族に対してスミスは，その剛毅な気質，不屈の精神，共同体への厳しい忠誠心等々に，TMSにおいて驚嘆している（cf. TMS. 205f.,訳，下，77以下参照）。また，『国富論』においては，西欧からの入植者たちがアメリカの先住民族に対して数々の不正を働いたという事実を指摘してはいるが，それでもスミスは，こうした人々が西欧の進んだ入植者たちの商業に学びつつ，そのうちには西欧人に肩を並べうるほどに進歩するだろうと予想している。すなわちその地の人々たちはこれからは「より強力になり」，「勇気と力において平等になり」，不正が行われないようになるだろう。「すべての国と国との間の広範な商業が自然に，あるいはむしろ必然的に伴う知識とあらゆる種類の改良の相互交流ほど，この力の平等を確立するものはなさそうに思える」と言うのである（cf. WN. IV. vii. c. 80, 訳III-235参照）。つまりはもっとも楽観的な資本の

文明化作用が想定されていたわけであろうか。（あるいは，今日世界のもっとも遅れた地域で見られるような，先進国に対する激しい抵抗運動が，期せずして予想されていたと見るべきであろうか）。

　それでは各国の商業取引についてはどのように考えられていたのであろうか。スミスにとって自由な商品交換の基本は前述のように，交換の両当事者がともに利益を得るという点にあったのだから，国際的な商取引においても，それが自由な貿易である限りは，商品交換の原理どおり，両当事国にとって利益になるはずのものである（cf. LJB. 511, 訳 325-326 参照）。このことはイングランドとフランスとの交易においてそうであるはずだというにとどまらない。イングランドとインドとの貿易も，それが自由な交易として行われるならば，当然両当事国にとって有益であろう。アメリカ植民地との貿易も，それが特権会社の独占的な貿易であるために，アメリカにとってもブリテンにとっても有害な作用を引き起こしているのが現実ではあるが，植民地貿易それ自体は，ブリテンにとって大変有益である。スミスはアメリカ植民地貿易そのものには反対してはいなかったのであって，貿易そのものから生じる利益は，その独占から生じる弊害を上回っていると言っている（cf. WN. IV. vii. c. 50. 訳 III-205 参照）。

　したがってスミスのこのような理論に立脚しつつ（あるいはスミスの権威を振りかざしつつ）イギリスの政治家や商人は諸外国に対して自由貿易を要求することができた。彼の自由貿易の原理は，自然的自由が普遍的に妥当する原理として提示されていたからである。すでに国際市場で最強の生産力を達成したと（スミスによっても）信じられたブリテンだけではなく，遅れた諸国もまた同様に自由貿易政策を採用するのが自然であるかのように，スミスは暗示しているし，少なくともそれらの国が保護主義をとることはやむをえないことだという結論は，スミスの理論からは出てこない。スミスはこの（理論的な）原理に対して実際的な制限条件をつけることさえしていない。自由貿易は彼にとっては自然的であるからである。こうしたスミス的な自由貿易主義は，その後リカードウおよび J. S. ミルなどによって，比較生産費論的な国際分業論（自由貿易による相互利益論）に発展させられたし，いわゆる新古典派の諸理論を経て現代

45

の最先進国の自由化の要求につながっている。

　しかしこの原理の実際的な結果は，必ずしも両当事国に有利というような楽観的な事柄ではなかった。『国富論』で分析されたような事情によって工業生産力を高めたイングランドの工業製品は，他国の市場でも販路を広げ，他国の工業の発展を妨げるであろう。生産力の格差が大きい場合には，諸外国の土着の工業を根こそぎに壊滅させるであろう。スミスの啓蒙主義的な楽観的理論は，自由貿易のこうしたネガティヴな側面に十分な配慮をしていないのである[8]。

　今理論を離れてスミスの名と深く結びついたブリテン型の自由貿易主義が，現実の資本主義史においてどのような結果を生み出していったか，若干の例を想起してもらうならば，その効果が世界史的にも大きな影響を持ったことは明らかである。ブリテンとフランスの間のイーデン条約（1786年）はフランス革命のきっかけのひとつになった。大ブリテンのインドへの進出，中国に対する阿片という有害な商品に関してさえ自由な商品貿易を迫ったこと[9]，日本への開港の要求，等々。スミス自由交易論の系譜を継ぐ大ブリテン型の自由貿易政策の世界史的な意味は非常に大きい[10]。

　このような次第であるからスミス的な自由貿易主義に対しては早くから批判がある。フリードリッヒ・リストはそれを万民主義（世界主義）だとして批判した。また小林昇氏は，リストの意を汲んでスミスの自由貿易主義に上述のような欠陥があることを早くから指摘しておられる[11]。また，最先進国の自由貿易の要求が後進国に自由と繁栄をもたらすものではなくて，かえって先進国の帝国主義的な後進国支配という結果を引き起こすという論説を展開した J. A. Gallagher and R. E. Robinson, The Imperialism of Free Trade, in *The Economic History Review*, Aug., 1953 という衝撃的な論文およびそれにつづく数多くの諸論稿を参照しつつ，スミスにはじまるイギリス古典派経済学の自由貿易理論に期せずして（しかし不可避的に）付随した帝国圏域の拡大という問題を系統的に論じた宮崎犀一氏の業績[12]もある。

　スミスの「自然的自由の体系」がなぜに上記のように現実的先見性を欠いた楽観主義に陥っているかというと，それには大づかみにいって2つの理由が

あるだろう。1つは彼の歴史の摑み方である。それは，本章第3節で見たように，未開から文明にかけての自然的な発展の順序を明らかにしたものである。それは古代の奴隷制を批判したものであり，封建制を批判したものである。あるいは狩猟，牧畜，農耕，商業という発展段階を経て，私有財産権が拡大され，分業の成長とともに富の貯えも行われるようになり，社会の生産力が著しく増大したことを描いていた。それはどこの国でもそうした発展の道行きをたどるべきものということを前提していた。その理想とする最高の到達点が彼の言う「自然的自由の体系」に他ならない。このような歴史観をスミスの時代の国際関係へ横倒しにしてみると，そこには世界各地，各国の進歩段階の差異と多様性が現れるであろう。「富裕の進歩を遅らせる諸原因」を抱えた諸地域，諸国が現れるであろう。しかし，彼は世界各地，各国が，スミスの考える未開から文明への「自然的」な道程を経て進歩すべきものと暗に前提しているように見える。

　第2の理由は，前述したように彼が，自由な商品交換の原理を，人間の本性によって基礎付け（その意味ではどこの国々でも商品交換は自然的なものとみなされるであろう），そのうえで自由な交換は当事者双方に利益をもたらすものと考えた点にある。この考えに立てば，先進国の商人も政府も遅れた国々に自由貿易を求めるのに何も躊躇すべき理由を見出さないであろう。スミスの学説をこのように理解すると，実際において大ブリテンなどがインド，中国，日本に対して自由貿易港の開港を求めたという，世界史的な資本主義の現実の展開が，古典派的な自由貿易理論と結びつくものとして理解されるであろう。資本主義のこうした世界史的な拡大を支える理論的な基礎をスミスは古典的なかたちで提示しているのである。

　このように見てくるとスミスの自由貿易主義は相互互恵という理念を実現するどころか大ブリテン帝国圏域の拡大という結果を引き起こしたというほかはない。彼の自由貿易主義は重商主義的な植民地主義の批判を眼目としていたのであったが，結果はもっとマイルドなかたちでの植民地の拡大に帰着したというほかはない。あるいは大ブリテン帝国の植民地にならなかったような諸国に

おいては，一方ではイギリス啓蒙思想を念頭におきつつ産業の近代化を推し進めると同時に，自由貿易主義とはむしろ対極的な方法で大ブリテンの自由化圧力に抵抗しようとした[13]。

スミスは，交易当事者両国が共に利益を得るという前提で自由交易を推奨したわけであるが，今では，両国が利益を得るためには，技術移転，国際援助等々，スミス的，古典派的な自由貿易とは違った手法によらなければならないことが，自明の常識になっている。このことは先に述べた資本主義の改良が，仮に思想史的にスミスにまでたどりうるような要素を持つにしても，改良の手法は非スミス的，非自由主義的である場合が多いのと対応している。スミスが理念的に描こうとした資本主義像が，今ではすっかりその相貌を変容してしまったことを示している。スミスが描いた自由主義的な資本主義像が，資本主義の原像だとすれば，現在の経済体制はずいぶん非資本主義的になっていると言えるだろう。それでも，国際交易においては相互に利益がなければなるまいという一点は，スミス的なものとして残っていると言えるかもしれない。

（注記）
　アダム・スミスの著書からの引用などは次のように表記する。
An Inquiry into the Nature and Causes of the Wealth of Nations, (3nd ed., 1784), 2 vols., ed. by R. H. Campbell and A. S. Skinner, Oxford Univ. Press, 1976. 水田洋訳『国富論』（第5版，1789年）4分冊，岩波文庫，2000-2001年。原典からの引用は本文中で，編，章，節，パラグラフ・ナンバーを例えば（WN. V. 1. a. 13）のように示す。邦訳は分冊数とページ数を（訳III-353）のように示す。
The Theory of Moral Sentiments, (6th ed., 1790), ed. by D. D. Raphael and A. L. Macfie, Oxford Univ. Press, 1976. 水田洋訳『道徳感情論』，（初版，1759年）上，下，岩波文庫，2003年。グラスゴウ版からの引用はTMSと略記してそのページ数を示す。邦訳は上，下の分冊とページ数を示す。
Lectures on Jurisprudence, ed. by R. L. Meek, D. D. Raphael and P. G. Stein, Oxford Univ. Press, 1978. 水田洋訳『法学講義』，岩波文庫，2005年。2つの講義のうち1762-3年のものはLJA，その次の年度のものはLJBと略記して，本文中にそのページ数を付記する。邦訳はLJBを訳したものである。邦訳はそのページ数を（訳416）のように示す。邦訳には，グラスゴウ版の補注，解説序文とはちがった独自の訳者注，解説が付されている。

（注）

1）資本主義という用語が学史上いつごろからどのような意味で使われてきたかについては，重田澄男『資本主義を見つけたのはだれか』，桜井書房，2002年が詳細な検討を加えている。本書を読んで興味深いのは，現在の時点からは，資本主義は封建制を変容させながら16世紀以降成長したと言われるが，資本主義の呼び名が広く普及するようになったのは，やっと20世紀になってからだということである。スミスは，古典古代に対して，ローマ崩壊後の時代をmodernの時代として一括し，その上で封建遺制を論難している。現在我々がすむ時代を，資本主義を変容させながら社会主義の要素が成長しているものと見るべきか（マルクス），あるいは単に官僚制が強化されているだけと見るべきか（ウエーバー），議論が分かれるだろうが，いずれにしても現体制について我々はまだ資本主義以外の呼び名を知らない。

2）*New Palgrave, Dictionary of Economics* に所収のCapitalismの項（R. L. Heilbronerによる）を参照。

3）ステュアートを最初の経済学体系の創始者とする諸見解については，山崎怜「経済学の《成立》問題」（『岡山商大社会総合研究所報』第24号，2003年10月）148ページ参照。

4）『法学講義』におけるスミスのストックという語の用法については水田洋氏の訳者注を参照（LJB. 訳350）。そこでの用法は，『国富論』の叙述に比べるとややステュアート寄りのように思われる。またcapitalの用語についてはLJB. 513, 訳331-332を見られたい。利子を生む元本の意味も，生産を促進しうる資金の意味も，生活資料の貯えの意味も持たされている。LJA. 394では，ストックという用語によってではあるが，資金の貸与，生産資本としてのその使用，その結果としての利潤，その一部としての利子支払いという資本循環が描かれていて，スミス的な産業資本把握への方向が窺える。

5）古代ギリシア以降の自然法思想の歴史を田中正司「自然法思想」（『市民社会理論と現代』，御茶の水書房，1994年所収）が手際よくまとめている。近代自然法学とスミスとの関係については田中正司『アダム・スミスの自然法学』，御茶の水書房，1988年，新村聡『経済学の成立――アダム・スミスと近代自然法学』，御茶の水書房，1994年が詳細に分析している。プーフェンドルフとスコットランド啓蒙との関係（継承と批判）については前田俊文『プーフェンドルフの政治思想』，成文堂，2004年を参照。D. Winch, *Adam Smith's Politics*, Cambridge Univ. Press, 1978（『アダム・スミスの政治学』，永井義雄，近藤加代子訳，ミネルヴァ書房，1989年）は，スミスには自然法学→経済学のほかにシヴィック・ヒューマニズムの伝統に立つ政治学的な観点のあることを強調している。I. Hont & M. Ignatieff,"Needs and Justice in the Wealth of Nations", in I. Hont & M. Ignatieff(eds.), *Wealth and Virtue*, ch. 1, Cambridge Univ. Press, 1983.

（水田洋，杉山忠平監訳『富と徳』，未来社，1990年，第1章）は，主としてひとつの特殊問題に焦点を絞ってスミス経済学が，シヴィック・ヒューマニズムの流れではなくて，近代自然法学の伝統の中から生れていることを論証しようとしている。最近の論文としては田中秀夫「帝国の夢を弾劾する——アダム・スミスの商業ヒューマニズムと共和主義」（『思想』，2005年4月号）は，啓蒙思想家スミスの経済思想が，シヴィック・ヒューマニズムの流れを汲む商業的ヒューマニズムや共和主義思想を含めてきわめて多様な要素から形成されていることを論証しようとしている。竹本洋『国富論を読む』，名古屋大学出版会，2005年は，おそらくポストモダニズムの立脚点からモダニズムとしてのスミスの長短を描き出そうとしているように見える。スミス論がこのように多様な様相を呈しているということは，経済思想史におけるスミス研究の相対化のひとつの局面に他ならないと考えられる。しかし，スミスの資本主義観と題して論を進めようとした本章では，テーマがすぐれて経済問題であるために，筆の自然な流れは自然法学の伝統に棹さすことになった。

6) 19世紀J. S. ミルの自然観については，本書第4章「スミスからミルへ——「自然的」と「人為的」」を参照。もはやミルは，資本主義を自然的，不変的なものとは見ていない。

7) この点については本書終章のスミスの節でやや詳しく検討している。『アダム・スミス哲学論文集』，水田洋ほか訳，名古屋大学出版会，1993年所収の「哲学研究を導き指導する諸原理」と題する3論稿のうち特に「古代論理学と古代形而上学の歴史によって例証される」と題された文章を参照。その翻訳を担当された只腰親和氏には『「天文学史」とアダム・スミス道徳哲学』，多賀出版，1995年という先駆的な研究がある。しかしスミスの古代哲学論と『国富論』構想の方法との関連については，なおまだ研究文献そのものが少ないように思われる。

8) ただしスミスはTMS第6部第2編第2章（冒頭部分）で，「共通の支配者」が欠けている国際関係においては，人々が（為政者も）自然に隣国よりも自国を優先しようとする愛国的心情をもつこと，経済の相互繁栄という望ましい事柄についても自国偏愛，隣国への嫉妬という不合理な心情に傾く傾向があることを述べている。また，LJB. 512（訳328）で，スミスは，富者と貧者の取引では富者の貯えが貧者の貯えよりも大きな割合で増加するだろうし，富国と貧国との交易では富国の方が両国のうちもっとも大きな利益を得る，したがって両国間で貿易が閉ざされた場合は，両国のうち富国の方がもっとも大きな損害を受けると述べている。もしそうであるなら，大ブリテンが日本などの開港を迫った歴史上の事実はよほど理解しやすくなるだろう。

9) J. S. ミルでさえ第2次アヘン戦争に際しての英海軍の広東攻撃に賛成している。cf. J. S. Mill, *Collected Works*, Vol. XV, p. 528.

10) 先進国イギリスの学説とは違って後進国プロシアの哲学者カントは，1795年刊行

の『永遠平和のために』(岩波文庫, 2006 年, 187 ページ)で, 日本の鎖国政策を賢明だったと評している。
11) フリードリッヒ・リスト『経済学の国民的体系』, 小林昇訳, 岩波書店, 1970 年,「訳者解説」, 553-556 ページ参照。(『小林昇経済学史著作集』VII, 551 ページ以下に所収)。
12) 宮崎犀一『英国経済学史研究』, 新評論, 1994 年。なお宮崎犀一『スミスとマルクスからの道』, 公孫樹社, 2005 年に所収された, 同氏のスミス論についての私の論評も本稿と合わせて参照していただければ幸いである。
13) 先進国の啓蒙思想には封建制批判, 近代化の推進という功績がある反面, 自由貿易が後進国に与える影響について配慮が欠けているという側面がある。これに対応して後進国, 例えば日本の啓蒙思想には, 封建制批判, 近代化の推進という功績がある反面, 先進国の圧力への抵抗という側面があるように考えられる。世界史的な視野では, 啓蒙思想はこうした凹凸の両面をもって向き合い, かつ展開されたと言えるかもしれない。飯田鼎『幕末・明治の士魂──啓蒙と抵抗の思想系譜』(『飯田鼎著作集』第 7 巻), お茶の水書房, 2005 年は, こうした日本の幕末・明治期啓蒙思想の両側面を精細に描いている。

第3章

アダム・スミスの経験科学と神学の問題

1 道徳感情と神の観念

　アダム・スミスといえば「見えざる手」。「見えざる手」というのは本当は「神の」見えざる手を意味する。こんな言い方を私どもは以前から聞かされてきた。
　たしかにスミスは近代の経験科学的な経済学の創始者の1人である。だが，彼のあまりにも楽観的な調和主義は神の見えざる手を背景にしていると言われると，なんとなく納得がいくように感じられた。神学論争がさかんな2世紀以上も昔の18世紀啓蒙の時代の学説だからとも考えられたし，ギリシア哲学を吸収しながら発達したキリスト教神学の伝統の中で育まれた西欧文化の所産なのだからとも思えたのである[1]。
　しかしそれにしても，スミス以上に敬虔なクリスチャンであるはずの，そしてスミスと同時代のジェームズ・ステュアートの経済学は，どちらかといえばスミスとは対照的に非調和的な市場原理を解明している。したがってスミスやステュアートがそれぞれ違った経済学を樹立した事情は，かならずしも神学の問題にからめなくても，もっと他の事情との関連で考えられるものとされてきた。たとえば，スミスがグラスゴウという新興の産業・貿易都市で新興の資本家層の市場経済の発展に対する前望的な意気込みを感じとっていたのに対して，ステュアートは遅れた諸国に滞在することを余儀なくされ，国際市場競争原理のもつ圧力を遅れた諸国でつぶさに見聞していたというような事実との関連である。

こうした見方からすれば神学の問題はそれほど決定的な問題にはならないだろう。スミスが『国富論』で「見えざる手」に言及したのはその第4編第2章第7パラグラフにおいてである。つまり『国富論』の理論の展開も事実の分析もずいぶん進んだ後で，言うなればあまり目立たない箇所で，しかも1度だけ，いわばひそかに言及しているにすぎない。しかも「見えざる手」といっているだけで，「神の」という肝腎の言葉をわざわざ伏せている。いずれにしても神の問題は直接的な形ではほとんど前面には出てこない。

『道徳感情論』ではさすがに神も自然の創造主も随所で言及されている[2]。それでもその主題は社会のなかの人々の経験的な生活心理としての同感原理であろう。すなわち（スミスの思想的前史との関係で言えば）ホッブスのようにもし人間の性質を利己的なものと理解するならば，人－人関係ははげしい争闘をひきおこすことになって，それを抑えるには絶対権力が必要になろう。また逆にハチソンのように人間の性質を利他的なものとみれば諸個人を社会に調和的にむすびつけるのは容易であろうが，商業社会においてすべての市民が大なり小なり利己的で，自分の利益の追求に明けくれているという日常的な経験を十分肯定的に評価できるであろうか。こうしてスミスは，利己心でも利他心でもなく，両者をそれぞれ一定の適当な限度で是認する判断能力として同感の原理を構築した。そうすることによってスミスは，商業社会の普通の市民の行為が，人々の同感を得られる範囲で（公正である範囲で）道徳的にも是認されているという日常的な事実を描きだした。そしてこのことが，社会の全般的富裕を増進する心理的機構だと信じた。このことによって，スミスはいかにも商業社会に適合的な道徳判断の心理機構を描きだしたわけである。『道徳感情論』のこの基本線は，商業社会を自由な社会として形成しうるその社会心理的な基盤をつかみだしたものとして，時代をこえて私たちの日常の生活経験に照らして納得のいく道理である。したがって従来私どもは，神学の影響があったろうと推定しながらも，なお神学思想史的な考察をなおざりにしたままで，市民社会の秩序維持的な心理機構を描きだしたものとして『道徳感情論』の論理を受けとめていたのである。

ところで最近田中正司氏の開拓的なご労作『アダム・スミスの自然神学』(御茶の水書房，1993年)は，こうした中途半端なスミス理解を手ひどく打ち砕いている。この書はホッブズ，ロック，カルヴァン主義，カーマイケル，ハチソン，ケイムズなどの神学思想を詳細に検討し，スミスの『道徳感情論』をそうした神学思想史の流れのなかに位置づけている。そうすることによって従来のスミス研究史の欠陥を埋めている。それによればスミスの「見えざる手」は単なる比喩などではない。これらの人々の神学思想に対するスミスのかかわりはもっと本質的である。彼は『道徳感情論』において万物の創造者としての神の存在，自然と社会の運行の企画者，目的因としての神の力，神の意図の善性と慈愛を前提して，それを実現する手段として人間の同感感情の作用を意味づけていると理解されている。これは私のように，ミルとかマルクスとか後代の人々とスミスを比較してきた人間，しかもそれをおおかた経済学の分野にかぎってやってきた人間にとっては，たいへん衝撃的な見解である。近代的な経験科学の建設者としてのスミスと「アダム・スミスの自然神学」と，どのような位相関係において理解されるべきであろうか。それはこうした深刻な問題を私どもにつきつけている。

　私にとっては残念ながら神学や宗教の思想史は，畑違いの分野である。人類がかさねてきたその思索の厚さと重さを想起すれば，私などとてもスミスに先行する神学史について格別の言及をする資格はない。しかし従来スミスに関心を寄せてきた人間として今回新たに提起された問題には大きな驚異の念を禁じえないので，せめて本章では『道徳感情論』の必要箇所をそのつもりで読み直してみて，自分なりに納得のいく形で驚異の念を静めてみたいと思う次第である。

2　同感の経験心理学と贖罪論

　スミス『道徳感情論』初版第2部第2編第3章「自然のこの構造の効用」という章で，贖罪への言及がある。しかしこの文章は『道徳感情論』第6版

では削除されて文章が書きかえられた。そこでそのことがスミスの宗教観にとってどんな意味を持つかということが問題になる。ラファエル氏は『道徳感情論』グラスゴウ版の巻末につけられたアペンディクスで，この問題の分析を試みている。初版（1759年）ではスミスは周辺の宗教的な世論に気をつかって贖罪という宗教的な考えを認めたかのように書いているが，第6版（1790年）では，懐疑主義のゆえに無神論者のように言われることもあった親友のヒュームもすでにこの世にはなく，スミス自身もすでに大学の職にはついていなかったので，いわば気兼ねがなくなり，贖罪文章を削除した……というのが彼の推定のあらましであろうかと思われる。彼が推定した根拠は主として外部事情の変化による文章の変化である。私が本稿で試みてみたのは，外部事情の変化にはあまり気兼ねをしないで，文章表現に慎重にこめられたはずのスミスの論理をさぐることである。

贖罪（atonement）というのは，キリスト教にとっては本質的に重大な意味を持つものだという。原罪を背負った人間はその罪を贖うことができないほどの罪深い存在である。それは，キリストが人類に代って自ら人類の罪を背負って自らの命を天に捧げ，人間のために人間に立ち代って神の許しを乞うたという『新訳聖書』の記述に由来する。この犠牲と慈愛のゆえにキリスト教徒はキリストを深く尊崇する。atone というのは at one にかかわる語で，1つにする，融和する，神と人間とを融和させる（神の怒りをしずめる）という意味である。

そこで「自然の構造の効用」と題する章の，とくに贖罪文章に直接先行しそれに関連する部分の論理をフォローしてみることにしよう。

スミスは正義についてのヒューム的な理解を紹介する。すなわち正義を守らなければ社会は存続しえないから，社会の「必要についての考慮が」正義を犯した人への処罰を「われわれが是認する根拠だ」。というのも，人は社会の秩序の破壊と混乱には嫌悪の感情を持ち，社会の秩序と繁栄に対しては楽しい快適な感情を持つ。たとえこのことから彼自身の利益が引き出されなくても彼は自然にそのような感情を抱くのである（cf. TMS. II. ii. 3. 6. 邦訳上，227）[3]。

このヒュームについてスミスは次のように批評する。この説明は，処罰の適宜性についてのわれわれの感覚を，それが社会維持のために必要であるかを反省することによって，確認することがしばしば必要であるというかぎりにおいて，疑いもなく正しいと (cf. TMS. II. ii. 3. 7. 邦訳上，228-229)。

このヒューム論はいくつかの点で興味がある。まず，社会的効用についての感覚的であると同時に，反省によって確認する必要のあるような事情が正義等の判断基準であるというヒューム的な正義論を，スミスが，目的因と作用因とを混同するものとして，「本当は神の知恵であるものを，人間の知恵であると想像する傾向」などと批判した後に，掲載している点である。この点では，ヒュームは正義の判断基準を「理性に帰せしめる」学派（ヒュームはまさにこの学派を激しく批判したのであるが）から完全には脱却していないといわんばかりである[4]。

しかしこうしたヒューム的な学説をスミスが全面批判しないで「……のかぎりでは……真実である」という形で，条件つきの同意をあたえている点が本稿ではむしろ興味深い。スミスは，社会の秩序を維持するのには同感という感情だけで足りると言ってすまさないで，しばしばその感情がたしかにそうした社会的な機能をよく果しえているのかどうか，「反省 reflection によって確認 confirm する」と言い，事情次第では「社会の一般的利害 についての考察 consideration に助けを求めて訴えることが必要になる」と言う (ibid., 邦訳上，229)[5]。

ここにいう reflection とか confirm とか consideration というのは理性のはたらきであって，生れながらの自然の感情とは少々違うだろう。それはむしろスミスも，心理的親密さの強弱に左右されがちな（ヒュームの言うところの）「同感」感情を「匡正」するところの理性的な反省の契機[6]を条件つきながら認めたような感じさえ与える。スミスが，ヒュームの同感——理性によるその匡正という機構を，部分的にせよ認めたのか，それとも自分の同感概念のなかにこの匡正作用を組み込んでしまったのか，これもスミス・ヒューム関係をつかむうえでは大きな問題であろうが，しかしまた上記の叙述に含まれるもう1つの側面，

すなわちスミスはまずは自然な同感感情で社会の正義を基礎づけるとしても，事情次第では理性的反省を必要とすることを認めたというのも，また大きな問題であろう。

スミスは次のような3つあるいは4つの例をあげてそのことを説明する。

1つは……ある犯行者への処罰が決定された後，時間がたつにつれてその犯行者は，その処罰への恐怖にさいなまれたに違いなく，したがって長い時が経過してしまった後では昔の犯人に対して，人々の慈悲や同情が自然に生ずるかもしれない。このような場合にはいたずらに心情的な同情に流されることなく，「社会の利害についての考察」によって均衡のとれた処罰の仕方を考えなければならない。

2番目の例は……「若い人々や放縦な人々」の社会の規則を無視したでたらめな行動を，われわれが諫めようとするときである。彼らは，なにが自然的でなにが不自然であるのかという感覚そのものを欠いているのだろうから，諫めはもっと別の視角からなされ，したがって彼らのやろうとするような行動が社会に有害な結果をもたらすというお説教にならざるをえないであろう。すなわちヒューム的な社会的な利益の論をたてないわけにはゆかないだろう。

第3の例は……任務についている最中にうっかり居眠りをしてしまった歩哨兵を死刑にする話である。歩哨兵の居眠りは多くの兵士を重大な危険にさらすことになったかもしれない。しかし実際には被害が生じなかった場合に，ちょっと居眠りをしたぐらいのことで死刑にするのは酷だという感情が自然に我々の心をよぎるであろう。

しかしこの場合には「社会の一般的利害への考慮だけから」処罰への是認がなされる。実際，軍規に基づく処罰はすべてこの種類に属するだろう。しかし普通の市民生活のなかではこのようなことは「若干の場合」に属するにすぎないであろう。そうであるにしても，この「若干の」例は，われわれの心の中に自然に生ずる同感の感情と社会の実定法や一般的利害が食い違うことがあるという事例の1つである。いずれにしても個人の心情と社会の利害と言われる

ものが分裂状況を呈しているという意味では，スミスの『道徳感情論』にとって大変重要な問題である[7]。

むしろこのような個人と社会との分裂の事例は，市民生活のなかでは，軍隊生活におけるのとは逆の形で発生する。その例は（第4の例と言ってもいいが）「忘恩の謀殺者または親殺し」が相応の処罰をまぬがれた場合である。人の心には，居眠りの歩哨兵が救えたらうれしいというほどの気持ちがあるのとは反対に，今度はむしろ同感の原理に基づいて，「もし謀殺者が処罰をまぬがれることがあれば，それは彼の最高の義憤を引きおこすであろうし，彼は神に対して，人類の不正が地上で懲らしめることを怠った犯罪にあの世で報いるよう願うであろう。……それが処罰に値するというわれわれの感覚は，それを，もしそう言っていいならば，墓のむこうまで追求するのである。……神の正義はこの世であれほどしばしば罰せられることのない侮辱を受けている未亡人や父のない子の侵害に対して，神があの世で報いることを，依然として求めていると我々は考える」（TMS. II. ii. 3. 12. 邦訳上，236。下線は引用者による）。

例外的にだけこのような事例が生じるのであろうか。「未亡人や父のない子に対する」侮辱や侵害など，実際には処罰されていないことを考慮にいれると，必ずしも例外的なことではない。実際スミスの母親は未亡人であったし，その意味ではスミス自身も父のない子であったのである。

本章で注意しなければならない点は，ここで我々の心の中に自然に発生する正義の感覚が，実際に社会で行われた処罰との食い違いのゆえに，充足されず怨懣やるかたなくなって，その苦衷を「神の正義」によって救済し，慰めようとする心理的な機構がつかまれている点である。「神の正義」をもちだすのは神学的だというのであれば，怨懣のやり場を地獄に求めるのも同様である。しかし実際スミスが『道徳感情論』第6版で簡潔にしめくくったように，世界のあらゆる宗教において極楽と地獄が存在するというのは，厳然たる経験的・歴史的・社会心理的事実である。スミスはこれを客観的な事実として問題にする。

ところで第3章の最後のパラグラフはここで問題にするところの「贖罪」に

ついての言及を含んでいる。スミスはこの文章についてはずいぶん神経質な気配りをしていたようで，第3版以後の版で多数のこまかな改訂を加えている[8]。全文は翻訳で2ページあまりで，長文にすぎるから，できるだけその筋だてを明らかにするように，以下そのサマリーをかかげてみる。(ただし 角括弧 [ ]内は私の解釈の挿入である。注意していただきたい箇所には下線をほどこす)。

① 神的存在が徳を愛し悪徳を憎むのはその社会的効用のためだというのは，自然の学説ではなくて<u>人為的な哲学の学説である</u>。

② 自然的感情はわれわれを促して次のことを信じさせる。すなわち<u>完全な徳性</u>は，我々にとってと同様，<u>神的存在にとっても</u>，社会的効用への考慮なしに，それ自体として報償の自然で適切な対象であるように見えるものと<u>想定されていると</u>。

③ ［人間は自分たちの行為を判断するのに，理想的な完全性か普通の人々の水準か，ふたとおりの基準を設ける］(TMS. I. i. 5. 9. 邦訳上, 66-67)。人間は，その同胞被造物と一緒にいるときには，彼らの行為の不完全性との比較において，自分の行為の値打ちを相対的に高いものとみなして安んじることができる。だが人間が，無限の創造主の前に現れようとするときには事情はまったく違う。彼は，その完全な存在にとって自分の弱小さがなんらかの報償に値するように見えようとは想像できない。それどころか人間は，［この完全性と比較した場合の］無数の義務違反について<u>有罪（guilty）</u>であって，そのため自分が処罰の対象になるだろうと容易に考えることができる。

④ こうしてもしわれわれが，自分たちの自然的感情に尋ねるならば，神の神聖さの前では［完全性との比較において］，弱くて不完全な徳が報償に値するように見えるよりは，むしろ処罰に値するように見えるのではないかと怖れがちである。

⑤ それでも人が幸福を希望するとすれば，神の慈悲にすがらなければならないのではないかと意識（第3版ではsuspect）する。人は悔悟や悔恨が，自分が引きおこしたと自分が感じている怒りをなだめる唯一の手段のように思われ

⑥　それでもなお足りないような気がしてきて、神の正義の純粋性から言っても、なにかほかのとりなし、ほかの犠牲、人間にはできないようななにかほかの贖罪（atonement）がなされなければならないと人は想像する。

⑦　啓示についての諸教義は、自然が先だって与えた根源的な予想（anticipation）とあらゆる点で一致する（coincide）のである。そしてこれらの諸教義は、我々の逸脱に対してもっとも強力なとりなしがなされ、もっともおそるべき贖罪が支払われてきたことを、我々に示している（以上 cf. TMS. pp. 91-92, note. 邦訳上、236-239 参照）。

以上の7点について、若干私なりの解釈を付け加えさせていただこう。

①②はスミスが、ヒューム的な社会的効用論かスミスの自然的な同感感情論か、という関心を引きつづき持ちつづけていることを示している。その場合注目していいと思われることは、「我々にとってそう見えるのと同じように神的存在にとっても……と見えるものと想定されている」という論のつめ方である。人の自然な感情のありかたから神の観念を類推するという、この前後関係である[9]。

③④　人類のためにキリストが身をもって贖罪をするというのは、一方では神が完全なのに、人が本来的に度し難く罪深くて自ら神の許しを乞えないほどだということによる。ところがスミスの『道徳感情論』は、基本的には、近代商業社会の普通の市民の日常的な行為は、道徳的に是認されうるということを主張したものである。この見方を支えているのが、同感の理論であり適宜性の理論である。したがって sinful な人間という人間観と結びつく贖罪の伝承を信じる人たちがいるという社会的な心理現象を1つの事実として説明するために、スミスはそれなりに理論的な工夫をこらさなければならなかったように思われる。

スミスは『道徳感情論』のまだ始めの方、第1部第2編第4章（6版では I. i. 5.）で、徳性（virtue）と単なる適宜性を区別し、感嘆される資質と是認される資質

とを区別し，徳性とは普通の程度をこえる卓越だと述べている。しかしこの程度を判断するとき，人々はしばしば２つの基準を使うのだという。第１は完全性の観念であって，この基準を使えばすべての人の行為はつねに非難すべきものになる。第２の基準は普通の程度という観念であって，この基準を使えばそれを超える行為は喝采され，それに及ばぬ行為は非難される（前出，TMS. I. i. 5. 9. 邦訳上, 66-67）。普通の市民生活においては，この第２の基準によって人々の相互の是認がおこなわれているわけであるが，人々はそれで満足しているわけではなく，他の人々のいっそうの喝采を求めて，完全性への願望をもっている。そしてこれは人間にとってごく自然な心の働きである。もちろんこの完全性に到達することは不可能だけれども，この完全性の観念が神の観念と結びつけられる。スミスはこうして自然で経験的な社会心理がどのように神の観念を受容するかを説明しようとしているように思われる。

先の③④の個所でサマライズしようとしたように，スミスは，人間はその同胞被造物たちがいるところでは……安んじることができるが，他方人間の無限の創造主の前に現れようとするときは事情がまったく違うと言っている。そしてスミスが無限に完全な存在などと言い表している神の観念は，先に述べた第１の完全性の判断基準に結びついている。第１の判断基準からすれば，人の行為はすべて非難されるのに対応して，神の前に立てば（つまり完全性の基準によれば）人間は，無数の義務違反をしており，そのため自分が「有罪」であって処罰の対象になるだろうと感じる。

キリストによる贖罪に対応するはずの人間の罪の意識を，自分の同感理論によって以上のように説明したあとで，スミスは贖罪についての教説を，納得のいくものとして受けとめよとしている。⑤⑥⑦。

このようにスミスは伝承的な神概念をただ受けいれているのではない。彼はたしかにそれを受けいれているが，それを信じている人がいるという社会心理的な事実として，しかも自分の経験論的同感原理によって合理的に説明できる事実として受けいれている。「啓示についての諸教義があらゆる点で自然が先だって与えたこれらの本源的な予想と一致する」と結論しているのは，そのこ

とを意味している。⑦。

スミスが次のように言うときも，その人間の社会心理的，道徳的感情を経験科学的に分析しようという心意気は，同じように表現されているように思われる。「この研究が，もしそう言っていいなら，権利の問題に関するものではなくて，事実の問題に関するものだということもまた，考慮さるべきである。我々が現在検討しているのは，どんな諸原理に基づいて完全な存在（＝神……引用者）が悪い諸行為の処罰を是認するであろうかではなくて，どんな諸原理に基づいて人間のように弱く不完全な被造物が，現実に事実上，それを是認するかなのである」（TMS. II. i. 5. 10. 邦訳上，201）。

いずれにしろ上述の大変手の混んだ難解な贖罪文章は第6版では削除された。そのかわりに atone という動詞や atonement という名詞をちりばめた（ように見える）文章を別の個所に（第2部第3編第3章に）あらたに追加している（cf. TMS. II. iii. 3. 4～5. 邦訳上，277-278）。それらの言葉の用法は，宗教的なものから日常生活的なものに変った。それは人間の罪をキリストが自らの死によって贖い，そうすることによって人間と神とを1つにしたというような，キリスト教的な教義上の意味をもっていない。第6版では，普通の市民が，自分の失敗でしでかした大きな過ちを日常的なしかたで償う，もしそれができない場合にはなにかもっとほかの精神的な仕方で（悔悟，謹慎するというようなことを含めて）償う，という意味に変化させられている。もっとも同じような「贖罪」の語法は初版でも見うけられる（cf. TMS. III. 2. 9. 邦訳上，290-291）[10]。

3 同感から良心へ，良心から神の観念へ

第6版で追加された第3部第2章は有名なカラス事件への言及を含んだ章である。これは「称賛」と「称賛に値すること」を区別し「非難」と「非難に値すること」を区別している。またそれらがくい違う場合に生ずる良心の痛みを論じ，さらには同感と良心と神の観念との関係を論じている。その場合の経験論と神の観念の関係を見ることが本節の課題である。

しかし，高度な技工をこらしてレトリックを工夫したスミスの文章の片言隻句を切り出してスミスの思想の特徴づけをするわけにもいかないから，彼の思想のまとまりをつかむために，まずはこの章全体の筋立てをまとめてみたいと思う。(以下 TMS. III. 2. 邦訳上，379-414 および §§ 4, 5, 9 について 283-291 参照。前節同様，角括弧 [　] 内は私の挿入である。注意してほしいところには下線をほどこした。)

　① スミスはまず，人の称賛を受けたいという願望と称賛をうけるに値することをしたいという願望とを区別する。同様に人の非難を受けたくないという気持ちと非難に値するようなことはしたくないという気持ちとを区別する。称賛への愛好と称賛に値することへの愛好は，たがいに似ているが本当は違う。
　人はつねづね他人の行動を観察し同感し是認し称賛する。その結果は自分自身に反映して，他人が自分の行為を是認し称賛してくれるであろうことをしたいと欲する。この願望を満たすためには，われわれは想像上の中立的な観察者の目で [＝良心に基づいて] 自分の行動を観察し，この中立的な観察者が是認し称賛してくれるであろうように行動し自己規制しなければならない。
　他人の称賛を受けても，実のところ自分が称賛に値することをしたわけではない場合には，本当の満足は得られない。他人の称賛は受けなくても，実際には称賛に値することをしていると思える場合には，良心の慰めを感じる。われわれは称賛を喜ぶだけでなく，称賛に値することをしたことを喜ぶ。
　自然は，人間を社会的に形づくったとき，他人の是認を得たい，また他人の不評をかいたくないという本源的な欲求を人間に授けた。しかしこれだけでは人を虚栄的な見せかけの徳性へと促すだけだから，自然はさらに是認に値することへの欲求を人に授けておいた。弱者は前者を喜ぶが賢者は後者を求める。
　② 逆に，もしも人が，自分の心の中にできあがった想像上の中立的な観察者の是認が得られないような [良心にもとるような] 行為をしたときには，そのことが他人に少しも感づかれていない場合でも，悔恨と恐怖と戦慄の苦悩に悩まされる。この良心の呵責は，人が神を信じない場合もそれを逃れること

はできない。世俗のどんな原理も人を上記の復讐の怨霊から解放することはできない。ひどい場合には，良心の呵責が死よりも辛く感じられ，犯罪者は自殺することで，自分を人類の自然の憤慨と想像されるものと和解させ，贖罪し，(reconcile, atone) 人々の許しを得たいと思うほどだ。あるいは，実際の非難と処罰よりも良心の悔恨の方が辛いから，それをしずめるために自発的に自首して処罰に服するということもある。

　だが逆に，犯罪の虚偽のなすりつけによって罪をかぶせられた人は，きびしく苦しめられる。そのような人は，他人がゆえなくして自分を批判していることを知って，自信をなくしてしまう。無実の人がこのような冤罪によって処刑台に登らされることほど残酷な悲運はない。子殺しの罪をきせられて車裂きの刑に処せられたフランス人カラスの事件は，当時宗派の争いともからんで大問題になった。カラスは最後の最後まで，自分の名誉を守って無実を主張した。冤罪が晴れたのは処刑の後ずいぶんたってからであった。このような場合には，哲学はわずかの慰めしか提供できない。宗教だけがなにかの効果的な慰めを提供できる。宗教だけが，この世のすべてを見ている裁判官が是認してくれるかぎり，世間がどう考えようと取るに足りないと語ることができる。それだけが正当な賞罰をほどこす別の世界の展望を示すことができるのである。

　③　弱い人は他人がほめてくれれば容易にこの表面的な快楽におぼれがちである。しかし，中等の理解力をもつ人においてさえ，根拠のない称賛がくすぐる快楽よりも，根拠のない非難が与える苦痛の方が，はるかにきびしく大きい。賢明な人は前者が与える表面的な快楽を容易に拒否するが，後者が与える苦痛を人一倍痛切に感じる。根拠のない称賛は，本人が否認すれば他人も納得してくれるが，根拠のない非難は，本人が否認しても他人の疑いを晴らすことがむずかしい。そして人は自分の日常の評判が自分を保護してくれなかったことに落胆する。人は自分が有罪でないことを完全に知っているだけに，それだけ苦痛が大きいのである。

　感受性のある人は，自分の憤慨などの表現の度が強すぎたのではないかと不安になる［不確かな］ときは他人の反応を気にするが，自分の行動に満足して

65

いる［明確な自信がもてる］ときは他人の風評はそれほど気にしない。

　詩作は卓越の程度が趣味の繊細さという不確かなものによって決定されるように見える。数学は成功の成否が明確な証明の可否に依存する。この事情のために詩人たちは数学者よりはるかに強く世評を気にする。

　称賛への愛好は，他人の好意を得たいという欲求である。称賛に値することへの愛好は，我々を他人の好意の正当な対象にしたいという欲求である。このかぎりでは両者は類似し同族的である。多くの場合称賛に値する行為をする人は，自分の良心を満足させるだけでなく相応の称賛を望む。非難と非難に値することへの恐怖も同様である。

　［さて，このような経験的な社会心理の分析をしたあとでスミスは，本章の問題対象である神学的な文章をつづっている。この箇所は当然ながら詳しく見なければならない。］

　④　「自然の創造者は，このようにして」人間に，他人があたえる是認を喜び他人の否認によって傷つくように教えてきたのである。「彼は，もしそう言っていいなら（if I may say so），人間を人類の直接の裁判官にしたのであり，この点で，他の多くの点においてと同様に，人間を彼自身の像にならって創造し，そして人間を地上における彼自身の代理人として，その兄弟たちを指導するために任命しておいたのである」。人間はそのことを「自然によって」（生れながらにして by nature）教えられる。

　しかし「人は第一審においてだけそういうものとされたのであり，人の判決に対しては，はるかに高い裁判所への，人々自身の良心の裁判所への……控訴が成り立つのである」。「これらふたつの裁判所の司法権は，若干の点で類似し同族的であるが，しかし本当は区別される諸原理にもとづいている。外部の人の司法権はまったく実際の称賛への欲求と実際の非難への嫌悪とに基礎をもつ。内部の人［＝良心］の司法権は，まったく称賛に値することへの欲求と非難に値することへの嫌悪とに基礎をもつ」。したがって「もし外部の人が我々を，我々が決してしなかった行為について……攻撃するならば，内部の人はただちにこの虚偽の判断を訂正するだろうし，そして我々がそのように不当に我々に与え

られた非難の適切な対象では決してないということを，我々に対して保障してくれるだろう」。「しかしながらこの場合……内部の人はときどき，外部の人の激しさとやかましさによって，いわば驚愕させられ狼狽させられるように思われる。……そして……内部の人の決定の確固不動性は大いに動揺させられて，精神の平静さを確保するについてのそれらの自然の効果はしばしば大いに破壊される。……こういう場合に<u>胸中の半神</u>[＝良心]は，……部分的には不死[＝神]の系統であるが，やはりまた部分的には可死[＝人間]の系統であるようにみえる」。彼の判断が良心にもとづいて「<u>安定的で確固としているときは</u>，彼は自己の神的系統にふさわしく行為するように思われる」。だが，彼が自分の行為について<u>安固たる自信をもてないとき</u>は，彼は「人間的部分にふさわしく行為するように見える」。

「そういう場合に失意と苦難のもとにおかれた人間の唯一の効果的な慰めは，さらにいっそう高い裁判所への控訴の中にある。すべてを見ているこの世界の裁判官[＝神]……の裁判への控訴である。……その裁判所のまちがうことのない正確さへの<u>信頼</u>[＝宗教]だけが，彼自身の精神の弱さと失望のもとで，胸中の人の動揺と驚愕のもとで，彼を支えることができるのである。……この世におけるわれわれの幸福はこのように多くの場合，来たるべき生への謙虚な希望と期待に依存している。<u>その希望と期待は人間本性に深く根ざしている</u>」。「来たるべき世界があって，そこでは各人に対して正確な正義が行なわれるであろう……ということは，あらゆる点で，人間本性の弱さにとっては非常に尊く非常に快適で，その自尊心にとっては励ましになる<u>１つの教義である</u>」。

⑤　しかし「その教義のもっとも熱心な主張者」たちはえてして礼拝や修道院での「無益な苦行」が天国での報酬をうける根拠だと教えてきた。このような教義は「我々のすべての<u>道徳的感情に対立する</u>ことがしばしばである」から「その教義は嘲笑者のあざけりにさらされる」のである。実際，<u>このような教義は</u>「われわれのすべての道徳感情に反し，われわれの軽蔑または感嘆を規制するために<u>自然が教えたすべての原理に反するものである</u>」。……［以上］。

4 スミスの経験科学と神学

　以上，6版第3部第2章の私なりの要約である。スミスは人－人関係のもとでの社会心理的葛藤のなかから，「希望の宗教」，健全な「宗教の有用性」[11]を常識的 な形で導きだしていると言えるだろう。あるいは少なくとも，スミスは単に既存の神の観念や神学的なものの考え方を前提として受けいれているだけではなく，神の観念や神学的な「教説」の現存を道徳感情に関連する1つの事実として眼前に見据えて，そのうえでそれを経験的な社会心理分析の対象とし，神の観念や宗教の存在理由を基礎づけているように思われる。そして彼の市民的な生活感覚の描写は，読者をしてすなおな気持ちで読ませるだけの説得力をそなえている[12]。

　スミスは，第6版では削除された文章において，「人間は神と，人間の同胞被造物に対して責任を有する」と言っているから，スミス道徳論体系における神の問題は，人－人関係を経験的に分析するのに先んずる問題であるかのように受け取られるかもしれないが，実は，それに続く次の文章を点検すると，むしろ思考の順序が逆であることがわかる。スミスは次のようにつづけている，「しかし彼は疑いもなく主として神に対して責任を有するとはいえ，<u>時間の順序としては</u>必然的に自分を自分の同胞被造物たちに対して責任あるものと考えるにちがいなく，<u>その後ではじめて</u>，神的存在について，あるいは神的な存在が自分の行動を裁判するであろう場合の諸規則について，<u>なんらかの観念を形成しうるのである</u>」（邦訳上，297）と。

　これによれば，まず同感に基づいて人間相互のあいだで道徳的な判断が行われ，一般諸規則が形成されるのであるが，こうして人はいわば同感的生活の経験を積み上げているうちに，単に他人の是認がえられればいいというよりも，是認されてしかるべき良心的な行為に，より高い価値を与えるようになるのであって，むしろその後でそれに基づいて（神が裁判するであろう場合の）諸規則についての観念が形成されるというように読める。すなわち人間の社会のなか

で自然にできあがった道徳的観念（あるいは責任の意識）が，神の諸規則について人間の抱く観念の（少なくとも）時間的先行者だと言っているわけである。この点は，まだなお神学との関わりを持ちながらも，スミスの近代的経験科学性がどのようにして自立しているかを示す点で，注目に値する文章だと思われる。

　それにしても初版から第5版にかけては「主として神に対して……」と言っていたではないかという点にも，当然考慮を払わなければならない。もしも人間が主として神に対して責任を負うのだとすれば，道徳的義務の論も神の意志から導きだされるのが自然なように思われる。もしそうであれば，道徳論はおのずと実質的に神学的枠組みに包みこまれるものとなろう。しかしスミスはむしろこうした方法を不可能だと考えたのではなかろうか。なぜなら，スミスによるとたしかに「神的存在の意志に服従することが，義務の第一の規則であることについては，すべての人は同意する。しかし，その意志がわれわれに課するであろう個々の諸命令については，人々は互いに大きく相違する」（TMS. III. 6. 12. 邦訳上，374）からである。

　スミスのこの見解を少し引きのばしてみると，一般論としてはともかく，個々の具体的な行為の適宜性を判断しようというときに，神の意志の具体的適用について人々の意見が大きく相違するようでは，神の意志を前提にして道徳の体系を構築することは不可能だという予想が導きだされるであろう。抽象的・一般的に神の存在，神の善性，神の全知全能を認める人たちも，その善性の具体的内容，全知と全能の具体的現れ方という段になると，宗派や学派により考え方はさまざまになり神々の（実は人々の？）争いが生じる。かと言って，1つの立場を強引にすべての人に押しつけようとすると悲劇が生じる。宗派の争いが生じる。実際スミスは，上記の引用に続けて，宗教的義務が道徳的義務として強制されたことから生じた悲劇について述べている。

　したがって先の要約の①，②，③に見られるように，スミスはまずは「時間の順序としては必然的に」先行する同感や，それからでてくるところの良心の問題について経験的な観察を述べ，「その後ではじめて」④で「神的存在につ

いて」論述しているのである。

　この部分でスミスは，人々は日常の生活場面で他人の是認や称賛を受けたい，そして他人の非難を避けたいと願い，称賛を受ければうれしくなり，非難を受ければ辛い思いをする。だから人はできることなら他人の非難を受けないように努力する。こうしたありきたりな事情は，④の神について述べたところでは「第1の審級」と言いかえられている。

　しかし人々はこれだけではなかなか満足できない。人は，実際に受ける他人の称賛や非難とは一応別に，称賛に値することをしたいし，非難に値することはしたくない。これはわれわれがつねづね他人の行動を観察し，それを是認したり称賛したりしながら生活をしてゆくうちに，自然にわれわれの心のなかに出来上がってくる良心（＝想像上の中立的な観察者）が是認する行動をしたいと願うようになるからである。もちろん単に他人の評判がいいだけよりも，自分の良心に恥じない行為の方が値打ちが高い。だから他人の非難を受けることがあっても，自分の良心に訴えて，他人の非難が与える苦痛をやわらげ，痛む気持ちを慰めるのである。つまり心の救済を図るのである。こうした経験心理学的な事実をあらかじめ押さえておいて，スミスは④の部分では，こうした良心の審判を「はるかに高い裁判所」への控訴と呼んでいるのである。

　ところでこの良心は，その判断について自分自身確固とした確信を抱くことができる場合には，相対的に毅然とした態度がとれるのであって，世論におもねるところが少ないであろう。しかしその確信が不確かであるときは気持ちがぐらついて，世論を気にしなければなるまい。③でこの事情を「弱い人」「中等の理解力をもつ人」「賢明な人」等を例にあげて（さらには詩人や数学者まで引き合いにだして）あれこれ説明した後で，この良心の2面性をスミスは④では「半神」（demigod）と呼んで，毅然とした側面を神の系統に，他人の評価を気にかける側面を人的な系統に結びつける。

　②の終りの方では，カラスのように冤罪を着せられた人の恐ろしい悲運を例にとりながら，このようなひどい場合には，世論と対立した自分の心の慰めや救済が，良心によっても哲学によっても得られなくて，ただあの世の公正を教

える宗教だけが効果的な慰めと救済を与える。まず事実問題としてこうした心理機構を説明した後で，あの世での公正な裁きへの希望とこの希望による心の救済とを，スミスは④で神と結びつけて「すべてを見ているこの世界の裁判官への控訴」と言っているのである。言うなればそれは最高の審級である。

　先に指摘した「人は主として神に対して責任を有する」というスミスの当初の言明の含むところも，このコンテキストで理解しなければならないのではないかと思われる。すなわち，この表現は，単に神の意志をもって人の道徳律とすべしと言っているのではなくて，人が自分の行動の道徳的是非を判断する場合，他人の同感⇒自分の良心⇒神の観念というように，いっそう上の審級への控訴によってそうするという，スミスの上述の社会的心理機構に対応しているように考えられるのである。

　このように④の神学にふれた部分の内容は，すべてそれに先行する社会心理の経験科学的な分析でつかまれていたことばかりである。④は，先行の経験科学的な分析を言葉をかえて言いなおしたもののようにも見える。あるいはスミスは自分の経験科学的な分析によって宗教的な心情を基礎づけたと考えているようにも見える。④に見られるように，宗教的な「その希望と期待は，人間本性に深く根ざしている」とスミスは言っている。その理由の大半は，以上に説明してきたスミスの論述の流れによって明らかであろうと思われる。

　「人間本性に深く根ざしている」と言うのだから，宗教による心の慰めや神による救済という「ひとつの教義」（④の最後の部分参照）は，スミスの場合同感という道徳的判断能力の基本的な機構に根ざしているはずである。もともと同感の心理機構は，自分が他人のさまざまな行為を観察して，他人が感じているであろうと想像される感情に自分も同感するという側面と，他人が自分の感情を観察して感じてくれるであろうと想像される程度に自分の感情の表現を合わせるという側面とをもっている。その場合自分の感情の表現と他人の想像上の感情の程度が一致するとき，人の気持ちは安定し慰められるし，ときには喜びを感じることもあるのである。したがって例えばなにかに苦しんでいる人＝「彼は，観察者たちの意向が彼自身のそれと完全に協和（concord）することだ

けが彼に提供しうるあの救済（relief）を切望するのである。観察者たちの心の情動があらゆる点で，激しく不快な情念において彼自身のそれと調子を合せているのを見ることが，彼の唯一の慰め（consolation）となる」（TMS. I. i. 4. 7. 邦訳上，57）と，スミスは『道徳感情論』の始めの方で書いている。

　この慰めや救済は，他人の意向と自分がこうあるべきだと思う意向とうまく合致するときには，この相互的同感の機構自体によってえられる。が，それらがくい違うときは，良心によって与えられる。良心がそれを与えきれないほどのときには，慰めや救済は想像上の神の「観念」や来世の公正な裁きという「教説」に求められる。先に３つの審級が考えられたのに対応して，救済や慰めも３段階で考えられている。そしてその基本的な出発点は，同感の基本的な心理機構にある。このかぎりではたしかにスミスの言うとおり想像上の神による人の心の救済という宗教的な心理機構は，「人間本性に深く根ざしている」。相互同感によって得られる「協和」と「救済」と「慰め」は，あらゆる宗教の本源的な心理的基礎なのではあるまいか。近代社会においても神の観念と宗教が再生産されるゆえんを，スミスは説明しているわけである[13]。

　神の善性，神の万能を人間の経験によって基礎づけるというとき，その善性や万能それ自体は先験的に与えられていて，経験科学の役割はむしろこの先験的な，したがってまた永遠不変な神の善性と万能を，経験によって，つまり神＝実体の現象諸形態によって証明することにあると考えられたのであろうか。さらに言いかえれば，結果を通じて原因を，現象諸形態を通じて目に見えない実体を証明することに，科学の役割があたえられていたのであろうか。もしそうだとすれば，スミスの経験科学はすっかり自然神学[14]の枠内におさまってしまうように思える。

　しかしスミスの次の文章は参考にすべき一文ではあるが，なかなか微妙でもある。「人類の幸福は，……自然の創造者が彼らを存続させるようになったときに意図した本来の目的（original purpose）であったように思われる。ほかのどんな目的（end）も，われわれが必然的に彼に帰属させる（ascribe）最高の知恵と仁愛にふさわしいとは思われない。そして，彼の無限の諸完成についての

抽象的な考察に導かれて[15]，われわれが到達する この意見は自然の諸作用の検討によってなおいっそう確認される」(TMS. III. 5. 7. 邦訳上，346)。しかし，スミスは直ちにこの文章に続けて，人間の（おそらく自然的な）意図と努力が神慮を推し進めるという文章を付け加えている。「ところが，我々の道徳的諸能力の指図に応じて行為することによって，我々は必然的に，人類の幸福を促進するための最も効果的な手段を，追究するのであり，したがって我々は，ある意味では，最高存在に協力し，神慮の計画をわれわれの力の及ぶ限り推し進めるのだと言っていいのである」(ibid., 邦訳上，346-347)。2つの文章は最小限，人間の自然な意図や努力と神慮が一致していることを含んでいる。人間の意図や努力が自然に神慮を推し進めるのなら，『道徳感情論』においても『国富論』においても，大方人間の意図や努力に沿った考察をすればいいことになりそうな気もする。

　スミスは一方では神の「本来の目的」といっているが，他方では我々人間が理想とする完全性の諸属性を彼に帰属させたのであり，人間が「彼の諸完成について抽象的に考察」したのである。彼の善性とか完全性というのは我々がこうして到達する「意見」であり，1つの「教説」なのである（前出⑤）[16]。「人間が想像はするが見ることはない未知の知性は，必然的に，人間が経験したことのあるさまざまな知性に似せて，形成されざるをえないのである」(TMS. III. v. 4. 邦訳上，341)。

　1つの意見，1つの教説だからとはいっても，スミスはそれを無益，無能と考えたのではない。むしろ逆である。それは完全な善性として，正確な判断力，信賞必罰の完全な力能を持つものとして，それを信じる人にとっては，神についての教義は，普通の人の道徳的自己規制力に宗教的規制を加えるわけで，「義務についての自然的感覚を強化する」(TMS. III. 5. 13. 邦訳上，357)。つまりこのように宗教的教義は，ここでは市民的道徳の一般的な諸規則の延長線上で考えられ，さらにその諸規則への義務感を強化するものとされている。宗教は「良俗の諸規則に対して聖化を（sanction）を与えた」(TMS. III. 5. 4. 邦訳上，342)とスミスが言うのも，この意味ではないかと思われる。

73

仮にこのようにスミスが経験的な道徳規範→神の観念という方向で，神の慈愛を考えるというところがあったとすると，彼は現実の世界そのものを，神の善性などという神学的な表現とは別個に，繁栄と調和の世界とみなしていたのでなければならない。私は，スミスが彼の経験論的な社会科学の体系に，神学的な意見の取り入れを可能にした下敷きは，スミスが実際にこの世に調和的，楽観的な希望を託していたことにあるのではないかと思っている。
　ヒュームが『自然宗教についての対話』（福鎌忠恕・斉藤繁雄訳，法政大学出版局，1989年）の第10部で懐疑主義者フィロに言わせているように，現実社会を悲惨に満ちたものとみるようであれば，後述のJ. S. ミルが言っているように，神の善性，全知，全能を前提とする自然神学は成立しなくなるだろう。したがって，経験科学の創立者の1人としてのスミスが，自然神学の伝承を受け入れることができたとすれば，その理由は，未開社会や古代社会や封建社会との比較において，スミスが，近代商業社会を，過去の諸社会との比較において，またその前望において，実際に調和的・楽観的なものと見なしていたという点になければならない。その際，自然神学的な善性の神という考えが，現実を観察するスミスの目に影響を与えなかったとは断じられないけれども，神の善性・全能によって現実を割りきってしまうほどだったとすると，当然ながら，スミスが樹立しようとした近代科学の経験論的な性格はそこなわれてしまうだろう。したがって，スミスの論述に自然神学の伝承を受け入れるような表現があるとすると，それは，自分の経験的な観察や分析と，伝来の神の観念とが，すくなくとも抽象的・一般的には「一致」(coincide)（前出）するところがあると言うほかないであろう。
　実際のところスミスは，第6版で追加された「良心の影響と権威について」と題する章で，この世の繁栄にではなく，この世の貧困と悲惨にいっそうの関心を向けなければならないという「憂鬱な道徳家」に不満の意を示して，社会の現実についてきわめて楽観的な見方を表明している。「地上全体の平均をとってみると，苦痛または悲惨に出会っている人1人について，あなたは，20人が繁栄と歓喜のうちに，あるいは少なくとも我慢できる事情にあることを知

るであろう」(TMS. III. 3. 9. 邦訳上, 318-319) と『道徳感情論』でも述べている。このようなきわめて楽観的な現状認識があればこそ，スミスは自分の経験論と「慈悲深き神」という伝承的な観念との「一致」を言うことができたのではないだろうか。つまり，自然神学を前提にして，これがスミスの楽観的な現状分析を支えることになった，という一面があるかもしれないことを私は否定できない。しかし上述の引用はその逆の側面があるということを示しているように考えられる。つまり現状認識が楽観的であったから，「慈悲深き神」という観念を受けいれることができたという側面である。

スミスは，1760年代のはじめに通称『国富論草稿』と呼ばれる遺稿で，イギリスやオランダの普通の労働者の生活水準が，多数の人に対し生殺与奪の権を持つインドの藩王の生活水準をはるかに大きく凌駕していると述べて，近代社会の生産力の偉大さに驚嘆の念を表明している[17]。また封建的な規制や重商主義的な統制への批判意識をむきだしにして，上記のような富裕を実現するには「平和と軽い税と正義の寛大な執行」だけで大方十分だというのが，1755年以来の彼の一貫した主題であったと，スミス自身が述べたと伝えられている[18]。

こうした事実認定の楽観性は，必ずしも神学論とからめなければ理解できないわけではないように思われる。むしろこのような楽観的な事実認定が，慈愛の神を取り込む基礎であり，神の諸属性を容認するための素地であったのではないかと思われる。というのは，前述のように，神の善性や全知・全能という属性についての抽象的な一般論としては「すべての人は同意」するかもしれないし，スミスもそのうちの1人であったろうと思われるが，それが具体的にどうであるのかという点については，「人々は互いに大きく相違する」。また抽象的な善性・全知・全能からは，「平和と軽い税と正義の寛大な執行」というような，具体的な方策は導出できるはずもないのである。いやむしろ，一般論としては同じように神の善性・全能を認める人々でも，その全能が具体的にどのように実現されるかという段になると，意見が「大きく相違するであろう」。もっと広げていえば，ハチソン，ケイムズ，スミスのように，上記の一般論で

は同じであっても，人間の性質や行為を社会の福祉（神の意図・善性）との関係で具体的にどうつかむかという点では，意見はそれなりに違っているのである。したがって，同じように形式上自然神学の枠内にあるとはいっても，まず経験的・具体的に人間と社会をどうつかむかということが，神の諸属性の具体的な現れ方や具体的な意味での神の観念（その内容）を規定しているように思われる。そのことによって人間と神との関係は変化し，そのかぎりで神の観念も変化する。

したがってスミスの場合，ハチソンの場合のように人間が利他的であるがゆえに神の善性が実現するのではない。またケイムズの場合のように人間が自由奔放に行動しても神の善性は必然的に実現すると考えられたのでもない。『道徳感情論』では同感とそれにもとづく自己規制というなかなか厳しい道徳的な規則が自然に働くがゆえに，世の中はうまくゆくのであり，その場合に神の善性との一致が言えるのであり，また『国富論』の場合にも「平和と軽い税と寛大な正義の執行」というような条件のもとで，人々の願いでもあり，その意味で神の企図でもあるところの富裕が実現するのである。そしてそれぞれの場合に，神の全能の具体的な実現の仕方は違った内容において教説化されている。

この意味ではスミスがたどりついている神の観念は，スミスの近代社会認識に合致するものでなければならない。それはハチソンやケイムズのそれにたいしてさえ若干の差異を含むだけではない。それは，教会で僧侶が講じる古めかしい教説にたいしては根本的に対立する。それはスミスが講じた市民的な「道徳的感情に対立する」。この間のスミスの立場は，先にまとめた要約の最後の⑤の部分のとおりである。既成の制度としての教会で行われている教義は，市民生活をはなれた修道院で修道僧がつとめる「神的存在への献身」とか，教会で僧侶がつとめる「公私の礼拝」とかが，来世において報償を得る資格を与えたり，処罰を免れさせると教えている場合がある。神についてのこの教義は市民的な生活感情につながりを持たないばかりか，むしろ「われわれのすべての道徳感情に反するのである」（前出）。

スミスはたしかに神学的な見解を取り入れているのではあるが，その取り入

れ方は，自らの（経験的・近代的・科学的・市民的な）道徳感情の理論の立場からのものである。そうすることによってスミスは神の観念と教説の変更・変化を要請している。あるいは少なくともスミスの場合そのようなものとして自らの体系に取り入れると同時に，むしろ神についての古い教説を批判したり，現に行われている宗教的現象を生活感情論的事実として根拠づけたりしている。

　実際，この側面を押さえておかないと，その後の科学と神学との撚りの展開（= Entwicklung, ほどけること）の仕方も整理しにくくなるように思われる。すなわち僧侶マルサスは，その『人口論』から貧困の不可避性を認識したのであるが，そのため「慈悲深き神」は，人間に，勤勉その他の努力によってこの不可避性をいくらかでも克服するようにとの試練と刺激（=中世以来の抑制的な神学命題の1つ）を与えられたのだという，近代的な自由の観点からすれば，「逆説的な」苦しい解釈をほどこした[19]。このことをうけて J. S. ミルは，善性や全能という神の属性は，人口法則にも見られるような現状の経験的な認識との対比において，もはや意味をもたなくなったという理由で，その観念を否定するようになる。こうして神学と科学との分離も決定的になる。というのも，経験科学的に観察される貧困と，神の善性や全能という属性とは，いかにも「一致」させるのが困難だと考えられたからである。そこで社会の経験的認識の変化に応じて，神と宗教についての観念の方が変化したのである[20]。

（付記）

　最後に『道徳感情論』第6版で，贖罪文が削除され同感→良心→神の3審級論が付加された事情について，若干付記しておきたい。

　本章第2節（TMS. pp. 91-2, note からのサマリー①〜⑦）で見た贖罪文は，初版から第5版にかけては第2部第2編第3章の最後の部分に置かれていたが，第6版で削除された。その代りに本章第3節（その終りの部分の④，⑤の文章）で見た同感→良心→神の3審級論が第6版第3部第2章の最後に付記された。

　この改定についてのスミス自身の弁明は，スミスがある友人に語ったことをその友人の子息が伝えたこととして，TMS全集版の AppenndixⅡ に紹介され

ているが，それは，「贖罪の教説に根拠がない（unfounded）からではなくて，その文章が不必要で置き場所がまずい（unnecessary and misplaced）からという理由で当該箇所の削除を正当化した」というものである。これは1つの資料として注目しなければならないが，また反面いかにも間接的な形での言い伝えにすぎない点も考慮に入れなければなるまい。

　本章第2節で私は，贖罪の教説とそれを支える宗教心理を，スミスが，自分の経験論的な社会心理の理論によってどう説明したかを論じた。すなわち，通常の適宜性の是認とは違って，卓越性としての徳性の極北に完全性を理想化すること，この完全性の尺度で自分を評価しようとすれば，自分の行為がどれもこれもみすぼらしく不完全で「有罪」（前出）にさえ見えて来ることを指摘し，こうした心理機構が宗教的な罪の意識とこれに対応する超自然的な贖罪の教説とを受容する根拠であるというような論旨を展開している。たしかにこのような論理は，スミスの先の言葉が暗示する通り，スミスの第6版のレベルからいっても受容不可能なものではないだろう。

　また，もともとこの贖罪論は，同感の心理機構だけでは人々の心理的な慰めが十分満たされないという事実認識からきている。したがって，同感原理の社会秩序維持の機能の考えが動揺し，世評と良心との背離が強く意識されるようになったという形でも，初版から第6版への変更は説明しにくいように思われる。

　スミスは，本章第4節で論じたように，同感理論を展開して，単なる他人の是認や称賛（世論）が我々に単純な慰めや喜びを与えること，しかしこうした感情の積み重ねの中から我々の心には良心が培われ，この良心に基づいて我々は称賛に値することを求めるようになること，世論と良心とが食い違う場合には人は良心に依拠し良心に慰めを求めること，世論と良心との背反がひどくてとても良心によっては慰めも救済も得られないような苦境に追い込まれれば，人は良心の先に神と来世の観念を創造し，そこに救済や慰めを求めざるをえないこと，を説明している。

　象徴的で手短な表現を借りれば，ここでは他人の同感と良心と神とが，人の

行為を律する3基準とされ，それぞれが人の心に慰めや救済を与えるとされ，中でも良心は「半神」(demigod) と表現され，この半神の働きをいっそう高めたものとして神の観念が与えられている。良心による慰めがありうるように神による救済がありうる。良心の呵責があるように神への怖れがある。

つまりスミスは同感のいわば経験心理学的な展開によって，宗教心や神の観念を合理的に説明した。それは。道徳心の陶冶という人間の内発的な心の働きから，その極北に神の観念を説明したカントの手法に比肩すべきものがある。スミスもカントも共にヒュームの経験論を経由している。スミスの場合，このような経験的な心の働きから神による救済が説明できるとすれば，わざわざ形而宗教的な贖罪の教説を持ち出すのは「不必要」であろう。なぜなら伝統的・神学的な贖罪の観念なしにも人間の心の救済が心理的，合理的に説明できるからである。また同感理論を基礎にした良心による慰めや救済が十分論じられなかった段階で（つまり当初贖罪文が置かれていた箇所で），いきなり神による救済を論じるのは，「置き場所がまずい」と言えるのかもしれない。

（注）

1) ギリシア哲学を吸収した西欧文化の神学的伝統と言えば，マルクスなどもその網にかかってしまう。本質，目に見えない実体とその現象諸形態，両者の弁証法的な関係，必然性の法則等々というマルクスの方法概念は，この伝統を抜きにしては考えられないだろう。

2) Jacob Viner はその 'Adam Smith and laissez faire' (*in Adam Smith*, 1776-1926, facsimile of 1928 edition, Augustus M. Kelley, pp. 116-55.) において，『国富論』と『道徳感情論』での神への言及の違いを指摘しているが，これは前者は 1776 年，後者は 1759 年というスミスの思想形成の時期の違いによるものではない。その証拠に 1790 年の『道徳感情論』第 6 版でもスミスは神学問題を大いに気にしている。両著における「神」への言及の違いは，むしろ分野の違いによると考える方が合理的であろう。『道徳感情論』は神の属性と人の属性，神の姿と人の姿，人の良心と神の掟等々，主題そのものが直接に神学の問題とからみあう。が，『国富論』は，重商主義諸政策を批判したもので，直接にはその政策の当否の分析が問題である。『国富論』のもとの姿が経済行政論であったことを思い出してもいいであろう。

3) A. Smith, *The Theory of Moral Sentiments*, ed. by D. D. Raphael and A. L. Macfie,

Oxford Univ. Press, 1976.『道徳感情論』,水田洋訳,岩波文庫,上、下,2003年。上記のいわゆる Glasgow Edition は第6版（1790年）に,水田訳は第1版（1759年）に依拠しているが,それぞれ各版の異同を示している。引照箇所は,たとえば本文で示したように（TMS. II. ii. 3. 6. 邦訳上, 227）のように指示する。本章本文中の部・編・章の指示は初版による。6版のそれはその都度注記する。

4) 星野彰男『市場社会の体系——ヒュームとスミス』,新評論,1994年,97ページ参照。「理性」という語の用法については後述の注6)参照。

5) 新村聡『経済学の成立——アダム・スミスと近代自然法学』（御茶の水書房,1994年）ではこの点は,『道徳感情論』と『国富論』との接点のひとつと見なされているように思われる。すなわち『国富論』では,同感に基づく公正な行為が社会を維持し富裕を発展させるためにいかに必要かが確認されていると。

6) ヒュームは,このように経験を集約しながら一般的規則を認定する場合の「理性」の働きと,経験的に確かめられないことがらについて自然状態とか神の本性とかを先験的に仮設しそこからさまざまな命題を形式論理的に推論するような「理性」の働きとを,区別している。前者はヒュームの経験論の枠内のものだが,後者はヒュームが激しく批判したところのものである。ヒュームにはこのことと関連して「健全な理性」,「あやまった理性」という区別がある。Cf. D. Hume, *Treatise on Human Nature*, in David Hume, *The Philosophical Works*, ed. by T. H. Green and T. H. Gross, vol. 1, Reprint of the new edition London, 1882, Scientia Verlag Aalen, 1964. p. 353.『人性論』,大槻春彦訳,岩波書店,1973年,第1分冊,91ページ参照。

7) スミスは歩哨兵の居眠りの例を早くから気にしていたようである。『道徳感情論』グラスゴウ版の巻末に付せられたラッフェルのアペンディクスには,『道徳感情論』の初期の草稿の断片ではないかと推定される一葉の原稿が掲載され,それと『道徳感情論』との関連が分析されているが,そこにも上記の話がでてくる。

8) 改訂箇所は水田訳,上,236-240,注1)-11)を見よ。グラスゴウ版『道徳感情論』の編者ラファエルは,その改訂が正統的な神学からのスミスの離反の可能性を示唆しているものと理解している。

9) この点は第3部第3編（6版, III. v.）「良俗の一般諸規則の影響と権威について,および,それらは神的存在の諸法とみなされるのが正しいということについて」という章ではもっと直接に詳論されている。同感の原理をとおして自然に一般諸規則が形成され,またそれへの尊重（尊敬）としての義務意識も自然に生じてくるのであるが,「最初は自然によって刻印され,ついで推論と哲学によって確認される次のような1つの意見によって,この尊敬はいっそう高められる」（TMS. III. 5. 3. 邦訳上, 341）。この意見というのが,「道徳性の一般諸規則」は「神的存在の諸法とみなされる」ということ（＝章題）である。またこの文章につづく第4のパラグラフも,古代の神の

観念の形成を説明しているが，同じ趣旨のものである。なお水田洋など訳『スミス哲学論文集』(名古屋大学出版会，1993年) に彼の「哲学的研究を導き指導する諸原理──古代物理学の歴史によって例証される」(只腰親和訳) と題する論考が収められているが，この論考でスミスは，物理学の発展と関連させて，多神教から一神教への神の観念の形成的変化について述べている。この考え方を参照されたい。

10) 当該箇所は初版では第3部第1編にあるが，第6版では良心論との関連でⅢ.2に移されている。

11)「希望の宗教」「宗教の有用性」というのは，J. S. ミルの『宗教3論』(*Three Essays on Religion*, in Collected Works of John Stuart Mill, vol. X, Univ. of Toronto Press, 1969.) に見られる考え方である。スミスも「希望の宗教」と言いうるほどのつかみ方をしていることは，本文要約②の最後の数行，④の後半部分に明らかである。また道徳性を高めるものとしての，また心の慰めとしての「宗教の有用性」という考え方も，委細を別にすればミル，スミスに共通に見られる。スミスは『国富論』第5編の「成人教育」の項で，社会的な施設や組織と関連させて，この点を詳論している。なおミルの宗教論については小泉仰『ミルの世界』講談社学術文庫，1988年。杉原四郎・山下重一・小泉仰編『J. S. ミル研究』御茶の水書房，1992年所収の柏經學「ミルの宗教3論」，小泉仰「J. S. ミルの神存在証明論批判の検討」などを参照。

12) 実は私は本年の2年生のゼミナールで『道徳感情論』をとりあげている。学生に報告させると，文章がむずかしいため，活発な討論を維持するのもむずかしい。そこで私自身がやさしいレジュメを作って説明をし，学生から質問を受けることにした。「スミスはあたりまえのことを言っている」というのが学生の強い反応である。スミスは，グラスゴウ大学で講義をしたときには文章よりもはるかにやさしい話し言葉で説明をしたに違いないが，私は，今の学生の反応を見てはじめて，今の学生よりもっと若いくらいの学生にスミスの名講義が好評であった，その理由が実感できたように感じた。スミスの言っていることは，古文調の（格調の高い）むずかしい文章よりははるかに親しみやすい日常的な生活感覚であろうと思う。

13) スミスの講義をきいたジョン・ミラーの証言によるとスミスのグラスゴウ大学における自然神学の講義は，「神の存在と諸属性の証明，宗教の基礎となっている人間の心の諸原理を考察した」とされている。(D. Stewart, '*Account of the Life and Writings of Adam Smith*', in The Glasgow Edition of *The Works and Correspondence of Adam Smith*, vol. III, Oxford Univ. Press, 1980, p. 274. 福鎌忠恕訳『アダム・スミスの生涯と著作』，御茶の水書房，1984，11ページ)。本文で見た事情 は特にこの後半，すなわち「……基礎になっている人間の心の諸原理」について参照されるべきであろう。そのかぎりで自然神学を自然神学として講義することは不必要になった。その代りにこの課題は『道徳感情論』において果されていると言えないであろうか。神の諸属性については

すぐ後述する。

14) 自然神学という言葉はここでは，神の存在，善性，全知，全能を理論ないし経験の分析によって合理的に基礎づけようとする神学というほどの意味で使っておく。それは，なんらかの啓示によって神を信仰するという意味での啓示神学から区別される。もっともスミスは，自然神学だけに議論を限定しようとしていたかどうか，私には判然としない。彼は，啓示宗教としてのキリスト教の基本にかかわる贖罪論についてさえ，そうした信仰の経験論的な基礎を吟味しようとしていた。

15) 本文にいう「抽象的考察によって」というのは，次の文章にも対応しているように見える。すなわち，慈悲深き全知，全能の神という観念は，「たしかに人間的瞑想のあらゆる対象のなかでとびぬけてもっとも崇高なものである」。したがってこのような瞑想に「専念する」人に対して，人々は一定の宗教的な尊敬を払うのである。しかしスミスは神についてのこうした「抽象的考察」についてのこの専念は，人間に割り振られた「ずっとつまらない部門」（市民的生業など）をおろそかにする「口実にはならない」と断じて，市民的生業の重要性を指摘している（cf. TMS. VI. ii. 3. 5-6. 邦訳下，150-151 参照）。それがスミスの立場である。

16) 人間がどのように「完全性」への憧憬を持つかについてのスミスの描写は TMS. VI. iii. 25, 邦訳下，176-178 などを参照。前にも言及したがここでも，人が自分の行為を判断する場合のふたつの基準（人が理想とする完全性という第1の基準と普通の人々の普通の水準としての第2の基準）が再び問題にされている。当然神の観念に結びつくのは第1の基準である。

17) Cf. A. Smith, *Lectures on Jurisprudence*, ed. by R. L. Meek et al., Oxford Univ. Press, 1978, p. 563. 『法学講義』，水田洋訳，岩波文庫，2005 年，441 ページおよび 501 ページ以下の訳者「解説」参照。

18) Cf. D. Stewart, op. cit., p. 322. 福鎌忠恕訳，前掲書，78-79 ページ参照。

19) マルサス『人口論』初版の最後の2章，および D. Winch, *Malthus*, Oxford Univ. Press, 1987, p. 35. 久保芳和，橋本比登志訳『マルサス』，日本経済評論社，1992 年，55 ページ参照）。

20) 第1原因としての神の存在の（もちろん必然性ではなく）可能性は，ヒュームの経験論においてそうであったと同じように，ミルの経験論の場合も，それを否定することはできない。その他の点については注11）参照。

（補注；私見とは違って田中正司氏のお考えを踏襲するものとして，私は最近，大島幸治『アダム・スミスの道徳哲学と言語論』，お茶の水書房，2008 年，特にその第8章を読むことができたことを追記しておきたい。）

なお，私の解釈が成り立つとすると，スミスの見解はスミスの同時代人カントの神論と一脈通じるものとなるだろう。カントは，ヒュームの影響を受けて『純粋理性批判』

では神の存在は経験的な認識としては証明できないものとしたが,『実践理性批判』では,人間の持つ道徳性の志向する最高のものとして,人間は神の観念を想定するとしているし,『判断力批判』では,人間に内発的な美と崇高美の感性の対象化として崇高な神の御姿を思いなすとしている。論証の方向が,神→人間ではなくて,人間→神である。実際,グラスゴウ版 TMS の序文(p. 31)は,TMS ドイツ語訳が出た直後の 1771 年に,スミスがカントの「お気に入り」だったことを伝える 1 通の手紙を紹介している。

第4章

スミスからミルへ
――「自然的」と「人為的」

1 スミスの「自然的」という言葉

　本章で問題とするのは次の点である。①スミスが「自然的」だと見なす事態と，ミルが「自然的」だと見なす事態とを比較すること。②スミスの「自然的」と「当為」との関係，ミルの「自然的」と「人為的」との関係，これら2つの関係の異同関係，③これらの検討を通じて18世紀の経済思想から19世紀の見方への変遷（継承面と対立面）を整理すること。すなわちその場合の一側面として，アダム・スミスの経験的自然法とジョン・ステュアート・ミルの功利主義との異同関係を明らかにすること[1]。この言葉の使い方の相違が，スミスとミルの社会観や経済学の編成方法にどんな影響を持っていたかについても，自然に筆が走る範囲で注意を払うこと。

　スミスの言う「自然的」という言葉には，4つほどの意味が含まれていると言うことができるのではないかと思われる。1つにはそこら中に普通に存在すること，2つには当然そうあるべきだという意味での当為，第3には当然そうならざるをえないだろうというような必然性あるいは必要性があるということ，第4には歴史上どの段階にも多少とも普遍的に見られるし，その意味で永久不変性を持つこと，以上4点である。以上の4点は，本書の上述の事柄のうちにほぼ十分に含まれていることであるし，また我が国のスミス研究史においても広く了解されていることとも思われる[2]。したがってここでは，議論を簡潔明瞭にするために，その意味を詳しく再説する必要はなかろうと思われる。

85

ただ以下の論述において，折に触れて必要最小限の言及をすることにする。

2 ミル「自然論」の意図

この問題についてのミルの考えは，彼の「自然論」と題する論文にまとめられている。これは「宗教の効用」，「理神論」と一緒に1874年にミルの義理の娘ヘレン・テイラーによって『宗教3論』という書名で出版された[3]。それに付されたヘレンの序文は，「自然論」と「宗教論の効用論」は1850年から58年に書かれ，「理神論」は1860年代の終りに書かれたと推定している[4]。2つの時期の間にはダーウィンの『種の起源』の出版（1859年）がある。このように推定された理由はヘレンによれば，前2論文にはダーウィンなどと思想的な一致が見られる個所でもダーウィンへの言及がなく，最後の論文ではその思想への論及が見られるからという点にある。また「自然論」の出版が遅れた理由は，3つの論文をすべて仕上げることによって全体の首尾一貫性を確かめようとしたからだという。最後の論文が仕上がったあと（ダーウィンの自然論を自分の論稿に取り入れることができたあと，したがってダーウィン以前の「自然論」とダーウィン以後の「理神論」とが「基本的に首尾一貫」していることに満足することができたあと），1873年には「自然論」を直ちに出版したいというのがミルの意図であったという（cf. 371-372）。このようにこれら3論文は相互に密接に関連しているし，またヘレンの序文からはミルが当時の自然観の革新に深い関心をもっていた様子が間接的に窺われる[5]。

ミルがこの「自然論」という論文で論証しようとした趣旨は，自然的なことがらには正義や当為や道徳的な善悪は含まれていないということである。すなわちスミスの自然的という観念の第2の当為という意味を否定することである。「こうした考えを検討するのが本稿の目的だ。自然を正誤，善悪の判断基準とする学説，あるいはなんらかの仕方あるいは何らかの度合いで，自然に従いそれを見習いそれに服従することにメリットを認めたり，それを是認したりする学説が，真理であるかどうかを研究することが意図されている」（377-78）。

「自然に対して普通の意味での道徳性を期待するほどばかげた人」(384)。「自然への適合はおよそ正義・不正義に対して何の関係もない」(400)。

ミルがこの点を強調することの含みが，自然法的な伝統を批判して（あるいは古くから自然法に対して投げかけられてきた批判の仕方をつきつめて）[6]，善悪や当為は功利の問題として考えなければならないという点にあるのだとすれば，ミルの見地は明らかに功利主義的な自然法批判を示しているということになる (cf. 376-377)。

実際，ミル自身も自分の論文の趣旨をこのように自覚していたかもしれない。そしてそれはそれで，スミスの自然観と比較する場合でも大変大事なポイントである。しかしこれだけで済ませてしまうと，18世紀と19世紀との思想的な違いははっきりするけれども，両者の間の歴史的なつながりの面は抜けてしまう。議論の表面，言葉使いの表面はともかくとして，思想の内面，内容についてもまた，ミルの功利主義とスミスの経験的自然法とは逆向きの展開を示すものであろうか。以下，この点を考察してみたいと思う。

ミルによれば「自然」という言葉は2様の意味で使われている。第1の意味は，現に存在しているとおりの諸現象のすべてである。これは人為的なことも生の自然もともに含まれる。第2の意味は，人間の手のかかっていない自然のままの自然という意味である (cf. 375)。

まず第2の意味から検討してみよう。人跡未踏の原野とかワイルド・ライフとか，人間の手によって何の変化も引き起こされていない自然は，人間による善悪判断と無関係である。そこには人間を圧倒するような自然の驚異が存在し無慈悲な弱肉強食の世界が展開される。自然は動植物の生育を可能にする恵み深い力を持っている反面，ハリケーン，洪水，ペストなどのひどい災害を引き起こす (cf. 386)。思想史の上ではルソーに見られるように，自然のままの状態を観念的に美化する見解もあったが，これははなはだしい見当違いである。

現に存在する状態のなかで人間にとって有益な状態はすべて，人間が自然状態を克服するために積み重ねてきた人為的な努力の賜物である。人類の文明化された部分の人たちが（たとえばイギリス人が）自慢する諸改善は，自然の災害

の防御に成功したことによる（cf. 386-7）。橋，干拓，油田の掘削，堤防建設，等々。この場合自然は征服されるべきものである。文明や技芸を賞賛するのは，その分だけ自然の不完全性を非難しているのであり，人間の仕事は自然の不完全性を矯正することにある（cf. 380）。だから自然に対して道徳性を期待するのはばかげている（前出384）。この点がミルの強調する論点である。後述するように人間の自然 human nature についても事情は同じである。

　なお，このことに関し，自然との関係における神の概念について触れておく必要がある。すなわち自然がこのように不完全なものと認識されるとそれを創造したとされる神もまた完全性を失う。神はその力が全能であるとともにその属性が善であるとされてきた。しかしこの神の概念を経験論的に（自然）現象から帰納しようとする自然神学の立場からすると，自然の不完全性からは神の力の全能性と属性の善性との両方を同時に認めることはできなくなる。もしも神の力が全能だと仮定すると，その属性は必ずしも善ではないことになる。なぜなら全能の神の創造した自然諸現象は必ずしも善ではないからである。逆にもし神の属性が善だと仮定すると，神の力は全能ではないことになる。なぜなら神は善なる意図を持っていたにもかかわらず，それを創造する力に欠けていたということになるからである。こうして自然を善悪混交の状態と見たことによって神の完全性という神学上の枢要点が否定された。この認識は彼の「自然論」と彼の「理神論」批判との関係を見る上での１つの要点ではないかと思われる[7]。

　それでは自然についての第１の見方に帰ってみよう。ミルによればこの方が「真の科学的な意味である」（375）。この意味では自然は人為的なことも生の自然もすべてを含めた事物の力と属性を指している。よって自然法則はそれらの諸力，諸属性の間の継起的，共時的な因果関係の規則性を指している。人間が食事をしようが毒をあおろうが，その結果人間が健康であろうが健康を害しようが，それは事物の働きの因果関係の規則性に，したがって自然法則に従っている。だから明らかに人間は自然法則に従うべしという命題は無意味である。なぜなら不健康も自然法則に従って生じるからである。

むしろ問題は人間がどちらの自然法則を選択するかということになる。人間は自然法則一般から解放されることはできない。人間は健康か不健康かいずれかの法則に従うほかはない。しかし人間は両方の自然法則を熟知したうえで，不都合な自然法則から逃れようと努力することはできる。あるいはその法則が作用するある特定の環境を改善することによって，そうすることはできる。ある1つの法則を他のもう1つの法則に対抗させて利用することもできる。「ベイコンの格律に従えば，われわれは自然をコマンドするような仕方で自然に従うことができるのである」(379)。環境（社会制度もその1つ）を変えれば，それにしたがってわれわれが行動する自然法則も変えられる。「目的や手段についてのわれわれの選択次第で，われわれは多少とも1組の自然法則の代わりに別の1組の自然法則のもとに，われわれ自身を置くことになる」(379)。こうして，「自然に従えという無用な処方箋は，自然を研究せよという処方箋に変更させられる」。そうすることで「われわれは知的行為の第1原理に到達したことになるであろう」(cf. 379-380)。

3 スミスの「当為」とミルの「人為」

ところで以上のミルの自然論に立脚する場合，スミスの自然論に含まれる当為の問題はどのように処理されるのであろうか。ミルは自然的という言葉の第2の意味では自然は善悪，正誤の判断とは無関係だと言う。しかし自然の第1の意味では人為的な人間の行為が自然の概念の中に含まれている。この場合には当為の問題を避けることはできない。先回りして言えばスミスの当為の問題は，ミルにおいてはいくつかの自然法則の間での選択の問題になっている。前に述べたようになるほどスミスの議論の中にも，重商主義のもとで作用する経済法則と自由主義のもとで作用する経済法則とを比較して，スミスが後者を選択しているということがある。

スミスをミル的に解釈すれば，重商主義的な枠組みの中で（あるいはこの枠組みにもかかわらず）成長している自由主義経済の，これら両面を含む全体が第1

の意味での自然である。スミスは一方で，重商主義という環境のもとで作用する（ミルの意味での）自然法則を分析している。スミスは，この保護と奨励の体制のもとでの輸入関税と密輸のいたちごっこ，輸出奨励と産業構造の歪曲，アメリカ植民地貿易独占とそこから生ずる国内的，国際的な諸弊害などを分析している。これらはミルによれば1つの自然法則である。他方スミスは，当時イギリスで相当に成熟しつつあった自由市場経済を分析して，この経済体制は国際的な平和のうちに国富の安定的，調和的かつ順調な増進をもたらすことを経験科学的に明らかにした。次いで安定的調和的な富裕の観点から（すなわちミル的に言えば功利の観点から），スミスはこれら2つの自然法則のうち後者を選択した……ということになるだろう。

　実際にこの「選択」という方法は，ミルの『経済学原理』の人為的だと言われる分配論で，ミルが採用した方法であろうかと思われる。農業に関しては奴隷制，農奴制，分益農制，自作農制，資本主義的な農業，あるいはまた工業に関しては個人資本家企業，合名・合資会社，株式会社，資本家と労働者による協同組合，労働者同士の協同組合等々，さまざまな「環境」のもとでのさまざまな法則を経験科学的に分析し，功利の観点からどの環境が最も良いかを選択しようとしている。そしてこのような方法による分析を可能にする分野をミルは「人為的な」分野（＝分配論）だと言っている。このような自然観はたしかにミルの『経済学原理』の特徴的な構想を成立させる上で生かされていると言わねばならない。

　このように見るかぎりではスミスの考える自然的＝当為はミルにおける自然的＝人為的＝当為に相当することになる。なぜなら前に述べたようにミルの人為とは，それ自体広い意味の自然的に含まれながら，しかも自然諸法則のうちからある特定の法則ないしこの法則が作用するようなある特定の「環境」を，功利の観点に立って選択することにほかならないからである[8]。

　たしかに一面では，こうした関連づけが可能であることは明らかだけれども，だからと言って，このようなミル的なスミス理解がスミス―ミル関係を全面的に言いえているわけではない。

先に述べたように，スミスの自然的という考えの中には，当為という主体的選択的要素があるだけではなく，それを歴史分析の中で必然性として裏付けるという客観化の側面がある。この歴史的な観点はミルにおいてはどのようになっているであろうか。

一見するとこの点は両者の間の際立った違いを示しているように見える。先に見たように，スミスの分析は，『国富論』第3編でも第4編でも一面では「自然的自由の体系」の成立は不可避であることを明らかにしようとしている。第3編では，いろいろな紆余曲折を経ながらも封建領主制は結局自由市場経済にならざるを得なかったという歴史的な経過を描いている。第4編でも重商主義政策体系は諸列強の対立や植民地独立戦争の勃発などさまざまな紛糾を抱え込んでいるが，かえってそのためにこれまた結局は「自然的自由の体系」に行き着かざるをえないだろうという予見が示されている。視野は主として西ヨーロッパ，なかんずくイギリスに集中しているとは言え，封建社会，重商主義から自由市場経済への推移は，いわば1つの方向性を与えられているかのように見える。こうして成立してくるのが「簡単で明瞭な自然的自由の体系である」というのが，第3，4編の歴史分析の最後の結論であって，そこに開かれる視野がある意味では第1，2編の理論的世界である。

これに反してミルの場合には，歴史の取り扱いはずいぶんスミスと違っているように思われる。まとまった歴史分析は，少なくとも歴史理論という形の整った叙述としては唯一『経済学原理』の序文の中にある。それは『経済学原理』旧版の編者アシュレーに激賞された簡潔な歴史理論である。イギリスの封建制から資本主義への歴史的な移行の解明自体は，スミス（ヒューム）のそれと大同小異のように思われるが，論述の目的と力点は，自由市場経済の歴史的必然性を明らかにするというよりは，むしろ世界各地の多様性を明らかにする点にある[9]。また『経済学原理』の第1編でも第2編でも，歴史的素材は広範な領域から集められているが，1つの歴史上の事情からもう1つの事情への歴史的推移の必然性の分析は主題になっているわけではない。むしろ歴史上のさまざまな諸形態の多様性，あるいはそれらの諸形態の功利という点からみた場合の

優劣の多様性が問題になっていると言えるだろう。

このようにスミスはその自然的＝当為という評価を歴史的な推移の方向性と関連づけようとしたのに対して、ミルは当為の問題をスミスと同じ形で取り上げようとはしなかったことになる。この点は両者を比較する上での大きな違いである。それではこのようなスミス的な問題にミルはどのように対処しようとしていたであろうか。この問題に若干の説明を加えることにしよう。

「自然」についてのミルの第2の規定によれば、自然は人の手にかかっていないままの自然である。したがって人間の行為はすべてこの「本来の自然」を改変する行為にほかならない。この点は human nature についても見方は同じである。ルソーの描く自然とは違って自然のままの人間は粗暴、凶暴、理性の欠如、支配欲等々の野蛮性をもって生きていた。とはいえ同感の感情を持っていたことも否定はできない（cf. 394）。しかしそのどちらかが人間の自然であると断定はできない。問題はもっと違った形で、すなわち他の動物と違った人間の心的な能力の問題として立てられねばならない。

「人間性のほとんどすべてのすばらしい属性は本能（本来の自然——引用者）の結果ではなくて本能を克服した勝利の結果である」（393）。「さまざまな可能性のすべては実現のためのすぐれて人為的な訓練に依存している」（同上）。「自然の人間には心的能力（capacity）以外にはほとんどなにも価値のあるものはない」という状態だ（同上）。しかしこの能力を備えているおかげで人間は教育と自己陶冶によって、本来備えていた利己心を自己規制し同感感情を発達させることができるのである（cf. 394）。

ここに「教育や自己陶冶」というのは「インストラクターや友人や書物のすべての教え」とか「1つの理念に向かってのすべての意図的な自己形成」とか、「経験に教えられ」とか「自己教育され」とか（cf. 394, 395）、あるいは生活経験の中で人に褒められるという報酬を得たり人に非難されるという処罰を受けたりして自習するというように表現されている。したがってそれは、単に外部からの教育の押し付けではなく、むしろ各自の生活体験の中で培われる社会性の涵養である。

スミスの同感能力もある意味では，ここでミルが描いているのと同様の社会環境のもとでの自己陶冶，自己規制の結果である。そしてスミスもミルと同様，人間の本性が利己的か利他的かという問題を立てないで，人間に本来備わった心的能力を問題にした点は注目に値する。彼の同感能力は生れたての赤ん坊に十分な形で成熟しているものではない。同感能力は，他人を見て感じ他人の目を気にかける，そうした社交的経験の積み重ねの中で社会性のある感受性を涵養する能力である。ただスミスの場合はこのように社会生活体験の中で培われた感情の能力は「自然的」なものであった。

　ところでミルの場合にはこうした人間性の向上は，自然の克服としての「人為」によることになる。しかし，人為をも自然概念に含みこむ広い意味での（第1の）規定によれば，それは「本来の自然」を超えて「第2の自然」になるというように表現される。この言葉は重要である。それは次のさまざまな文章に含まれている。

　「人間本性（自然）の高度に人為化された条件のもとでだけ善は自然的だという観念が成長した。いや，私の信じるところでは，そのもとでだけそもそも成長することができたであろう。なぜかというと，長い間の人為的な教育コースの後で初めて，良い感情が慣習的なものになり悪い慣行よりも優勢になって，必要があればはたから促されなくても（その感情が自然に——引用者）生じるようになるからである」（393）。「自己規制」力は他の徳よりもいっそう「自然的」なものに近い，というのもそれは他から教えられるのではなく，経験から自習して身につくからである（cf. 395）。自然的正義（natural justice）の感覚についても事情は同じだ。ミルは「正義の感情は全く人為的な起源を持っているものと信じている」。「自然的正義のアイディアは慣習に基づく正義（conventional justice）に先行するものではなく，その後に続くものである」。「実定法が従うべき，あるいは実定法の規定がなくても良心を拘束するところの一段高い正義という考えは（＝自然法の考えは，実定法に先んじて生れたのではなく，実定法の欠陥が感じられるようになってから——引用者）実定法上の正義から示唆を汲み取りそれに類比させながら，後になって拡充された理念であって」……（cf. 396）。

人間の本性（「第1の自然」「本来の自然」）には善性の芽も悪性の芽もあって，「人類の強力な利害関心が良い芽を育てるのでなければ雑草（悪い芽）が良い芽を滅ぼしてしまうだろう」が，人類には良い芽を育てる能力（先に見た capacity）が与えられているというのがミルの基本的な立場である。「人類の中で幸福な環境に置かれたある部分において（イギリスのこと？──引用者）人間性に可能な最高度の感情が第2の自然になっているのは，このような育成効果，早くに始められ不利な影響によって邪魔されなかった育成効果のおかげである。この第2の自然は第1の自然よりも強力であり，本来の自然を打ち負かしたというよりも，本来の自然を自分の中に取り込んでいるのである」(396)。ミルは「このような素晴らしさを自己陶冶によって獲得した恵まれた諸組織」(396)についても言及している。この「諸組織」なるものが何を指すのか，当該箇所の短い言及だけでははっきりしないが，『経済学原理』第4編，第5編でミルが詳しく検討した協同組合などを連想してもいいのではないかと思われる。その部分でミルは，市場経済の発展の中で個人資本家企業，合名・合資会社，株式会社の次に期待される協同組合企業の発展に大きな関心を払っている。彼は協同組合の発展動向について版を改めるたびに書きかえをするほどの強い関心を持っていた。彼は労働者たちの自立の精神と共同意識の涵養に大きな期待をかけている。いずれにしても本章で私が，注目したい「自然論」における文章は次のとおりである。「人類の中の最良最高の人びとに見られる人為的に創造され，少なくとも人為的に完成されたこのような自然的性質（nature）は，見習うことを推奨されうる唯一の自然的性質である」(396-7)。

　さて，このように見てくると，スミスが歴史的に裏付けた自然的＝当為という立場は，ミルにおいては全く見られない見解ではなく，ミル的に変形された形で歴史的な形成としての「第2の自然」＝「人為的に（創造され）完成された自然」＝当為という形をとっていることが判明する。おそらくイギリスのような条件のいい国で，あるいはその国でも「最高の人びとの組織で」見られるような「人為的に完成された自然」は唯一，「見習う」に値するものであると言う。したがって，自然的と人為的とを対立させることのあるミルの見地は，

18世紀のスミス等々の見地と全く違うということにはならない。むしろその特有の語法を細かに吟味してみると，両者は太い一筋の思想の脈絡でつながれていることが判明する。

4 ありふれた自然に対するスミスの期待とミルの批判

それにしてもミルはなぜに「人為的」の語を多用したのであろうか。それは両者の現状認識の相違によるところが大きいように思われる。

ミルの観察するところによれば理性主義に異を唱えて本能を重視しようとする風潮が生じたのは，「理性を支配の座から引き下ろそうというのではなくて，ある特定方向に向かうよう条件を付けて理性を拘束しようというのである」(392)。本能が理性を支配するのを求めるのではなくて，理性が本能を尊重することを求めたと言うのである。もちろんここに言う本能は，感情とか感覚とかに敷衍して理解されうる。したがってミルが近時の思想の風潮と見なした事柄の及ぶ範囲は広いように思われる。それは感情論的な道徳理論一般に及ぶだろうし，したがってその一翼としてヒュームやスミスも網にかかることになるだろう。そしてミルは理性主義に対するこうした感情論の反動を批評して，「合理的能力の指示が処方箋としての権威を持たなくなった場合にはいつでも，理性に敵意を持つよう気持ちが動かされる」(393)というように言っているが，これはなるほど思想史の流れの一面を突いているように思う。このつかみ方は，実定法への不満が醸成されたから，実定法をこえて，その真の基礎となるべき自然法が構想されたという着想と軌を一にする。たしかに神学や絶対王政や重商主義によって取り繕われた理性が，「処方箋としての権威」をなくしたという認識を持ったからこそ，ヒュームにしてもスミスにしても普通の市民の新しい時代の生活感情を尊重することのできる理論を構想したと言うことができるからである。それだけに彼らは，社会的道徳規範の形成や立法の基礎としての人びとの習慣や生活感情の基礎的重要性を強調しているのである。ヒュームが同感感情や習慣やコンヴェンションを言い，スミスが同感理論を仕上げようと

したのはそのことを物語っている。彼らは旧来の理性主義によるよりも新しく習慣化された市民の感性による方が世の中はずっとうまくいくと確信したのである。スミスがそんじょそこらに見られる普通の市民の感情の働きを「自然的」だと見たのはこの確信によると考えないわけにはいかない。それは「見習うべきもの」という意味で自然的なのではないが，許容さるべきものという意味でやはり自然的なのである。

　ところがミルの場合には，事情がすっかり違っている。スミス以降，彼の言う「自然的な自由の体系」の方向へ経済のシステムは動いて行ったのではあるが，19世紀前半の実情はスミスの楽観主義的な予想を裏切って，ある意味では惨憺たる状況を呈した。マルサスが『人口論』で描いた貧困の問題，都市労働者の生活の惨状，労資の紛争，過剰生産恐慌とその悲惨，等々。ミルの自然の第1の規定は，眼前に見る諸現象の全体を意味するものであるから，こうした諸現象の総体が彼にとっては自然的な現象であったわけだが，このような自然的状況に彼は肯定的な評価を与えることはできなかった。

　彼によれば貧困は諸悪の根源であった。実際多くの労働者たちは貧困と不安定に悩まされ個人資本家に顎でこき使われて人間としての自尊心を失っている。ところが彼にとってはこの自尊心というのは人間にとって一番大事なものである。これは自立，自尊ということにつながり，そうすることによって自立的な市民というスミス的な人間観につながる。しかし実際には，自尊心を喪失した多くの労働者たちは自暴自棄になって，合理的な自己規制力をなくし深慮の徳を失い，スミスが自立自尊の市民生活の間で形成されるはずだと考えた同感原理が必ずしも好ましい具合には育成されないというのがミルの観察である。だからミルは，こうした人たちの間で形成される普通の意見＝世論に満足することができない。彼にとっては普通に見られること，普通の意見＝自然的であるにしても＝当為という点はきっぱり否定されることになったのである。

5 自然の不変性と可変性──スミスからミルへ

　以上のようにミルは，スミスと違って，自然的なものは不変的だとは考えなかった。この違いについても最後に簡単に触れておきたい。

　社会の編成が可変的であって，目下変化の過程にあるという点については，ミルはサン・シモンやコントの影響を強く受けた。この点はミル自身がその『自伝』で告白しており[10]，ミルを知る人たちの間では周知に属する。しかしミルにとっては社会が可変的であるだけではない，自然そのものも可変であって，この点がスミスなどと大いに違う点である。なぜならスミスにとっても，社会は過去から現在にかけて変化してきたのであったが，「自然的自由の体系」は自然的なものが不変であるが故に永久不変であるかのように（つまり最高の到達点であるかのように）表現されているからである。これに対してミルには最高で不変の社会という考えはない。彼は現状の市場社会を「社会発展の初期段階」[11]と理解しており，したがってそれを改善し変化させることが彼の関心事であった。ここでは自然的＝可変的とするミルの自然観と，彼の時代の自然科学との対応についてだけ簡単に言及しておくことにする。

　スミスとミルとの違いは，一面では自然科学の発展に対応しているのではないかと考えられる。よく知られているようにニュートン（1642-1727）はスミスの時代には科学的にものを考えていこうとする場合の拠り所になっていたのであるが，彼が体系化した天文学（＝太陽系の運動）においては，諸惑星は初めから一定不変の軌道を運動するものと考えられていた。したがってこの意味では自然は永久不変である。だから最初にその運動を引き起こした力は何であったかという問題が生じる。この問題は創造主としての神の意図と力を借りる仕方でしか解決されなかった。当然ニュートン自身も神学的な考えに強く捉えられている。生物学でもリンネ（1707-78）の分類学の時代である。この分類学はさまざまな動植物の生成・発展の跡を説明したのではなく，出来上がった特徴を部類分けしようとするものである。したがってその特徴は，固定的・普遍

的なものと見なされたであろう[12]。こうした事情で，スミスが自然的＝不変的と考えたのは自然なことであったであろう。

ミルの場合は事情が違う。まず第1に，私的所有の制度と自由市場経済の自然的な弊害を克服するために人為的な改善をしなければならないというのがミルの立場である。したがってミルの自然概念には当初から不変性の考えは入りにくいと言えるかもしれない。その上この考えは当時の自然科学の発展の水準によっても支持されるという関係にある。

太陽系については18世紀末から19世紀の初めにはハーシェル（1738-1822）の星雲説がともかくも太陽系やその他の天体に生成のプロセスがあるという説を提起している。天体の観測に基づくこのような天体の可変性の主張は，当然ミルの自然論の関心をとらえている。ミルが「理神論」においてこの新しい学説を，自然には不変的な「目的因」があるとする自然神学の批判的検討材料として取り上げているのは当然だ（cf. 456-57）。また生物学の分野ではダーウィンの種の起源（1859）を想起しなければならない。ダーウィンに従って早くもミルは，人類が当初から人間であったわけではなく，突然変異と遺伝によって自然選択の法則に従って変化発展して今日の人類に進化したという進化論の要点を消化している。そしてこの説は，必ずしも生命の起源までを説明しているわけではないにしても，創造主という神学命題の信ぴょう性を弱めるものとの判断を下している（cf. 440, 449, 456）。

ミルは最後に書かれた「理神論」でこのような自然の可変性を確認したうえで，また先にヘレンの推定を借りて紹介したとおり，このような新しい自然観が，ずっと以前に書きあげられていた「自然論」と矛盾なく「基本的に首尾一貫」する関係に置かれうるとの自信を持った上で，「自然論」を発表しようとしたのである。自然は可変的だとする自然観と，人為によって社会も可変的に改造可能だという信念は，相互に関連し合っているであろう。

こうして，私有財産制を人為的に改造するとか，分配の制度は人為的に可変なものだとか，あるいは自由市場での交換の法則とは違った人為的な政策の分野が区別され始めるというような，経済思想史上の新しい特徴が生まれ出るこ

とになった。それと同時にミル以降においては、経済学の用語として「自然的」という用語は、次第に使う必要のないもの、あるいはむしろ使うべきでないものになっていくことになる。古典派の「自然価格」はその後「正常価格」に置きかえられたが、この「正常価格」でさえも自然概念の面影をとどめていると言って、それを批判するヴェブレンのような見解も出てくる。今日においては、資本主義的な諸関係を自然的で永久不変だとする主張が、仮にあるとしても若干空虚な感じを免れないであろう。こうした資本主義観を生み出した当初の学説がミルの学説であったことになる。

自然的で不変的な社会体制という感じ方はよほど薄められる。この方向を突きつめてみると、それは資本主義を人間の不変的な自然に適合した不変的な体制と見ることをしなくなるというだけではなく、社会主義を人間の自然に適合的な不変的な体制と見ることもできなくなるであろう。最大幸福原理という判断基準を立てるという価値判断は残るだろうけれども、原理的に言ってこれを実現するために私有財産制度に固執しなければならないわけでも、社会主義に執着しなければならないわけでもなくなる。私有財産制か共同所有制かという二者択一もなくなる。一定の判断基準を立てるにしてもさまざまなミックスト・エコノミーの人為的な選択可能性がでてくる。ミルの思想との関連で、この点、現代に至るまでのミックスト・エコノミー的な政策選択原理の思想史上の位置を見る場合に注目すべきことのように思われる。

（注）
1) この継続と異質性との関係についてのミルの自覚的な立場表明は次の通り。「私は成長途上のある時期にはしばらくの間、あの偉大な世紀（18 世紀——引用者）を過小評価することはあったけれども、18 世紀への反動には絶対に加わらず、真理の新しい一面をつかんで、もう 1 つの古い方の面をしっかり手放さなかった」（J. S. Mill, *Autobiography*, in *Collected Works of John Stuart Mill*, vol. 1, ed. by J. M. Robson and J. Stillinger, Univ. of Toronto Press, 1981, p. 169.『ミル自伝』、朱牟田夏雄訳、岩波文庫、1960 年、145 ページ。
2) 高島善哉『スミス『国富論』』、春秋社、1964 年、244-245 ページにすでにほぼ同様の説明がある。

3) J. S. Mill, *Three Essays on Religion*, J. S. Mill, op. cit., vol. X, 1969. 以下,「自然論」からの引用は頻出するので著作集本文のページ数を本稿本文にカッコに入れて表示する。小泉仰『ミルの世界』, 講談社学術文庫, 1988 年には, その部分訳がある。(なお『宗教 3 論』の宗教論に関する最近の詳細な研究として有江大介「J. S. ミルの宗教論――自然,・人類教・"希望の宗教"――」,『横浜国際社会科学研究』, 第 12 巻第 6 号, 2008 年があることを追記しておきたい。)

4) ヘレン・テイラーの推定について, 新著作集の Textual Introduction では「自然論」と「宗教の効用論」は 1854 年に出来上がったように考証されている。Cf. J.S.Mill, op. cit., pp. cxx-cxxix.

5) Allan Millar, "Mill on Religion", in *The Cambridge Companion to Mill*, ed. by J. Skorupski, Cambridge Univ. Press, 1998, pp. 176-202 は, これら 3 論文のうち基礎になったのは「理神論」だという見解に立って, ミルの自然と神についての見解をまとめている。3 つの論文は相互に関連するものであるから, 理神論批判に基づいて新しい自然観ができたという順序立てには無理があるし, 科学的な自然認識の発展がそれ自体大きな意味を持っていたように思われる。

6) この点 cf. "Natural Law", written by R. Wollheim in *The Encyclopedia of Philosophy*, vol. V-VI, Macmillan Publishing Co., 1967, pp. 450-454. この項目はミルの見解をも参考にしてそれを生かして書かれているように思われる。自然法を批判した文献 5 点のうちの 1 つにミルの「自然論」が挙げられている。

7) この点前に指摘した A. Millar 氏の見解と対比されたい。

8) ミルが法則の選択とかコマンドとか利用と言う場合, ミルの法則の認識とその利用についての考えは, 共に 19 世紀的な思想として, エンゲルスの見解に近いように思われる。エンゲルスによれば, 自由とは必然の法則を十分に認識したうえで, それを人間の目的に沿うように利用することである。ところがミルは,「知的行為の第 1 原理」は自然法則の研究だと見, それに基づいてそれを人為的に利用することを考えていた。人為的は法則に逆らうことではなく, 法則に従って法則を利用することである。

9) Cf. J. S. Mill, *Principles of Political Economy*, J. S. Mill, op. cit., vol. II, pp. 10 and 20-21. ミル『経済学原理』, 末永茂喜訳, 岩波文庫, 1959 年, 第 1 分冊, 44, 61 ページ参照。

10) Cf. J. S. Mill, *Autobiography*, op. cit., vol. I, p. 170 f.,『ミル自伝』, 朱牟田夏雄訳, 岩波文庫, 1960 年, 146 ページ以下参照。

11) J. S. Mill, *Principles of Political Economy*, op. cit., vol. III. p. 754 and cf. p. 706. 前掲邦訳, 第 4 分冊, 106 また 11 ページ参照。

12) しかしこの場合に, 18 世紀と 19 世紀との継承面にも, つまり秩序だった分類が進化の順序を広く受け入れさせる上で寄与したということにも, 当然ながら配慮する必要がある。

第5章

スミスの同感理論から
J. S. ミルの代議制論へ

1 スミスの同感理論と功利主義

　スミスの『道徳感情論』がヒュームの功利主義的な見解を批判対象の一部に据えていたことはよく知られている。他方，ヒュームの影響を強く受けたベンサムはその『道徳および立法の諸原理序説』で「同感と反感の原理」を批判し，自分の功利主義をきびしくそれと対立させていることもよく知られている。この限りではスミスの同感理論とベンサムの功利主義とは対照的な理論であるように思われるかもしれない。しかし，ベンサム功利主義を受け継いだと言われるミルの『功利主義論』を読んでみると，このような対照性は強く感じられないというのが実状だ。

　本稿はスミスの「同感理論」とミルの功利主義との違いや共通性を，実態に即して点検してみることをねらいの1つにしている。

　まず始めに，スミスが，社会的な功利（＝utility）を道徳や正義の根拠とする説を批判したその仕方を振り返っておかなければならない。

　スミスによれば，人々は個々の行為を是認したり否認したりする場合に，まずもって依拠するのは感情的な判断であって，直ちに理性的な反省ではない。『道徳感情論』という書名はこのことをつぶさに示している。他人の行為を見てそれを道徳的に是認できるかどうかは，まずもって，その人とその行為に感情的に同感できるかどうかによる。人は普通，まず始めに，その行為が社会的に役立つかどうかを理性的に判断した上で，その行為を是認できるかどうかを

判断するというような仕方をしていない。同感 sympathy という感情的な判断が先行するのが常であって，理性的な効用判断は後思案であり事後的な反省である場合が多い。しかし，社会的功利は，まず最初の同感感情による判断の「後に」大なり小なり理性的な「考慮」によって「反省」される関係にあるが，両者の判断が一致する場合には（そして多くの場合一致するとスミスは考えているのであるが），（同感）感情的な最初の判断は後者の反省によって「補強され」「補足され」ることになる。その限りでは感情的な是認と理性的な是認とは矛盾しない。むしろ後者によって前者が補強される関係にある。これに反して，社会的利益が行為の道徳的判断の根拠だというヒュームの言い方は，いきなり社会的利益を判断基準に据えることによって，以上のような心理機構をよく表現していない。さしあたり（もちろんこれに尽きるものではないが）スミスのヒューム功利論批判の１つのポイントを以上のように概括することから検討を始めてみることにしよう。

　こうしたわけであるから，スミスの同感感情論とヒュームの功利論とをまったく対立的・対照的なものと位置づけることはできない。一方でヒューム理論においても同感理論は極めて重要な位置を占めている。他方でスミスも適宜性に道徳基準を置く自分の立場に，ヒューム的な功利論を包み込んでいる。というのも人々の行為が社会的効用（＝utility＝功利）を持つと思われるのは，その行為が，適宜性の程度を維持している場合だけであり，度の過ぎた行為は社会的効用があるとは考えられないからである[1]。

　この点のヒューム―スミス関係についてのスミスの自己認識は，従来あまり広くは指摘されていないようであるが，スミスの同感理論とミルの功利主義論との関係を考える上でも，重要なポイントになる論点である。

　他方，ベンサムは『道徳および立法の諸原理序説』の第２章「功利性の原理に反する諸原理について」の中で，統治の問題に最大の影響を与えている学説として「同感と反感の原理」をあげて，それを激しく批判している。その批判点の１つは，従来のさまざまな「同感と反感の原理」は主観的であって，社会的な道徳の基準としては不適格である，社会的功利を基準とする時にだけ道

徳は客観的な基準を手にすることができるという点にある。ベンサムのこの非難はかなり激しい調子であって，同感理論を「きまぐれの原理」(the principle of caprice) と命名しているほどである[2]。ベンサムはまるで従来の道徳理論を180度転回させたかのごとき勢いである。

そしてそこで言われるところの「同感と反感の原理」なるものが，主として誰のことを指すものであるか，ベンサムが主として念頭においていたのは当時の法理論家ブラックストンなのであるが，同感と反感の原理というからにはヒュームとかスミスをはずして，その他の人あるいはそれ以前の人たちだけを念頭においてくれといっても，それはいささか無理な相談で，まずなによりもスミスやヒュームを想起したいところだが，そうするとベンサムの定式化はずいぶん無理で強引なもののように思われる。その反面ベンサムは，同感理論の命令が功利主義の命令と一致することがしばしばあり，むしろ一致する場合の方が多いとも言っている[3]。そうだとすると，ベンサムの見地から言っても，同感と反感の理論と功利主義との間には，形式的にはともかくとして，実質的にはいろいろ重なり合うところがあるということになってしまうだろう。

J. S. ミルの『功利主義論』(1861年) は，人の行為の道徳的判断の基準は社会的効用だとする点で，明らかに基本的にはベンサムの功利主義を引き継いでいる。また実際ミル『功利主義論』はさまざまな批判に答えるための功利主義弁護論であると言えるだろう。しかしそれだけに，ひたすら演繹論的な論述を進めコーディフィケーションの細かな細目に立ち入って行くベンサムとは違って，ミルは功利主義以外の道徳諸理論との異同関係をいろんな角度から考察している。それゆえにミルは，自然概念，権利，良心，正義，正義と徳の区別，功利と徳の関係，良心などによるサンクションと自己規制の仕組み，人間の性質（＝人間的自然）に基づく人間の社会性，道徳的判断における感情的是認の先行性，社会の「究極的目的」は神のデザインなのか人が設定するものなのかという問題，等々，スミスもまた論じていたようなキーポイントについて論じている[4]。それゆえに，同感理論―功利主義の比較はスミス―ミルの比較という形を取る方が，随分やりやすいように思われる。

本稿はいうまでもなく，こうした問題意識から，スミスの『道徳感情論』とミルの『功利主義論』とを比較して，両者の異同関係を確かめようとするものである。こうした問題設定をしたのは，スミス―ミル関係を通してその背後で，もう少し大きなテーマ，すなわち 18 世紀のスミス的な自由主義的資本主義観が 19 世紀にどのような変質を受けながら引きつがれたのだろうかという思想史における資本主義観の変遷の問題を，その底に伏在する基礎的な問題をめぐって考えたいためである。

2　神の目的から人間の目的へ

　以上の問題を考えるに際しアプローチの仕方はいろいろありうるだろうが，ここで突然，社会がどうあるべきかについての「究極的目的」（Ultimate End, end＝目的＝結果）の設定は，神の御業であるのか人の意図するものであるのかという問題を持ち出したのは，この問題がスミスとミルの社会観を大きく分ける試金石になっているからである。この問題はスミスの場合とミルの場合とでは，対照的に違った表現を与えられている。

　スミスの場合は「究極的な目的」を立てるのが「神の御業」であるかもしれないとしても，それは人の仕事ではない。スミスは人間各人が自分の境遇を改善しようとする意欲をもっていると考えている。しかしこのことからスミスは，各人が社会の幸福を求めるものだという結論を引き出さない。普通の場合各人は自分の幸福（＝功利）を考えるだけで精一杯であり，社会の幸福を考えるゆとりを持っていない。そのように「不完全で弱い存在」が人間だというのである。

　したがって社会の幸福を考え設計するのは，個々の人間ではないということになる。むしろ天下国家の大目的のために身を挺しているかのように大言壮語する政治家に対しては，きびしい皮肉の言葉をあびせている。社会のためにという大見得を切りながら，実は自分の政治的名声維持と権力や利権の拡大のために汲々としている「政治屋とよばれるあの陰険狡猾な生き物」[5]がしばしば

はびこっているからだというのである。

　スミスが証明しようとしたことは，各人がもっぱら自分の幸福を追求しているとしても（もちろん同感原理の作用のもとで）各人のこのような私的な思惑から出てくる社会的な総結果は，社会の全般的な幸福の増進ということになりうるということであった。この事をスミスは「見えざる手」に導かれてと表現したのだと，簡略に表現されることが多い。いずれにしても，社会の幸福は，それを直接に目的とする人々の人為的・政策的な努力によって実現されるものというよりは，それを構成する個々の個人の直接の思惑とは一応別個に期せずして生ずる。したがってスミスが（経済学で）分析し証明しようとしたのは，期せずして生ずる（自動調節的な）そのメカニズムであった。

　ミルによれば「目的に関する問題は……なにが望ましいかの問題である。功利説は，幸福が目的として望ましく，しかも望ましいただ1つのものだとする」。もちろんここにいう幸福とは社会全体の功利のことを指している。このような功利主義的目的論の理由とされている事柄は，しかし，スミスの人間観，すなわち自然的に各人に備わる自己の境遇改善意欲以外のものではないように見える。ミルは『功利主義論』で次のように言う。「なぜ全体の幸福が望ましいかについては，誰もが全体の幸福を達成しうると信じるかぎりにおいて，自分の幸福を望むという以外には，何の理由も挙げることもできない」(Mill, p. 234, 訳 497)[6]。

　この文章は，誰もが自分の幸福を手に入れる可能性を持つような社会的条件が必要だとされているようにも読める。後述するようにこうした条件作りが功利主義の真髄であろうけれども，この条件が整わなければ，各人の自然的な境遇改善意欲も十分発揮されないと，ミルは考えていたのであろう。いずれにしても，現実の私的な自由競争という社会条件の下では，各人が自分の境遇を改善しようと望めば，社会全体の幸福＝功利が結果するというのは，必ずしも保証されないことではないのか。ミル自身もこの困難に気付いていたことは明らかだ。彼自身こう言っている。「究極目的に関わる問題は直接証明できるものではない」(Mill, p. 207, 訳 464)。「究極目的の問題は，普通の意味では証明

できない」(Mill, p. 234, 訳 496)。しかし社会の究極目的＝社会的な功利＝社会の全般的な幸福ということを，(神ではなくて) 人間が望んでいるということを，ミルはある特別な方法で証明できるというのでる。

「ミルの諸著作の中でもっともノトリアスなもの」と言われることのある[7]『功利主義論』第 4 章第 3 パラグラフで，ミルはそのことを次のように証明する。「ある対象が見えることを証明するには，人々が実際にそれを見るほかない。ある音が聞こえることを証明するには，人々がそれを聞くほかない。さらに，われわれの経験の他の源泉についても同じことが言える。同じように，何かが望ましいことを示す証拠は，人々が実際にそれを望んでいることしかないと，私は思う」(Mill, p. 234, 訳 496-7)。

J. M. ケインズが若いころに影響を受けたといわれるケンブリッジの哲学者ムーアは，ミルのこの部分での「究極目的」証明に反対している[8]。なるほど see というのは visible ということの証明になりうるであろう。なぜなら visible は able to be seen という意味だからである。しかし desire というのは desirable なことの証明にはならない。なぜなら desirable というのは ought to be desired または deserve to be desired という意味であって，このことはだれかが desire していることと，必ずしも一致する保証はないからである。人は desire すべきでないことを desire する場合がある。したがって see が visible の証明であることを比喩的に援用して desire を desirable の証明だとすることはできない[9]。

だからこの第 3 パラグラフの限りではミルの証明が成功したかという点では議論があるわけだけれども，さしあたりここでは次の 2 点についてだけ注意しておこう。第 1 点は，スミスの場合のように社会の「究極目的」が，直接には個々の市民に関わりないこととしておさえるのとは対照的に，ミルの場合にはそれは，直接に人間に意識され願望されるものとしてつかみ直されている。したがってこのかぎりでは，ミルの議論は，スミスとは違って神学との関わりあいを遮断し，そうすることによって社会形成の方途決定を人間の手に取り戻そうとしている。第 2 点は，スミスの場合とミルの場合とでは民主主義的な代議制についての見方が大きく分かれてしまうだろうという点である。ス

ミスの見解は，経済活動や市民生活における人々の自由を肯定することにはなるが，社会形成の方途を決定するために代議制を通じてすべての人々が積極的に政治に参画しなければならないという点を示していない。君主制，貴族制，民主制の幸福な混和に満足の意を表明したスミスの政体認識[10]が，このことに対応している。逆にミルは，最善の統治形態は代議制だという明確な認識を表明した[11]。この点は自然法の影響下にある18世紀自由主義思想から19世紀的な人為的改良主義への展開を示しているとも言えるだろうが，スミスの同感理論とミルの功利主義とを社会理論として比較する場合には，本章第5節で述べるように，不可避的に以上の政治思想の面でのミルの進歩という問題が入りこんでくるように思われる。

3 同感判断と功利判断の主観性と客観性

ベンサムは事実上，同感判断は主観的だと見なしている。人々はそれぞれに違った事柄を主観的に是認するから，社会全体としてはまとまった道徳的基準が出来上がってこないだろう。だから社会的な功利だけが客観的な基準となりうると言うのである。今もしベンサムの見るとおりであるなら，同感理論から功利主義への移行は，道徳的判断の主観的で調整不能な状態から道徳的基準が客観的に確定される状態への，革新的な転換ということになるであろう。

しかしこの見方からは当然ながらすぐに次のような疑問が生じてくる。同感理論といっても，ほかならぬスミスの理論においては，人々の同感判断が一般的な規則になり客観的なものになる社会心理機構が分析されなかったであろうか。逆にベンサムの功利主義の場合，個々の個人の功利の質・量を誰がどのように計測し判断するのか，社会的効用の全体の計測・判断を誰がどのようにすることができるのかという問題がある。もしデスポットがそれを判断するのであれば，その計算は恐ろしく主観的，「気まぐれな」ものになるだろう。この点にまで視野を広げると，同感判断から功利判断への転回には，たんなる判断基準に問題を限定するかぎりでは，ベンサムが自慢したほどの確固たる飛躍的

な進歩があったというのは少々疑わしいことになる。

　そこでまず，専門家の間ではよく知られていることではあるが，論旨を組みたてる上で必要であるから，スミスの同感理論を同感判断—良心—客観性という座標で整理しておくことにしよう。

　スミスの同感感情の出発点はたしかに主観性のものであるかもしれない。個々の観察者が他人の行為を観察して，想像の上でその他人の立場に身を置いてみて，その他人の行為や感情に同感できるかどうかが，個々の観察者がその他人の行為を是認するかどうかの出発点である。そこにはまだベンサムが非難するように，同感判断を客観化する要因は十分ではない。なぜならここではまだ観察者は，想像上で他人の感情を忖度しているだけであるからである。

　もちろん以上の説明はスミスの同感理論の出発点でしかない。ある観察者は自分の想像に基づく同感感情が，観察されている他人の実際の感情と，合致する場合にはうれしく感じるし，そうでなければ違和感を覚える。生活体験の積み重ねのなかで，こうした経験を繰り返していくわけであるが，こうした双方の感情のコミュニケーションと相互調整のなかで，観察者の同感感情の主観性は徐々に平準化され社会化されてゆくに違いない。このプロセスはとりもなおさず同感感情の一種の客観化にほかならない。

　この同感感情の客観化は私が自ら行為をし，私が自ら何らかの感情を表現しようとし，自分で自分の感情を是認したり否認したりする場合にも作用する。人は自分の感情表現においても，ただ単に主観的ではありえない。人は他人の行為を是認したり否認したり，あるいは他人の実際の感情と自分の同感感情とを突き合わせる体験を重ねてゆくうちに，自分がある種の行為あるいは感情表現をした場合に，それを観察する他人が，それをどう受け取るかを想像するようになる。自分のある種の行為に他人は同感的是認をしてくれるだろうか。自分のある種の感情表現に他人は否認的な感情を持つのではないか。人びとは始終こうした「反省」の習慣を自然に身につける。人間はもともと社会的な動物であって，他の人々と同じ感情を共有したいという「同胞感情」を備えている

から，人は自然に人様の同感が得られる範囲内で自分の行為を規制し自分の感情表現を統御しようと努力するようになる。慈愛や友情や報恩など，人と人との結びつきを促進する感情（および行為）は，人々の同感を得やすいから，それだけに人々は自然に心に湧き出るそのままの感情をあまり遠慮しないで表現しやすいであろう。（このような感情をスミスは「社会的な感情」と呼んでいる）。反対に，憤慨や復讐心や悪意など，誰かを痛め，人と人との結びつきを損ねるようなことになりそうな感情の表現は他人様の同感や共鳴を得にくいから，このような（スミスの呼び方でいえば）「非社会的な感情」は，他人様が理解し同感してくれる限度まで気持の高ぶりを押さえて表現されなければならないだろう。行為も感情表現も他人様の同感が得られる範囲で自己規制されるのである。

　ところで，人様と一口に言っても，親が私を見る場合，兄弟がそうする場合，友人が私に同情してくれる場合，見知らぬ人が私を客観的に評価する場合等々，私と相手方との心縁的な遠近関係次第で情況はいろいろである。親は，多くの場合子に対する自分の判断ができるだけ客観的で社会的であるように自己規制しているであろうが，時には，あるいはある側面では，身びいきで過大な期待をしがちであろうし，そのかぎりで親の私に対する同感感情は主観的であろう。したがって私の行為の道徳的（＝社会的）判断基準としては必ずしも信頼が置けないことがあるかもしれない。兄弟の判断も似たりよったりであるだろうし，友人の同情も贔屓目であったり馴れ合いであったりするかもしれない。こうしたわけで，自分自身が道徳的判断として満足の行く基準は，事情に通じている見知らぬ人たちの自分に対する公平な同感感情である。ここで事情に通じた見知らぬ人というのは，場合次第で多いことも少ないこともさまざまであるだろうが，ある行為に対してそれが実際に表明されている場合には，それは世論でありうる。そして実際私たちは（広狭さまざまの）世論を意識して自分の行為を自己規制している。大抵の人は，世論の喝采を受ければ嬉しがるだろうし，世論の非難を受ければ悲しむだろう。ところが世論はもともと特定の関係を持っていない不特定多数の人々が，ある人の行為に対して与える是認や否認の感情の実際の表明であるから，心情的主観的なえこひいきは期待されず，その限り

109

では客観的なものである。そしてそれが客観的であるかぎりでは、スミスの同感理論に基づく感情や行為は、客観的なものによって自己規制されているわけである。

ところが、私たちは今まさに自らの感情を表現しようとし、あるいは行為を起こそうとするに際して、いちいち世論の確認などしていられないから、事情に通じている見知らぬ公平な観察者ならば、私のこの感情表現や行為に同感してくれるかどうかという想像上の反省によって、自己判断をする。しかしこの公平な観察者の同感とは言っても、これは私の想像上のことでしかない。したがって何かある事件を引き起こした時に、公平な観察者ならば同感し是認してくれるはずだと私が想像した基準と、実際に形成される「世論」は、くい違うことがありうる。前者をスミスは「良心」と呼んでいる。

このように良心と世論とがくい違った場合でも、事情が許せば、また意志の強い人であれば、自分の行為や感情の表現の基準を、自分の良心におくことになるであろう。このような場合には良心は主観的な信念であり、世論は自分の外側の客観的な評価であると言えなくもないが、だから良心は単に主観的なものに過ぎないというわけにはいかない。なぜなら、多くの場合良心は人々の社会生活の中から、人々の同感感情の遣り取りの中から形成されたものであって、いろいろ特殊事情はあるだろうけれども、多くの場合その形成過程それ自体が社会的なものだからである。これは想像上の公平な(したがって多少とも客観的な)観察者という概念のいわば主体的な表現にほかならないからである。

次にミルの『功利主義論』で功利判断―良心―客観性の座標がどのように構成されているかを見てみよう。

まず(社会的)功利の判断は、スミスの言うような同感感情的な判断とは別個の、理性的計算に基づく判断であろうか。何か行為をしようとする時、いちいちこのような功利計算などしていられないという言い方は、しばしば功利主義への反対論として用いられる論法である。この反対論に答えてミルはいう。「この反対論には、時間はたっぷりあると答えればよい。人類が生きてきた過

去の全期間がわれわれに与えられているのである。この全時代を通じて，人類は，いろいろの行為のいろいろな傾向を経験し，習得してきたのである。人生のあらゆる慎慮，あらゆる道徳が，このような経験に基づいているのである」。殺人や強盗が人間の幸福にとって有害かどうかについて，あれこれ考えたり計算したりするまでもなく，人類はすでにはっきりした信念を持っている。「このようにして受け継がれてきた信念が，一般民衆にとっての道徳律なのである」(cf. Mill, p. 224, 訳484-5 参照)。

　生命権や財産権のような基本的権利に関しては，ある種の共通認識が民衆の間で歴史的，生活経験的に自然に醸成された生活感情や信念になっているのであって，個々の行為の功利計算などがいちいちなされるわけではない。こうした基本的立場において，功利主義はヒュームやスミスと大きく異なるものではない[12]。行為の正否判断は社会慣習やそれと結びついた生活感情に依拠するのである。

　もっとも，もっと細かな副次的な，あるいは新しい具体的事件の判断については，なにが有用であるかについて人々の意見がなかなか一致しないことがあるだろう。「どのような道徳体系のもとでも，義務同士が衝突してどちらとも決め兼ねる事態が生じてくる」(Mill, p. 225, 訳487)。このようなきわどい場合にも功利の原理は，単なる判断基準としては (つまり民主主義的な代議制のような方法を講じなければ)，なにか格別の決定的な効能を持っているほどではない。社会的功利という「基準を適用するのは難しいかも知れないが，それは全然ないよりましである (better than none at all)」(Mill, p. 226, 訳487) というほどでしかない。というのも社会的功利というスローガンを振り回しても，何が社会的功利であるかは確定しないからである。誰が，誰のために，どのようにそれを判断できるというのであろうか。後述することではあるが，まがりなりにもそれを決めるためには自由主義や民主主義や，世論を生かし良心を圧殺しないような代議制度を考案するという，大変難しい手続きを必要とする。

　それでは道徳的義務の源泉はなんであろうか。ミルによれば，それは世論や法による外的サンクションであり，また良心という内的サンクションである。

スミスとほぼ同じようにミルも正義とその他の徳を区別している。正義は「権利」に関わり，その遵守は完全な拘束力を持つ「義務」による。それを侵害した人は法的なサンクションによって「処罰」される (cf. Mill, p. 247-8, 訳 512-4 参照)。慈愛や友情のようなその他の徳は，世論や良心の制約を免れることはできないが，法的な処罰を受けることはない。(しかし逆は必ずしも真ではない。法によって処罰されるものは正義の侵害であるとはいえない。なぜなら法律そのものが悪法であることがありうるからである。また正義以外の普通の道徳に関わる行為を，さらにはプライヴァシーに関わることを，不当にも法律が取り締まる場合もある)。

　それでは，「権利」の侵害とその処罰とはどのように根拠づけられているのであろうか。この根拠づけは，スミスの同感理論的な根拠付けとよく似ている。ミルはこう言っている。「正義の心情には」(あるいは不正を処罰したいという心情には)「2つの本質的な要素がある。加害者を罰したいという欲求と，……はっきりした被害者がいるという知識または確信である」。「私には加害者を罰したいという欲求は，ふたつの心情から自然に生れたものと思われる。自己防衛の衝動と，同感 sympathy の感情がそれだが，2つとも極めて自然なものであり，本能か本能に近いものである」(Mill, p. 248, 訳 514) と。

　さて，この文章の中の用語法や文章全体の意味を，スミスを念頭において説明しなければなるまい。まず第1に，「自己防衛の衝動」と「同感の感情」が同列におかれている点に注目してみよう。この点はある意味では説明の必要のないことなのかもしれない。ミルの場合もスミスの場合も基本あるいは出発点は，自己，自己利害，自己の安全，自己の幸福の問題である。「自己保存の衝動と同感の感情」という表現はそのことを示している。しかし両方が矛盾なく同列におかれているのは，このような個人主義の土台の上に，同胞感情が矛盾なく結びついていることを意味している。スミス的な言葉で言えば，商品交換の発展，したがってまた文明が進めば進むほど，自分と他人の利害や安全をお互いに認め合うことによってのみ，自己保存も保障される。他人の権利が尊重されることが自分の権利を尊重してもらうことと結びついている。このようなことは，文明が進むにつれて人々が（歴史的に）繰り返し経験してきたことで

あり，社会的慣習の上から言ってもあまりにも当たり前の生活感情になってしまっているのである。こうした生活様式のなかで同感感情という社会的感情も発達する。こうして「自己防衛の衝動と同感の感情」は相互に同列におかれるだけではなく「2つとも極めて自然なものであり，本能か本能に近いもの」になっているのである。

スミスは同感感情を人が持っているのは，神ないし自然が人間をそのように作ったからだというような表現をしていた。しかしミルは神や自然を持ち出さないで，実はスミスが捉えたのと同じ人間心理の実情を，経験的な捉え方で説明しているのである。この点では，スミスからミルへの展開は，神学的説明を想わせるような説明から，いっそう経験主義的な説明への展開であったと言うべきなのであろう。

ミルは言う。「自分たちや我々が同感する他の人たちに対する既遂未遂の危害に対して憤慨し（resent）仕返しをするのは自然なことである」。「正義の心情は……人間に本来備わる仕返しまたは復習の感情だと私は思う」。(「正義の心情には，2つの本質的な要素がある。加害者を罰したいという欲求と，……被害者がいるというはっきりした知識または確信である」（前出))。「道徳的であるということは，この心情がもっぱら社会的同感に服従し，その声を聞きそれに従うことである」(Mill, pp. 248-9, 訳 514-5)。

スミスが『道徳感情論』第2部第2編「正義と慈恵について」で，正義と処罰の法の基礎を，権利を侵害された人の憤慨や報復感情と，それに対する人々の同感であるとしたことはよく知られている。いま引用したミルの文章は，スミスのこの考え方とどう違うのであろうか。一語一語，用語法に微妙な違いがあるから，それについて詮索を始めるなら，いろいろと面白い相違点を掘り起こすこともできるだろうが，紙数の節約のために大掴みに言わせてもらうと，さきほど引用した文章の限りでは，スミスとミルは事実上同じことを言っていると見るほかはない。

権利を侵害された人の憤慨や報復感情がまずおさえられている。しかしこの激しい報復感情がそのまま実行されたのでは，社会は報復合戦のちまたに陥っ

てしまうだろう。そこでスミス風に言えば，この激情は事情に精通した見知らぬ人たちの同感しうる限度に冷却させられるのであって，被害者の憤慨に対するこうした社会的な同感の感情が，正義と処罰の法の基礎である。「事情に精通した」というスミス的な要件を，ミルは，「被害者がいるというはっきりした知識あるいは確信」という言葉でおさえているし，見知らぬ人たちの同感によって当事者の激情が冷却されるさまを，「もっぱら社会的同感（social sympathies）に服従し，その声を聞きそれに従う」という形で表現している。

　正義とは区別される自愛心や礼儀や其の他の徳目が，（いま社会的同感と表現された）外的サンクションとしての世論によって強く制約されるのはあまりにも当たり前のことで，スミスの場合でもミルの場合でも同じだと考えられるが，良心という内的サンクションについてはどうであろうか。

　スミスの場合でも単なる世論（したがって場合によってはそれをもとにした法的制裁）が良心とくい違うことがあることは，よく知られている。『道徳感情論』第６版で描かれたカラス事件のように[13]冤罪を着せられて人々の非難を受け悩み苦しむ人がいる。世論は社会の多くの人々の実際の同感感情である。この同感感情は無謬のものではない。良心は，人が想像によって公平無私な観察者ならばこう同感し是認してくれるであろうと想像される場合の判断である。多くの場合両者は大掴みに言って一致しているであろう。しかしつねに両者が一致するという保証はない。

　スミスの場合においてもすでに問題はこのような状況にまで進んでいたと言うべきであろう。このような状況においても，スミスは良心に基づく行動を，いっそう道徳的な行動として推奨し高く評価している。単に世論におもねる行動を，彼はむしろさげすんでさえいる。彼が称賛されることと称賛に値することを区別し，非難されることと非難に値することを区別したのは，このことと結びついている。彼は，世論が行為の動機よりも結果を評価しがちだということを経験主義の立場から認めている。（ベンサムとともに，この経験主義・結果主義の立場をはずしてしまって，もっぱら動機だけを追及するようになると，動機を白状させるための拷問などが行われることにもなりかねない。実際中世の宗教裁判ではこの

ような残酷な人権蹂躙が行れたことを，スミスはよく承知している）。

今仮に世論を客観的な，経験的に把捉できる判断基準だとみなすことができるとするならば，これと対比して良心は主観的だということになるだろう。しかしスミスの場合，世論による判断よりも良心に基づく判断の方が，いっそう高度な，いっそう道徳的な判断だった。それは，世論による審判よりも一段上の「審級」であった[14]。

ところでベンサムとは違って，ミルもまた功利主義的な行為の動機あるいは基準として，良心の問題を基本的に重視しているように思われる。良心による判断が，主観的だと認識しながらもなおそうであった。それも，功利主義的な道徳的判断の基準としてこの主観的な良心を持ち出しているのであって，この点スミスの同感理論との比較をする上で，注目しないわけにはゆかない。

ミルは言っている。「このようにすべての道徳の究極的強制力は（外的動機を別とすれば），我々自身の心中にある主観的な感情なのだから，功利を道徳の基準とする者は，功利主義の基準の強制力は何かという質問に頭を悩ますことはいっこうにないはずだ。こう答えればよいのである——他のすべての道徳基準と同じもの，つまり人類の良心から発する感情であると」(Mill, p. 229, 訳490。下線は引用者による)。

用語法が若干違いはするけれども，本稿にとっては大事なポイントだから，注意深く読み込んでほしい。ベンサムがその『道徳および立法の諸原理序説』で述べているように，同感と反感の原理は主観的で，功利判断は客観的だという命題は，同感と反感の原理なるものに当然ながらスミスを加える限りでは，また功利主義をミル的に整理し直してみるならば，とても了解しがたい命題だというほかはない。

4　自然的調和と人為的調整

ところで現実社会で，上述のように功利主義の中に取り込まれた同感原理はうまく作用しているのであろうか。ミルは言う。たしかに上述のように，「現

在でさえ誰もが，自分が社会的存在であるという根強い観念を持っており，その結果，自然な欲求の1つとして，自分の感情や目的は同胞のそれと調和すべきものと感じる傾向にある」(Mill, p. 233, 訳495)とはいえ，「人類の進歩が比較的初期にある現状では，すべての人間がお互いに完全な同感を感じ，そのため万人の行為の一般的指針に衝突がまったく起こらなくなるようなことは事実上ありえない」(同上)。同じ趣旨のことをミルはある手紙で書いている。「私が，一般的幸福はすべての人々の集合体にとっての善であるといった時，私は，個々の人の幸福は他のすべての個々の人にとっての善であると言おうとしたのではありません。ただし私は，社会と教育がいい状態にあるならばそうなるだろうと考えているのですが」[15]。ここで重要なのは「社会と教育の状態がいいならば」上述の命題は成り立つと考えるけれども，という限定がつけられている点である。スミスとミルの違いの大きな部分がこのことから生れてくる。

スミスにおいてさえ，同感原理の作用には若干の問題が含まれていた。感情的には極刑はひどすぎると感じられる場合でも社会的な効用（＝功利）という点からはそれもやむをえないというような場合もある。ひねくれてつっぱっている若者を教え諭そうとする時には，どうしても社会的な功利をもちだしてお説教をするほかはない[16]。人々はえてして，貧者や無位無冠の人よりも，富者や高位高官の人によりいっそう容易に好感をもち同感の感情を寄せる傾向があるが，これは社会を腐敗させる要因を孕んでいる[17]。先に述べたカラス事件のように，人々の同感を得られないまま冤罪を着せられ処刑されてしまうこともありうる。世の中には称賛に値することをしたという良心の満足を大事にする人もいるが，逆に，人々がただ称賛してくれさえすればそれですっかり嬉しがり，真に（良心的に）称賛に値することをやろうとする気持ちを弱めるような人も多い[18]。

このようにスミスの見る市民たちは，完全性の尺度から見ても，その象徴である神の概念から見ても，大変弱くみすぼらしい存在ではあるが，それでも世の中はまあまあうまく動いている。まあまあどころか，中世に比べても，絶対王政の時代に比べても，人々の自由，人々の豊かさ，安全と安楽の水準などの

点から言っても，世の中は大変改善されている。だからスミスは同感原理の調整機能を楽観的に強調することができたのである。こうした認識にスミス的な認識の特徴があるように思われる。だから人々は虚栄心に駆られて（人々の単なる称賛を欲して），大廈高楼を欲し金銀財宝を追求するとしても，スミスはそれを否定するのではなくて，肯定的に見ることができたのである。こうした商人や市民の俗世間的な根性を肯定することができたのである。人々がそのように目先の虚栄に駆られているとしても，かえってそのおかげで，社会全体の商業，産業，富裕の発展という紛れもなく社会的功利に相当する成果が実現すると見ていたからである。

　ところが，ミルにおいては現状の認識はもっと深刻である。マルサスの『人口論』が示した窮乏化，フランス革命が伴ったセクト間の争闘，産業革命の渦中での労働者の惨状，社会主義者たちの私的競争批判，等々……。

　「個人間，階級間の法律上の特権による不平等」によって，利害の対立や意見の対立が存在する（cf. Mill, p. 232, 訳494参照）。「今日のでたらめな教育，でたらめな社会の仕組みこそ，ほとんどの人々がこのような幸せな生活（社会的功利，したがってまた同感論的な個人と社会の調和を含む——引用者）を手に入れるのを妨げている，ただひとつの真の障害である」（Mill, p. 215, 訳474）。

　したがってこうした対立的な社会組織においては「なにが正しいかについては，なにが社会にとって有用であるかについてと同じく，多くの異見があり多くの議論がある。……だから正義の命令は必ずしも一致せず，……」（Mill, pp. 251-2, 訳518）という状態になる。たとえば，①法による処罰についても，処罰は見せしめのためではなく受刑者の改善を目指さねばならないという意見もあるし，処罰を社会の自己防衛のために是認する意見もある。また社会環境の問題を不問にした処罰自体に反対する意見さえある（cf. Mill, p. 252, 訳518-519参照）。②また，協同的産業組織において，才能や熟練が高い報酬を受けるのは正しいか正しくないかという議論もある。全力を尽くして働く人には平等に報酬をという意見もあるし，有能で社会により多く寄与する労働者にはより多くの報酬をという考えもある。これらの言い分を「<u>調和させることはできな</u>

い」。そこで「社会的功利だけが，その優越性を決めることができる」（Mill, pp. 253-4, 訳 521-2. 下線は引用者による）。③また課税の割り当てについての論議も，こうした例のひとつである。税は動産に比例すべし，累進税を課すべし，平等な人頭割りの等額課税にすべし，といった議論が生じる。ミルによれば，こうした混乱から抜け出して，社会的功利を確定するには代議制の方法によるしかない（cf. Mill, pp. 254-5, 訳 522-3 参照）。

すなわち階級対立を含むこのような対立状況のもとでは同感原理は行き詰る。だから社会的功利をとミルは言っているのであるが，それにしても何が社会的功利であるかは誰によってどのようにして決められるのだろうか。「功利主義の方法」はミルの場合この重要問題の決定方法としての代議制を含んでいると見なければならない。

いずれにしてもミルはこうした 19 世紀的な社会の分裂状況を踏まえて，「外的な基準」を持ち出してくる。それが立法や法による裁定を示すものであることは明らかである。また前にも引用したように，個々の個人の教育による改造や社会制度の人為的改造を持ち出してくる。こうしたもろもろの人為的な人間と社会の改造が，前節で述べた自然的な同感理論と重合する功利主義の側面に対して，どのような関係を持つのであろうか。以前には「社会的功利」という基準はそれ自体としては「ないよりまし」な程度でしかないように言っていた。もしも自然的な同感理論と人為的な制度改造というこれらの 2 つの叙述が相互に矛盾するのだとすれば，ミルの功利主義は矛盾の体系になる。あるいは評者の私がミルを誤解していることになる。

この点についてのミルの説明は次のような形になっているように思われる。

先に見た同感原理は，人々が通常の社会生活をしているうちに自然成長的に（spontaneously）に身につける社会的感情である。感情の自生的成熟の出発点が，主観的・主体的・個人主義的なものであったとしても，社交と社会生活上の体験を通して，単なる主観性は匡正され陶冶され（ミルの言葉を使えば cultivate され）社会化される。そのゆえにミルは social sympathies などという興味深い用語を使うことができるのである。

社会的功利の原理は個人の功利と社会の功利とのできる限りでの調整的・相互促進的な関係を作り上げようという立場であるから，当初から人間の心理や行為の社会性を前提にしている。そして出発点は，18世紀の思想と同様に，個々の個人の自由や利害である。その限りでは同感原理の立場と功利主義の立場とは必ずしも矛盾するものではなく，かえって前者の基礎の上に後者を構想することができる関係にある。この点はスミスと功利主義との関係を見るうえでの重要な連結環であるが，ミル自身はこの点を次のように説明している。

　功利主義が期待するような後天的な道徳能力は，「人間性から自然に発達したもの（a natural outgrowth from it（= human nature））である。そしてわずかなら自生的に発生できるし，開発 cultivation によるなら高い水準に育て上げることができる」(Mill, p. 230, 訳492)。したがって，功利主義道徳は，教育(cultivation)によって発達を促進することができるとしても，それは「人間性から自然に発達」する社会的性質を基礎にして，それをその自然的な方向に高水準化したものにほかならない。すなわち（前節で検討した，あの本能的な同感感情のような）「強力な自然的心情の基礎」(Mill, p. 231, 訳493)が存在する場合にだけ，長続きのする功利主義道徳の開発が可能になる。

　逆に（ミルは重大な指摘をしているのだが），教育・開発の力はきわめて強力だから，human nature の基礎を無視して，人間は人間をありとあらゆる方向に人為的に作り上げることもできる。設計主義的な立法や法的なサンクションや幼年・少年期の押しつけ早教育が強行される場合には，どんなに不合理なこと，有害なことでも人間の心に植え付けられないものはほとんどない。ミルは人為的な教育がこのように恐ろしい力を発揮しうることを，すでによく知っていた。そしてこの事態を「不幸にも」（邦訳では「困ったことに」）という言葉で表現している。しかし，このような社会的功利の人為的な押しつけや設計主義的な人作りは，前節で述べたような同感原理と結びつく「自然的心情の基礎」を欠くから，長続きさせることはできず，そのうちに「分解する羽目になるだろう」と見抜いていたのである (cf. Mill, pp. 230-1, 訳492-3 参照)。

　したがってミルにおいては，仮に同感原理が作用し得ず，意見の対立が調整

できず,外的な基準で社会的功利によってその混乱を調整しなければならない場合でも,したがって特定の立法過程とその結果として制定される法によってそれを調整しなければならない場合でも,社会状態を安定的に長続きさせるためには,それは「強力な自然的心情という基礎」を持つような形で調整されなければならないということになる。したがって,前節で見た同感原理と本節で今検討している「外的基準」としての人為的な法は,前者が後者の「自然的基礎」,前者に後者が協力し,前者を後者が強化するような形で位置づけられていると考えなければなるまい。この点はスミス同感理論とミルの功利主義との関係をおさえる上で1つの枢要なポイントであろうと思う。

　そうだとすると法律制定の様式が上述の「強力な自然的心情という基礎」を担保する方法はいかにという問題が,大きな重要問題として浮かび上がってくる。この問題はスミスやヒュームにおいては,長い歴史的なスパンにおいて,人々の生活様式の変化とそれに伴う人々の生活感情や世論の変化が,自然に,慣習法を変えてきたという,いわば歴史的方法で大づかみにつかまれていた。しかしミルにとっては,同感原理がうまく作用するためにも,人為的にその環境を作らなければならないという問題になっているから[19],歴史の推移のうちに自然になどと悠長なことは言っていられないわけで,したがって,スミスにはなかった新しい分野の問題を抱え込むことになったのである。すなわちそれは,自然成長的な人々の生活感情や世論の代りに,それを人為的に集約する制度としての民主主義と代議制の問題であり,また言論出版の自由の問題である。

　したがってミル体系の中で代議制の問題が(ここでは言論の自由というミル『自由論』で論じられた重要問題をしばらく措くことにするが),人々の生活感情や世論の問題を扱ったスミスの同感理論とどのような関係を持っていたのかという問題が生じてくる。この点は次節で検討することにしよう。

5 同感理論と代議制論

　スミスにおいては,人間の自然な道徳感情に依拠してなんとかトレラブルな

社会的調和の形成が可能と考えられた。そしてこの事をスミスは『道徳感情論』と『国富論』との２つの著作の中で明らかにしている。『道徳感情論』第６版(1790年)の「まえがき」で，スミスは「法学の理論」を書く計画をはたせなかったと述べている。しかし立法の基礎はある意味では『道徳感情論』で与えられている。この関連でいえば，正義が「主柱」である。正義は『道徳感情論』の同感原理で与えられる。それは人命や名誉に関わることを除外すると，主として私的所有権の安全に関わることであるが，このありようは自然に市民の社会生活の中で１つの一般的規則として自生的に生じてくる。法は長い目で見ればこれを反映するものとして変化・生成してくる。他方，こうした慣習法的な所有権法が守られているとすれば，その結果は『国富論』で明らかにされたとおり，社会の全面的な調和や発展や富裕の全般化を可能にする。すなわち後年の功利主義者が言うところの社会的功利を実現することができる。したがって，スミスにとっては立法の基礎としての『道徳感情論』と，その社会的結果の分析としての『国富論』と，この２つの要素（あるいは２つの分野）があれば，一応自分の描きたい社会の構成の枢要部分は尽くされたことになるであろう。

　しかし19世紀を代表するミルにとっては事情が違っているように思われる。スミスの『道徳感情論』に対応するものとして，ミルには『功利主義論』があり，『国富論』に対応するものとしては『経済学原理』がある。が，そのほかに（少なくとも本章の主題に問題を限定するとしても）『代議制論』がミルの社会形成論の枢要な一部門（一要素）として存在する。このことは明らかにスミスからミルへの次のような資本主義観の変動を表している。

　前述のように，ミルの功利主義的な倫理学によれば，人々の自由な社会感情のコミュニケーションだけでは，社会の自然的調和は必ずしも成立しない。スミスが，社会の自由で自然的な調和という形で展望したような状態は，一定の政治制度の樹立によって初めて形成可能なものと考えられている。市民生活の心理的（倫理的）コミュニケーションによって自然に形成される倫理的一般諸規則は，市民生活の中で義務づけを伴うことになるが，そのなかでも正確に規定され，またそれゆえに矯正されうるような諸規則は，遅かれ早かれ法とし

て確立することになるであろうと,スミスは期待したと言うことができるであろう。そしてこのような法とその思考が保証されさえすれば,経済の世界でも大方万事がうまくいくというのがスミスの楽観主義であろう。ところがミルの場合には,倫理的な世界において同感感情が主観的であるだけではなく功利判断も主観的なのだから,社会的功利を判断基準にしなければならないと抽象的に主張してみたところで,調和と調整の保証が整うわけではない。(前に引用した文章,すなわち「基準を適用するのは難しいが,全然ないよりましである」といった程度であるにすぎないだろう)。したがって,スミス的な意味での一般諸規則の自生的な成立,あるいは自生的な世論の代りに,誰がどのように功利判断をし,それを一般諸規則(法)に仕立てて,社会の調和調整を図るかということが問題にならざるをえない。

したがって今やこの「誰が」「どのような仕方で」というのが重大問題になる。それがデスポットであればスミス的な,あるいは18世紀的な啓蒙の世界像は大きく逆戻りを余儀なくされる。あるいはこの「誰かが」少数の知的特権集団であっても困る。それでは,ハイエクの批判するように功利主義は設計主義に陥ってしまう。立法権力を持つこの「誰かが」貴族と地主によって専有された議会であっても,ウイッグ的な利権集団であっても,スミス的な理想社会は成立不可能である。まさにそのために,スミス以後のイギリスで,議会改革運動が引き起こされたのである。

スミス的な意味での一般諸規則の自生的な形成に代って,一般諸規則としての法が制定されうるためには,民主主義的な代議制度のあり方が考察されなければならない。この民主主義的な代議制度によって初めて立法のプロセスと,スミス的な意味での一般諸規則の自生的な形成とがつながり得るのである。

とは言ってももちろんミルは手放しで世論の尊重を主張したのではない。『自由論』ではミルは「世論」にたいしてなかなか厳しい批判的な態度をとっているし,少数意見の尊重という逆の側面の問題を印象的に主張している。これと関連して,『代議制論』でも,ミルはプルラル・ヴォーティングを提案しており,大衆社会への警戒感も強い。しかしこの点ではスミスの同感理論においても,

「世論」に対する「良心」の対抗という対応した問題があったことを想起しなければなるまい。

いずれにしても，スミス的な自生的理想社会の形成を保障するためのものとして，ミルの場合には民主主義や代議制についての検討が不可欠なのである。形式上はスミスにこのような議論がなくミルにはそれがあるというような違いが目につくが，実のところはむしろスミス的な思想内容を違った段階，違った状況のもとで，継承し実現するためにこそ，それが必要とされたもののように考えられる。前述のように，スミスはまだ「君主制と貴族制と民主制との幸福な混合」などというマキアヴェリ以来の観点を抜けていない。これに対してミルははっきりと民主主義的な代議制が最善の政体であると言明するところにまで到達した。ミルの立場は明らかに大きな社会思想の前進を表現している。そしてこの点をふまえないと，スミスの同感理論からミルの功利主義への社会思想の展開は十分明確に整理できないように思われる[20]。スミス的なものとミル的なものとのつながりの側面は，かえってこのような違いのうちに隠されているからである。

(注)

1) Cf. A. Smith, *The Theory of Moral Sentiments*, ed. by D. D. Raphael and A. L. Macfie, Oxford Univ. Press, 1976, VII. ii. 3. 21.『道徳感情論』，水田洋訳，岩波文庫，下，2003年，311-312ページ参照。

2) Cf. J. Bentham, *An Introduction to the Principles of Morals and Legislation*, ed. by J. H. Burns and L. A. Hart, with a New Introduction by F. Rosen, Clarendon Press, Oxford, 1996, p. 21.『道徳および立法の諸原理序説』，山下重一訳，『世界の名著，38——ベンサム・J. S. ミル』中央公論社，1967年所収。94ページ参照。

3) Cf. ibid. p. 29. 邦訳（上掲）104ページ参照。

4) ミルが基本的にベンサムの伝統を引き継いでいること，ミルが功利主義に批判的な諸学説を念頭において功利主義の解明をしていることについては，Ibid., p. 1x 以降のローゼンの「新序文」第5節を参照。もっと立ち入った同氏の見解は，F. Rosen, Bentham and Mill on Liberty and Justice, in G. Feaver and F. Rosen (ed.), *Lives, Liberties and the Public Good*, Macmillan Press, 1987 を参照。もちろんベンサムの功利主義，特

に初期の『道徳および立法の諸原理序説』に見られるものと，ミルの功利主義との違いを強調する見方もある。最近の研究，W. Donner, Mill's Utilitarianism, in *The Cambridge Companion to Mill*, ed. by J. Skorupski, 1998 もそうである。この研究は，ミルの功利主義がベンサムの功利主義の枠を拡大した「大胆な修正」だという見方をしている。しかしその場合でも「彼の理論は先行者の功利主義といくつかのよく知られた基礎を共有する」という点は認められているし，また彼は「功利主義の歴史のうえでの主要人物」とみなされている。Cf. ibid., pp. 255-6.

5) Cf. A.Smith, *An Inquiry into the Nature and Causes of the Wealth of Nations*, ed. By R. H. Cambell and A. S. Skinner, vol. 1, Oxford Univ. Press, 1976, IV. ii 39.『国富論』，水田洋訳，岩波文庫，第 2 分冊，326 ページ参照。

6) J. S. Mill, *Utilitarianism*, in *Collected Works of J. S. Mill*, vol. X. ed.by J. M. Robson, University of Toronto Press, 1969. p. 234. 邦訳「功利主義論」，伊原吉之助訳，『世界の名著・38——ベンサム・J. S. ミル』，前掲，所収。497 ページ。以下本書からの引用や参照を頻繁に行うことになるので，引用・参照箇所は原著と邦訳のページ数を本文中に（Mill, p. 234, 訳 497）のように略記することにする。

7) R. Crisp (ed.), *J. S. Mill, Utilitarianism*, Oxford Univ. Press, 1998, p. 23.

8) Cf. G. E. Moore; *Principia Ethica*, 1903, ch. 3.

9) この問題については D. D. Dryer, MIll's Utilitarianism, section 2 & 3, in *Collected Works of John Stuart Mill*, vol. X, pp. lxxiii-xcv が詳しい。人間は真の幸福よりもむしろそれを求めるための手段のすばらしさに幻惑されがちだとしても，このことが富裕の発展の牽引力になっているとするスミスの欺瞞理論，ミルの目的（快楽や幸福）と手段（貨幣欲や権力欲のための苦労）の連想心理学的な混同，これを梃子にしたムーアのミル批判（desire ≠ desirable）という問題史が，（マルクスの貨幣物神論を一枚加えて）資本主義観の思想史上の変遷の問題として興味を引く。

10) Cf. A. Smith, *Lectures on Jurisprudence*, ed. by R. L. Meek, D. D. Raphael, P. G. Stein, Oxford Univ. Press, 1976, pp. 421-422. 邦訳『法学講義』，水田洋訳，岩波文庫，2005 年，88 ページ参照。

11) J. S. ミル『代議政治論』第 3 章「理念としての最善の統治形態は代議政治である」を参照。

12) ベンサムも自分の「功利の原理」について次のような注を書いている。それは理性的な計算の問題であるだけではなく，スミスと同じような是認の感情である。「ここで問題にされている原理とは精神の作用として考えられている。それは 1 つの<u>感情</u>，すなわち<u>是認の感情</u>であり，ある行為に適用される場合その行為の功利を<u>是認する感情である</u>」(J. Bentham, op. cit., p. 12. 邦訳，前掲，83 ページ。下線は引用者による)。

13) Cf. A. Smith, *The Theory of Moral Sentiments*, III. 2. 11. 邦訳，前掲，上，387 ページ

および388ページの訳注を参照。当時フランスで生じたこの有名な冤罪事件は平凡社の『世界百科事典』にも収録されている。（追記；――カラス事件が，スミス晩年の同感理論のさまざまな問題に，すなわち同感，世論，良心，神の観念やフランス革命観などに，どのような意味を持たされたかについては，水田洋氏が1970年に国際学会で報告された「カラス事件とアダム・スミス」〔『アダム・スミス論集』ミネルバ書房，2009年所収〕を参照されたい）。

14) Cf. A. Smith, op. cit., III, 2.（6th ed.）
15) Crispy, op. cit., p.132.
16) Cf. A. Smith, op. cit., II. ii.3. 7-8. 邦訳，前掲，上，229-230ページ参照。
17) Cf. ibid., I. iii. 邦訳，前掲，上，163-173ページ参照。
18) Cf. ibid., III. ii. 邦訳，前掲，上，281ページ以下参照。
19) もっともヒュームはベンサム功利主義の先駆者にふさわしく，民主主義的な代議制をもつ（但し選挙権は財産により制限されている）ところの「理想共和国についての一案」を具体的に構想している。D. Hume, Idea of a Perfect Commonwealth, in David Hume, *Philosophical Works*, ed. By T. H. Green and T. H. Grose, vol. 3. 邦訳，『市民の国について』，上，岩波文庫，1952年所収。
20) ベンサムは『道徳および立法の諸原理序説』（1781年印刷，1789年出版）では，あきらかに統治の指導者に立法の原理を提示するかのような姿勢が見えるが，1800年代に入って，ジェームズ・ミルとの交友や，統治の指導者に働き掛けた合理的刑務所設計案（パノプチコン）が結局失敗に終わったことなどから，統治の指導者への不信を強め，民主主義および代議制を重視することになった。関嘉彦，「ベンサムとミルの社会思想」，上掲，『世界の名著，38』（1967年）20ページ参照。またほぼ同趣旨の文章をベンサムの前掲書に掲載されたローゼン氏の新しい序文のp. xlviiにも見ることができる。ヒュームやスミスの社会思想とのつながりという点からいって，したがってまた本稿の趣旨からいっても，ベンサム功利主義の立法の主体についての立場が，統治者の知性への期待から，広範な市民の意見表明への期待へと推移したのは，当然かつ必然的なものであったようにも感じられる。ベンサムのPlan of Parliamentary Reformの出版は，上掲『序説』出版の30余年後の1817年である。

第6章

J. S. ミルとマルクスの資本主義観

1 ミルとマルクスの距離

　経済学の通説的な解釈によれば，ジョン・ステュアート・ミルはアダム・スミスの経済学を19世紀半ばの新しい状況に合わせて書きなおそうとした。カール・マルクスもスミスからリカードウへの経済学の発展を批判的に継承しようとした。その際ミルは，初期社会主義者たちの道義的な資本主義批判に耳を傾けると同時に，マルサスの『人口論』が訴えた自然的な法則を基本として踏まえようとした。他方マルクスは，初期社会主義者たちの単に道義的な資本主義批判を乗り越えようとし，また現体制維持的なマルサス『人口論』を資本主義の批判理論に組み替えた。ミルが資本主義の維持と改良を目指したのに対し，マルクスは資本主義の自動崩壊と社会主義革命を必然的だと考えた。こうして経済学説史はミル，マルクス段階でまったく違った2つの学派に分裂した……というように見られているかと思う。

　そのうえマルクス経済学の解釈は20世紀初めから半ばにかけて政治的に強いバイアスをかけられてきたから，ミルとの違いはことさらに強く強調されてきた。マルクスの経済学は体制転換必然論でなければならなかったしプロレタリア独裁論でなければならなかったのに対し，ミルの学説は折衷的な資本主義擁護論だとされた。

　マルクス解釈に対する政治的バイアスは，ソ連崩壊の後は逆向きの反動を生み出した。マルクスの科学性はソ連崩壊とともに崩壊したかのように言われる。

経済学史の立場からはこうした政治主義は好ましいものではない。しかしマルクスの解釈に対して以前のような政治的バイアスがなくなっている現状は，それを学説史的関心から自由に検討するには好都合である。こうした関心から，本章はジョン・ステュアート・ミル（1806-1873）とカール・マルクス（1818-1883）の資本主義観の異同関係を再検討してみようとするものである。両者がそれぞれの立論の基盤にスミスを据えていることは，両者のあいだの共通性を探る手がかりを与えているはずである。両者とも，スミス経済学のスタートボードである生産者と生産手段の直接的な結合状態の高次元での復活に，資本家的生産のもとでの労働者の疎外状態の解決のための活路を見出そうとしている。その上で，両者の将来社会についての展望には周知のような大幅な違いが見られる。本稿はこうした両者のあいだの異同関係を検討しなおすための1つの試論を提供してみようとするものである。

2 ミル分配論を規制するもの

ミルとマルクスの資本主義分析の異同関係を考えようとする場合，まず避けて通ることのできない関門はミルのいわゆる生産・分配峻別論とそれに対するマルクスの批判の実情・実態である。マルクスは有名な『経済学批判』（1857-8年）の「序説」で，ジャン・バプティスト・セイやジェームズ・ミルなども念頭において当時の経済学編成の方法を批判している。その批判の要点は周知のように，資本主義経済は生産，分配，交換，消費というように区分して論じられうるものではなく，分配，交換，消費は生産の「契機」として生産論に属するか，生産によって規定されると同時に生産を規定し返すものとして，すなわち生産論を基軸とした有機的全体を構成するものとして，論じなければならないという点にあった。

こうした批判のなかで特にJ. S. ミルに向けられたものと見なされている批判は『資本論』第3巻第51章の次の文章であろう。「とはいえもっと教養ある，もっと批判的な意識は，分配関係の歴史的に発展した性格を承認するのである

が，しかしその代りに生産関係そのものの変ることのない，人間の本性から生れてくる，したがっていっさいの歴史的発展から独立した性格をますます強調するのである」[1]。マルクスは「分配関係の歴史的に発展した性格を承認する」の箇所に注をつけて，ミルの『経済学原理』(1848年)ではなくて，『経済学の未解決問題に関する試論』(1844年)を例示している。

ところでミルはなぜ生産と分配を区別しようとしたのだろうか。『原理』第3編第1章の序文で彼はその理由を次のように説明している。「事物の性質から生じる必然事と社会の制度から生じる必然事とを区別しない……この誤謬は，私には，一方では経済学者たちをして彼らの主題である単に一時的真理であるに過ぎない真理を永久不変的なる真理の仲間に入れさせ，他方では，多くの人々をして生産に関する永久的諸法則（たとえば人口制限の必要が拠って立つところの諸法則のごとき）を現存の社会構成から生ずる一時的偶有性——すなわち社会制度の新しい体系を作ろうとしている人たちは自由に無視することができるもの——と見誤らせるという，2つの相対立する弊害をいつも引き起こしているように見える」[2]。

ひらたく言いかえると，経済法則を永久不変だと考える経済学者もまちがっているが，それを自由に変えられると思っている社会主義者もまちがっている，これら両面を批判するには生産と分配を区別するのが肝要だということになる。しかも自由に変えられない法則のなかにマルサスの人口法則が入っていることの意味が大きい。人口法則は収穫逓減法則と一緒になって，「経済学における最も重要な命題である」[3]とされているからである。この命題は市場経済を社会主義に変えても貧困問題は解決されるとは言えない，だから市場経済のもとでの改良可能性を追求すべきだという彼の基本的な立場につながる。

逆にマルクスの生産・分配峻別論批判も彼の資本主義-社会主義観に結びついている。先に引用した『資本論』第3巻の原稿を書いていたのとほぼ同じころの1875年の手紙で（『ゴータ綱領批判』として彼の死後1890年にエンゲルスによって公表された），マルクスはこう書いている。「俗流社会主義は（さらに民主主義者も彼らにならって）ブルジョア経済学者の手口を受けついでいる。この経

済学者たちは，分配を生産様式から独立のものとして考察し，また取り扱い，しがって社会主義の中軸をなす問題は分配であると説明する」[4]。社会主義的公正分配を主張した「ラッサールの影響を受けて，この『綱領』は偏狭にも〈分配〉しか眼中においていない」[5]。すなわちマルクスの生産・分配峻別論批判は，生産手段の所有制度の変革をぬきにして生産物の公正分配を実現すればいいというような当時の社会主義運動に対する批判が意図されていることになる[6]。

資本主義－社会主義を見る（政治的・イデオロギー的）立場は，このように大幅に異なる。そしてわれわれはこれを1つの基本的な事実として認めなければならない。

しかしながらこうした違いにもかかわらず先の『資本論』からの引用文を読んでみると，マルクスの批判の焦点は格別にJ. S. ミルに向けられていたのではなくて，（その本元がミルだとしても）批判はもっと広く通俗化され通説化された峻別論に向けられているように思われる。そのことは引用文の例示するミルへの指示が，分配は可変的だという点だけに，しかも『原理』ではなくて『経済学試論集』だけにかかわらせており，「その代りに」人間の本性にマッチした生産関係の不変性が「ますます強調」されている（前出）というくだりは，必ずしも格別にミルを指してはいないということによって判明する。

マルクスの批判文章には，『経済学批判』でも『資本論』でも分配はいつでも生産物の分配を意味している。しかしミルのいう分配は土地や生産手段の分配を含んでいる[7]。マルクスの批判は，生産物の分配は生産手段の分配によって規定されると主張するものであるが，この点はミルもまた十分に押さえていた事柄である。それは『原理』第2編の目次を見れば明らかである。第5章 奴隷制，第6章 自作農，第8章 分益農，第9章 入札小作制，第11章 賃金労働の制度，等々。これらは生産手段の特定の分配形態によって，それぞれ生産物の分配様式が規定される事情を明らかにしている。このつかみ方はセイや父ミルの経済学4分法には見られない点である。この点ではミルとマルクスの懸隔は通説的に言われているほどには対立的ではないのである。

ところがミルは分配の制度は「人為的」に変えることができると言っている。

マルクスのこの批判はミルに当っているであろうか。しかし実は，この「人為的」(artificial) という言葉の意味も慎重な再検討を必要とする論点なのである。

ミルは『原理』第2編 分配論の冒頭でこう書いている。「①分配はもっぱら人為的な制度の問題である。生産物を人間は，個人的にも集団的にも，思うままに処分することができる。……②それだから富の分配は社会の法律と習慣によって定まるわけである。富の分配を規制する規則はその社会の支配層の意見と感情によって形成される。そしてそれは時代を異にするにしたがって大いに異なり，また人間が欲するならこれ以上に異なったものとなりうる」[8]。ミルはまた同じ場所でこうも書いている。「③人間の意見や感情は偶然的に決まるわけではない。それは，人間の性質の根本諸法則が，知識および経験の現状，ならびに社会制度および知的道徳的教養の現状と絡み合って，そこに作られる結果である」[9]。

文中の①では，人為的＝恣意的であるように読める。ミルの考えはこの見栄を切ったような表現によって通俗化されたのであろう。引用の②では「法律や習慣」あるいは「支配層の意見と感情」が問題にされている。こうなると人為的といっても恣意的にことが運ぶわけではなくなりそうだ。ヒュームが観察したように習慣は一般に徐々に自然発生的に形成されるものであり，誰かが予定したり規定したりすることはなかなかできない。「法律と習慣」という表現で2つが一緒にされているのは，18世紀のヒューム的な思想の伝統を踏まえて，自生的な習慣と人為的な法律とのあいだの密接な関係を言っているのである。だから法律も恣意的ではなくなる。「支配層の意見と感情」を持ってきても事情は同じである。奴隷社会では生産手段の分配にあずかった市民層の意見と感情が，封建社会では土地を支配していた領主層の意見と感情が，民主主義の社会では国民の意見と感情が，各社会の「法律や習慣」を形成する上で大きな力になるだろうが，この意見と感情を恣意的に動かすのが困難なのはわかりきったことだ。

ミルの「自然」という論文で[10] ミルは人為的というのはさまざまな法則の中から有益な法則を選択することだと書いている。毒をあおれば死ぬというのは

1つの自然法則である。アルコールに溺れれば健康を損ねるというのもそうだし，バランスのいい食事は健康にいいというのもまた別個の自然法則である。人間はこの間の因果関係を研究し人間に好都合な法則を選択してきた。放っておいても自然にそうしようとしてきた。このような種々の自然法則を研究するのが科学だが，特定の法則を選択するのは人為の営みである。だから人為というのは法則を変更するのではなく，それを選択し利用することでしかない[11]。ただ選択するのに実質的な影響力を持ったのが奴隷所有者であるか封建領主であるか民主主義社会の国民大衆であるかによって，この人為的な選択はさまざまである。各時代各地域の知識の水準によっても選択はさまざまであろう。一口に民主主義の国の国民大衆と言っても，その国民の道徳的水準や政治意識の水準次第で選択の仕方に違いが出てくるだろう。だから（先の引用文の①に表現されたように）人為的選択は一見恣意的にさえ見えるほどの多様性を示すだろう。

　このような次第であるから，ミルが分配は人為的だといっても，それは，上述のように勝手次第であるとか恣意的であることを意味しない。また先に述べたように，生産手段の分配が生産物の分配を規定するとか生産と分配の相互規定関係という点でもミルの考え方は，生産・分配峻別論という形で通説的に想像されているよりも，はるかにマルクスに近いように思われる。以下しばらく生産論に視点を移してこの点を逆の面から検討してみよう。

3 ミルの生産論は物理的法則であるか

　ミルは第2編の冒頭で第1編生産論の趣旨をまとめるような文章を書いている。「富の生産に関する法則や条件は，物理的真理の性質を持ち，そこには随意的あるいは恣意的なものはなにもない。……①人間の生産の量は人間がそれを好むと好まざるとにかかわらず……先行的蓄積の分量によって制限され，また②もしこれが与えられたとすれば，それは人間のエネルギー，技能，機械の完成の度合いおよび協業の利益の利用方法の巧拙に比例するであろう。③また人間がそれを好むと好まざるとにかかわらず，同じ土地に2倍量の労働を

投じたとしても，耕作の工程に何らかの改良が行われない限り，2倍量の食料をあげることはできないであろう。④人間が好むと好まざるとにかかわらず，個人が不生産的支出をすれば，それはそれだけ社会を貧しくする傾向があり，生産的支出のみが社会を豊かにするであろう」[12]。

　以上の命題は一定の時代や国，一定の（分配）制度や習慣のもとでは妥当するであろう。1つ1つの文章が条件文のようになっている点が注意を引く。ミルはこのような手法で，（コントにならって）静態的に生産論を叙述しているのである。与えられた条件のもとでは個々の命題は動かしがたいという意味でそれらは物理的真理の性質を持っているのである。しかしこのことは上記の諸条件あるいはその組み合わせが変動する場合（コントにならって動態的に観察する場合）この命題のもつ物理的性質＝固定性が緩和することを排除するものではない。あるいは人間はこの性質に従うほかはないのではなく，それを「利用」することができるのである。ミルの言葉を引用すると「我々は物質または精神の根本諸性質を変更しうるものではない。我々がなしうるのはただ我々が関心を持っている事象を生じさせるために，どの程度の成功をもってこれらの性質を利用（employ）しうるかということだけである」[13]。

　この引用文中の「諸性質」とか「性質」という言葉を「法則」という言葉におきかえると，この文章は，〈我々は法則を変更することはできないが，法則を利用することはできる〉となって，本章で前に言及した「自然」と題するミルの論文の趣旨に一致する。今引用した『原理』第3版（1852年）の「利用しうる」という言葉は，初版と第2版では「法則に適応しうる」（conform to the law）となっていた。（末永訳では「従う」と訳してある。これでは人間の自然への働きかけが少しも出てこない）。初版と第2版の「適応」から第3版の「利用」への変化は，法則に対するミルの対応が消極的な適応からいっそう積極的な利用へと変化していることを物語っている。

　この点を先の引用文のうち本章の主題と一番関係の深い③について（だけ）例示してみよう。③は，人口法則との関連でミルをして生産論に固執せしめたところの収穫逓減の法則を論じている。「経済学において最も重要」だとされ

た（前出）この命題にも，「耕作の工程」が一定ならば，という条件がつけられている。しかしこうした条件をつけるからには，耕作技術はどのような場合に改良されうるかという政策論ないし「人為」の問題が生ずるのも，事柄の自然の成り行きである。果せるかな実際，ミルはこの問題をほかならぬ生産論のなかで（第12章第3節で）論じている。そこで取りあげられた諸問題には技術改善は言うに及ばず，生産手段の所有関係（分配論の問題）の改善や封建貴族制の打破も政治改革も税制や道徳の改善も含まれている。フランス大革命も生産力に影響する。それは「数多くの産業上の発明に匹敵するものではなかろうか」とされている[14]。「あらゆる改良のうち農地保有制度および土地所有に関する法律の改善ほど労働の生産性に直接に影響するものはない」[15]と明言されている。これらの問題は第2編分配論の問題であるが，それらはもっとも直接に生産性に影響するのである。だから生産論で論じられているのである。マルクスが分配の問題は生産の問題と切り離せないと考えたその先蹤をミルが示している観がある。いずれにしろ収穫逓減という「この法則は人間が自然を制御する力が増加すれば……停止され，あるいは一時抑制される」[16]というのが生産論第12章第3節でミル自身が自らの意見を「要約」した文章である。

4　ミルの企業内民主主義の発想

そもそもこうした人為的な働きかけと非人為的な性質の相互作用のなかで発展を考える見方は，もともとミルの「自然的な」発展という概念の中に含まれている考え方である。先にあげた「自然」というミルの論文によれば，ミルは「自然的」を2通りに考えており，1つは自然のままの自然，およそ人間の手のかかっていない自然を意味するが，もう1つは自然に対する人間の人為的な働きを受けた現に存在する状態としての自然である。天体は前者の意味で「自然」であろうが，川の流れは多くの場合堤防や橋などの人為によって現に見られるとおりに改造されている。人間は放って置かれても自分たちのために自然に働きかけないではいられない存在である。自然のままの川の流れはしばしば

人間に災害をもたらす。それが人間に恩恵をもたらすのはもっぱら「人為」によって人間が自然を支配し改造したことによる、というのがミルの自然史的な文明の見方である。

　この見方はミルが「文明諸国の前進的な経済的運動」を特徴づける場合にも現れている。ミルは『原理』第4編第1章第2節でその特徴を以下の3つの点でつかんでいる。

　「文明諸国の前進的な経済的運動を特徴付けるもろもろの特質のうちで、〈生産〉の諸現象と密接に関係があるためにまず第1に、人の注意を呼び起こすものは、自然に対する人間の支配力の増大である」。これは技術、知識、科学の発達を意味し、それ自体生産の法則の第②項を意味する（本章前節冒頭を参照）。同時に同第③項の「耕作の工程の改良」にも寄与するであろう。

　第2の特徴は、「生命財産の安全の絶えざる増大」である。安全が生産に寄与する理由は、「労働し節約する人々にはその成果を享受することが許される」点にある。これは明らかにスミスの労働価値思想の継承である。

　第3の特徴は、「共同活動の能力の増大」(united action)である。「社会に前進的変化が生じつつあるという事実の付随的事実として、協業の原理および実践の不断の成長ということ以上に確実なものはない」。この最後の特徴は明らかに、私有財産制度の前進的な変化のなかで個人資本家企業が株式会社や協同組合になり、そのなかで「文明人に特有な」「協業の能力」が開発されるということを意味している。ミルはこうした企業形態の展開を「文明諸国の前進的な経済的運動」の特徴と認定しているだけではなく、その進展を大いに期待しているのである。そして以上3つの理由で社会の生産が増大することによって、人口法則の圧力が緩和するのを期待しているのである[17]。

　文明諸国の経済的運動の以上の3大特徴はすべて、「人為」にかかわる事柄である。それは人間の自然支配力であり、財産の安全のための法制度の問題であり、企業組織ないし生産組織を発展させるための法に必要な立法措置の問題である。しかしこの「人為」的なことは本章で繰り返し強調してきたように恣意的な事ではない。放っておいても人間が自然にそうしないではいられないよ

うな事柄である。だから前述のようにミルの考えでは，自然的発展の中にはこの「人為」の働きが含まれているのである。そしてこの自然的な協業の発展は「これ以上に確実なものはない」ほどの確実性を持っているものと認定されている。マルクスならこのような発展を「自然過程の必然性をもって」とか「自然法則の必然性をもって」と表現したであろう。言語上の表現には大きな隔たりがあるが，両者が見て取っている内容は事実上ずいぶん近いのではないだろうか。

　いずれにしてもミルは株式会社の普及と更には特に協同組合運動の成り行きを大きな期待をもって見ている。私的な個人資本家企業は小規模である。労働者は資本家にあごでこき使われて自尊心を喪失しているから，生産性も低く道徳水準も低い。利潤と労働費は対立関係にあるから，労資の対立を引き起こす。労働組合がなければ，1人1人の労働者の交渉力は弱いから，賃金は水準以下に下ってしまう。このように観察して，ミルは個人資本家企業を次のように批判する。「私は，社会を賃金を支払う人たちとそれを受けとる人たちとの2つの部分に分割し，前者は数千人であるが後者は幾百万人にもならしめるところの産業経済は，無限に存続するのに適したものでもなければ，またそれをなしうるものでもないという信念，そしてこのような制度の代りに，従属を伴わない社会的結合（combination），組織的敵対関係に代る利害関係の統一を実現する可能性は，将来における共同経営（partnership）の原理の発展にもっぱら依存しているという信念を繰り返しておきたい」[18]。

　このような観点からミルは株式会社を見ている。株式会社は協同組合とともに，19世紀初頭以来多くの社会主義者たちが唱えてきたところのアソシエイションという言葉で，すなわちその1形態として表現されている。ミルによれば株式会社では資本は多数の有限責任の株主のものである。有能な高級労働者が公募されて，経営はこの労働者に委任される。（経済学説史上恐らく一番早い時期の所有と経営の分離の認識）。彼の収入は利潤ではなく，この種の能力を持った労働者をめぐる需要・供給によって決まるところの賃金である。株主への配当は出資金に対する利子相当額であれば足りる。企業の業績が上がれば利潤と

利子相当分との差額は労働者に対して配分される可能性を生む。(労働者への利潤分配。この着目も学説史上大変早い時期のものと思われる。)このような形で，個人資本家企業に見られた労働者の疎外状況は緩和される可能性が開かれる。共同作業や共同責任という形での社会的感情が育成される場，すなわちミルの観点からすれば，道徳水準向上の可能性も与えられる。したがってこの形態はミルにとっては個人資本家企業とは違った「前進的」意義を持っているのであるから，立法は，資金調達を安全かつ容易にするための会社財務状況公表の制度を樹立し，会社設立を容易にするための法手続きの簡素化を推し進めるべきだと主張されている。

ところがミルによればオウエンによってはじめられた協同組合運動は，国家の援助に依存するのではなく，また資本家との共同出資によるのでもなく，独立自助の精神に基づく労働者同志の出資によるものが推奨される。この点ラッサールがプロシア国家の援助で協同組合運動を推進しようとしたのと対照的である。マルクスはラッサールを批判して，ラッサールよりもむしろミルに近い「労働者自身の協同組合工場」を肯定的に評価している（後述）。

この協同組合では生産手段は労働者の共同所有である。したがって生産物の分配も共同組織の合議によって行われる。この共同組織は自由と民主主義に立脚したものでなければならない。組合への加入と脱退は自由でなければならない。工場の長は組合員総員の選挙で選任され，また罷免されるのでなければならない。工場長の給与は高度な熟練労働者のそれを越えるものであってはならない。工場があげた利潤は，必要な経費と蓄積資金を差し引いた後，組合員総員の合議で組合員に配分される。大小の資本出資に対する報酬もこの合議によって決められるが，（さまざまな事例の違いがあるとはいえ）資本出資額に対する報酬はできるだけ押さえ，労働に対する報酬を重視するのがよい，等々。このようにミルは，企業内民主主義の発想（旧ソ連ではまったく実現できなかったこと）を，明瞭に定式化しているのである。この点は十分に注目すべき点であろう。

ミルはほとんど『経済学原理』改版のたびに英仏の新しい事例を収集して資料の入れ替えをしたり新資料を補充したりしているから，1つの箇所からまと

まった叙述を引用するのは困難であるが，ミルの考えはおおよそ以上のようにまとめることができるかと思う。そこにはアダム・スミスの経済学の出発点におかれた労働－所有の観点が形を変えてはっきりと再現していることに注意しなければならない。すなわちスミスの独立で自由な小商品生産の関係，生産者自身が生産手段を所有し労働と所有が同一であるような関係が，19世紀の大規模な共同生産という新しい状況のもとで共同的な形で復元されようとしている。生産手段は共同所有であり，生産手段の使用も生産物の分配も共同の合議を通してなされるが，この共同的な形で個々の生産者と生産手段との結合，労働と所有の同一性の回復が目指されている。

もっともミル自身はこのことをミル的な観点から評価している。協同組合は以上の次第で労働意欲を促進し生産性を向上させるだけではない。それよりもっとミルが高く評価したのは，労働者の自尊心の回復，労資間の対立の解消，協同組合における労資関係の解消，社会的同感の育成，道徳的水準の向上などである[19]。ひいてはこのことをとおして人口増加の抑制効果を期待しているわけである。

5 マルクスの株式会社・協同組合論

そこでマルクスが株式会社と協同組合についてどのような意見を持っていたか，それを若干の引用によって示してみよう。マルクスの評価は2面的である。まず，資本主義の枠内で形成される社会主義への「過渡点」「通過点」としてそれを高く評価した文章が，『資本論』第3巻第27章などに見出される。

①私的所有としての資本の止揚。「それ自体として社会的生産様式のうえに立っていて生産手段や労働力の社会的集積を前提している資本が，ここでは直接に，私的資本に対立する<u>社会資本</u>……の形態を取っており，このような資本の企業は<u>個人企業</u>に対立する<u>社会企業</u>として現れる。それは<u>資本家的生産様式そのものの限界の中での，私的所有としての資本の止揚</u>

である」[20]。

②社会主義への通過点。「株式会社では機能は資本から分離されており，したがってまた労働も生産手段と剰余労働との所有からまったく分離されている。このような資本家的生産の最高の発展の結果こそは，資本が生産者たちの所有に，とは言ってももはや個々別々の生産者たちの私有としてではなく，結合された生産者である彼らの所有としての，直接的社会的所有としての所有に，再転化するための必然的な通過点なのである」[21]。

③「これらの生産手段は，社会的生産の発展につれて，私的生産の手段でも私的生産の生産物でもなくなるのであって，それは，それが結合生産者たちの社会的生産物であるのと同様に，彼らの手にある生産手段，したがって彼らの社会的所有でしかありえないのである。ところがこの収奪は，資本家的体制そのものの中では，反対の姿を取って，少数者による社会的所有の取得として現れる」[22]。

この文章では協同で使用される生産手段は私的所有ではなくて，生産者たちの社会的所有への通過点だとされている。次の文章も生産者たちによる生産手段の社会的所有という問題に言及している。そのことの意味は次節で吟味する。

④社会主義への過渡点。「これは資本家的生産様式そのものの中での資本家的生産様式の止揚であり，したがって自分自身を止揚しつつある矛盾である。この矛盾は，一見して明らかなように，新たな生産形態への単なる過渡点として現れる」[23]。

また協同組合運動については；……

⑤資本と労働との対立の止揚。「労働者たち自身の協同組合工場は，古い形態の中でではあるが，古い形態の最初の突破である。……資本と労働との対立はこの協同組合工場の中では止揚されている」[24]。

⑥資本家不要。「協同組合工場は資本家が生産の指揮者として余計になったということを証明しているが，それは単に資本家自身が，最高の完成に達すれば大土地所有者を余計だと思うのと同様である」[25]。

⑦株式会社と協同組合の比較。「資本家的株式企業も協同組合工場と同じく，資本家的生産様式から結合的生産様式への過渡形態と見なしていいのであって，ただ，一方では対立が消極的に他方では積極的に止揚されているだけである」[26]。

以上はマルクスが，社会主義の経済的土台が資本主義の枠内で形成されつつあるという事実を高く評価した文章であるが，しかし他面では，社会主義への体制移行の観点からのマルクスのそれに対する政治的評価は，資本主義の枠内での改良それ自体を可とするミルとは大幅に違っている。この点を示す資料をマルクスの政治的な文書から若干引用してみよう。

①共産主義の規定。「もし協同組合の連合体が1つの協同計画に基づいて全国の生産を調整し，こうしてそれを自分の統制のもとに置き，資本主義生産の宿命である不断の無政府状態と周期的痙攣（恐慌）とを終らせるべきものとすれば——諸君，それこそは共産主義，「可能な」共産主義でなくてなんであろう！」[27]。

②「合理的共同計画にしたがって意識的に行動する自由で平等な生産者たちの諸協同組合からなる1社会」[28]。

①②の文章で「1つの共同計画に基づいて‥‥」と言い，また「共同計画にしたがって……」というところがミルと大幅に違ってくるところである。ミルの場合は協同組合の間の関係は自由競争である。共同計画には従っていない。これでは生産性と生産力の増進に対する刺激がなくなるからである。個人資本家企業，株式会社，協同組合工場，農業における自作農，私的な借地資本家農場，公有地を賃借した（括弧つきの）「自作農」[29]や協同組合農場など，多彩な

企業形態が自由に競い合いその上で生産性の高い企業形態は自然に生き残り普及して行くだろうし，経済の構造も「前進的に」変化してゆくだろうと考えられている。ミルはただこのような自然選択型混合経済の中で，協同組合企業が普及し発展することを大いに期待していたわけである。ミルはこの希望が実現されることの中に，資本主義の中での社会主義の要素の拡大を期待していたのである。

しかしマルクスの協同組合運動についての政治的な評価は，それに夢をかけたミルよりも，はるかに現実主義的であった。

　③協同組合運動の「偉大な実験の価値はいくら強調してもしすぎることはない。……しかし協同組合労働は原理上どんなにすばらしいものであろうと，また実践上どんなに有益であろうと，互いに孤立した労働者たちのそのとき限りの努力という狭い範囲にとどまるならば，それには独占の幾何級数的成長を押さえる力も大衆を解放する力もないし，大衆の貧困という重荷をほんの目につく程度でさえ軽くしてやれる力もない。……勤労大衆を解放するには協同組合組織を国民的な規模で発展させる必要があり，したがって国民の資金でそれを助成する必要がある。……したがって今や政治権力を獲得することが労働者階級の偉大な義務となった」[30]。

以上のようにマルクスもミルも口を合わせたように協同組合運動をそれ自体としては高く評価している。「偉大な実験の価値はいくら強調してもしすぎることはない」（前出）といった調子である。しかしながらミルが資本主義の枠内での改良自体としてそれを（きわめて楽観的に）評価しているのに対して，マルクスは計画的な社会主義への移行という観点から協同組合運動の限界を指摘している。（もっともマルクスの計画的な社会主義の方もミルに負けず劣らずの楽観的な期待だったのかもしれない。）しかも移行の政治プロセスをめぐっては両者の間に大きな懸隔のあることが，以上の引用文によっても示されている。ミルの民主主義的な代議制論に対して，マルクスは労働者階級による政治権力の獲得を主

張している。ましてや執拗にマルクスに結び付けられる「プロレタリア独裁」の問題を持ち出すと、両者のあいだには大幅な懸隔があるように感じられるだろう。実は資本主義の将来の政治的なヴィジョンにかかわるこうした問題を抜きにしては、両者の資本主義観の比較は十分ではない。しかしながらこの重大な問題に対して本稿での準備はあまりにも不足しているから、本稿ではこれを省略し、いつかは取り上げなければなるまいという期待を表明するにとどめたい。

そこで本章ではミルもマルクスも共通に協同組合運動を高く評価したその根拠を一段と掘り下げておきたいと思う。政治体制が資本主義の改良であろうが社会主義であろうが、両者がともに推奨した経済的運動の意義・経済学史上の意味内容を、いくらかでも掘り下げておきたいと思う。政治手法がどうであれ、彼らが共通に目指した経済的運動の意味内容はなんであったかという問題は、またきわめて重要であると考えられる。むしろ政治手法の違いは、どちらがよりよくこの経済的内容を実現し得るかによって、評価されるべきであろうからである。そしてまさにこの点でミルとマルクスのあいだに、従来政治的バイアスのために注目されなかった重大な1点の共通性があるという事実を本章は明らかにしたいのである。マルクスについてはこの問題は生産手段の共同的占有と個人的所有の再建という形ですでに論議が重ねられているから、この論議から切りこみを試みることにしよう。

6 生産手段の社会的占有と個人的所有の再建という問題

問題の箇所は次のとおりである。「資本家的生産様式から生まれる資本家的取得は、したがって資本家的私的所有は、自己労働に基づく個人的私的所有の第1の否定である。しかし、資本家的生産は、自然過程の必然性をもってそれ自身の否定を生みだす。これは否定の否定である。この否定は私的所有を再建するのではなくて、資本家時代の成果、すなわち協業および、土地の協同占有と労働そのものによって生産された生産手段の共同占有を基礎とする個人的

所有を再建する」[31]。

　小川浩一郎氏よると（ただし文責は私のもの），エンゲルスは上記文章のなかの共同占有と個人的所有は生産手段の社会的所有と消費手段の個人的所有のことであると理解した[32]。レーニンはこの考えを延長して生産手段は国有だが消費手段は個人的所有だと考え，生産手段の国有と計画経済というソ連型の社会主義像形成に1つの理論的支えを提供することになった。小川氏によれば上記文中の個人的所有の再建というのは生産手段についても言われているのである[33]。

　そうだとするとマルクスの社会主義の原像はレーニン以降のソ連型社会主義とは違うということになる。消費手段の個人的所有のあり方や性格も，実は生産手段の所有のあり方によって規定されるのであって，生産手段が国有になり官僚によって統制されると，消費手段の諸個人への分配も官僚によって左右されてしまう。すなわちミルについてもマルクスについても本章の冒頭から強調してきたように，生産手段の所有関係と生産物の分配関係は相互規定的であって分離できないのである。マルクスは当然この観点に立って先の文章を書いている。生産の社会化が進展している段階で，消費手段の所有が個人的なものでありうるためには，生産手段の占有（＝使用）に対して個々の個人が発言力や支配力を持っているのでなければならない。そうだとすると生産手段の占有はすべての個人の合議にもとづく共同的な占有でなければならないことになる。このことをとおして共同消費と個人消費または共同的な消費手段（公園など）と個人的な消費手段との関係も規定されるだろう。こうしたことを少なくとも生産者に関して言っているのがマルクスの上記の文章にほかならない[34]。

　先のマルクスの文章を解説的な言葉で表現しなおしてみよう。……封建末期・資本主義初期の独立小商品生産者に見られた生産者と生産手段の直接的な結合は，アダム・スミスの経済学体系の出発点に据えられた関係であって，それは私的＝個人的所有の関係であり，本来的な生産＝所有，すなわち労働に基づく所有の関係であった。資本家的生産が普及すると，生産手段は資本家の手に集中し，生産者＝賃金労働者は生産手段の所有から切り離され，労働に基づく所

有の関係も否定された。すなわち第1の否定である。しかし資本主義が発展し生産の規模が巨大化するにつれて，株式会社においては消極的に，共同組合企業においては積極的に事実上（というのは法制上私的所有の形式は残っているから）巨大化した生産手段の共同的占有が発展しつつあり，この資本主義の成果のうえに（形式上も私的所有の外皮を粉砕して）生産手段の社会的＝個人的所有，すなわち諸個人の自由な連合という形での個人的所有を，したがってまたこのように高度に発展した新しい段階で生産者と生産手段の直接的な結合を再建すること……このことをマルクスは「否定の否定」という言葉で表現し，将来社会のヴィジョンにしたということになるであろうか。

　こうした見方が，先に述べたミルの協同組合論と大幅に符合していることは明らかであろう。しかし，生産手段と生産者とのこうした直接的結合，そのことに立脚した諸個人への生産物の分配が実現するためには，ミルが労働者出資の協同組合について強調したような，自由な生産者の企業内民主主義が同時に実現していなければならないし，またこのことを実現するためのいくつかの社会的条件の整備も必要になるであろう。ミルが，先進国イギリスにあって，資本主義の枠内で実現可能なこととしてこの点を強調し，ある意味ではそれに向かっての事態の進行の様子を（やや楽観的ながら強い期待を込めて）詳論しようとさえしていたということは，ミルの社会理論＝資本主義観の1つの特徴である。この点は，マルクスにとっては未来の予見にかかわることであり，また資本論の問題領域を越える論議と見なされたせいであろうか，詳しい言及を見出すことはできない。しかし，ミルの強調した上述の論点は，イギリスの経済学説史の研究に半生を注いだマルクスを，彼の先行者ミルとつないでみようとするに際しては，見過ごすことのできない論点である。

　いずれにしろ，この文章の出発点にはスミスに見られるところの「自己労働に基づく個人的な私的所有」が資本主義的な生産の本来的な出発点であったとする見方が据えられている。しかしマルクスの場合の特徴はこの出発点を，歴史的に原始共同体にまでさかのぼらせて共同的＝個人的所有として捉えなおしていることである。彼は『経済学批判要綱』（1857-58年）として知られる原稿

のなかで『資本家的生産に先行する諸形態』という長文の共同体分析に筆をのばしている。そこで彼はアジア的，古典古代的，ゲルマン的などという共同体の諸形態を描いている。これらはそれぞれの発展のうちに，アジア的な全般的奴隷制，ローマ的な奴隷制，封建的農奴制へと（あたかも小商品生産が資本家的生産によって否定されたように）転生し否定されてしまったとはいえ，いずれの場合も本源的には人類は共同体の一員として生産手段を占有ないし所有していた。アジアでは共同体は共同で自給自足する形で，ローマ初期には市民は共同体の一員の資格で土地の分割を受ける形で，ゲルマン共同体ではその一員に対して年々占有地の分配替えが行われる形で，いずれの場合も生産者は生産手段を占有（ローマでは所有）し，したがって本来的には諸個人は共同体（Gemeinwesen）に対しても生産手段に対しても自分の労働に対しても疎外されていなかった。この共同的＝個人的な生産（労働）と所有の関係をマルクスは人類の「本源的な所有」であると見なしたのである[35]。

このような観点で近代の生産様式を観察すると，人類の「本源的所有」の関係は，資本主義の初期に小商品生産においては，共同的な性格を失って，私的＝個人的な形で見出される。しかもこの関係は資本家的生産の成長によって一掃され否定されてしまったのではあるが，資本家的生産のさらなる発展のなかで生産手段の共同的占有の土台が事実上できつつあるし，この土台のうえで再び共同的＝個人的所有の再建の可能性が展望されている。すなわち人類の「本源的所有」のいわば高次元での再建である[36]。このような見解はマルクスを経済思想史上に位置付けるうえで重要な意味を持つように思う。

ところでジョン・ステュアート・ミルはどうであっただろうか。彼は，社会主義者の影響もあって市場経済の諸関係を人為的に可変なものと考えたし，私的な利己主義を克服してpublic spirit等の言葉で社会的な同感感情の育成の重要性を強調した。しかも彼は18世紀に対するこうした19世紀の反動に流されることなく，18世紀の精神を生かそうと努めた。『自伝』で告白しているように「18世紀の反動には絶対に加わらず，……もう1つの古い方の面もしっかりと手放さなかった」[37]。

この点は本稿との関連で言えば，マルクスと同じように，スミス体系の出発点になっている独立小商品生産者の生産者と生産手段との直接的な結合関係→生産＝労働＝所有という関係をミルもまた一貫して最重要視していることに現れている。この観点は，マルクスにも共通する観点であるが，ミルが資本家的生産を批判する場合の基本的な観点でもある。前述したように，個人資本家に雇われた賃金労働者は，生産手段と分離されているがゆえに多くの場合自由も主体性も喪失しており，人間にとって一番大事だとミルが考えた自尊心をなくし，仕事への（自分の労働への）利害関心をなくし，労働の生産性が低くなるだけではなく知的にも道徳的にも頽廃しやすい。
　こうした現状を克服する方法に関してもスミスの出発点の高次元での復活が目指されている。高次元でというのは，生産の社会化（ミルの言葉では共同作業の進展。前述）という新しい状況を踏まえ，また社会主義者の影響のもとで共同的な様式でという意味である。ミルはこうした観点で当時まだ新鮮な勃興期にあった協同組合運動に大きな夢を託したのであった。
　しかもミルは政府援助によって組合を組織することに反対したし，資本家と労働者との共同出資方式にさえも満足しなかった。なぜなら生産手段がこのように所有されると生産物の分配に際しても出資者の意向が影響することになり，自由な労働者たちの自主的な連合が達せられないからである。彼が特に大きな期待を寄せたのは労働者だけの出資による協同組合である。というのもこの場合には生産手段が共同で所有されるがゆえに生産物の分配も自主的に行われうるからである。すなわち生産手段の共同的＝個人的な所有関係（マルクスのいう生産関係）が共同的＝個人的な分配関係を規定するからである。
　ミルは生産の法則と分配の法則とを分離したように言われており，したがってマルクスの『経済学批判』によって批判されたように見なされているのであるが，先述したように，ミルの生産法則は人為の影響をまったく拒否するものではないし，分配というのは生産手段の分配を含むのであって，これは人為的に可変であるといっても，この人為というのは恣意的というのとはまったく異なる。そのうえで生産手段の所有関係と生産物の分配の相互規定的な関係が非

常にシャープな感覚で捉えられているのである。大変皮肉なことではあるが，この限りでは，ラッサールの影響を受けて作成された「ゴータ綱領」が，生産手段の所有関係はそのままにして生産物の分配の公正化だけを要求し，ビスマルク政府の援助のもとでの共同組合の普及を目指したのよりも，ミルのスピリットはかえってマルクスの理念に近い観点を含んでいるのではないかとさえ思われる。

(注)
1) K. Marx, *Das Kapital*, Bd. III, in *Karl Marx—Friedrich Engels Werke*, Band 25, Dietz Verlag, Berlin, 1964, S. 885.『マルクス・エンゲルス全集』第25巻第2分冊，大内兵衛・細川嘉六監訳，大月書店，1967年，1122ページ。
2) J. S. Mill, *Principles of Political Economy*, in *Collected Works of John Stuart Mill*, vol. III, p. 455. ミル『経済学原理』末永茂喜訳，岩波文庫，昭和49年，第3分冊，18ページ。
3) J. S. Mill, op. cit., vol. II. p. 174. 同上訳，第1分冊，329ページ。
4) K. Marx, *Kritik des Gothaer Programs*, in *Karl Marx, Friedrich Engels Gesamtausgabe (MEGA)*, Abt. I, Bd. 25, S. 16. マルクス『ゴータ綱領批判』，望月清司訳，岩波文庫，1979年，40ページ。
5) Ibid., S. 13. 同上訳，34ページ。
6) この点杉原四郎『ミル・マルクス・エンゲルス』世界書院，1999年の第2編第1章「生産と分配」を参照。
7) このことはわが国でも早くから知られていたことである。たとえば熊谷次郎「ミル『経済学原理』の構成について」，『経済経営論集』(桃山学院大学) 1977年9月号参照。
8) J. S. Mill, op. cit. vol. II, pp. 199-200. 同上訳，第2分冊，14-15ページ。
9) Ibid., p. 200. 同上訳，15ページ。(注8)(注9)の丸囲い数字は引用者のもの。
10) 1850年代のミルの原稿をヘレン・テイラーが1874年に『宗教3論』の一部として公刊した。J. S. Mill, *Collected Works*, vol. X に収録されている。
11) 本書第4章をを参照。人為と法則についてのミルの考えはエンゲルス『アンティ・デューリング論』第1編第11章の「自由と必然性」の考えと，どれほどの違いがあるのだろうか。
12) J. S. Mill, *Principles of Political Economy*, in *Cllected Works*, vol. II. p. 199. 同上訳，第2分冊，13ページ。丸囲み数字は引用者のもの。
13) Ibid. 同上訳，第2分冊，14ページ。

14), 15) Ibid., p. 183. 同上訳，第1分冊，344 ページ。
16) Ibid., p. 185. 同上訳，第1分冊，347 ページ。
17) 以上の引用は『経済学原理』第4編第1章第2節から。
18) J. S. Mill, op. cit., vol. III, p. 896. 同上訳，第5分冊，205-206 ページ。
19) Cf. ibid., p. 792. 同上訳，第4分冊，173-174 ページ参照。
20) K. Marx, *Das Kapital*, Bd. 3, in *Marx/Engels Werke*, Bd. 25, S. 452-453. 同上訳，第25巻第1分冊，大月書店，556-557 ページ。下線は引用者のもの。用語は，Privatunternehmung, Gesellschaftsunternehmung, Privatkapital, Gesellschftskapital, Gesellschaftseigentum。
21) Ibid., S. 453. 同上訳，557 ページ。
22) Ibid., S. 455-456. 同上訳，560 ページ。
23) Ibid., S. 454. 同上訳，559 ページ。
24) Ibid., S. 456. 同上訳，561 ページ。
25) Ibid., S. 400. 同上訳，485 ページ。
26) Ibid., S. 456. 同上訳，562 ページ。
27) K. Marx, Der Bürgerkrieg in Frankreich, in *Marx / Engels Werke*, Bd.17, S. 343. マルクス『フランスにおける内乱』村田陽一訳，国民文庫，1984 年，86-87 ページ。1871 年の執筆。
28) K. Marx, Über die Nationalisierung des Grund und Bodens, op. cit., Bd. 18, S. 62. マルクス「土地の国有化について」，『全集』第18巻，55 ページ。1872 年執筆。
29) ミルにおいては借地契約が一定の貨幣地代を支払うだけで長期かつ安定していて処分権に対して使用権が強い場合は，事実上「自作農」と同じように見なされている。拙稿「私的所有の社会的構造と国家」，『現代国家の理論と現実』，中央大学出版部，1993 年所収論文参照。
30) K. Marx, Inauguraladresse der Internationalen Arbeiter-Assoziation, op. cit., Bd. 16, S. 11-12. マルクス「国際労働者協会創立宣言」（いわゆるインターナショナル創立宣言)，1864 年執筆。『全集』第16巻，9-10 ページ。
31) K. Marx, *Das Kapital*, Bd. I. op. cit., Bd. 23, S. 791.『資本論』第1巻第24章，『全集』，23 巻，995 ページ。
32) Cf. F. Engels, *Herrn Eugen Dührings Umwälzung der Wissenschaft (Anti Dühring)*, op. cit., Bd. 20, S. 121-122 & 126.『アンティ・デューリング論』，『全集』第20巻，136-137 および 288-289 ページ参照。この部分についてはレーニンが『国家と革命』で引用している。
33) 小川浩一郎「資本制的蓄積と所有問題」，(1),(2),(3),『経済学論纂』（中央大学）第33巻，第1・2合併号，第34巻第2号，同第5・6合併号参照。
34) ここでは生産手段の社会的所有と社会的占有との異同については紙数の関係で省略

する。また生産手段の社会的占有は企業内での経済民主主義と社会的な規模での政治的民主主義を不可欠とする。かつてのソ連邦ではこのような条件は存在しなかった。しかし、ミルの協同組合論に見られる企業内民主主義，およびミルの社会科学の体系が経済学と代議制論を両輪として構成されていることは，この間の事情を踏まえているといえる。またマルクスの経済学も，少なくとも論理的には，ミルと同様な帰結を伴うはずだと考えられる。そうでなければ先に引用した自由人の連合などという定式は成り立たないはずだからである。この点を押さえておくことは，かつてのソ連の社会主義なるものとその崩壊とを評価する上で，大事な論点であろうと思われる。

35) K. Marx, *Formen die, der kapitalistischen Produktion vorhergehen*, in MEGA, Apt. II, Bd. I, Teil II, S. 395, 399 u. 400.『資本主義に先行する諸形態』，手島正毅訳，大月書店，国民文庫，37, 44, 47 ページ参照。

36) 別の箇所でマルクスは人類の将来について「近代社会を，もっともアルカーイックなタイプを備えた高次元の1形態——集団的な生産と領有——に復帰させること」等と表現している。マルクス「ザスーリッチ宛の手紙」前掲『資本主義に先行する……』に所収。106 ページ。そのほか同 96, 115 ページ参照。この有名な手紙でマルクスはロシア農村共同体は，西ヨーロッパ諸国の資本主義とは違った道を通って，いわば資本主義を飛び越して，個人主義，自由主義の経験を経ないまま共産主義〔共同体主義〕へ至ることが，1つの条件付きで，可能だという考えを書いている。この条件というのは，西ヨーロッパのプロレタリア革命と互いに補い合うという条件であった。この条件は実現しなかった。この条件を考慮すると，少なくともマルクスが，西ヨーロッパ的な近代化を抜きにした単なるロシア型の社会主義を可能だとは考えなかったことが，本章注 34) との関連から言っても，明らかであろう。

37) J. S. Mill, *Autobiography*, in *Collected Works*, vol. 1, p. 169. ミル『自伝』，朱牟田夏雄訳，岩波文庫，145 ページ。

第7章

マルクスの資本主義観

1 敗戦直後の『資本論』——設題に代えて

　長谷部文雄氏の『資本論』邦訳は，わが国の敗戦直後の標準的な邦訳であったが，その第1巻の巻頭の部分にレーニンが1914年に書いた「カール・マルクス」と題する小論が掲げられている。この小論の「マルクスの経済学説」という小見出しのついている部分は，次のように述べている。「マルクスは『資本論』の序言で言う，──《この叙述の最後の究極目的は，近代社会の経済的運動法則を暴露することである》と。ある与えられた，歴史的に規定された，社会の生産関係を，その発生，その生成および消滅において研究すること──これがマルクスの経済学説の内容である」[1]。

　またこの邦訳書は，旧ソ連のマルクス・エンゲルス・レーニン・インスティテュートの1932年版『資本論』に付されたアドラツキーの「序文」も訳出している。この「序文」は上記のレーニンの小論に追従し，その主張を一段と過激に表現している。「マルクスは……独占を死滅しつつある資本主義として……特徴付けた」[2] ものとされている。

　さらに長谷部文雄氏は，レーニンの「マルクス」論もそれに追従したインスティチュート版の「序文」も氏の邦訳冒頭に掲載したのだから，「訳者はしがき」としては「今更，蛇足を加える必要はない」と書いている。1952年のことである。訳者はレーニンに追随しているだけではない。それ以上でさえある。訳者はただ一言だけレーニンに付け加えて，次のように書いている。「ただ1つ

私が重ねて強調しておきたいことは，この書の目的が……資本制的生産様式の発生・発展・および消滅の法則の解明にあるということである」と[3]。マルクス『資本論』をめぐる当時の過熱した政治的状況が窺えるであろう。

『資本論』で近代社会の経済的運動法則とされた最終目的は，レーニンにおいては「……消滅において研究」されたとされ，アドラツキーの「序文」では「死滅しつつある資本主義」として特徴付けられ，長谷部氏の「訳者はしがき」ではその「……消滅の法則の解明」になっている。1867 年，イギリス資本主義が 7 つの大洋に雄飛していたまさにその時に，『資本論』はいまだどこでも経験的事実が存在しなかったはずの資本主義「消滅の法則」の解明を目的にしたことになってしまっている。1867 年の段階で，経験的事実が存在しない状態で，そもそもそのような「法則」が解明されえたのであろうか。これはいかにも政治主義的な過熱解釈で，その後の歴史的経験に照らしてみればいささか行き過ぎた解釈だったと言うほかはない。

帝国主義戦争の惨禍と戦後の廃墟を踏まえてこのような形で再開された『資本論』研究は，もちろんその後，鋭意の研究の深化を遂げて今日に至っているのであるが，それでも敗戦直後の『資本論』のイメージは，十分反省されたり再検討されることなくそのネガティヴな残影を今日になお残してマルクス嫌いのもとになっているか，あるいは『資本論』もろともかなぐり捨てられることになってしまっているように思われる[4]。

本章は経済学史における資本主義観の変遷の一齣としてマルクスを取り上げようとするものである。私は，中央大学経済学部で長年にわたって担当してきた経済学史の講義においてマルクスに関しては，彼の価値論・剰余価値論・生産価格論を基礎に据えて，資本主義社会の分業構造，その論理的な体系的構想を，古典派や新古典派と比べながら講じてきた[5]。それはそれでマルクスの資本主義理論という形を取っていないわけではないが，今改めてマルクスの資本主義観を再考しようとしてみる場合，敗戦直後のレーニン的な『資本論』解釈，マルクス嫌いの源泉となったこの解釈と，『資本論』とのつき合わせを避けて通っていた——経済学史の講義が政治的色合いを持つことを避けようとしてい

た——ことに気づかされる。レーニン的な解釈は，『資本論』全3部を全面的に押さえた解釈ではなく，その第1部だけを，しかも革命政治家レーニンにとって必要な部分を強く引きだしているところがあるから，この点は敗戦直後の『資本論』理解に対する反省の意を込めて，価値論や生産価格論や分業構造論とはまた別の問題として考え直してみる必要がある。本章はそのような意図を含めて，古典派経済学および初期社会主義から多くを学び，またそれを批判した『資本論』の経済学とマルクスの政治論（本章では資本主義の歴史的な変動ないし体制移行に関しての政治的な見解）とがどのように重なるのかという問題を，レーニン的な解釈の批判を念頭において再吟味しようとするものである。

2 『資本論』第1部——剰余価値論と資本主義観

まず最初に剰余価値論をめぐって上記の問題を検討してみよう。

初期社会主義はどちらかといえば不平等を倫理的に批判し，社会主義を道義的な主張として主張したのであって，私有財産制度から生じる弊害を越えるような理想主義の個別的実験を試み，そのデモンストレーションとその普及を意図したのであるが，必ずしも直接に国家＝社会制度としての私有財産制度の全体制的な変革を試みようとしたわけではなく，また経済理論の新しい開拓という点で大きな成果を残したわけでもない。この点は，マルクスが経済理論の革新，私有財産制度そのものの変革，歴史理論の新構築のために，彼以前の諸理論と格闘し，その理論構造の立て直しに時間と労力の限りを尽くしたのとは対照的でさえある。このような違いはすぐ以下に見るようにマルクスが剰余価値論を構想する場合に，批判の対象として念頭に置いたところのものである。

スミスやリカードウとの関係からいえば，マルクスはスミスの投下労働価値説と支配労働価値説との混乱[6]，あるいは投下労働価値説から出発しながらも，賃金水準の変化だけで価格関係に変動が生じることを認めざるをえず，したがって投下労働価値説の首尾一貫性を論証できなかったリカードウ価値論を克服するための新しい価値・価格理論の構築を目指している。

153

以上のことにかかわる要点を——周知の理論問題であるが——紙数の制約もあるから，地代論や利子論への言及をできるだけ避けて，圧縮した形で示せば次のようになろうか。それは同時に初期社会主義者の道義的な資本主義批判の理論的な克服をも含んでいる。

　近代的な私有財産権，自由権，（権利面での）平等権を前提して，資本と賃金労働との交換を観察してみよう。しかも，労働運動とか国家財政や国際貿易の影響というようなことをさしあたり度外視して，資本が賃金労働を雇用してどのように剰余価値を生産するかという問題を，できるだけ純粋に観察してみよう。それが『資本論』第1部の主題である。

　この前提のうえでは，資本が労働者に対してその労働力の価値の全額を支払うとしても，資本主義のメカニズムは，賃金労働者からの剰余価値の搾取をもたらす。すなわち，賃金労働者の窮乏は，初期社会主義者が考えたように，個々の資本家のよこしまな賃金支払いによるとか，資本家の非人道的な労働者抑圧のためであるだけのものではない，——そのようなことは，実は，日常しばしば行われている非人道主義的な実状なのであるが，もっと根本的に掘り下げてみると，仮に近代的な諸権利に基づいて正当な支払いがなされていたとしても，資本主義のメカニズムは剰余価値の搾出を実現する。この最後の点がマルクスの初期社会主義者への批判であり，その理論の掘り下げである，——もっと正確に言えば，問題そのものは初期社会主義者から受け継いでいたのだから，継承的批判である。その理由は次のとおり；——

　資本家は賃金を払って労働者から労働能力を買う。お金を払って買うのだから，その労働能力は商品のような性質を持たされる。そこで商品交換の原理を振り返ってみると，次のことが浮かび上がってくる。すなわち，商品は使用価値と価値をもつ。商品購入者はその価値を払って商品を購入すると，その商品の使用価値を自由に使用することができる。労働能力の使用価値は，その購入者（ここでは資本家）にとっての利用価値である。すなわち企業のために働いてくれる（労働する）ことである。商品購入の原理に従って，購入者（資本家）はこの使用価値を自由に差配する権限を与えられていることになる。ところで商

品が価値と使用価値という両面を持つからには，それを作り上げる労働もそれに対応した両面を持つだろう。つまり一面では労働は原料の価値に労働時間に比例して新たな価値を付加する働きであり（＝価値生産的），他面では一定の技能によって原材料できちんと製品を作り上げること（＝使用価値生産的）である。資本家は労働力商品購入者の権限に基づいて，労働者が原料の価値に付加する新しい価値が賃金の価値を超えるように差配しようとする。

　したがって，古典派経済学以来の投下労働価値説に依拠すれば，資本家は，労働者が賃金（V）の価値を超過して新しい付加価値を付け加えるだけの勤務時間を確保しようとする。こうして資本家には超過価値すなわち剰余価値（M）が確保される。他方，労働の他の側面，すなわち使用価値生産的側面に関しては，資本家は，労働者が原料をきちんとした製品に仕上げることによって原料や機械の損耗部分の価値（C）を新製品の価値に移転させることを要求する。こうしてできあがった商品の価値は，原料や機械などの損耗分＋賃金＋剰余価値，すなわちＣ＋Ｖ＋Ｍになる。

　賃金と剰余価値との関係は，資本家の側から見れば，剰余価値の取得が当然の権利であるように見えるだろうが，賃金労働者の側から見れば（ほかならぬ古典派が主張してきた労働価値説の観点から見て），賃金の価値以上の価値を生産するような長時間労働を強制されたことになるだろうし，賃金以上の価値を企業に収奪されたことになるだろう。これは（古典派の資本主義観とは違って），資本主義的な生産様式の本質であるとマルクスは考えた。そのうえ資本家は，商品交換の原理から当然視される権利を振り回して，労働者を酷使しようとした。したがってその事態は初期社会主義者の目には非人道的なものと見えたし，この悲惨を改善するために彼らは，全体としての国家＝社会制度の直接的な変革ではなくて，人道主義的で個別的な改善策を実行しデモンストレーションしようとしたのである。マルクスは，こうした悲惨の根源が，私有財産制度と商品交換の原理そのものにあることを示そうとしている。この点は初期社会主義に対する『資本論』第１部の立場からの批判を含んでいる。したがって拙速なマルクス主義者の中には，こうした悲惨を除去するためには早急に近代社会の

基本的な原理としての私有財産制度の変革が必要だという結論を引き出す人たちも現れた。

　しかし以上のまとめからも明らかなように，彼にとって問題なのは初期社会主義に対する批判だけではない。彼の視野と苦闘は同時に古典派経済学批判にも向けられている。

　マルクスの理解するところでは，スミスの価値・価格論は投下労働価値説にもとづく一貫した説明にはなっていない。彼は一方では投下労働量が商品の価値を規定すると言い，他方では商品の自然価格は自然賃金と自然利潤と（自然）地代との合計によって決まるのであって，その場合労働と価格との関係は明確ではない。利潤は資本に結びつくし，地代は土地に結びつくからである。またマルクスの見るところでは，リカードウ価値理論もこれと同性質の混乱を含んでいた。彼は基本的には投下労働価値説の立場に立とうとしていたが，それによって価格現象を十分説明できたわけではない。一例を挙げれば，同額の資本投下と同量の労働が投下された場合でも，生産期間が1年であるか10年であるかに応じて，生産コストに計上されるべき利潤の大きさが（1年分か10年分か）違ってくるから，投下労働量による価値の大きさは，すべての商品が同じ生産期間を持つという特殊な場合を除けば，生産コストに基づく価格の大きさと一致しない。固定資本と流動資本との組み合わせ割合が違う場合にも，同様な難題が生じる。

　周知のように，マルクスの価値論，剰余価値論，およびすぐ次に述べる再生産論，生産価格論は，こうしたスミス価値論の混乱やリカードウ価値論の抱え込んだ難題を，論理的に解決しようとしたマルクス独特の苦闘の産物である。

　スミスの価値・価格論においては，『国富論』第2編の資本の分類論での言及があるにもかかわらず，機械等の損耗分や原材料費に相当する不変資本（C）が正確な価値理論上の位置づけを与えられていない。過年度に購入された機械の損耗分や原材料費が，今期（今年度）に生産された付加価値（賃金や利潤）と正確に区別されないで，損耗部分や原料費に含まれていた過年度の賃金や利潤が，今期の賃金や利潤と合算されている。そのため今年度生産された価値総額

は賃金と利潤の総計に等しくなり，(C) 部分の正確な表現ができなくなる。(簡単化のために本節では地代をめぐる議論を省かせてもらう)。リカードウの場合も，原料に対する加工期間という形で原料の問題が出ているにもかかわらず，価値・価格論の要素としては，スミスにならって，賃金＋利潤と表現されていることが多い。しかも両者は，価値を論ずるときも価格を論ずるときも，利潤を資本投下額に比例する利潤として取り扱った。これに対してマルクスは，C部分を価値・価格論の枢要な要素として位置づけた。また価値を考える時には，投下資本額に比例する利潤ではなく，賃金を超えて企業に与えられる剰余そのものであって，いまだ利潤になるか地代になるか利子になるか未分化の剰余として，あるいは利潤や地代や利子等々の原資として剰余価値を考えた。したがってマルクスの価値の定式は，不変資本＋賃金＋剰余価値（C＋V＋M）となる。言葉が足りないが，これが『資本論』第1部の価値規定である。

　この価値規定によれば，賃金支払額（V）に対する剰余価値（M）の関係が，明白に表現されている。すなわち賃金労働者とブルジョア階級との対立関係が明白に表現されている。というのは，マルクスの理論構想においては，剰余価値は，利潤や地代や利子やさらにはその他の派生的収入に分配されるものとして，あるいはそれらの諸収入の原資として意味付けられているのであるが，これらの諸収入の受け手が初期のマルクスが言っていたブルジョア階級に相当するからである。そうだとすると『資本論』第1部の価値規定は，賃金労働者と賃金労働者が生産した剰余の取得者としてのブルジョア階級の対立関係を，直接に表現していると見ることができるだろう。

　ところでこの定式において資本の投下額はC＋Vである。その合計を今仮に100だとすると，資本家は競争に打ち勝つためには機械化を推し進め，100のうちのより大きな部分を機械や原料に投資し，そのため資本制的な生産が発展すればするほど賃金部分に対するC部分の割合は大きくなるであろう。したがって資本投下額が100から110に増えたとしても，Vすなわち労働者に対する需要は増えるとは限らない。C部分が著増してV部分はかえって減少することもありうる。そのために資本主義においては，その発展の過程におい

ても，労働需要不足と失業問題がくりかえし生じる。

　マルサスは有名な『人口論』(1798)を発表して，資本主義においてであろうと社会主義のもとであろうと，自然的不可避的に人口過剰問題が生じるという論旨を証明しようとした。そしてこの人口論は，初期社会主義者を除いて，その他のほとんどすべての経済学者たちによって是認踏襲された。そのうえドイツの社会主義運動に大きな影響力を持っていたラッサールの「賃金鉄則」も，またマルサス人口論に立脚するものと考えられた[7]。マルクスの前述の資本主義発展論は貧困問題を，機械化を推し進めて競争を勝ち抜こうとする資本の蓄積様式によって説明した。資本主義は貧困（失業）を生み出す資本主義に特有なメカニズムを持っていることを論証することによって，マルサス人口論とそれを踏襲したイギリス正統派の自然主義的で不可避論的な貧困論を批判したのである。

　いずれにしても彼は『資本論』第1部の第24章で，こうした資本蓄積の結末を予見するかのように，労働者階級における「貧困，隷属，堕落，搾取の増大」，資本独占の進行，資本に対する抵抗運動の激化を予見し，かの有名な「資本主義的私有の最後の鐘が鳴る。収奪者が収奪される」という予見的な命題を書き記した。レーニンが先に示した「カール・マルクス」と題する小論でこの文章を取り上げ，それが『資本論』全体を，あるいは彼の資本主義観の全体を意味づける結論であるかのように解釈したのは言うまでもない。その上このような取り上げ方はレーニンに限らず，あたかも『資本論』理解の通説ででもあるかのようになった。エンゲルスの死後まもなく生じた有名なベルンシュタインとカウツキーとの論争の中心問題の1つも，明らかにこの問題であった。

3　『資本論』第3部——生産価格論と資本主義観

　しかし，マルクスの価値・価格論は第1部の剰余価値論に終るのではなく，第3部ではいっそう具体的な価格現象を扱う生産価格論として展開されている。そこでは，どのようなメカニズムによって剰余価値が利潤や利子や地代に

分配されるかが論じられている。問題を極力限定して主として生産部門間の利潤率の均等化についてだけ例示的に述べてみると，各産業部門で生産された剰余価値は，各産業部門で投下された資本に対して平均利潤として配分される。各産業部門で資本の有機的構成（上記100の資本額のうち賃金〈V〉に対する機械など〈C〉の割合）はまちまちであろう。ある部門ではVの割合が低く，したがってそこで産出される剰余価値は少ないだろう。他の部門ではVの割合が大きく，そこで生産されるMの量は多いであろう。各部門の利潤が平準化するまで資本が自由に移動するから，剰余価値が多く生産された部門からそれが少なく生産された部門へ剰余価値の配分替えが生じるだろう。こうして，自由競争と資本の部門間自由移動が行われる場合には，同額の資本投下額に対しては同水準の利潤がもたらされるであろう。

　マルクスは，剰余価値の基礎がなければ，資本の自由競争と自由移動の結果が，一定水準の利潤率で均衡するということは説明できないであろうと考えた。剰余価値の基礎がなければ，資本の自由競争が続けば最後には，利潤率は無限にゼロに近づくということしか言えないであろうと考えたのである。実際，剰余価値論に反対した近代経済学の中には，資本主義的自由競争の中で利潤率がゼロになるということを前提する学説がある。利潤率ゼロの資本主義というのは形容矛盾であろう。しかしいずれにしても，平均利潤率が成立すると，各部門では利潤は資本投下額に比例するように見えるのであって，投下労働量と利潤との関係は目に見えなくなる。資本は一定の利幅を得るのが当然だという観念も生じる。

　J. S. ミルが述べたように，信用と株式会社が発達すると経営者は高級な賃金労働者のようになる。資本が当然のこととして受け取るのは利子だということになるだろう。地代もまた投下労働量との間の直接的な関係を知覚できるような事情にはないから，土地用益が地代を生むように思われるであろう。言葉数が少なくて意を尽くせないが，こうしてマルクスの言う三位一体の定式が生ずる。すなわち資本→利子，労働→賃金，土地→地代という感じ方である。この常識的な表象においては，労働者は資本によって搾取されているという『資本

159

論』第 1 部の基本問題は感じ取りにくくなっている。そこで次のような問題が生じるはずである。

『資本論』第 1 部の見地から言えば，資本の集積集中による中小資本の収奪と大資本への資本の集中，資本家対労働者の対立，資本の有機的構成の高度化による労働需要の相対的な減退と失業，労働者階級の相対的窮乏化などが述べられ，その結果，労働者階級の資本に対する抵抗と反逆が予想される。そして収奪者が収奪されるという有名な予想的判決が下されていたのである。『資本論』旧訳第 1 巻冒頭部分に掲げられたレーニンの「カール・マルクス」論は，この文章を引用しレーニン的な革命戦略の有力な典拠であるかのように扱っている。

しかし『資本論』第 3 部の価格現象論とそれに対応した人々の常識的な意識構造を考慮に入れれば，このような原理的な関係は大幅にその現実性を覆い隠されてしまう。マルクスはこのような変化を一貫して Verwandlung（転化・変化・transformation）という言葉で説明している。そして次のように意味づけている。「利潤という転化した姿では，剰余価値そのものが自分の源泉を否定しており，自分の性格をなくして，認識できないものになっている。……今や特殊な諸生産部面の中での利潤と剰余価値との間の……現実の量的相違は，……労働者にとっても，利潤の本性と源泉とをすっかり覆い隠してしまうのである。価値が生産価格に転化すれば，価値規定そのものの基礎は目に見えなくなってしまう。……資本家にとっては価値の概念がなくなってしまう」[8]。

したがって剰余価値と平均利潤との関係は二面的である。剰余価値という本質的な概念がなければ，平均利潤という現象は論理的に説明できない。しかし，日常の経験的な現象観察においては，平均利潤が剰余価値を基礎としているということは判然としない。

こうした転化の論理については，若干のスペースを割いてマルクスに独特な論述方法の特徴を振り返ってみる必要がある。マルクスは『資本論』第 1 部では彼が資本主義の諸関係の本質と考えたものを，その他のさまざまな諸要因を度外視して（後回しにして）定式化している。複雑な諸現象を一気に取り上

げようとすると論述は複雑な現象の素描になってしまうからである。それでは複雑な諸現象を論理的に整序して説明しようとするマルクスの科学の試みは成立しない。投下労働価値説と剰余価値の理論はこうした試みを果すために，彼が苦心して考案した仮説（理論）である。しかし彼はこの剰余価値の生産という関係がそのまま現象するとは考えていない。この関係が人々の目に見えるものとも考えていない。この関係は，当初度外視した諸要因を1つ1つ考慮に入れるにつれてモディファイ（modifizieren）される。剰余価値は生産諸部門の平均利潤に転化（Verwandlung）する。生産諸部門の生産物は商業資本に委託されて販売されねばならないが，そのためには生産諸部門は自らの利潤の一部を割いて商業マージンを支払わねばならない。商業資本はこのマージンから商業利潤を確保し商業労働者の賃金を支払う。第1部で剰余価値とされた価値は，ここでは商業資本の利潤と商業労働者の賃金に転化する。したがってある国の過剰な生産力の発展の結果としての豊富な商品を販売するために商業（第3次産業）の割合が高まるにつれて，国民所得に占める賃金の割合はかえって高まることもありうるだろう。近代経済学はこの間の事情を踏まえて，資本主義の発展は労働分配率を引き下げないと表現する。また信用業を考慮に入れれば，利子の問題がでてくる。さらに，土地所有の問題を考慮すれば，さまざまな形態の地代が剰余価値理論の展開として，あるいはモディフィケイションあるいは転化形態として説明されねばならない。

　こうして当初の剰余価値は，商業利潤や商業労働者の賃金や利子や地代に分解されるから，産業資本の手元に残される平均利潤は少なくなってしまうだろう。それでもこの平均利潤は当然の利幅としてその他の諸費用に上乗せされるだけではなく，商業マージンや利子や地代も，（剰余価値の転形ではなくて）販売費用や利子費用や賃借料，すなわち費用として意識されてしまう。スミスの構成価格論以降のイギリス正統派経済学の常識的な費用＝価格の観念はこうした事情に基づく。したがってこれらの諸収入と剰余価値との関係はつかみにくくなる。

　それでもマルクスの学説史的な狙いからいえば，これらの諸収入を剰余価値

の基礎理論から論理的に（剰余価値の分配諸形態として）説明することによって，スミスに見られた価値論の混乱やリカードウに見られた価値論の難題を解決することができたと考えられたのである[9]。

しかしマルクスの経済学批判の計画は上述のような問題に限定されていたわけではない。J. ステュアートもスミスもリカードウもJ. S. ミルもそれぞれの経済学の体系において国家の経済への関与や国際貿易の国内経済への影響を重要な要因として吟味していたのであって，マルクスもまたこうした諸要因の検討を彼の経済学批判の計画に含めていた。彼はこの計画を実現できなかったけれども，具体的で現実的な問題として政治問題を考える際には，彼は一貫して問題を国際関係のなかで考えようとしている。1847年末に書かれた『共産党宣言』の末尾の「万国の労働者」という呼びかけ，「フランスの生産関係は，フランスの対外関係によって制約され，世界市場におけるフランスの地位と世界市場の法則によって制約される」[10]という2月革命についての論評，1864年の国際労働者協会（いわゆる第1インターナショナル）創立宣言末尾の「万国の労働者」への呼びかけ，1881年のザスーリッチ宛の手紙に見られる，ロシアの革命が国際的な援助の条件を必要とするという条件付け[11]，等々，マルクスが問題をいつも国際関係のなかで考えていたことは明らかである。

しかしいずれにしても本章での問題は，「資本主義の運動法則」を考えてゆく場合に，『資本論』第1部の剰余価値論および「収奪者が収奪される」という第24章の命題だけを，そのままマルクスの考えだと論定することができるかということである。

というのは，人々の意識についてのマルクスの分析は，『資本論』第3部の三位一体論的な意識をも考慮に入れなければならないはずだからである。あるいはこのような三位一体論的な意識現象のレベルにおいては，『資本論』第1部の本質論的な剰余価値関係，2大階級の対立関係（M／V）は「見えなくなっている」（前出のマルクスの言葉）ということも考慮に入れなければなるまい。さらに，マルクスの経済学批判の計画を念頭に置くならば，各国民の国際市場に置かれた地位も，人々の意識に影響するはずだということも考慮に入れなけ

ればならない。そうでないとすれば，経済関係が人々の政治的意識を規定するという史的唯物論の基本命題が成り立たなくなるのではあるまいか。

　もちろんマルクスの『資本論』はこうした現象を批判的に検討して，その本質を暴露するということを目的にしている。したがって社会変革の究極の目標を立てようとする人は，常識的な現象に止まることなく，本質的な剰余価値の理論を念頭において，運動のその時その時の指針を立てるべしというのがマルクスの真意であったと言わねばなるまい。しかし事実問題として，彼が三位一体的な常識的表象がはびこっているという指摘をしているのは，多くの普通の人たちの政治意識にその影響が見られることを示唆しているのであって，この点から言えば，「最後の鐘がなる」という事態は容易に，あるいは早急には生じないであろうという推論がおのずから引き出されるであろう。マルクス自身がそのような見方をしていたと考えるべき資料がないわけではない[12]。

　このようにマルクス自身においても社会変革の方途は，『資本論』第一部の叙述から同第3部の叙述へ，剰余価値論から生産価格論へと論述が展開され具体化されるにつれて，よりいっそう現実と実情に近い形に近づいているのであるが，こうしたいわば一種のモディフィケーションは，もし彼が当初の計画どおり国家や国際関係にまで経済学の論述を進めることができたとしたらいっそう進んだであろう。国際関係を議論展開のなかに組みこんで，先進的な帝国諸国と植民地諸国との関係にまで議論を展開し，帝国主義諸国による植民地の収奪が帝国主義諸国における賃金水準に与える影響が，その国の労働運動にどんな影響を及ぼすかという今では歴史上の周知の事実になっている問題にまで言及しなければならなかったであろう[13]。

　したがって社会変革の方途という点をめぐっても『資本論』は，そしてまたマルクスの経済学の方法は，いろいろな解釈の余地を残すものである。レーニンの脅威的な解釈だけが唯一可能な解釈でないのは今更言うまでもないことだが，それにしても多くの人々のマルクス解釈は，レーニンにならって主として『資本論』第1部だけに依拠しているのは奇妙である。ウエーバーもその『社会主義』（1918年）のなかで，レーニンが持ち上げたその箇所を取り上げて批

判の対象にしている。シュンペーターもそうだ。彼によれば，マルクスは資本主義が失敗することによって崩壊すると考えた。この考えは，シュンペーターの有名な命題——資本主義は成功することによって社会主義への道を進むという命題と対照的な意味を持たされているのである。シュンペーターのマルクス論はおおかた『資本論』第1部に依拠しており，第2部，第3部の問題性は十分前面に出てこないように思われる。

こうした『資本論』第1部だけに偏った解釈で，マルクス理論は誤りだったと見られて一蹴され，あるいは相応の再検討なしで毛嫌いされているきらいがある[14]。

4 史的唯物論と資本主義観

さて，マルクスの資本主義観をテーマにするからには，彼のいわゆる史的唯物論への論及と再検討は欠かすことができない。

一般にその特徴と考えられているのは次の諸点であろう。1つは，物質的な利益を追い求めている人々の経済的諸関係が社会の歴史を突き動かしてゆく原動力であることを，彼が客観的に解明しているという点に求められる。これは言うまでもなく英仏の古典派経済学の中で培われた伝統を継承・発展させたものである[15]。2番目は，資本主義の発展を自然必然的な法則性を持つものと捉えている点が強調される。3番目は，この法則性に基づいて資本主義の歴史的有限性と次の社会形態への移行の必然性とを推定したことであろう。

ところで，第2の点について言えば，法則というのは，Law, Gesetzであるが，これは中世神学における神の掟につながる。LawもGesetzも掟の意味でもある。創造主がお創りになったこの世の中は（自然も社会も）創造主の掟Lawに従うのである。近代初頭の自然神学は，神の定めたこの法則を，経験科学的に立証し確かめてみようとしたのである。こうして経験科学が出発したが，それは当然法則を求める法則性の科学であった。ニュートンもスミスもリカードウも，それぞれの意味で法則性の科学を体系化しようとしている。ヘーゲル

もまたしかりである。そしてマルクスももう1つ別個の法則性の科学を樹立しようとしたのである。この限りでは彼もまた中世以来の思考習慣の大枠を引き継いでいると言わなければならない。またこのような法則性に立脚しない限り，3番目の特徴，すなわち資本主義の消滅というような未来の出来事を必然的なものとして，目的論的な見方で推論し，主張することはできなかったであろう。

　ところでこのようなマルクスの歴史観は，経済思想史上でどのような位置を占めるものであろうか。経済思想史においては，"法則性"の捉え方は時代を異にするにつれて顕著な変遷を示している。法則をこのように普遍的，不変的なものと考える点は，アダム・スミスにおいては，自由主義的な資本主義の理念として描かれていると言えるだろう．しかし，19世紀半ばJ. S. ミルはすでに法則性の科学から一歩抜け出していると言えるであろう。したがって，J. S. ミルは資本主義の将来に特定の必然性があるとは考えていない。「最善の状態における個人の力がどのような成績をあげることができ，また最善の形態における社会主義がどのような成績をあげることができるかということについては，われわれは目下のところ……決定する資格はない」[16]。彼のいう人為的作用は，自然的，したがって不変的な法則性を踏まえなければならないが，自然法則の働きを人為的に改善できるという信念に基づいている。ダーウィンの後を受けて，マーシャルにおいては法則の持つ不変性，普遍性はさらに限定されている。彼は相変わらず法則という言葉を使ってはいるが，それはある条件のもとでの，それに対応したある傾向性を言うにすぎない。ケインズにおいては，ついに必然性という意味での法則という言葉はほとんど見られなくなっている。彼の大著『確率論』においては数学的な規則という意味では法則という語が使われている。必然性というのは確率＝1の極限にすぎない。多くの事象は0＜確率＜1の間に分散している。問題は，ある目的を将来実現するに際して，その実現の確率を高めるための条件（政策提言や世論）はなにかということである。マルクス経済学のサイドでも北原勇氏は現代資本主義を国家独占資本主義として特徴付けて，次のように述べておられる。「国家というものが正面に出

てきて大きな役割を果たす。……国家がどういう政策決定をするのか，それによって状況はすごく変わります。そこに果して法則はあるのか，政治に法則性は在るのか……そこで蓋然性の最も高い政策体系というものを考えて一般化していく以外にないだろう……」と[17]。

　このように整理してみると，資本主義を究極の社会形態と見るか（スミス），社会主義への移行を必然的と見るか（マルクス），その方向性は対照的だが歴史が一定の法則性を持つという点では，すなわち目的論的歴史観という点では，19世紀末以降のマーシャルやケインズに比べて，マルクスの法則性の考え方はむしろ古典派経済学に近いと見なければなるまい。

　ところでマルクス自身は，彼の多くの著作において歴史を論じ，したがって史的唯物論に関する彼の考えの例証になりうるような事例を揚げているのであるが，エンゲルスのように史的唯物論を組織だって論述してはいない。しかし『経済学批判』（1859年）の短い「序言」に，自らの研究の「導きの糸になった」として，圧縮された定式を示しており，これが彼の史的唯物論の定式として広く知られている文章である。その文章で本章に特にかかわりのある部分は次のとおりである。「1つの社会構成は，それが十分包容しうる生産諸力がすでに発展しきるまでは，けっして没落するものではなく，新しい，さらに高度の生産諸関係は，その物質的存在諸条件が古い社会の胎内で孵化され終るまでは，決して古いものにとって代ることはない。それだから人間は常に，自分が解決しうる課題だけを自分に提起する。……大づかみに言って，アジア的，古代的，封建的および近代ブルジョア的生産様式を，経済的社会構成のあいつぐ諸時期（progressive Epochen）としてあげることができる」[18]。

　この「導きの糸」はあまりにも簡潔であるために，解釈の仕方はかえって多様になるのが必然であった。一方でレーニンはこの短い文章を「完全な定式化」と評している[19]。他方でシュンペーターは，こうした命題では十分に歴史が説明できるわけではないとして，中世封建領主制が史的唯物論的な命題によって発生したのではなく，カール大帝の軍事力によって発生したと言って，部分的ながらマルクスを批判している。しかし当のマルクス自身が，「カール大帝の

治下ではフランスの農民がやはり戦争によって没落させられ，彼らは債務者から農奴になるほかなかった」と言って，自分の封建領主発生論がシュンペーターと同じ見方に立つものであって，わざわざ彼に批判されるまでもなかったことを示している[20]。この行き違いは，シュンペーターが『資本論』第3部をよく読んでいなかったことを示している。D. ダウドは，マルクスの著作の随所に見られる歴史的叙述は必ずしもこの「導きの糸」どおりではないと言って，マルクスが『ブリュメール18日』冒頭で伝習，伝統の錘が「ナイトメア」のような力を発揮すると見ている点，等々を述べている[21]。C. スミスは，マルクスが上部構造，下部構造論でもって資本主義の社会主義への移行を説明しようしたというよりは，資本主義社会における人間的，精神的な疎外状況の対極として人間的な自由の状況を引き比べていると見ている[22]。解釈はさまざまである。

一方の極には，アジア的な生産様式が古代的なそれへと発展し，古代ローマ的な生産様式が封建的なそれへと発展し，封建社会が近代ブルジョア社会へ転化するのが必然だというような解釈が生み出された。旧ソ連で発行された『経済学教科書』[23]は，発行後（直後は別として）専門家の間では話題になることはあまりなかったように思われるが，おおよそこのような立場に立って，体制移行の内的動因と必然的な移行順序をきれいに説明している。

しかしこの解釈は歴史の実際の足取りに照らして見ると，あきらかに不合理であり奇妙である。アジア的世界からギリシア，ローマ的な世界が生起したわけではなく，ギリシア，ローマの社会の内部に潜む諸矛盾から封建的な生産様式が生まれたわけではなく，ヨーロッパ世界に広く見られた封建社会から一様に近代ブルジョア的な社会が生起したわけでもない。近代ブルジョア的な生産様式は，ヨーロッパ封建世界の末端に位置したイギリスで，あるいは純粋な形ではその地においてだけ，成長発展したというのが実際の史実である。他のヨーロッパ諸地域は，あるいはイギリスの資本主義の発展と輸出力によって国内産業の発展をかえって阻害されるというような影響を受け，あるいはそれに対抗して，それぞれに曲折した多様な近代化の歴史を描いているのである。

このように解釈するとすれば，先進資本主義国がその内包する諸矛盾によって一様に，あるいは一様な形の社会主義へ移行するのが必然なのかどうか，この問題に対する解答はむしろさまざまでなければならない。実際19世紀後半の最先進国イギリスについて，プロレタリアがブルジョア化している，堕落している，革命的エネルギーが蒸発している，等々という周知のマルクスの事実認識から言えば，解答はむしろオープンであったと言うほかはない。「最後の鐘がなる」という第1部の命題をレーニン的な革命路線に結びつけるのとは，明らかに様相を異にしている。

したがってアジア的，古代的，封建的，近代ブルジョア的な生産様式というのは，（さらにそれに1つ付け加えて社会主義的な生産様式というのは）明らかにどこか1つの地域における社会形態の継起的な発展順序などというのではない。ヨーロッパ史が念頭に置かれていたとするならば，アジア的がはみ出すであろう。あるいはまた世界史的な発展順序というのでもない。世界史は今ではむしろ周知のとおり，さまざまな遅れた社会制度や習慣のうえに先進資本主義国の圧力をかぶせたような形で，世界の各地で多様な中間的な社会形態，混合諸形態を生み出し，先進諸国との間でさまざまな軋轢を生み出しているのである。

『経済学批判』「序言」の史的唯物論の定式と言われるものは，むしろ資本主義に先行する諸社会にどのような形態があったかという点と，そうした諸社会と資本主義との違いを確かめようとする点にマルクスの持続的な主関心があったという，もう1つの極の解釈も見られることになる[24]。

マルクスが上記4つの社会形態を並べて progressive Epochen と書いた言葉は，全集版でも国民文庫版でも「あいつぐ諸時期」と訳されているが，この表現は明らかにある1つの地域における，あるいは世界史における社会形態の時間的継起という意味になってしまう。もしそうだとするとこのような定式なるものは歴史の事実に照らして笑止千万だ。progressiv という語を彼が使ったについては，むしろヘーゲルの『歴史哲学』の構想が思い出されねばなるまい。彼は，（アフリカ地域などを除外したうえで。なぜならアフリカの当時の不分明な状況

を世界史の構想に組み込むことができなかったから。）アジア的，古代的，ゲルマン的な諸社会を比較して，自由の理念の実現・普遍化という基準から，これら諸社会の間に歴史的な進歩（Progress）の水準の上下関係を見ているからである。マルクスの定式化においては，アジア的，古代的，封建的な諸社会は，いずれも共同体の社会である点で共通であり，いずれにおいても商品交換や高利貸し資本や商人資本の存在が認められるかもしれないが，近代社会における自由や資本による生産諸力を基準にすれば，それら諸社会の進歩の水準（Progress）の上下関係は明らかであるというほどの解釈の余地もまたありえないわけではない。

このような次第でマルクスが『資本論』において力を入れている歴史分析は，一般的な歴史理論ではなく，主としてはるかに具体的な歴史である。イギリス封建制末期から資本主義的な生産様式が，徐々に，15世紀のヘンリー7世の時代から数世紀をかけてどのように発生してきたかという実際上の歴史問題である。資本主義的地代の発生史，商人資本や高利貸し資本の歴史，原始蓄積論等々，つぶさに歴史的事例が経験主義的に描きだされている。その描写は封建領主が自らの力を維持するための諸方策を実施するいわば封建制再編の試みのもとで，商品生産，ヨーマンリー，資本家的生産方法の発生，発達が徐々に一歩一歩実現した，その歴史的経過である。アダム・スミスもこの経過を，『国富論』第3編第4章で説明している。そしてその説明をマルクスは「すでに見事に（hübsch）展開した」と称賛している[25]。封建制から資本主義への漸次的な体制移行を描いたスミスの歴史分析は，（第3編第1章の理念的な「自然的進歩」論よりも，第2章以降の）事実の経験論的な把握に関して，マルクスの目から見ても「見事な」素材を提供していたわけである。

こうした歴史的関心から，マルクスが眼前のイギリス資本主義の進化・変動を，現在から未来にかけてどのように意味づけていたかを簡単に見てみよう。問題は『資本論』第1部第24章のいささか差し迫った大変革を示唆するような鐘の音が，第3部における描写においてもそのままの形で再現するかどうかという点にある。『資本論』第1部第24章の「否定の否定」論に対応する

第3部の問題は，平均利潤率低下の法則であるとするのが通説である。しかし実際，最近数十年間における世界的な規模での過剰生産力の累積とアメリカ合衆国における利潤率の傾向的な低下を実証したロバート・ブレナー『ブームとバブル——世界経済の中のアメリカ』(石倉雅男，渡辺雅男共訳，こぶし書房，2005年)のような労作もあるが，利潤率の動きと体制移行の問題との関連ははっきりしない。
　その際問題にしたいのはマルクスが導きの糸にしたという前述の見方，すなわちある社会構成はその生産諸力が発展しきるまでは没落することはなく，新しい生産諸関係はその物質的諸条件が古い社会の胎内で孵化し終るまでは，古いものに取って代ることはないという見方である。この点を点検するために，紙数の都合もあるからつぎの1点だけ，彼の株式会社論と協同組合論を例示的に見てみることにする。
　前節で述べたように，ジョン・ステュアート・ミルは株式会社や協同組合の発展可能性に注目し，資本所有が私的所有から集団的・社会的所有へ移行することを問題にし，この社会化の歴史的意義を高く評価した。このミルの見解は，全面的にではないが少なくとも一面においては，マルクスの株式会社論，協同組合論に引き継がれている。
　マルクスは株式会社に言及し，それを「私的資本」(Privatkapital)に対する「社会的資本」(Gesellschaftskapital)と呼んでおり，「私的企業」に対する「社会的企業」と意味付けている。彼によれば株式会社は「資本制的生産様式そのものの限界内部での私的所有としての資本の止揚である」。「株式会社では機能は資本所有から分離されている」。株式会社は「資本が生産者たちの所有に，しかしもはや孤立的生産者の私的所有としてではなく，結合生産者たちの所有として，つまり直接の社会的所有(Gesellschaftseigentum)としての所有に再転化するための必然的な通過点である」[26]。この最後の文章は，マルクスが株式会社を資本主義から社会主義への「必然的な通過点」と見ていたことを意味する。協同組合が，この点に関しては株式会社よりもさらに一歩進んだ企業形態と見なされていたことは言うまでもない。

ミルがすでに見ていたように株式会社では経営（上記の機能）と所有は分離されている。かつての古典的な私的で統一的な資本所有権は，ここでは処分権，使用権，収益権という3つの要素に分離されている。株主総会は法的には会社の最終的な処分権を持っているが，実質的，日常的にはその権限は形骸化してしまっている。個々の株主は，多くの場合利子相当の配当目当てで株式を所持しているか，株券を商品と見なしてその売買差益を狙っているにすぎない。会社資産の使用権は形式的には経営者に委ねられているが，経営者は雇われているに過ぎない。会社規模が巨大になると，資産の実際的な使用は，その目的が資本主義的な利潤追求である点は古典的な私企業と原理的に同じではあるが，額の大小に準じて，部長，課長，係長，現場労働者に委ねられざるをえない。企業内の官僚制が発達しているのである。正常な景況で会社規模が巨大であれば，多くの場合労働組合の組織的な交渉権も大きい。その交渉内容は賃金と労働条件であるが，賃金は会社資産の収益権にかかわることであり，労働条件はその使用権をめぐることがらであろう。ここでは古典的な意味での（すなわちスミス的な意味での）生産手段の私的所有はもはや変質・変形してしまっている。ほとんどの人は，古典的な意味では，すでに生産手段の私的所有者ではなくなっている。1848年の段階でマルクスは，生産手段の私的所有は社会成員の十分の九にとってはすでになくなっていると述べているが[27]，株式会社が十分発達した現在ではそれどころではない。バーリとミーンズの『現代株式会社と私的所有』（1932年）が，スミスの私有財産論を実情に合わないと言って激しく批判しているのはそのためである．株式会社が社会全体の資本の大きな割合を占めるようになるにつれて，生産手段の私的所有の占める割合はいよいよ小さくなるはずである。マルクスはこうした事態の中に，資本主義の社会主義的生産様式への転生の基盤が徐々に醸成されて行く様を見て取っていたことはたしかである。

　協同組合では，もしそれが自由で民主主義的に運営されているならば，資本所有の処分権，使用権，収益件という3要素はすべて組合員総体に属するはずである。ここでも生産手段の私的所有は止揚されるであろう。マルクスはミ

ルと共に，(またラッサールに反対して) 国家やブルジョアジーの援助なしに労働者だけによる自立的な協同組合を重視し，消費組合以上に生産協同組合を推奨した。ただしミルが協同組合の発展に心底からの期待を込めていたのに対して，マルクスは，協同組合が大変すばらしい試みだとしても，株式会社の大規模化の只中での，そしてまたブルジョア国家のもとでの協同組合企業の発展は困難であろうと言って，いっそう現実的な観察をしている[28]。

したがって個人資本家企業から株式会社，さらには協同組合への企業形態の発展のなかに，(ミルとともに) マルクスは，資本所有の3つの要素のうち処分権が弱体化し，使用権が強化され，それに応じて収益権が直接的な生産者に有利になって行く可能性を見ているのである。

封建制から資本主義への歴史的変動の中で土地所有をめぐっての使用権の強化という，これと同類の歴史的変化は，(違った説明の仕方でスミスにもミルにも見られるが) マルクスにおいても見出される。封建領主的な土地所有においては処分権者としての領主権力は土地の使用方法に対して干渉し，現物収益を可能な限りで収奪した。商業が発展し領主財政が逼迫すると，領主は一定の (相当に高い) 貨幣地代を収得する代りに，土地の使用権の長期化と自由化を許容せざるを得なかった。この土地使用権の強化は農民には大きな刺激を与えた。一定の地代さえ支払えば残りの収益を享受しその一部を蓄積することさえできたからである。土地は長期の借地契約期間のあいだ自由に経営することができるようになった。こうした人たちの中から，近代初頭イギリスの華と謳歌されたヨーマンリーが輩出したし，彼らのあいだからは借地農業資本家も生れた。ミルは彼の『経済学原理』で，このような借地農民を自作農あるいは小土地所有者 (peasant proprietor) と呼んでいる。地代は支払わなければならないが，安定した使用権を所持しているから，実質的には小土地所有者と呼んで差し支えないと考えられたのである。この場合所有権の実質的内容は，処分権ではなくて使用権に置かれている。

以上のような土地所有権の変遷において，経済構造という点から見て，どこまでが封建制で，どこからが資本主義であるか，二者択一の解答を出すことは

困難であろう。事態は明かに漸進的なプロセスとして進んでいる。あとで引用するようなマルクスの言葉を使えば「一歩一歩」の問題だし，またエンゲルスの言葉を借りれば「一陣一陣」の問題だ。

　注目すべきことは，マルクスが過去の歴史的経験を，将来の予想に適用していることである。先に見た株式会社の所有権の変化，私的個人的所有の社会的所有への移行傾向，処分権の形骸化と使用権の強化などの評価に，封建的土地所有の変質の漸次的な進行の歴史分析と同類のプロセスの分析を見出すことができるように思われる。こうした歴史分析と将来予測の対応関係は，なにもマルクスに限ったことではなく，誰しも将来を予測するためには，過去から現在への歴史にその判断の素材を求めるのが普通であろう。しかし注目すべきは，先に述べたようにマルクスは，過去から現在への変化を法則的に捉えようとした人であり，その法則性の認識に基づいて将来の予測をした人であるには違いないが，その法則性なるものの認識は，単に観念的，理念的，綱領主義的なものではなく，長年にわたってイギリス経験論の研究に身を挺した人にふさわしく，経験論的な歴史の分析に根ざしたものであったという点である。

　「導きの糸」としての史的唯物論の定式化に話を戻すと，「必然的な通過点」としての株式会社の発展が，どのような段階で，どのようになった時点で，「ある社会構成の生産諸力が発展しきるまで」に立ちいたっている，あるいは「新しい生産関係が古い社会の胎内で孵化し終る」に至っていると判断できるのか，この点の判断がまた困難になってくるだろう。『資本論』第3部では，株式会社の発展を新しい体制への「必然的な通過点」とは言っているが，それによって資本主義的な生産諸力が発展しきっているとか，新しい生産関係が孵化し終っているというようなことは少しも言っていない。この点にかかわりがあるのは上述の所有様式の変化のほかに，経済成長力の低下，失業の恒常的な増大，恐慌，国家の経済介入の強化，官僚制による経済統御の発達などの問題が考慮されなければならないであろう。しかし所有様式に問題を限るとすれば，事態の進行が「一歩一歩」生産者による生産手段の使用権の強化に向かって進行しているかどうかということが問題であって，『資本論』第1部第24章に言う

ような「収奪者の収奪」とか「最後の鐘がなる」というような革命的切迫感は，必ずしも第3部からは出てこないのではないかと思われる。

マルクスは先に言及した1866年の「協同組合労働」の項の冒頭で「国際労働者階級の任務は，労働者階級の自然発生的な運動を結合し普遍化することであって，何であれ教義的な体系を運動に指示したり押し付けたりすることではない」と書いている[29]。こうしたマルクスの言明は，レーニンの政治手法と決定的に対立するもので，本章の主題にとっても大変意味深い。『資本論』第1部の教義を，運動に直接に押し付けるのはマルクスの趣旨ではないことを，この文章は示しているからである。「現実の運動の一歩一歩は，1ダースの綱領よりも重要です」(Jeder Schritt wirklicher Bewegung ist wichtiger als ein Dutzend Programme.)という1文も，まったくこれと同じ趣旨のものであろう[30]。

この意味でもマルクスが『資本論』第1部英訳版を進化論のダーウィンに献呈しようとしたという言い伝えも，納得がゆくであろう。この点についてエンゲルスは1888年段階においてもなお大きな自負の念を表明している。マルクスの思想は，「ダーウィンの学説が自然科学の進歩の基礎になったと同様に，歴史科学の基礎になる使命を持つものである……」[31]。ヴェブレンは，マルクスの方法は本質的にヘーゲル的であるが，彼の経験論的な方法と功利主義的な観点を一貫させ徹底させたなら，その歴史論がダーウィン的な進化論に行き着いたかもしれないと見なしている[32]。功利主義的なというのは，マルクスがしばしば階級利害に言及していたからであろう。ダーウィン主義とマルクスの歴史観の関係は，それ自体1つの論稿の対象にすべきものでここではこれ以上の言及を控えるが，いずれにしても，マルクスの方法には，ダーウィンの方法と同じように，イギリス経験論の伝統をつよく引き継いでいる側面があること，物事の漸進的な変化を見る見方があったという1点は明らかであろう[33]。

5 エンゲルス晩年のマルクス評

最後にエンゲルスの次の批評を引用して結びに代えよう。

周知のことだが，すでに1886年の『資本論』英語版へのエンゲルスの「序文」では，マルクスのイギリス観について次のように書かれている。「その人の全理論は，イギリスの経済史と経済状態との終生の研究の成果であり，またこの人はこの研究によって，少なくともヨーロッパの中では，イギリスは，不可避な社会革命が平和的で合法的な手段によって完全に遂行されるかもしれない唯一の国であるという結論に達したのである。もちろん彼はこの平和的合法的革命に対してイギリスの支配階級が「奴隷制支持のための反乱」なしに屈服することはほとんど期待していない，と付け加えることを忘れはしなかったのであるが」[34]。

また，エンゲルスは，マルクスが1848年の2月革命を論じた『フランスにおける階級闘争』を1895年に刊行するに際して，「序文」を書いた。それには次のような文章が見られる。「1848年の闘争方法は，今日ではどの面でも時代遅れになっている」[35]。「歴史は，われわれが……正しくなかったことを明らかにした。歴史は，大陸における経済発展の水準が，当時はまだ到底資本主義的生産を廃止しうるほどに成熟していなかったことを証明した」[36]。1848年以来の産業発展によって強力なプロレタリアートが成長したが，「彼らが1度の打撃で勝利を獲得することは思いもよらず，厳しい，粘り強い闘争によって1陣地より1陣地へ(von Position zu Position)と徐々に前進しなければならない」[37]。ドイツでは労働者は，普通選挙権を獲得して，選挙のたびに議会に選出されたその代表者を増やしているが，「そこで，ブルジョアジーと政府は，労働者の非合法の活動よりも合法活動をはるかに恐れ，反乱の結果よりも選挙の結果をはるかに多く恐れるようになった」[38]。「この成長を不断に進行させて，ついにはおのずから今日の統治制度の手におえないまでにすること……これがわれわれの主要任務である」[39]。

本章の主題は，マルクスの盟友であり『資本論』第2部，第3部の編集者・出版者であるエンゲルス[40]が，上述のような事実上は（最終目標に違いがあるとは言え）社民党や改良主義と類似の路線を推進しようとする見地に到達したということを，『資本論』全3部の経済学説，さらにはマルクスが国家論や国際

関係論を含めるつもりで計画していた経済学批判体系のプランとの関係において，どのように理解したらいいかという問題である。エンゲルスはマルクスとは別の人格であるから，エンゲルスの最終見解をもってマルクスの結論とするわけにはいかないが，それでもマルクスのレーニン的な解釈を反証するには十分であろう。

（注）
1) 長谷部文雄訳『資本論』第1巻第1分冊，青木書店，1952年，45ページ。私もこの邦訳で『資本論』を学んだ。以下の文章は，その後の私の経済学史遍歴をとおしての反省の意も込めている。
2) 同上訳，3ページ。
3) 同上訳，1ページ。
4) もっとも大田一廣氏の編集した『経済思想』第6巻（『社会主義と経済学』）（日本経済評論社，2005年）にはマルクス経済学に関する章が収められている。しかしその巻の，マルクス経済学の執筆を担当しておられる水田健氏の論稿は，レーニン的なマルクス理解をすっかり払拭して，マルクスの経済理論を純粋に経済理論史上の一齣として位置付けているように思われる。またもう一方のマルクス論（高橋洋児氏）は資本主義社会における物象化論とフェティシズム論を論じたものである。どちらも資本主義の消滅とか社会主義，あるいはそれへの移行を論じたものではない。今日では『資本論』はむしろこのような意味づけで継承されていると言わなければならない。しかしそれにもかかわらず，レーニン的規定の残影は，その後もむしろマルクス嫌いの，あるいはマルクス否定の根拠にもなって，今日なお尾を引いているように思われる。
5) 宮崎犀一，上野格，和田重司，『経済学史講義』，新評論，1985年，第7章「マルクス経済学」（和田担当）を参照。
6) もっとも，星野彰男氏はスミスにこうした混乱があったとするマルクスの見解を批判する研究を発表している。星野彰男『アダム・スミスの経済思想：付加価値と「見えざる手」』，新評論，2002年。
7)「もしこの人口論が正しいとしたら，仮に賃金労働を百回廃止したとしても，この法則を廃止することなどできっこない」『ゴータ綱領批判』（1875年）。*Karl Marx, Friedrich Engels Werke*, Bd. 19, Dietz Verlag, 1962, S. 25. (以下，*Werke* と略称する)。『マルクス・エンゲルス全集』，大月書店，1983年，第19巻，25ページ。以下，マルクスとエンゲルスからの引用および参照の指示は，書名，論稿タイトルと *Werke*, Bd. 19, S. 25 のように略記する。『マル・エン全集』各巻は *Werke* のページを付記しているから，

原文の確認，邦訳の参照は同時に可能である。マルクスやエンゲルスの著書，論考には，いくつもの翻訳があることが多く，それらを表記するのは煩雑だから，参照の便宜上若干の例外を除いて，本章では書名，論考名を示すだけにする。

8)『資本論』第 3 部，第 9 章，*Werke*, Bd. 25, S. 177-178。

9) 投下労働価値と生産価格との間に 1 つの論理的な脈絡をつけたマルクスの体系は，経済学史上ほかに類例を見ない異彩を放っているが，その成果が完全であったわけではない。そのため転形問題論争史として知られる極めて長期にわたる論争史が引き起こされている。

10)『フランスにおける階級闘争』，*Werke*, Bd. 7, S. 19。

11) マルクスが 1881 年春にロシアの革命運動家ザスーリッチに与えた手紙は，マルクスがロシアでの社会主義革命が可能であるとの意見を表明したものと受け取る解釈があるように思われる。しかし，その手紙の最後のパラグラフが言明していることは，当の問題が『資本論』の問題領域を超えた国際問題だという点と，ロシアの共同体に新しい生命力を与えるにはおそらく実現困難な条件が必要だという点の，2 点である。この条件は，ザスーリッチが翻訳して出版された『共産党宣言』のロシア語版（1882年）にエンゲルスと連署して掲載された（序文）の末尾には，「もしロシア革命が西ヨーロッパにおけるプロレタリア革命の合図になり，その結果両者が互いに補い合うならば」（*Werke*, Bd. 4, S. 576）と，いっそう具体的だがなお実現困難な国際的条件として表現されている。周知のとおり現実のロシア革命は，こうしたマルクスの条件を満たさないまま，彼の考えたのとは違ったレーニン的な路線を走ることになった。

12) 1871 年のパリコミューンをめぐるマルクスのステートメントについて，レーニンは，マルクスが「国際労働者協会総評議会の第 2 の呼びかけ」において，当初は蜂起は向こう見ずの愚挙だと書いて反対したのだったが，実際に蜂起が起きてしまった後では，それをこの上なく感激して迎えたと評している（『国家と革命』第 3 章第 1 節冒頭参照）。しかしマルクスの「呼びかけ」はレーニンとは逆の見方もできる。すなわちマルクスは実際に起きてしまったコミューンの諸指針に将来の社会主義の諸方策の萌芽を読み取ってそれを高く評価しているが，あの時点での蜂起それ自体には反対であったと。エンゲルスは後年，マルクスの『フランスにおける内乱』（1871 年述）を 1891 年に刊行するに際して，その本体をなすコミューン論だけを刊行するのではなくて，わざわざマルクスのコミューン直前の反対声明を付加している。

13)『資本論』第 1 部の階級対立論が，国際関係論においては民族対立論に"転化"するだろうことを論証するのは必ずしも難しいことではない。この点古い拙論だが，「政治経済学における階級・民族・体制」，『大阪経大論集』，69 号，1969 年を参照していただければ幸いである。

14) F. R. Hansen, *The Breakdown of Capitalism, A History of the Idea in Western Marxism*,

1883-1983, Routledge & Kegan Paul, 1985 は、『資本論』をめぐるオーソドックス、ネオオーソドックス、アンティオーソドックスの間で戦わされた資本主義崩壊論争をまとめたものである。本書は、『資本論』に直接依拠するにしろ、それを修正するにしろ、あるいはそれに反対するにしろ、とにかく非常にさまざまな『資本論』解釈があるという事実を示している。「マルクーゼのようなマルクシスト学派は、資本主義諸国を批判しながらもなおそれら諸国の存続を支持する」(p. 142) という立場さえあるという指摘もある。

15) このことを示すかなりよくまとまったスミスの文章としては、cf. A. Smith, *Lectures on Jurisprudence*, ed. by R. L. Meek, Oxford Univ. Press, 19768, pp.488-489. 『法学講義』水田洋訳、岩波文庫、268-269 ページを参照。

16) J. S. Mill, *Principles of Political Economy*, Univ. of Toronto Press, 1965, p. 208. 『経済学原理』末永茂喜訳、岩波文庫、第 2 分冊、31 ページ。

17) 「「現代資本主義の方法」を中心にして──『資本論体系第 10 巻・現代資本主義』合評の形で」、『中央大学経済研究所研究会報』第 64 号、7 ページ。なお北原勇、鶴田満彦、本間要一郎編『資本論体系・第 10 巻・現代資本主義』、有斐閣、2001 年、8 ページ、23 ページを参照。同書 45-46 ページでは鶴田満彦氏もこの考えに基本的な同意を表明している。なお同巻の差込リーフレットで、本間氏は、『資本論』全 3 部を念頭においた場合、マルクスの政治論はどうなるだろうという問題を出しておられる。

18) 『経済学批判』「序言」、*Werke*, Bd. 13, S. 9.

19) 長谷部訳『資本論』、前掲、41 ページ。

20) Cf. J. A. Schumpeter, *Capitalism, Socialism and Democracy*, (1st ed. 1942) 3rd ed. 1950, p. 13. 中山伊知郎、東畑精一訳『資本主義・社会主義・民主主義』東洋経済新報社、上、21 ページ参照。シュンペーターの批判を先取りしたマルクスの意見は、『資本論』第 3 部、36 章、*Werke*, Bd. 25b, S. 612 参照。

21) Cf. D. Dowd, *Capitalism and its Economics*, Pluto Press, 2000, p. 87.

22) Cf. C. Smith, *Karl Marx and the Future of the Human*, Lexington Books, 2005.

23) ソ連科学院経済学研究所、1963 年、邦訳、合同新書、1967 年。

24) 以上のマルクス解釈については、Zhongqiao Duan, *Marx's Theory of the Social Formation*, Avebury, 1995,esp. ch. 5 を参照。

25) Cf. *Marx-Engels Gesamtausgabe (MEGA)*, Diez Verlag, 1981, II. 1.2, S. 410. 『資本主義的生産に先行する諸形態』手島正毅訳、国民文庫、1980 年、64-65 ページ参照。

26) 以上『資本論』第 3 部第 27 章参照。Cf. *Werke*, Bd. 25, S. 452-453.

27) 『共産党宣言』第 2 章参照。Cf. *Werke*, Bd. 4, S. 475-477.

28) 『ゴータ綱領批判』、*Werke*, Bd. 19, S. 26-27,「国際労働者協会創立宣言」*Werke*, Bd. 16, S. 12,「個々の問題についての暫定中央評議会代議員への指示」第 5 節「協同組合

労働」Werke, Bd. 16, S. 195-196 を参照。以上の参照箇所は，関連文書，文献を丁寧に編集された望月清司訳『ゴータ綱領批判』岩波文庫，1979年，49-50，153-154，160 の各ページに所載されている。なおイギリス協同組合中央連盟（Central Co-operative Union）の会長であったアルフレッド・マーシャルもまた，J. S. ミルの関心を引き継いで，協同組合の動向について強い関心を持っていたが，彼はその連盟の年次大会での会長公演において，消費協同組合の発展可能性は十分あるが，生産協同組合の将来性は必ずしも明るくないという，いっそう率直な見解を表明している。Cf. *Memorials of Alfred Marshal*, ed. by A. G. Pigou, A. M. Kelley Publishers, 1966, pp. 256-291.『マーシャル経済論文集』永沢越郎訳，岩波書店，1991年，219-256 ページ参照。

29) *Werke*, 16, S. 195.

30) 望月氏の上掲訳書18ページ参照。ブラッケへの手紙，1875年5月5日。*Werke*, Bd. 34, S. 137.

31) 『共産党宣言』1888年英語版へのエンゲルスの序文。*Werke*. Bd. 4, S. 581.（しかし E. M. Urena の古い論文, 'Marx and Darwin', *History of Political Economy*, 9: 4, 1977 は，この点についてもっとうがった古い見方を示している。

32) T. Veblen, 'The Socialist Economics of Karl Marx and His Followers', *The Quarterly Journal of Economics*, vol. 20, No. 4（Aug. 1906）.

33) バートランド・ラッセルは24歳の若さで行った講演を1896年に *German Social Democracy* と題して公刊した（河合秀和訳『ドイツ社会主義』みすず書房, 1990年）。『資本論』第2部と3部の刊行は1885年と1894年であるが，彼はドイツ社会主義の依拠した思想が主としてマルクスだと見なし，いち早く『資本論』全3部を視野に置いた上で，マルクスの資本主義観—→社会主義論の分析を試みたことになる。その際，主として『資本論』第1部に由来する階級対立激化論と必然論的宿命観を批判していると同時に，第3部の株式会社の発展にも触れて，それが小株主の数を増加させ，（直接の私的な生産手段所有者の数は減少するとしても）資本の収益増加に関心を寄せる人々の数を増加させるから，「株式会社の成長によって支配される発展は漸次的，平和的，断片的となるだろう」という批判的な解釈を施している。したがって，マルクスに独自な前述の「転化論」や「モディフィカチオン論」を不問にするイギリス経験論の伝統に立つラッセルは，資本主義観—→社会主義論をめぐって『資本論』第1部と第3部の間には矛盾があると見ることになる。しかし彼は，マーシャルの数量的な価値・価格理論の威を借りて第1部の剰余価値論を無視しているのであって，剰余価値論が含意する社会学的，歴史理論的な意義をもあわせて無視している。そのため，あくことなく剰余価値を追求するものとしての資本，そのことと結びついたさまざまな疎外現象，物象化現象，大資本による小資本の吸収や排除，先進国による植民地獲得競争と戦争，先進国資本に対する後進国民衆の対立の激化等々，現代資本主義の深

刻な諸現象が，直観的，人道主義的な観点で批判の対象になっているにもかかわらず，理論的には『資本論』第1部の資本と剰余価値論なしには理解できないものだという点を評価していない。マーシャルの数量的な価値・価格論からは，こうした深刻な諸現象の理論的基礎付けは不可能である。逆に，『資本論』第1部はこうした諸現象の理解を基礎付けうる点で，学説史上ほかに類を見ない特質を持っている。この特徴は，経済学史における資本主義観をフォローする上でマルクスを欠くことができない理由をなしているであろう。しかしだからと言って，レーニン的な『資本論』解釈が導き出されなければならないということにはならない。

34）『資本論』第1部英語版への「序文」。*Werke*, Bd. 23, S. 40.
35）『フランスにおける階級闘争』，*Werke*, Bd. 7, S. 514.
36）Ibid., S. 516.
37）Ibid., S. 516-517.
38）Ibid., S. 520.
39）Ibid., S. 524-525.
40）マルクスの遺稿のエンゲルスの編集の仕方については，さまざまな批判があるが，それでも当時エンゲルスは余人をもって代えがたいマルクスの理解者であったという有力な見解がある。『資本論体系・第1巻・資本論体系の成立』，服部文男，佐藤金三郎編，有斐閣，2000年所収の大村泉「未完の大著『資本論』」，423-449ページ，特に442-443ページ参照。

第8章

マーシャルの「騎士道の社会主義」

1 ミルとケインズの間で

　アダム・スミスは，私有財産制度と私的な自由競争の制度は人間の自然的な本性（human nature）にマッチした自然的な，そして自然的だという意味で永遠に続くべきシステムだと考えた。19世紀はじめのデイヴィッド・リカードウもこの考えを踏襲している。しかし同じく19世紀はじめのロバート・オウエンなど初期社会主義者たちは，私有財産と私的競争の制度は貧富の格差などの弊害を生むものとしてその制度を道義的に批判した。彼らは，この制度を人間の自然的な本性にマッチしたものとは見なさず，したがってまたその制度の人為的な改善策を提示し，ときには共有財産制と共同生産・共同消費を試行的に実験した。この試行的な実験はおおかた失敗に終ったとはいえ，経済学史におけるその思想的な影響は大きい。彼らは上記の意味での資本主義的制度が，自然的でも永久不変的でもなく，人為的に改革・改善可能な制度であるという問題を提起したからである。

　彼らの資本主義批判は一方ではJ. S. ミルに，他方ではマルクスに影響している。ミルは，初期社会主義者たちの道義的な批判に大いに同調し，その社会改善の志向を部分的に取り入れて，私有財産制度の漸次的・人為的な改善に乗り出した。ここではもはや私有財産の制度と私的な自由競争は自然的なものとも永久不変のものとも見なされていない。資本主義が形を変えつつどのような枠組みで存続しうるかは，人々の意見に依存することになる。他方マルクスは，

初期社会主義者たちの個別的な社会主義実験の失敗に鑑み，資本主義の社会主義への移行を社会全体の制度的な改変によるものと考えただけではなく，こうした私有財産制度の社会全体を通しての制度変革が，個人の私的な善意や実験によって可能になるものではなく，社会全体の変化の自然必然的な結果として生ずるはずだと考えた。

　当然ながら本章で問題にするアルフレッド・マーシャルは，イギリス正統派の経済学者としてミルの立場を継承し，マルクス学説に対抗しようとしている。したがって本章は，マーシャルの資本主義観がミルやマルクスや，さらにスミスやリカードウの古典派的な資本主義観に対して，どのような異同関係を持つかについて学説史的な整理を試みようとするものであるが，しかしその場合マーシャルをマルクスと対立的な学説とするだけでは済ませられないような問題もあるように思われるので，あわせて，そのようにして確かめられる経済思想史的な資本主義観の変遷が，20世紀末に大転換を引き起こした資本主義 vs 社会主義問題に対してどのような意味を投げかけているかを，試論的ながら検証しようとするものである。

　次節では，マーシャルに直接先行するミル (1806-1873) とマルクス (1818-1883) に対するマーシャル (1842-1924) の関係を概観することにするが，便宜上まずはマーシャルにとって対抗的で対照的な学説と見なされたマルクスのほうから取り上げることにしよう。

2　ミルとマルクスとマーシャル

　マーシャルは，マルクスの剰余価値理論や史的唯物論，したがってまた彼がその建設を目指した法則性の科学，これらすべてについて反対している。

　マーシャルの立場から言えば，「剰余」は賃金労働者の労働だけの所産ではない。それは雇い主や中間支配人の労働の所産でもあり，さらに資本の産物でもある。したがって「剰余」は労働に対して加えられた不正あるいは「搾取」ではない。マルクスの剰余＝搾取という結論は投下労働価値説という彼の経済

学の大前提にすでに含まれており，その意味で彼の体系は一種の循環論である。マルクスの前提からは労資の階級対立という結論が引き出されるだろうし，マーシャルの理論からは労資の協調という結論が引き出されうるだろう。マルクスの理論は彼の「もてあそんだ」（coquetted）神秘的なヘーゲル流の文言によって装われている[1]。

また彼はマルクス学説のもう1つの特徴とされた史的唯物論に含まれる，資本主義が必然性の法則に従って発展し，そして消滅するという見方にも反対する。そのためマルクスの追随者たちは，資本主義の将来について「運命論的結論を引き出した」[2]と言って，自説との対照的な違いを表現している。

マルクスは『資本論』第1巻においては，資本主義の発展の一般的法則は労働者の窮乏だと考えたが，マーシャルの見方はこの点でも違っている。なるほどマルクスが主として議論の対象とした19世紀第1四半期においては，長時間労働や幼児の雇用などの悪条件のもとで過度の労働によって引き起こされた精神的肉体的な悲惨と病気は最高潮に達したが，状態は19世紀第2四半期には徐々に軽減されたし，それ以後はもっと急速に改善された[3]。この点は彼がいろんな箇所でくりかえし言明していることであって，彼の資本主義に対する姿勢はこの事実認識に依拠するところが大きい。

このようにマーシャルのマルクスに対する評価はまことに厳しいしそっけない。彼は後で引用するようにマルクスを読んだと言っているが，以上のような簡単な非難から想像するかぎり，彼がマルクスを直接慎重に研究したとはとても思えない。ましてや coquet などという，学術論文でイギリス紳士が使うにはふさわしくないような言葉をわざわざ選んでいる[4]。したがってマルクスの理論構成についてのマーシャルの用語にも必ずしも正確な表現とは言えない部分がある。この点を正確に吟味するには別稿を必要とするだろう。ここでは後論とのかかわりから，上述の感情的なまでのマルクス批判が，当時のマルクス追随者たちと見なされていた人たちの集産主義的社会主義，国家社会主義，革命的社会主義に対するマーシャルの強い対立意識を表現しているという点を確認するにとどめておこう。

マルクスというよりはむしろその追随者たちに対する批判の姿勢とは対照的に，マーシャルはJ. S. ミルを高く評価する。その場合，ミルが社会主義者の資本主義批判に耳を傾け，その批判を資本主義の中に取り込むことによって資本主義の改善を図ろうとした，その姿勢に対してマーシャルがどのような対応をしたかという吟味は，マーシャルの資本主義観の特徴を探り出すのに有効な方便になりうるだろうと思われる。

　『産業と商業』(初版1919年)の「序言」で彼は次のように言っている。1870年代「私は社会主義の方向へ進み，この傾向は1879年の Fortnightly Review 誌に載ったJ. S. ミルの論文（『社会主義論』と題するミルの死後出版——引用者）によって強化された。このようにして10年以上もの間，「社会主義」という言葉と結びついた諸提案は，……少なくとも私にとっては，最重要な研究課題であると確信しつづけた。しかし社会主義者の書いたものは一般に私を引きつけるのとほとんど同じ程度に反発を感じさせた」。「今日，私はあらゆる方面において労働者階級の能力の驚くべき発展を見出す。そして，いくらかはミルが書いた当時に比べて（ミルはその書の「序文」によればその書の著述計画を1869年に立てた——引用者）社会主義的計画のためにより広範でより確実な基礎の存在することを知っている」。「しかしいずれの社会主義計画も進歩はしているが，旺盛な企業心と強力な個性の維持のために十分配慮が行われているようには見えない。また……（生産性を高めるために——引用者）企業の設備やその他の生産の物的手段が十分速やかに増大し続けることを約束するものとは思えない」。「それゆえに本巻ではなおセクト的で階級的な利己心に働きかける力を主として問題にする」。したがって「自然的な」原因の直接的な影響下にある「報酬の不均等」などを問題にする。「しかし私はこれらの原因のさらに原因になっているものが，人間のまったく左右できないものではないことを，そして，条件の平等性によりいっそう接近できるように，また人間の努力の産物を人類の利益のためによりよく利用できるように，これらの原因を改めることがおそらくは可能であろうと信じた」[5]。

　ケインズもその「アルフレッド・マーシャル伝」で言っているように，「彼は，

知的見地を別にすれば，あらゆる面で（J. S. ミルと同様に）労働運動や社会主義に共感を抱いていた」[6]。しかし，ミルが社会主義への移行は時期尚早だと言ったのと同様に，マーシャルも社会主義者は「<u>あまりにも性急に私有財産の廃止が人間本性の過誤と欠陥を除去するだろうと考えている</u>」と言っている[7]。ミルによれば，あまりにも性急に社会主義の制度に移行しても，人々の精神が資本主義的な利己主義のままであれば，生産場面では人々はできるだけ楽をしようとし，消費場面ではできるだけ得をしようとするだろうから，その場合にはかえって社会の生産力は低迷し，人々の生活はかえって貧しくなるだろうと考えられた。マーシャルはこの考えを違った言葉で引き継いでいることは明らかである。したがって両者の経済学はともに資本主義を対象とし，その大枠の中で活動している市民の心理と経済行為とを対象にすることになる。

　「性急な社会主義者たち」（impetuous socialists）[8]がどのような弊害を生むかについての，具体的な問題点の指摘は，ミルとマーシャルの間には時代の相違を反映した違いもある。しかしいずれにしても性急な社会主義化に反対であったミルは，それゆえに私有財産制度の改善を通じての資本主義の弊害の矯正を試みようとした。その場合，ミルは自然的な原因のなかには人為的に改良可能なものがあるという立場に立っている。この点でミルの立場は古典派的な自然法の思想を超えていたのである。そしてマーシャルが，ミルのこの改良主義的な立場を受け継いでいるのは，前述の（下線を引いた）最後の引用文に表現されている。

　もっともその主張の内容は，これまた時代の相違を反映した違いを含んでいる。ミルが協同組合運動などを通じての協同の精神の涵養などと言っていたのに対して，マーシャルは騎士道精神を持ち出している。ミルの場合には，協同組合運動の発展は現在から近未来への希望であったが，マーシャルにとってはそれは過去から現在への経験であって，ミルの楽観的な希望どおりに事態が進展したわけではないことが明らかであった。しかし特に 19 世紀後半以降のイギリス経済の発展の中で，労働者の生活水準が向上し続けているという基本的な認識に立って（そして性急な社会主義者はこの認識を欠いているとマーシャルは言

うのであるが,）彼は労働者が紳士になることを希望したり，企業家などの人々が，熟練と知力，勇気と忍耐，自己犠牲の精神を持って公共社会のために挺身する騎士道の精神をもっともっと身につけることを希望したりすることになるのである。ミルが協同の精神が人々の間に根づくことがまず必要だと考えたのに対応するかのように，マーシャルも経済的な利己心の克服と人道主義的な心情を含む「経済騎士道」が十分発達するまでは集産主義は重大な脅威になるでしょうと言い[9]，また「騎士道に基づく真の社会主義」[10]などという，今から考えればミルと同じくらいに楽観的な希望的表現を書き記している。

以上のような次第で，マーシャルの言う社会主義なる用語は特有な意味を持っている。彼は1881年に次のように述べたと伝えられる。すなわち「私は社会主義者のものを読んだ。そしておよそ心有る人ならだれでもが共感しないではいられない多くの事柄を見出した。しかし私は経済科学を真に理解している社会主義者を1人も見出すことができなかった。社会主義には漸進的進歩（progressive improvement）という原理がないのである」[11]。

また，マーシャルは1907年（退職前年）の講演で次のように言っている。「国民の社会的改善のために真剣に努力する人はすべて，ともかくこの種の仕事は個人の努力によるよりも国家によってより良くなされ得ると信じている限りでは，社会主義者であると言われることがあります。この意味では現代のすべての経済学者は社会主義者であります。私自身も，経済学についてはなにも知らないうちからすでに社会主義者でありました。私が，A. スミスとJ. S. ミル，そしてマルクスとラッサールを読んだのは，社会改革において国家やその他の機関によって実現できるものは何かを知りたいと思う願望からでありました。それ以来私はいよいよ確信に満ちた社会主義者として成長しつづけました」[12]。

この文章では彼は社会主義者であるかのように言っているが，ここで社会主義というのは，生産手段の全面的な国有を目指すような社会主義ではない。それは，このような社会主義に対立している。それは，むしろレッセ・フェールに対立する概念と見る方がかえってわかりやすいくらいのものである。それは，レッセ・フェールから生じる弊害を，社会福祉の観点から国家が矯正しようと

する立場である。1909年11月12日の手紙に見られるように,「私自身の考えでは社会主義というのは,個人の生活と仕事に対する責任を,可能なかぎりで個人の肩から降ろして国家に負わせる運動です。私の意見ではドイツは自活できない人々を統括している点で有益な社会主義です。私たちもわが国で競争に取り残された弱者(Residuum)に関してはドイツの方法を見習うべきです。しかしほかの諸階層にとっては,社会主義運動はただに危険だというだけではなく,人類にとって現在におけるはるかに最大の危険です」[13]。

3 自由競争とマーシャルの社会主義観

　以上のような概観を参照しつつ,いま少しマーシャルの資本主義観と社会主義観の特徴を掘り下げてみよう。
①　1つは,前述したように,マーシャルはヴィクトリア時代に大ブリテンの労働者の生活水準は向上していると考えている。これが彼の社会主義観＝資本主義観の基本であろうと思う。したがってマルクスの観点とは対照的にならざるをえないであろう。マルクスは,少なくとも『資本論』第一巻では,資本主義発展の一般法則として,労働者階級の窮乏化を考えていたからである。そしてこれが避けがたい必然的な一般法則と受け止められるならば,労働者の人間的な福祉という観点から,労働者は資本主義体制の転換を考えるようになるはずだという見とおしが生じるだろう。しかしマーシャルのように資本主義の発展のなかで労働者の生活水準が改善されているのだとすれば,その改善をもっと推し進めればいいことになる。
②　しかしマーシャルは普通に言われていたような意味でのレッセ・フェールの原則を是認しなかった。19世紀のはじめにかけて,あるいは初期社会主義を生み,あるいはリカードウに帰せられる「賃金鉄則」を生み,あるいはマルクスを産み落としたのは,政治家がスミス学説を取り違えて行ったこのレッセ・フェールによるところが大きい。それは,19世紀初期において,医学の進歩によるところの大きい人口増加や収穫逓減やナポレオン戦争などの原因も重な

って，貧富の格差というような，マーシャルが経済学の大問題，あるいはむしろ主題と捉えたような大きな弊害をもたらしたのである。その限りではレッセ・フェールはそれ自体では貧困の問題を解決しえない。それは幼稚産業の保護育成をすることもできない。

そこで，どうしても政府やその他の機関の手を借りて，社会福祉を充実させなければならない。また実際，19世紀の後半には，機械の設置増大などの効果が基本的な要因になって，労働組合，協同組合等々の運動などの効果もあって，全体としては労働者の生活水準は改善されたのではあるが，まだ一般的な富裕化の流れに取り残されている弱者が残存している（彼の言うResiduum。前出）。マーシャルが自分もまた社会主義者だというのは，こうした弱者救済をレッセ・フェールではなくて必要な国家政策を講じて，すなわち個人の責任から国家の責任へ肩代わりさせるということを，もっと言えば国家と協力して富者の騎士道によって救済することを主張しているからにほかならない。それはむしろ社会改良主義という意味合いをもっている。このような社会主義はJ. S. ミル的な意味での社会改良主義にほかならないであろうが，はたして彼は自分自身を「社会改良家」とも呼んでいるのである[14]。前に引用した「すべての経済学者は社会主義者だ」という場合の社会主義も，この意味にほかならない。

③　マーシャルにとっては，永久不変の一般的な法則性は存在しない。したがってスミスに見られる自然法的な法則観もない。あるいはマルクスに見られる自然的必然性（Naturnotwendigkeit）を持った合法則性（Gesetzmäßigkeit）という見方もない。したがって社会全体が必然性の法則に従って不可避的に一定方向に発展するという見方もない。むしろこのような見方を，マーシャルは「運命論的」だといって排斥する。彼もまだ法則という言葉を相変わらず使用してはいるが，彼がわざわざ説明しているところでは，法則というのはせいぜいある特定の条件のもとで生ずるある特定の傾向性を意味するにすぎない。ある条件のもとである傾向が生じるというような相対的な傾向性であるにすぎない。条件の組み合わせが変ればまた違った傾向が現れるであろう。がっちり決まりきった法則に対する形容詞はlegalでなければなるまいが，そのような厳格な形

容詞は法律の施行に関してはともかく,経済学にはそぐわしくない。せいぜいある条件下では normal な傾向性という形容詞を用いうるにすぎない。(マーシャル『原理』第1編第3章「経済学上の一般化ないし経済法則」を参照)。もっともヴェブレンが言うように,マーシャルの言う normal は形而上学的な古典派の言う natural という法則論的な言葉が,19世紀も後半には諸般の諸事情で使うのがそぐわしくなくなったために工夫された言い換えである。その限りではマーシャルにはまだ若干古典派的な形而上学を引きずっている側面がある。しかしいずれにしても,自然的＝普遍的＝不変的＝法則的＝必然的＝目的論的という古典派的(ある意味ではなおマルクス的な)資本主義観は,ヴェブレンによれば19世紀後半にかけて漸次後退することになった。ダーウインの『進化論』はその傾向をいっそう確定的なものにした[15]。

スミスはなるほど自由競争の原則を自然的な法則として定式化した。しかし彼が言わんとしたことは,封建制までの政治的な経済統制に対して個人的自由や自由競争の優越性を主張することであった。そのうえ彼の自由主義には例外が多いのである。重商主義のひとつの柱といわれる航海条例を,スミスは,経済的には不都合であることを指摘しつつも,主として軍事的理由で是認している。マーシャルによればこの例外の設定は正しかった[16]。スミスはレッセ・フェールの唱導者に対して各所で距離を保とうとしているのである。

リカードウはさまざまな経済法則を普遍的・不変的に妥当する一般性を持つものとして定式化したと言わざるをえないであろう。そしてこのような定式化は正しくない[17]。彼の地代法則は近代のイギリスにおける経済現象を説明するには大変有効な理論である。しかしそれをそのまま(19世紀の)インドや中世のイギリスに適用しようとするのは無理である。

④　以上の見方は,イギリス歴史学派の理論経済学に対する批判,特にマルクスの法則性の科学の想源としてのリカードウ理論に対する批判と関連している。

カニンガムは,リカードウの地代法則を普遍的・不変的なものとしてイギリスの中世にも適用する考え方を批判した。中世の経済は,現代にだけ通用する

はずの理論を離れて，歴史的，経験的な事実調査を踏まえて帰納法的なまとめ方をしなければならない。中世の経済慣習と近代の経済関係は異質である。人間がもっぱら利己心と利益追求に走るという前提に立脚して，演繹論的に導き出された地代法則を，歴史のあらゆる段階に一般的に適用しようとする理論的方法は間違っている。それだけではなくリカードウの地代理論は，現代のイギリスにおいてさえ十分な経験妥当性を持っていない。なぜなら，それは人間の行動を利己心追及，物質的利益追及という一面に限定し，この一面的・限定的な前提から演繹論的に導き出された結論でしかないからである。いま帰納法，この歴史主義的な方法に立脚するならば，人間の行動はもっと多面的なものであることが判明し，したがって現代においてもリカードウ的な地代法則はそのままの形では経験上観察されにくいことが明らかである。

マーシャルは一面ではこうした歴史学派の批判を受け止めている。すなわち彼も，リカード地代法則が中世にも現代にも普遍的・不変的に通用するものではないということを認めているからである。しかし他面では，歴史学派的な方法を彼が全面的に認めたことにもならない。というのはマーシャルは中世の経済現象を理解するために，リカードウ的な地代法則がまったく役に立たないと考えていたわけでもないからである。中世においてさえ限定的ながら人間の行動が利己心追求的，物質的利益追求的であったという事実が，リカードウ地代理論に照らして見て取れると，彼は主張する。中世の経済統制の網の目をくぐって，また封建的慣習の形式にもかかわらずその内容を変化させて，商品交換の原理が作用したのであって，その限りでは副次的ながらリカードウの地代法則も限定的に働いていたことが認められる。そしてこのような形でリカードウ原理を制限的・相対的に援用することは，現代のイギリス経済の特徴を認めるうえでも，中世の歴史的と特徴を認めるうえでも有効であろう[18]。

経済法則を歴史的に限定的な相対性を持つものとした点は，すでにジョン・ステュアート・ミルに見られる認識であるが，マーシャル段階では，イギリス歴史学派の批判によって，またドイツ歴史学派の影響もあって，（マーシャルはこの両者に関して相当の注意を払っていたように見うけられる。）いっそう強く認定

されることになった。このことを別の仕方で言いかえると，封建制と資本主義経済メカニズムの相対的な違いがそれとして認識されるようになったということ，同じ資本主義（近代）といっても，それは普遍的に同一の法則に支配された同質的なシステム（体制）だと認識されるべきものではなく，時代時代で違った法則に彩られ，違った様相を呈するものと認識できるということ，しかし中世においてもリカードウ法則が限定的に働くというのであるから，中世から近代にかけての経済の変化は，それこそ「歴史は飛躍せず」という『原理』の題字どおりの形で漸進的に発展したと見られていること，さらに資本主義の将来も，革命という飛躍が否定されることになるが，逆に資本主義が不変的法則にしたがって継続するという確実性もないと認識されるべきだということ，こうしたことがいっそう強く認識されたということになる。

　歴史学派が強調した方法は経験論と帰納法であるが，このような方法に立脚する場合，歴史上の複雑な事象を正確に解釈し意味付けるのも大変難しいし，未来の状況について予測するということも難しい。過去の諸事象から現在の状況をいくらかでも一般的な法則性を持つものとして説明するのも難しい。なぜならそこには，過去の複雑多様な諸事象の中からどのような事象を選び出すかという主観的な選択の問題があるが，また現在の事情をどのように把握するかという，これまた主観的な選択の問題が介在する。だからひとつの歴史的な出来事に関する歴史解釈に関しても，論者の間で議論が紛糾するという仕儀になるのである。また，単なる帰納法に立脚する場合，資本主義の将来の様相を予想することは出来ない。過去から現在に至るまでのさまざまに変化した諸事実の集積からは，（厳密に経験論の立場に立とうとする限り），現在から将来への予測をたてることは必ずしもできるわけではない。なぜなら現在から将来にかけてもさまざまな変化が生ずるであろうということが，ひとつの蓋然性として予想されるだけであろうからである。そもそもいまだに経験されないことについて結論を引き出すのは，帰納法の原理にそぐわしくないことであろうからである[19]。

　このようにマルクスまでに見られるような発展の必然的な法則性という考え

を捨てるからには，将来の予見もただの「可能性」であるだけになる。あるいは将来についての「希望」ということになる。実際マーシャルは資本主義の将来の長期的な見とおしについて確定的な予見は行っていないし，彼の方法に立脚する限りそれは方法違反である。過去から現在までの経験的な趨勢から，近未来の状況を可能性あるいは希望として想像するにとどまる。『産業と商業』第3編最終章の第8項が「将来の可能性」と題されているのは，そのことを端的に表現する。その冒頭の文章は，「我々はここで，将来の可能性について想像をめぐらしてみることにしたい」となっている。そしてその項の最後の文章は「しかし熟考すればするほど，われわれの予言における自信のなさが増大する」という文章になっている。

　将来の可能性の予言については自信が持てないというマーシャルの見地は，次章で述べるようにケインズの，将来の予測はすべからく蓋然性に過ぎないという方法論的な見解（J. M. ケインズ『蓋然性論』(1921)）に進化していると言うべき見解である。すでにJ. S. ミルが，歴史の法則的な発展という考えに立つことを控えたのであったが，上記のマーシャルの見解は，この点に関する限りでは，ミルとケインズとの間に位置するものになっているのである。また，その限りでは，マーシャルとケインズとの関係は，断絶というよりも，継続の道程の一局面を示しているのである。マーシャルの同僚であり，ジョン・メイナード・ケインズの父であるJ. N. ケインズの『経済学の領域と方法』にも，その子ジョン・メイナードの将来予見の蓋然性論を思わせるような章句をいくつも見出すことができる。

　いずれにしても以上のような方法に立脚する以上，マーシャルにおいてはすでに，資本主義は必然的に変化して社会主義になるなどと言えないだけではなく，資本主義はある一定の組織を維持しつつ永久に存続するはずだとも言えなくなるはずである。そしてここにマーシャルの資本主義観のひとつの特徴を見ることができるように考えられる。彼が，社会改良を通して実質的には資本主義の維持を意図しながら，他方では自身が社会主義者であると公言してはばからないという，ある意味では割り切れない態度は，彼のこのような資本主義観

と結びついている。

⑤　マーシャルは集産主義的な社会主義あるいは国家社会主義にどのように反対したであろうか。ここにいう社会主義はマーシャルの定義する社会主義ではなくて，資本主義の対立システムとしての，性急に資本主義の転覆をもくろむような社会主義である。場合によってはG. D. H. コールのギルド社会主義を含めてもよい。マーシャルはこのような社会主義に反対する。ここではその反対理由を考えてみよう。

マーシャルはこのような社会主義では人々のアクティヴな活力が殺がれると考えている。生産手段を国有化しようとするのであるから，その使用権はどうしても政府あるいはそれに相当する機関に集中する。そうすると普通の労働者はその指示に従うことになる。人々の企業心が萎縮し，危険負担，責任負担の意欲は殺がれるであろう。自尊心も失われるであろう。大きな企業や国有企業では官僚制的な人間関係ができるだろう。官僚制のもとでは昇進はえてして先任順のところてん方式にならざるを得ないだろう。これはてきめんに人々の自主性，活性，競争心をなくさせてしまうだろう。政府レベルで官僚制が発展するだけではなく，企業でも官僚制が発展する。その結果は生産力発展のための十分な刺激を欠くことになろう。なぜなら生産性を高める効果を持つ企業心が萎縮してしまうからである。したがってマーシャルはこの種の社会主義に反対する。

G. D. H. コールの『産業における自由』を講評してマーシャルは要旨つぎのように言っている。──「現在の経済制度では規律は「見えざる手」によって自動的に強行されている。この規律はしばしば過酷であり，その厳しさは人間の努力によって緩和されねばならぬ。しかしこの自動的な規律が取り除かれたら，さまざまな問題について濫用を防ぐためには普遍的な権力に頼らざるをえない。ギルドの組織は，今のところ予想できないような観念が発展しない限り，おそらくは混乱に陥り，それを阻止するために軍事的専制が必要になるであろう」[20]。「アングロサクソンの労働者の態度はドイツやその他の国民とは異なっている。後者は，独裁的な政府の表面的な精力を喜び，自由をそれ自身のため

に大切にするということがなかった」。イギリスでは近年，集産主義が労働者の自尊心を発展させないだろうし，役人の統制下では自由になれないという意見が優勢である[21]。

　国家社会主義的な社会主義に対して，それが官僚制になる危険性があるとして反対している点は，スペンサーの社会主義批判と歩調を合わせているが，このことは，前述のように，J. S. ミルが国家資金による協同組合に反対し，労働者だけの出資による協同組合を推奨し，そのうえで組合内部の自由と民主主義的な運営を主張してやまなかった，そうした自由主義，民主主義の伝統を受け継いだものである。官僚制への反対論拠は，個人的な自由や尊厳というスミス的，ミル的な立脚点であったという共通性にも注意する必要がある。

　ひるがえってみると，すでにスミスは重商主義的な官僚統制に反対したのであり，ミルは貴族的大土地所有者に牛耳られていた国家権力を改革するために市民的な自由と議会の民主化とを求めたのである。マーシャルは，こうしたイギリスの市民的な伝統を，ドイツその他の国民と対照させながら継承している。むしろ新しさは，国家だけではなくて企業における官僚制の弊害を危惧し，さらに英独の国民性の相違をあからさまに指摘する点にあるだけなのかもしれない。

⑥　それではどうするのか。マーシャルは現に労働者階級の生活水準は全体としては改善されつつあると観察している。この点では，労働者階級の生活水準をもっともっと改善できるような環境，制度を整えれば良いのであって，資本主義の転覆などという性急かつ危険な試みはむしろ論外である。

　環境や制度の改善は，それを自由競争に委ねるだけでは不十分な効果しか期待できない。初等教育だけでなく，中等，高等教育を労働者階級にも開かれたものにしなければならない。こうした制度改革が，労働時間の短縮や生活水準の向上と歩調をあわせて実現されねばならない。そうすることによって，自由競争のもとで労働者階級の中に眠り込まされている潜在的な能力を引き出し実現させ，経済的には生産力の発展に，また芸術その他文化的な分野での成果を上げるうえで，大きな活力を実現させなければならない。このような教育制度

の民主化の主張はマーシャルが機会あるごとに強調しているところである。それを十分に実現するためには，自由競争だけでは不十分であって国家の関与が必要である。それに伴って若干の国費が必要になるであろうが，その結果得られる成果はその費用を埋め合わせて十分あまりがあるであろう[22]。このような国家の関与の必要性は，代を重ねるごとにその重要性を増しているとマーシャルは見ているのであるが，このことはレッセフェールの弊害を克服するための国家の関与という意味においてマーシャルの社会主義の定義の一環を構成しているのである。前述したように社会的な弱者がレッセ・フェール的な自由競争の渦のなかで困窮しているという事実もある。そしてこのような人々の生活改善は，事柄を自由競争にまかせていては解決不可能であるから，その解決を国家の介入に期待しなければならない。あるいは国家と協力して富者の騎士道に期待しなければならない[23]。実はこのことがマーシャルの支持する（定義する）社会主義にほかならない。「騎士道に基づく真の社会主義」[24]という前述の特徴的な言葉が見出される所以でもある。

⑦　ここでアダム・スミスの国家介入論との関係を考えてみよう。

スミスは分業の弊害について言及し，それを救済する方策として教育への政府の関与を提案している。分業労働に従事して毎日単純な作業をするだけになった労働者は，知的にも道徳的にも退化・退廃してしまうだろうとスミスは言う。広い社会的，政治的関心も持てなくなるだろうとも見なしている。スミスはここに市場に対する国家の介入の必要性をめぐって，大きな問題を見出していたのである。マーシャルの下層労働者の生活改善の問題，その知的能力開発，その社会・政治的関心の啓発，一口で言って下層の労働者でも市民的な教養を身につけることができるようにするための教育という目標は，まぎれもなくスミスのこのような自由競争に基づく分業の弊害救済策を，19世紀から20世紀にかけての状況に合わせて，継承・発展させたもののように思われる。

マーシャルの「労働者階級の将来」という論文を読んでみると，スミスが分業の弊害を救済しなければならない，そのためには国家の介入も必要だと言った，その問題を，マーシャルが新しい状況のもとで新しい言葉で経済学の課題

として取り上げているように感じられて，イギリス経済思想史の伝統の重みに強い印象を受けないではいられない。経済学史の研究者の間では最もよく知られている事柄のひとつであるが，スミスは，資本主義の発展と共に分業による社会的な生産諸力が向上して，多くの人々の生活水準は驚異的に改善されたが，分業労働の一環を分担して単純なくりかえし作業に明け暮れる労働者は，文化的に無知蒙昧になり道徳的な意欲も失ってしまう。この事情は資本主義の輝かしい発展の裏面に潜む重大な弊害であるから，自由主義の建前にもかかわらず，国家はその救済のために教育制度の改善に努めなければならないと考えた。スミスにはマーシャル的な定義においてさえ社会主義という問題はなかったのであるから，両者のあいだの違いはもちろん歴然としているのではあるが，両者の資本主義観の底を流れる底流に特徴的に一貫するイギリス市民社会的な伝統を感じさせる。

　この点からマーシャルが経済学の課題は貧困の研究だと言う場合の意味合いを考えてみなければならない。この言葉は通説的には，マーシャル経済学の人道主義あるいは倫理学とのつながりを表明したものであると理解されている。この理解の仕方が，それはそれとして妥当なものであるのは言うまでもない。しかしそれは，単に倫理学とのつながりだけではなく，もっと広い含みを持っていたことを指摘しなければならない。1つにはそれは，スミスが提起した問題との学説史的なつながりをもっているし，他方では当時かまびすしく議論されマーシャル自身も若いときから継続的に深い関心をもちつづけた（と彼自身が告白しているところの）社会主義への対応という含みがある。

　資本主義経済の発展が社会主義の批判にさらされていた状況において，いわゆる革命的な社会主義,彼の言葉でいえば「性急な impetuous 社会主義」（前出）に反対し対抗しつつ，資本主義の progressive improvement を可能にするための課題は，上記の貧困の問題を解決することであったろう。マーシャルはこの観点から（スミスを想起させる発想をして）労働時間の短縮，工場法による労働条件の改善，高賃金に賛成し，そしてもっとも大事な政策として教育制度の改善をくりかえし主張しているのである。こうして労働者の教養を高め文化的素

養を涵養することができるだけの生活上のゆとりを保障しなければならない，というのが彼の願望である。そうすることによって Residuum（上述）なしにおしなべてすべての労働者を「紳士」にすることが彼の期待する労働者階級の将来像である。7つの大洋を股に掛けた British Empire の Victorian Age において中産階級の人々が自らを gentleman に押しあげようと競い合っている風潮を踏まえて，この風潮をさらに一歩踏み越え，労働者をも「紳士」にすべきだと彼は主張したのである。スミスの言う general opulence を求めたのである。

　中産層については，その多くの人たちが「着実に紳士になりつつある」というのが，マーシャルの Victorian Age についての事実認識である。仕事と収入の面での優越感，高い教養，礼儀正しさ，独立心と毅然とした自尊心，そして市民としての公私にわたる義務意識，こうした点で彼らは着実に紳士になりつつあると，マーシャルは観察している[25]。マーシャルはこうした中産層の生活水準の向上を，労働者階級にも広げようとしたのである[26]。世界の最先進国においてこうした麗しい将来像が実現したとしたら，またもしも過度労働を強いられる人々が労働階級なのだとするならば，「労働階級は廃棄されているであろう」とマーシャルは言う[27]。これはマルクスを引き継いでいると見なされた社会主義像に対する，マーシャルの対抗的・楽観的な希望であったのであろうか。

　経済学はこうした倫理的，文化的状態を実現する為の物質的な基盤の研究をその課題としている。基盤を研究するというのは，過激な社会主義者の性急な批判とは違って，こうした基盤が19世紀も後半にかけて実際に徐々にできつつあるということを実証的に示すことと同時に，国家と協力して富裕者の騎士道をもっともっと広めることによってこうした基盤をいっそう充実させることができるという希望との，両面を含んでいると言わざるをえない。

　いずれにしても経済学の課題は貧困の研究だというマーシャルの特徴的な課題設定は，彼の人道主義や倫理学的な立脚点とかかわりがあるのは言うまでもないが，あわせて資本主義的な生産諸力の裏面として，スミス以来自覚されてきた弊害（逆に言えばなかなか克服できなかった弊害，そのためにマルクス経済学を

産み落とすに至った弊害)を克服することによって，国家社会主義的な社会主義の危険への対応策としようとする含みがあった点も考慮に入れなければならないだろうと考えられる。マーシャルはこのような含みで教育問題の重要性を強調しつづけたのである。省力機械の設置，労働時間の短縮，労働条件の改善等々，労働者が文化と教養を享受できるだけの余裕を持てるように，自由放任主義を批判し国家の関与が必要になることがある(もちろんその限度と共に)ことを証明しようと腐心している。マーシャルはケンブリッジ大学において経済学教育の重要性を制度化しようと尽力したのはよく知られているが，もちろんこの努力は単に自分の専門領域を大学に認知させたいと言う狭い了見でなされただけではなく(仮にこのようにだけ解釈されるなら彼の努力は気の毒なほどに矮小化されてしまうだろう)，もっと広く，上述のような資本主義対社会主義という大きな座標軸上で克服すべき弊害問題の重大性を，大学教育の内容において認識させ，そのような認識を身につけた優秀な大学出の人たちを世に送り出し，それに対応する制度を樹立する必要を見ていたからであろう。

⑧ 最後に，国家の社会への関与に当然伴う官僚制に対する世論の監督，民主的な官僚制監視という大変重要な論点を，マーシャルもまた踏まえていたということにも注意を向ける必要がある。普通にいわゆる社会主義は官僚制的になるから反対だというのがマーシャルの社会主義反対の有力な論拠の1つであった点からすれば当然のことであるが，マーシャル的な社会主義においても官僚制は問題にならざるをえない。マーシャルは，この官僚制に対して情報の公開を求めているだけではなく，通信の発達にもその効果があがることを期待している。他方では国民の市民的教養の向上(これはベンサムもリカードウもミルも尽力した議会改革を通して，国民の市民としての政治的関心の向上，政治的参加機会の増大を含む)を基礎にした国民の側からの官僚制監視の強化の必要を説いている。

この点でマーシャルは，イギリスはドイツ的な官僚制化とは違った経路をたどって，むしろ民主主義的な官僚統制が発展したと見なしているように思われる。

まず，スミスは，司法官僚，行政官僚，税務官僚の恣意，自由裁量を制約す

るために，できるだけ市場原理を取り入れようとした。その精神は，できるだけ市場原理によって官僚の自由裁量的な行政を統御，制約しようという点にあった。そのような意味ではスミスの自由市場論は官僚的な重商主義批判という意味を持っている。官僚制の自由裁量が非効率・不合理に流れないように市場原理のタガをはめようとするものである。というのも，マーシャルによれば「アダム・スミスの時代には政府は腐敗していた」[28]からである。そのため彼は，スミスにつづく「次の50年間，事態は徐々にしか改善されなかった」と言うのである[29]。

リカードウも，政府の事業能力と事業の良し悪しについての判断力に対して根っこからの不信感を持っていた。穀物法批判はその重要な一例である。政府と貴族的な議会との累積公債の処理の仕方に対する批判ももう1つの例である。だからリカードはこうした政策問題を理論的に批判しただけではなく，貴族的な議会勢力を含めた政治的官僚制の弊害に対する監視を強めるために，ベンサムやジェームズ・ミルなどと共に，議会改革に乗り出しているほどである。

ジョン・ステュアート・ミルもこの流れを受け継いでいるのは周知のとおりである。しかもミルの時代には，議会改革や教育の普及や文字情報 (literature) が廉価になり改善されたことやオウエン以後の協同組合の発達などによって，事態は改善され，一般的福祉の促進のための政府介入の領域も拡大した[30]。

この改善はその後も進行して，「人民は今日では，……彼らの統治者を統治することができ，権力と特権の階級的な濫用を阻止することができる」とマーシャルは言う[31]。

個人的な自由と個人的な自尊心を維持し，あるいはむしろ大いに啓発するような形で，また官僚制に対する民主主義的な監督を強化しつつ，国家による社会福祉的な政策を推し進めること，このようなことがマーシャルの考える資本主義像，あるいは将来像であろうと考えられる。これはある意味では明らかに資本主義維持の思想であるというほかなかろうが，マーシャルの定義する社会主義の観念から言えば，明らかに資本主義の政治経済システムを変質させ，漸進的な社会主義化ないし社会化の要素を組み込む方向で資本主義を進化させる

一助になったものである。というのもマーシャルの膝下から，ピグーのような厚生経済学が生れ，そのピグーが『社会主義対資本主義』(1937年) で両システムの一長一短を比較したあげくに，資本主義が良いのか社会主義が良いのか一概に結論を即断することはできないというがごとき事情も生れているのである。さらには同じ門下からケインズも出ている。すなわち彼は1926年に，むしろマーシャルの国家介入不可避論を突き詰めるような形で，『自由放任の終焉』を宣言し，その中で企業組織の方法は個人と国家との中間を目指すと宣言した。ここで国家というのは，上記のマーシャル的な定義を念頭に置けば，マーシャルが反対した社会主義すなわち集産主義的な国家社会主義（したがってまた企業の国有化）を連想させる言葉である。個人というのはもちろん個人企業的な資本主義のことであろう。保守党の政策はむしろ国家社会主義を誘発する近道であると断じて，保守党と労働党左派との中間で自分の政策的立場は労働党右派を巻き込むような立場での自由党に一番近いと言ったケインズ，そのケインズの政策理論がケインズ以降は保守党の政治家によっても採用されざるをえないような変化が生じ，また労働党の政権によっても支持されてしまうというような事態が生じている。

4 結びにかえて──マーシャルの改良主義への評価

上記の学説史的な検討の現代史とのかかわりをめぐる意味づけについて，むしろこのような事柄は本文に記すべきものではなく注記とすべきことであるかもしれないが，現代史を理解しようとする生活者の視点からは大事な論点の1つであるようにも思われるので，あえて結びに代えて最後に若干私見を述べさせていただきたい。それはいささか突飛な話題転換のように受け取られるだろうが，20世紀末に東欧型社会主義諸国が体制転換に付き物の大騒乱なしに改良型先進資本主義諸国に合流したという現代史の大事変が，上記の経済思想史的な検討と，関係があるのかないのかという問題である。;──

マーシャルは，集産主義や国家社会主義に反対し，また自由放任主義にも見

切りをつけて，その中間の道として自由競争から生じる弊害を社会（経済的騎士道）と国家によって矯正する道を選んだ。彼が自ら定義して社会主義と呼ぶところのものは，こうした社会改良主義にほかならない。

このような意図による国家介入は，実際マーシャル以降の大英帝国において顕著な趨勢になっていったと見ることができるし，経済思想史という観点から言えばマーシャルの後ピグー厚生経済学もケインズの財政金融政策論も，こまかな議論はともかくとしておおづかみに見る限りでは，こうした趨勢をいっそう進展させたものと見ることができるだろう。

それは一面では，資本主義の延命策であり，個人主義的な自由を護持しようとする運動であった。しかし他面ではそのような改良主義の中には，19世紀初期以来の社会主義的な思想の取りこみという側面が見られる。マーシャルが自らの改良主義を，彼自身の定義する意味において社会主義だと公言し，現代においてはすべての良心的な経済学者は大なり小なり社会主義者だと言ってはばからないのはこの事情による。すなわち学説史の観点から言っても事実史の観点から見ても，事態は資本主義の維持と社会主義的な要素の取りこみの同時進行という矛盾した展開を示している。社会主義の取りこみなしには改良は難しく，改良なしには資本主義の維持は難しいという関係にある。19世紀末から20世紀始めにかけて資本主義経済学の総帥と見られたマーシャルが，自らの研究経歴を振りかえって自分は社会主義者であり続けたと公言していた理由はこの点に見出される。

他方，東欧型社会主義諸国は，最小限社会改良主義的な諸施策，すなわち就業，保健，教育，高齢者その他の生活保障等々，マーシャルなどが自由放任主義では実現不可能と考えた諸施策を実施することができたけれども，もともと前資本主義的な権力支配の国々であったから，当初から革命，すなわちその裏返しは，形を変えて全体主義的で独裁的な支配を避けることはできなかったし，その結果としての官僚制のもとでは社会全体の生産力は停滞した。独裁制は性急な社会主義の欠陥としてスペンサーやマーシャルが強く危惧した点であったし，生産力の停滞はミルもマーシャルなども等しく社会主義の欠陥と見なして

いた点である。

　したがってこのような諸国は，社会主義の長所としての社会改良的施策を充実させるためには，その欠陥としての独裁制や官僚制を放棄して，生産力促進的な市場経済を取り入れなければならないという矛盾した要因を抱え込んでいた。

　市場経済の最大の特徴が生産力の増進にあるという点は，アダム・スミスがこれを強調して以来の経済学史の通念である。しかし市場経済が単なる私的な自由競争をとおして行われるだけならば，貧富の格差をはじめさまざまな弊害が生じるから，その弊害は何らかの社会的な形で矯正しなければならないということは，初期社会主義以来の主張であって，この主張はミルを通じマーシャルを経て多くの経済学者によって展開されてきたのである。イギリスの経済思想史の展開は，少なくともその一面においてそのことをよく示している。そして実際の経済社会の歴史においても同じような趨勢が展開されてきている。

　そうだとすると東欧型諸国もイギリス型諸国も背中合わせの裏腹の形で同種同類の矛盾を抱えていたことになる。そして裏腹のというのは，矛盾の解決が，資本主義の側から言えば資本主義に社会主義的な要素を取り入れることによって可能になるであろうし，社会主義の側から言えば社会主義に資本主義的な要素を取り入れることによって可能になるという形を取っているからである。東欧社会主義諸国が大騒乱なしに先進資本主義諸国の市場経済に合流することになった理由は，先進諸国の経済体制の中に，すでに多くの社会主義的な要素が組みこまれており，先進諸国も同種同類の矛盾を抱え込んでいるだけではなく，その民主主義的な解決手法は（啓蒙思想や古典派経済学以来の長い民主化の伝統を持っているだけに）東欧諸国よりもかえって先進的であったという事情によるものと考えられる。先進的であったという理由は，（先進国特有のさまざまな弊害を伴っているとはいえ）東欧諸国に比べて，その生産力水準の高さ，生活水準の高さ，国民経済の国家による統御技術の発達水準の高さ，民主主義と自由の発展度合いの高さなどをあげることが許されると思う。これらの諸事項はどれも本来の社会主義の理念と，したがってもちろんマルクス社会主義思想の理念とも

食い違っていないばかりか，本来社会主義思想の内容であったことがらである。(この最後の点を詳論するためには別稿を用意しなければならないだろう)。

しかし上記の論旨の延長として，もう1つ大事な論点を追加しておかねばならない。上述のとおり，前近代的な社会を社会主義に転換させても，前近代的な社会主義が出来上がるということを，我々は歴史的に体験したわけであるが，この体験から我々は，現在発達している官僚制的な資本主義を社会主義に転換させても，官僚制的社会主義にしかならないだろうという教訓を学ばなければなるまい。マーシャルが言うように，官僚制を監視し，監督し，統制し得るほどに民主主義が，自由なマスコミ（彼の前出の言葉で言えば「通信」）と共に，発達していないかぎり，おそらくそうなる可能性が高い。本章で述べたように，スミスからマーシャルまでの官僚制批判は，この意味でも慎重に吟味し学ぶべき意味合いを含んでいる。私は，この点はイギリス経済思想史が与える大事な教訓だと思う。

本章で検討したマーシャルの資本主義観は，思想史の面で，資本主義への社会主義的要素の組みこみがずいぶん早くから積み重ねられていたことを示唆しているように思う。そしてその意味では，20世紀末の歴史的な大事変の意味理解の一助になりうるだけの示唆を与えているように思う。

こうした見方が成り立つものかどうか，識者のご批判をいただければ幸いである。

(注)

1) Cf. Alfred Marshall, *Principles of Economics*, (8th ed.) 1920, repr. in its Variorum edition by C. W. Guillebaud, Macmillan and Co. Limited, 1961, vol. 1. pp. 586-588. 永沢越郎訳『経済学原理』（第8版），岩波ブックセンター信山社，第4分冊，119-121ページ参照。以下ギルボー版の原文ページを *Principles*, p. 586 のように記すことにする。邦訳の各ページにはギルボー版＝第8版の原ページが記載されている。

2) A. Marshall, *Industry and Trade*, 4th ed., 1923, Rep. Kelley Publishers, 1970, p. 177. 永沢越郎訳『産業と商業』，（第4版）岩波ブックセンター信山社，1986年，第1分冊，231ページ。以下上記原文ページを *Industry and Trade*, p. 177 のように引証する。邦

訳の各ページにはこの原文ページも併記されている。
3）Cf. *Principles*, p. 749.
4）各版の表現の変更については Cf. C. W. Guillebaud, op. cit. vol. 2, p. 633.
5）Cf. *Industry and Trade*, pp. vii-viii. 下線は引用者による。
6）J. M. Keynes, 'Alfred Marshall' in *Memorials of Alfred Marshall*, ed. by A. C. Pigou(1st ed. 1925), rep. Kelly Publishers, 1966, p. 50. 邦訳『ケンズ全集』第 10 巻，284 ページ。
7）Ibid. p. 20. 同上訳，242 ページ。下線は引用者による。
8）A. Marshall, 'The Present Position of Economics', 1885, Ibid., p. 173. 永沢越郎訳『マーシャル経済論文集』岩波ブックサービスセンター，1991 年，30 ページ。
9）Cf. A. Marshall, 'Social Possibilities of Economic Chivalry', 1907, Ibid., p. 342. 同上訳，154 ページ参照。
10）Ibid., p. 346. 同上訳，159 ページ。
11）Cited in J. M. Keynes, 'Alfred Marshall', Ibid. p. 16. この引用文は『ケインズ全集』第 10 巻の「アルフレッド・マーシャル」伝には収録されていない。
12）A. Marshall, 'The Possibilities of Economic Chivalry', 1907, Ibid. p. 334. 同上訳，143 ページ。
13）Ibid. p. 462. Lord Reay への手紙，1909 年。
14）Cf. A.Marshall, 'Co-operation', 1889, Ibid., p. 143. 同上訳，240 ページ参照。
15）Cf. Thorstein Veblen, 'Why is Economics not an Evolutionary Science', 1898, do. 'The Preconceptions of Economic Science', in R. Tilman ed. *A Veblen Treasury*, M. E. Sharpe, 1993. なおこれらの論文に注意を向けさせてくれたのは石田教子氏である。
16）Cf. A. Marshall, *Industry and Trade*, pp. 730-731. 同上訳，309 ページ参照。
17）Cf. A. Marshall, 'The Present Position of Economics', 1885, A. C. Pigou ed. op. cit. p. 154-155. 同上訳，4-5 ページ参照。
18）門脇覚「マーシャルとカニンガムの方法論争」，『経済学史学会大会報告集，第 68 回全国大会』2004 年 5 月，北星学園大学，34-40 ページ参照。*Economic Journal*, vol. 2（Sep. 1892）にカニンガムの批判とマーシャルの解答が掲載されている。後者は C. W. Guillebaud, op. cit. vol. 2, pp. 735-750 にも転載されている。なお，マーシャルを含めたイギリス歴史学派をめぐる論争，およびその底流をなす社会主義問題，関税問題，大英帝国編成の問題，自由放任主義批判と国家介入要請の問題と各論者との関連については G. M. Koot, *English Historical Economics*, 1870-1926. *The Rise of Economic History and Neomercantilism*, Cambridge Univ. Press, 1987 が，また我が国では西沢保『マーシャルと歴史学派の経済思想』，岩波書店，2007 年が，当時の議論の全体的な状況を総括的に描いている。
19）Cf. A. Marshall, 'Present Position etc'., op. cit., pp. 166-167 and 171. 同上訳，21, 27

ページ参照。
20) Cf. A. Marshall, *Industry and Trtade*, p. 660.
21) Cf.Ibid., p. 658.
22) Cf. A. Marshall, 'The Future of the Working Classes', 1873, A. C. Pigou ed. op. cit., pp. 117-118. 永沢上掲訳，217 ページ参照。
23) Cf. A. Marshall, 'Social Possibilities of Economic Chivalry', Ibid. p. 345. 同上訳，158 ページ参照。
24) Ibid., p. 346. 同上訳，159 ページ。
25) Cf. A. Marshall, 'The Future of the Working Classes', 1873. Ibid., pp. 104-105. 同上訳，198-199 ページ参照。この間の事情は，『世界の歴史』第 22 巻，『近代ヨーロッパの情熱と苦悩』谷川稔，北原敦，鈴木健夫，村岡健次著，中央公論社，1999 年，「中流階級とジェントルマン」，414 ページ以下などに詳しい。
26) Cf. Ibid., p. 102. 同上訳，195 ページ参照。*Memorials* の編者ピグーがこの論文の冒頭に付した注記によれば，1923 年頃マーシャルは 1873 年に発表されたこの論文に，文章表現の訂正の必要なしという手書きのフットノートを記していたという。
27) Ibid., p. 118. 同上訳，218 ページ。
28) A. Marshall, 'Social Possibilities of Economic Chivalry', Ibid. p. 334. 同上訳，144 ページ。
29) Ibid., p. 335. 同上訳，144 ページ。
30) Cf. Ibid., p. 335. 同上訳，145 ページ参照。
31) Ibid., pp. 335-336. 同上訳，145-146 ページ。

第9章

G. E. ムーアの倫理学と
J.M. ケインズの資本主義観

1 社会・経済思想の転機

　マーシャルからケインズへの経済理論の変革は，純粋理論史的に説明しようとしても十分納得のいく説明をするのは難しいように思われる。難しいから「ケインズ革命」という断絶的な飛躍を意味する評価があたえられたりしたのだと思われる。

　経済理論史上のこの変革，そこに表現された資本主義観の変遷は，ケインズまでの経済理論史を踏み台にしているのは当然だとしても，その変化，変革の有力な転轍機になったのは，経済理論史上の契機であった以上にむしろ，若き日のケインズが大きな影響を受けたムーアの倫理学，あるいはそこに含まれる社会観や歴史観だったのではないかと考えられる。

　ムーアとケインズの関係については広く知られているが，このことに関する多くの言及は，ムーアの倫理学に含まれる社会観とケインズの経済学に含まれる社会観とを対比してみようというよりは，ケインズの「若き日の信条」，あるいは彼の「非常に」若き日の心情に関して焦点を当てたものが多い。あるいはムーアの『倫理学原理』とケインズの『確率論』との間のテクニカルな関係を分析している。あるいはケインズの哲学を問題にする場合には，経済学の方法という観点から，彼の『確率論』と『一般理論』とのあいだの継続性・非継続性をめぐる議論が中心になっている。しかしケインズの思想の形成期において，ムーアの『倫理学原理』がケインズの社会と歴史についての見方を方向づ

けるうえで，どのような意義を持ったかという問題を，社会・経済思想史の上にどのように位置づけをし，その意義をどのように受け取ったらいいかという，大づかみだとはいえ，思想史的な検討をした文献は，その意味の大きさに比べれば意外なほどに少ない[1]。

ムーアの『倫理学原理』(1903)[2]は，現代哲学史においてはよく知られており重要な地位をあたえられている。ワーノックは，現代イギリス哲学史の骨組を，ムーア，ラッセル，ウイトゲンシュタインを軸に描いている[3]。しかし，社会・経済思想史におけるその意義については十分な評価がなされていない。ムーアの『倫理学原理』は倫理学史上当時の人々を驚かせるような革新的な問題提起をしたのであり，後代の研究家のムーアをめぐる議論も少なくない[4]。しかしその研究の大部分は，善の定義はできるかできないかというような倫理学固有の問題を論じているか，さらにその基礎を掘り下げて認識論の問題に議論を集中させている観がある。しかもこの両面の問題をめぐる議論はいまだに続いており，形而上学的様相を深めつつなお決定的な決着を見出せないままであるように見える。当然ながらムーア自身も『倫理学原理』出版後，この問題に深入りしており[5]，しかも自ら告白するところによれば最終的な満足のいく解決には到達していない。この意味では，ムーアの倫理学史，哲学史上の功績は，1つの新しい体系を構築したということではなくて，古典的な哲学に対する批判，あるいは新しい問題を投げかけた点にあったと言わねばならない。ここで私が，「新しい体系」ではなくて，古典に対する「批判あるいは新しい問題」という表現を使ったのは，後述のように20世紀への思想史の転換の意味を念頭に置いてのことである。

しかし本章はこうした倫理学独自の問題に深入りすることはできない。ケインズ自身もおそらく経済政策論に関心を持つ研究者としては無理もないことだったのであろうが，ムーアをめぐる論争史は後になるにつれて空虚になったという意味のことを言っているし[6]，また『確率論』でも，認識論の問題には巻き込まれたくない，なぜならその答えを知らないからと言っているからである[7]。私はここでは，ケインズに大きな影響を与えたムーア『倫理学原理』の

社会観，資本主義観を主として問題にしようとする。というのもまさにこの点に関する論稿が文献史上あまりにも少ないように思えるからである。

☆　　　☆　　　☆

　ここで，若き日のケインズに衝撃をあたえたムーアの問題提起のイギリス思想史上，倫理学史上の背景を一瞥しておくことが，後述のムーア―ケインズ関係を理解するうえでの一助になろうかと思う。

　周知のように19世紀に入ってイギリス社会思想史は功利主義の大きな影響を受ける。この思想はムーアの受けとめ方からすれば，一定の社会的条件を整えれば，個人の利益追求は社会的利益へと結果することを前提にするものである。このかぎりではこの思想は個人主義的，自由主義的，合理主義的な啓蒙思想の流れを汲むものである。しかしその後，それは利己主義，ヘドニズム（快楽主義）を許容するものと解釈されるようになっていった。しかし時代が進むにつれて資本主義の矛盾・弊害が目立つようになると，こうしたヘドニズムに対する反発も大きくなった。こうした批判は，ヒュームやベンサム以降の神に対する懐疑主義あるいは無神論にも向けられた。

　この風潮に関連して，神を前提し，個人よりも全体を重んじ，利己心を克服して道徳心を尊重するドイツ観念論が評価されることになった。1874-75年に出版されたオックスフォードのT. H. グリーンのヒューム論はそうした風潮を決定的にした。それはヒューム全集第1・2巻に載せられた300ページをはるかに超える長大な序文の形をとっているが，その趣旨は，ヒュームが残した疑問をカントの立場で解決しようというものである。こうしてドイツ観念論はオックスフォード・アイデアリズムとして根付くことになるが，ムーアがケンブリッジに入学した1892年ごろには，ケンブリッジにおいても支配的な哲学になっていたのであって，ムーアが直接に学んだマクタガートなどはヘーゲル哲学への心酔者であった。ムーアより2歳年上のラッセルも，学部学生の時期に「私の受けた影響はカント的またはヘーゲル的なドイツ観念論の方向にあった」，唯一の例外はベンサム主義のヘンリー・シジウィクであったが，ラッセルは彼を時代遅れの人と見ていたと述べている[8]。しかしその長老の，そし

て基本的には功利主義者と見なされるシジウィクも，カント哲学には大きな関心を持っていたのであって，彼はムーアにドイツ留学をすすめたほどだ。ムーアは躊躇して従わなかった[9]。当初形而上学に関心を持っていたアルフレッド・マーシャルも，原文でカントを読みたいという望みでドイツに留学した。彼はおそらくカントになじめず，ヘーゲルの『歴史哲学』から甚大な影響を受けた。彼は，かつてシジウィクの師であったドイツ人教師とドレスデンに住んでいた[10]。マーシャルは，『経済学原理』初版序文に，その書の実質内容（substance）に最も大きな影響を与えた2つの思想のうちの1つが，ヘーゲル『歴史哲学』であったと書き記している。

　このような思想状況のもとで，ムーアの学部卒業論文は，オックスフォードのブラッドリーの論説を通じてカントにかかわるものであった。フェロー資格請求論文も1年目は失敗，2年目は合格したが，両年にわたってムーアが精力と時間を集中させたのもカント（あるいはブラッドレーやマクタガートによって若干イギリス化されたドイツ観念論）の研究であった。1898年のレクチュラーとしての最初の講義もカントを踏まえたうえでのヘドニズム批判だったと言われる。しかし，その間にも徐々に，またその後は明確に，ドイツ観念論に対する批判の度を強めることになったと言われている[11]。

　ムーアがドイツ観念論から離脱するに至った理由として彼は，本章では主題の脇に置いた認識論の観点からではあるが，意識とは別個に物自体を考えなければならないという観念論の基本的な認識論に嫌気がさした点をあげている。イギリス経験論の古い伝統を考えると，このことは納得のいかないことではない。また彼は，神という目に見えないものを実体・真実態と考える（あるいはそのような考えを論理的に体系化しようとする）点についても反対した。彼は，ヘーゲルは obscure, カントの自由意志や理性は mysterious だとも言っている[12]。つまり意識，感覚，経験的な知覚とは別に物自体があるだろうという観念論をおかしいと思うのと同じ意味で，経験的に知覚できない神の概念をあたかも実在するかのように見なし，そのことを論理的に体系化しようとする観念論に反発したのである。しかしまた，後で詳述するつもりだが，功利主義の行為理論

に反対したのと同じ論法でカントに反駁した側面もある。自分の行為の準則が普遍的法則と一致するように行為せよというカントの道徳法則（道徳的・義務的命令命題）は，人々の主観的に善意の行為がその目的どおりの社会的善をもたらし，したがってベンサムと同じく個人の思考あるいは行為と全体の善が一致するという古典的，啓蒙的，調和的な楽観論を前提している。ムーアはこの前提を批判する。

しかしまたヘーゲルとの関係について，ここで次のようなエピソードを取り上げておきたい。1896年，まだやっと26歳に過ぎなかったバートランド・ラッセルはドイツに赴いて，当地で勢力を伸ばしていた社会民主党に関連する諸事情を詳しく調査し，『ドイツ社会民主主義』という処女作を出版した[13]。1896年と言えば『資本論』第3巻が出版されエンゲルスも没して間もないころである。『資本論』の第2巻と第3巻はまだ英語訳も出ていなかったのであるが，イギリスでも代表的な貴族の家に育ったラッセルは幼少のころからドイツ人家庭教師の直接の指導を受けドイツ語が堪能だったから，早速にも『資本論』全3巻を読み通し，そのうえでマルクスの該博で経験論的な歴史叙述を称賛している。

しかし『資本論』に見られるヘーゲル的な要素には強く反発している。ヘーゲルの観念論的な弁証法に対してマルクスが経験的な立場から反対したことを，ラッセルも相応に評価している。しかし彼は，マルクスの歴史理論が，事態に内在する矛盾によって事態の発展は必然的な，宿命論的な方向をとり，したがって何者によっても予定された事態の経過を妨げることはできないとする点において，ヘーゲルの影響を受けていると見なしている。ドイツ社会民主主義に対して最も有力な影響を与えていたマルクスの歴史理論は，資本主義が必然性をもって社会主義に向けて進展しているとする理論だと理解されて，そのうえでヘーゲルと結びつけられている。彼はこのような目的論的な歴史観に反対している。これもまたイギリス的な経験論の伝統から言えばいかにもありそうな反応である。ヘーゲルを受け継ぐものとして，「マルクスはドイツの偉大な体系創出者たちの最後の人」とされ，「彼があれほど熱烈な弟子たちを得たのは，

おおかた彼の体系によるものだった」[14]と見なされている。

マルクス経済理論の「もっとも本質的な問題点」は,「将来はどうなるであろうかの理論」であり[15], , ラッセルがわざわざドイツに出かけて調べようとした「社会主義」は「将来はどうなるかについての理論」[16]である。その結果は, 勿論, マルクス主義的な社会主義が将来必然的に生じるという説に対する反対ということであったが, そうかといってそのような社会主義が生じる可能性を否定しさることもできないと言う[17]。ここにはすでに, 未来についてのどのような予見も確実性を持つことはできず, それは蓋然性の枠を超えることはできないという考えが, すでに明白に表明されている。しかしこのような社会主義必然論に対する批判は, ヘーゲルの言う理念的なものと現実的なものとが必然的に一致するという観念論に対する, 批判的な方向を含意しているし, またカントに関して言えば, 歴史の現実の進展の中に目的論的な方向を見出したいと思う心情は, 人間の心の中に美を求め, 崇高をあがめ, 神の思し召しを見出したいと思う心的な（自然な, あるいはアプリオリな）傾向を反映しているにすぎないという観念論的な説明を, 批判する方向をも示している。したがって社会主義必然論, 目的論的な歴史観, 未来予測の確実性を否認しようとすることの中には, カントからヘーゲルに至るドイツ観念論への批判が結びつくことになる。ムーアとその友人ラッセルは, 若年のケインズを含むアポスルズの会合の内外で, こうした雰囲気で哲学的な議論を重ねていたことになる[18]。

こうした雰囲気の中でムーアは『倫理学原理』を, ラッセルは『数学の諸原理』を同じ1903年に出版し, 当時一世を風靡していたドイツ観念論に対する本格的な批判の基石を据えたのである。これらの書はイギリスにおける観念論哲学の衰退の始まりを画したものと言われる[19]。そして実際, イギリスにおいて一時隆盛を極めたさしものドイツ観念論哲学も, 第1次大戦開始のころまでには, ほぼその勢いを喪失してしまったと言われる。T. H. グリーンは前述のように, ヒュームの出したクエスチョンをカントに依拠して回答すると書いたが,『確率論』でケインズは, ヒュームの残した問題を, カント学派はヒュームが満足してくれるであろうような風に解決することを妨げてきたと言って,

カント学派への批判と克服の意図を表明することになったのである[20]。

本章の課題は，このような位置づけを持ったムーアの倫理学が，社会・経済思想史における資本主義観の変遷という観点から見て，ケインズの資本主義観にどのように影響しているかを検討することである。もっとも影響というのは当然ながら，ケインズがムーアの思想に触発されて，ムーアを引き継いでいる側面とそれを批判している側面との両面を意味する。

2 ムーアの近代思想批判とケインズの均衡理論批判

『倫理学原理』は，その第1章「倫理学の主題」で自らの倫理学的主張の梗概を述べ，第2章「自然主義的倫理学」で先行の倫理学史に見られる難点を概括し，第3章で「快楽主義」を批判し，第4章で「形而上学」を批判し，第5章「行為に関する倫理学」で善を目指す行為が善なる結果をもたらしうるのは確率の問題だということを述べ，第6章「理想」で善についてのムーアの独自な見解を提示している。

ケインズの確率論や経済学に最も直接的な関係を持っている部分は第5章である。というのはその章は，人間の行為がその社会的な結果とどのような結びつきを持ちうるかを分析したものであって，この分析はある政策がどのような社会的結果をもたらしうるかという経済政策理論と直接関連してくるからである。ケインズは「若き日の信条」を書いた1938年においてもなお，ムーア『倫理学原理』にほぼ全面的な賛意を表明しているが，ただこの第5章には最初から賛成したわけではなかったと言っている[21]。また，ムーアの行為理論において「確率に関する諸考察が演じている大きな役割が，たしかに私をして，確率の研究のために多年にわたってすべての余暇を投入するよう駆り立てた重要な要因だった」とも言っている[22]。この点をも考慮に入れて本章では各章での諸論点をこの第5章の問題に引き絞って議論を進めていきたいと思う。

さて，『倫理学原理』はその序言で，ムーア以前の倫理学が，区別すべき問題を区別しないままで問うている，すなわち「善い」という形容詞の意味を問

うことと，善を目指す行為の有効性を問うこととを，区別しないで問題をたてていると言って，自らに先行する多くの倫理学の諸説を非難している。行為（＝手段，政策）と目的（＝結果，そのものとしての善）とを区別しなかったこと，すなわち行為が善い結果をもたらすだろうと期待されれば，ただそれだけで行為もまた善だと見なされたことは，従前の倫理学の最大の欠陥だったと言うのである。両者の問いを区別すべきだということはムーア『倫理学原理』全巻を一貫した最重要な主張の1つである。

　ムーアによれば行為は善をもたらすための手段である。善をもたらす上で有効で合理的な行為は正しい行為と言えるだろう。しかし，善を目指すすべての行為はその期待どおりに社会的善をもたらすとは限らない。善意の行為，あるいはそれ自体として善いと見なされるような行為が，社会的に善い結果をもたらすとは限らない。逆にそれ自体としては善意があるとは思われない行為，あるいはそれ自体善いと思いたくもないような行為が，社会的に善い最終結果をもたらすということもありうる。

　このような事情が生じる理由をどう説明したらいいだろうか。彼によればその説明は，高邁で理想主義的な倫理学的フォーミュレイションに期待するよりも，常識的な日常の経験に依拠する方がはるかにわかりやすい。今，善意を持ったある行為が行われたとしよう。この行為はすぐさま直近の結果を生じるであろう。この結果はまた次の出来事の原因になって，次の結果を生むであろう。この2次的な結果は，再び1つの原因になってさらに第3次の結果をもたらすであろう。こうして原因としての最初の行為は，次々に因果の系列を連ねてさまざまな諸結果を生みだしてゆくであろうが，その間には当初予想しなかったようなさまざまな諸事情が介在してくるに違いないから，最終の結果は当初期待したものとは違ってしまうのが普通であろう。当初の行為から時間がたてばたつほど，期待と結果との隔たりは大きくなる可能性が大きい。これはムーアがその『倫理学原理』で繰り返し強調する行為理論である。

　このような次第で，人間の未来についての予見能力は非常に限られたものであるから，1つの行為の結果について人間が予知しうる結果は，せいぜいのと

ころ直近の未来に限られるであろう。この場合においても，その予想が当たるということは，正確でも必然的でもなく蓋然的でしかない[23]。しかし直近の結果についても，それを正確に判断することはやさしいことではない。ましてや遠い未来の結果を正確に予想するのは，もはや不可能に近いであろう。したがって人間はせいぜい直近の結果を予想するということで満足し，そのように行動するほかはない[24]。

　それではなぜにムーアはこのような行為の理論を強調したのであろうか。なぜに，善いという形容詞の意味と，それを目指す行為とを区別する必要を強調したのであろうか。それは常識的に考えて（つまり本章の主題に立って解釈すれば，資本主義の日常の経験から見て）両者が必然的にイコールで結ばれえないからである。私たちの日常の経験から言って，善い結果を期待して行った行為が必ずしも善い社会的結果をもたらすとは限らないからである。しかし，この主張がムーアに先行する倫理学史に対して投げかけた批判的な意味は，大変大きく深刻な問題性を孕んでいた。それは倫理学史の問題としては，功利主義とドイツ観念論の両者への同時批判を意味していたからである。しかも当時，両者をこのような形で批判するというのは，その時代の哲学と倫理学との支配的な潮流を，基本的なところで同時批判することであった。このことは，ケインズの資本主義観を問題にする本章にとっても重要なかかわりを持ってくる。

　　　　　　　☆　　　　　☆　　　　　☆

　功利主義（当時快楽主義という名で呼ばれていた）の論理構成を取り上げてみよう。ムーアによって描かれているかぎりでは，それは，ある一定の社会的条件のもとでは，諸個人の快（pleasure）の追求は社会全体の善の増大を結果することになると主張している。この場合，真の快は善と同義である。功利主義は本来，このように個人の利害と社会の利害とが合致しうるような社会的条件の整備を意図している。周知のようにベンサムの貴族主義的な少数者支配体制批判，自由主義，合理主義（＝キリスト教および教会支配批判），民主主義（＝議会改革運動，選挙法改正運動）等々に，その意図を見ることができる。しかし本章にとっては，こうした社会思想が，経済理論の分野での均衡論的価値・価格理論の哲

215

学的基礎になっていたという点が問題である。

　しかし，ムーア段階で功利主義批判が出てきた理由は，上記のような社会的諸条件がよほど整ってきたにもかかわらず，功利主義や経済理論において社会的善が結果するであろうと期待された諸個人の行為が，実際には社会的善をもたらしていないという点にある。したがって，このような功利主義批判は，当時の資本主義が抱え込んでいた諸矛盾と切り離しがたく結びついていたであろう。すなわち，功利主義的な個人利益追求の自由，自由市場主義の発展につれて，社会的には貧富の格差の拡大や周期的な恐慌や社会的連帯の欠如や労使間の紛争などの弊害が目立つようになっていたのである。そのために功利主義批判の風潮も広まっていたのである。当時，功利主義が快楽主義（ヘドニズム）という毒味のある呼び名で呼ばれていたこと自体も，そのことをあらわしている。

　マーシャルが（功利主義をはっきり否定することがなかったにもかかわらず）経済学の課題を貧困の研究に見据えていたこと，大陸において社会民主党が勢力を伸ばしていたこと，イギリスでも均衡論的な経済理論に疑問を投げかけてイギリス歴史学派と呼ばれる人たちが輩出したこと，少し遅れるがフェビアン協会が設立されたことなどもこのことに関連する。また，前述のように，19世紀の70年代以降，功利主義に対して一定の（全面的なとは言いがたい）批判を標榜した道徳主義的なドイツ観念論哲学がイギリスにおいても支配的な勢いを見せたという事情も，明らかにこのことと関連している。

　社会全体にとっての善，目標としての善は，その1つの構成要素（あるいは後述の構成部分）として社会的功利を含むものであろうし，また個人的な善にもその1つの構成要素として何らかの意味のpleasureを伴うであろうから，ムーアの社会観にはこのかぎりでは功利主義の要素が受け継がれている。しかしこのことは彼が，功利主義の目標を全面的に受け入れたことを意味するわけではない。なぜなら，善いとは認めがたいような事柄に快を感じる人も現存するのが実情であるから，善には快の感覚が伴うと言えるにしても，その逆命題，すなわち快はすべて善であるという功利主義命題は成り立たないからである。

功利主義に対する批判をムーアの行為理論の言葉で表現してみると，個人が自由に利益を追求するということは，個人の立場からは善の追求である場合であっても，社会全体としての善をもたらすとは限らないという命題に帰着する。したがって，行為の目的としての善そのものと，それを実現する手段としての行為とを区別しなければならないという前述の命題は，先行の倫理学に対する根本的な批判として打ち出されたものである。したがってこの命題と，諸個人の利害と社会の利益は一致するとは限らないという命題，また諸個人の行為は所期の目的をもたらすとは限らないという命題，さらには人間の未来に関する予見能力は限られたものでしかないという命題，さらに敷衍すれば，人間は歴史の先行きを必然的なものとして（したがって社会主義の歴史的必然性として）目的論的に予見する能力を持たないという命題は，ムーアの同一の社会観・資本主義観の多様な表現でしかないということになる。総じてこのような見方は，後述のように，ケインズの資本主義観に強い影響を及ぼすことになったと考えられる。

　　　　　☆　　　　☆　　　　☆

　それではドイツ観念論に関しては，ムーアの批判はどのようになっていたであろうか。カントは『実践理性批判』において，自らの行為の準則が普遍的法則に合致するように行為せよという有名な定言命題を提起している。そしてムーアもこの命題について検討している。しかしムーアの観点から見るとこの命題は，上述のことと同性質の欠陥を含んでいる。諸個人は，自分の行為が確かに普遍的な善を結果するように行為することができるだろうか。道徳的な義務として，自己の行為を社会的な善を目指して自己規制することができるとしても，果してその善意志が社会全体の善に結実するということは，やはり蓋然的なことでしかないであろう。そのうえここで言われていることは，個々人の行為の準則，すなわち社会的善をもたらすための手段についてであるが，その目的としての普遍法則，社会的善そのものが何であるかということではない。したがってまた，諸個人が仮に道徳的義務どおりに行為したとしても，それがどのような因果の系列を経て実際に社会的善に到達するかの分析（倫理学固有の

領域を超えて多分に社会科学的分析）は，やろうとしてもやりようがない。事は，単に道徳的な心構えに関すること，諸個人の義務意識に関すること，諸個人が自分の行為を決めるに際しての心構えに関することであるから，その行為がどのような経過を経てどのような社会的結果に到達するかは，問われているとは言えない。ムーアはこの事情を念頭に置いて，『倫理学原理』の序言で，手段（行為）に関する問いと，目的（そのものとしての善）に関する問いとが区別されていないと言って論難していたわけである。「実践理性」は，このような意味では心の問題（自由意志の問題）であって外部世界での行為のあいつぐ因果連鎖の科学的な構造を提示する場ではない。したがって，個人の行為とその社会的な結果がどのような関係を持つか，すなわち両極の間に必然的な結びつきがあるのか，あるいは単に蓋然的なつながりがあるに過ぎないのかという問題は提起されていない。道徳的な行為が社会的な善に結実するであろうことを，暗に前提しているだけなのである。

　カントが『実践理性批判』（道徳論）を『純粋理性批判』（科学的な認識論，あるいは自然科学論）と区別して，道徳心を知的な認識と対比しているのに対して，ムーアは自らの倫理学を繰り返し「科学的倫理学」と呼んでいる。もっともその場合力点は，善そのものは定義不可能な，それゆえに直覚（intuition）にかかわる問題だとしても，手段と目的とのあいだにある連鎖の構造の特性の究明は，科学的方法によらねばならないという点に置かれている。しかし科学的方法といっても倫理学で問題になるのは，「科学的な予測が持つ性格」であるが[25]（そしてまた，ケインズが後年『確率論』で確立しようとしたのはまさにこのことの持つ確率論的な性格なのであるが），その場合自然科学と倫理学あるいは moral science との違いは，予測が当たる確率が格段に違うという点にある。

　ムーアが批判するのは，功利主義がそうであったのと同様な，この啓蒙主義的，調和主義的，楽観主義的な社会観（あるいはその前提）である。個人と社会との関係を調和的なものと見なす，いわばアダム・スミス以来の楽観的な資本主義観を，19世紀から20世紀への転換期に，ムーアは，日常的な経験的事実に反するといって批判したことになる。

☆　　　　☆　　　　☆

　経済学史上の古典的な諸著作に比べてケインズ『一般理論』は周知のようなさまざまな特徴を持っているが，本章の問題からは特に次の点が目につく。
　『一般理論』には，それに先行するほとんどすべての経済理論の体系に見られた価値・価格理論が，その出発点において体系的に論じられていない。賃金水準と雇用量の決定メカニズムの問題としては，労働の限界不効用と賃金水準は一致しないという形で，均衡論的価格理論から導かれる1つの局面に対する批判が出発点になっている。
　ケインズがまず冒頭で問題にしているのは，「古典派経済学」の調和主義的な「前提」である。資本主義の現状の日常的な状況を無視した楽観的な「前提」である。彼がまず批判したのは，『一般理論』第2章末尾における彼の要約を参照すれば，実質賃金は労働の限界不効用に一致する，非自発的失業は存在しない，供給は自らの需要を生み出す，という「古典派経済学の公準」である。第2章の表題の，幾何学や論理学の用語を想わせる「公準」（postulate）という語は，その本文においては supposition とか assumption というもっと日常的な言葉で言いかえられている。彼は，「古典派経済学」の公準を，日常的な経験に立ち返って，実質賃金は労働の不効用に一致していない，非自発的失業が存在する，供給は自らの需要を生み出していないという事実を，自らの理論の「前提」に据えなおして，それに適合的な推論をほどこし，事実適合的な理論を組み立てようとしている。このように，日常的な経験に立ち戻って先行諸理論の調和主義的・楽観主義的な「前提」を覆す経験論的な手法は，上述のムーアの功利主義およびドイツ観念論批判の手法と軌を一にするものである。
　ケインズにとっては，需給の均衡が生じるかどうかが問題であったから，価値・価格理論の基礎が，労働価値説であるか効用理論であるかは，まずもって解決すべき基礎問題になっていないように見える。彼が「長期均衡」の理論史を素描する場合には，投下労働価値説を基礎としたリカードウの均衡理論に，マーシャルが限界原理等々を接ぎ穂し，エッジワースやピグーがさらにそれを改善したものとされている[26]。労働価値説を基礎とする学説であろうと効用理

論を基礎とするものであろうと, 一括して批判の対象にされている。そしてそれらを一括して「古典派経済学」と命名している。ケインズの時代の前後にわたって, 労働価値説対効用価値説をめぐっては延々激しい議論が続いていたはずであるから, 両者をひっくるめて「古典派経済学」と呼んだのは, 当時においても人目を驚かしたに違いない。第2次大戦後の日本においてはこの点は大きな問題であった。

ケインズはこうすることによって, 実は, セイやリカードウ以降の経済学だけではなく, スミス以来の個人的利益の追求が社会的利益と一致し得るという楽観的な社会観が, 事実に反していると言って批判したのである。すなわち個人的な自由が社会的な利益をもたらすという楽観的な資本主義市場観を, 事実に反すると言って批判したことになる。ケインズの師マーシャル等は, 必ずしも自由市場を手放しで賛美, 楽観したわけではなく, 彼もすでに自由放任主義に反対し, 自由競争の弊害を教育政策などの改善などによって矯正しようとしたのではあるが[27], マーシャルを含めた「古典派経済学」の各種の均衡理論に対する抜本的批判が, マーシャルから直接に引き出されたとは考えにくい。

反面, こうした均衡論的な帰結がさまざまな可能性=蓋然性のうちの一端でしかないとする市場経済の見方は, 個人的な功利は社会的な功利と必ずしも一致するとは限らないとする, ムーアの倫理学あるいは社会観とみごとに重なっているように見える。もちろん経済学者ケインズの均衡論批判は, 経済理論的な批判として行われており, したがってケインズに先行するイギリス内外の経済諸理論の批判と援用という手法で遂行されているのであるが, こうした経済理論的批判の背景, あるいは思想的な基礎になった社会観としては, ムーアの近代思想批判が有力な転轍機になっていたのではないかと考えられる。青年期以降のケインズの思想形成史, その時間的前後関係から言っても, むしろムーアから受け取った不均衡論的社会観の下敷きの上に, マーシャルを軸とする先行の経済諸理論の分析手法を踏まえつつ, ホブソンの過少消費説その他の正統派経済理論批判を参照しながら, 先行の均衡論的な諸理論の批判に及んだと思いたくなる[28]。

経済理論における均衡論というのは，自由競争市場において，各人が自分の利害を自由に追求する結果，社会全体としても最も大きな利益が達成されるという論理を，さまざまな手法とさまざまな程度で含んでいるが，こうした理論には，先述のムーアの功利主義批判で槍玉にあがった論点が含まれていると考えることができる。すなわち功利主義やドイツ観念論に含まれる調和主義的な社会観あるいは資本主義観が含まれていると言えるだろう。

　ケインズ自身は次のように言っている。「限界理論の当初の諸仮定は，功利主義倫理学あるいは功利主義心理学から生まれてきたのであって，それらは，限界理論の建設者たちによって……心から受け入れられたのである。……ミル，ジェヴォンズ，80年代のマーシャル，70年代後期および80年代初期のエッジワースなどは，功利主義心理学を信じていて，こうした確信のもとに経済学の基礎を築いたのである」。ただし，19世紀末には前述のように功利主義に対する疑念が醸成されたから，「晩年のマーシャルや晩年のエッジワースや若い世代の多くの人たちは，必ずしも完全に信じたわけではない。だが，我々はいまでもなお，もとの基礎の確実さにあまり徹底した吟味を加えないで，その上部構造に信を置いている」[29]。ここに上部構造というのは，もともと功利主義の上部構造であった均衡論的な経済理論を指すのであろう。この文章は『一般理論』より前の1926年に書かれたものである。そしてこの上部構造に対するケインズの不満は，師マーシャルにも向けられている。「マーシャルは，彼より前の世代の経済学者を支配していた功利主義思想からあからさまに逸脱したことは一度もない」[30]。ケインズの見るところでは，マーシャルはなおあいまいで不徹底なのである。これに反してムーアを中心とするアポスルズに触れてケインズはこう言っている。「われわれは，われわれの世代でベンサムの伝統から脱出した最初の，おそらく唯一のグループに属していた」と[31]。

　こうしたケインズ自身の言明からも，ケインズが功利主義を彼に先行する経済学の基礎と見なしていたこと，ムーア的功利主義批判は，その「上部構造」としての均衡理論的な経済学批判と「徹底的に」結びつけなければなるまいと考えただろうことは，容易に想像されうるところであろう。

221

しかもそれだけではない。功利主義倫理学は，一定の社会的諸条件が整えられれば，諸個人の功利の追求と社会全体の功利とは一致することを前提しているが，(倫理学という問題設定領域の性質にもよるであろうが)，必ずしも個人の行為がどのような道筋を経て必然的に社会的利益に到達できるかを論証しようとはしていない。この論証をすることなしに手段＝行為が社会の利益と一致するかのように見ているから，手段と結果とを混同していると言って，ムーアによって手厳しい批判を受けたのである。ところが，「古典派経済学」の均衡理論はまさしくこの前提に立って個人的な利益の追求がどのような道筋を通って社会的な利益に結果するかを論理的・理論的に論証しようとしている。論理的な証明という手続きによって，個人と社会との調和関係は，必然的なものとして浮かび上がってくるであろう。この点は，伝統的な経済学とムーア倫理学を同時併行で学びつつ，とりわけムーア倫理学に強く心を揺さぶられたケインズの目には，ひどく対照的で反発すべき社会観，資本主義観であったに違いない。

3 ムーアの保守主義とケインズの政策理論

前述のように，個人の利益追求は必ずしも社会の利益につながらないというムーアの命題は，個人の行為は未来においてその所期の結果をもたらすとは限らないという，もう1つの命題と結びついている。ある行為が引き起こす直近の結果は，かなり大きい蓋然性でもって予期できるであろうが，この直近の結果が次々に生みだす連鎖的な諸結果の遠い未来の最終の結果がどうなるかは，予見することがほとんど不可能であると，ムーアは考えた。

さて，このような未来予見の蓋然性命題からムーアは，非常に保守的な行為理論を引きだした[32]。

まず，社会秩序と私有財産の維持に関して，ムーアはこの蓋然性命題を次のように援用している。彼によれば，財産権は，現存の社会秩序を維持するうえで有効な規則である。もっと広く歴史的なスパンを広げてみても，かなりの程度でそのような有効性を持っていたと言えるだろう。ここで有効というのは，

社会秩序維持という当面の（最終的ではない）目的にとって有効なという意味である。社会秩序自体は「善」である（最終目的である）という意味を持っていないが，「善」なる状態をもたらすための蓋然性の大きい手段ではある。すなわち，社会秩序が紊乱している状態では，およそ「善」なる事態がもたらされることを期待するのは困難だろうけれども，社会的秩序が維持されている場合は何らかの意味での「善」がもたらされる可能性はよりいっそう高いであろう。したがって財産権は社会秩序を維持するのに有効な手段であり，社会秩序は「善」なる状態をもたらす蓋然性の大きい手段であるということになる。ただしその間の関連は必然性の関連ではない。社会秩序が紊乱している状態よりも，それが維持されている状態の方が，「善」なる状態をもたらす蓋然性がいっそう大きいだろうというにすぎない。手段と目的との連鎖関係は，必然性の関係ではなく，蓋然性の関係であるから，私有財産の安全が保障されているがゆえに必然的に社会的な「善」がもたらされるというわけではない。私有財産権や社会秩序の安全や紊乱は，「善」とのかかわりで二者択一の問題ではなく，蓋然性の大小の問題にすぎない。このかぎりではムーアは自然権思想や自然法思想という近代思想を，確率論の観点から否定していることになる[33]。このように，近代資本主義社会を誕生させるうえで大きな思想的な支えになった思想を否定しているにもかかわらず，ムーアは，資本主義の秩序を維持する方がよりいっそう善いであろうと推論した保守主義者なのである[34]。

　しかし，確率論的な彼の観点からすれば，すべての常識，社会的通念についても上記のような保守的な態度がとられるべきだということにはならない。財産権の安全は，過去の経験から見て，空間的にも時間的にも多くの社会において，社会秩序の維持に寄与し，「善」をもたらす可能性を大きくしたと言えるとしても，未来社会の予見としては，所詮この可能性は蓋然性の問題でしかない。そのほかの社会的通念の中には，ある社会で「善」だと見なされているのに他の社会では「悪」だと見なされているような規則も多い。したがって一般的に言えば，常識や社会的な諸規則に順応し従う方が「善い」だろうが，確信をもってそうだとは言い切れない。なぜなら既存の諸規則を破ることによって

出てくる諸結果の方が，既存の諸法則のもとで生じる結果よりも善いことがありうるからである。しかし，ムーアによれば，このようなことは確率論の問題としては極めて稀である。こうして結局，ムーアの確率論的な行為選択は，常識的の枠内に閉じこもる方が善いというような保守主義に傾くのである[35]。

☆　　☆　　☆

ところで，ケインズもまた，人々の現在の行為が引き起こす未来の諸結果について，人々は蓋然的にしか予見することはできないと考える点で，ムーアと一致した立場をとっている。しかし，人間は，未来を確実に見通すことができないからといって，現在何もしないでいるということはできない。伝統と常識に甘んじていることもできない。変動常なき市場に対応して，新しい決断を迫られることが多い。未来を確実に見通すことができないまま，人間という動物は現在の行動を決意せざるをえない。市場においては animal spirit をもって行為選択を決意せざるをえない場合が多い。ケインズはこの点を特に強調する。しかし，この状況のもとで現在の行動決定の方法をめぐっては，ムーアとの間には大きな違いが見られる。

ムーアは常識的な行為を肯定的に評価する。多くの場合，日常茶飯に行われている常識的な行為は，多くの人々によって何らかの意味で「善い」と見なされていることを意味する。「善い」という述語は定義されてはいないのであるが，直覚的に何らかの意味で「善い」と見なされていないのであれば，自由な社会を想定するかぎり，この常識的な行為が人々によって支持されているということはないであろう。もちろん「善い」という直覚的判断は，行為そのものに関しても，その結果に関してもなされていると考えねばならない。そうだとすると常識的な行為は，<u>日常茶飯事</u>として一応（トレラブルな程度で）「善い」結果を生んでいることが<u>経験上</u>認められていることになろう。したがって，現在の常識的な行為は，<u>直近の未来</u>においても大きな蓋然性でもって一応「善い」結果をもたらすであろうと判断される。このことによって社会的秩序と常識的な行為とが結びつけられる。そしてこの意味で常識的な行為が肯定されているのである。後で述べるようにケインズはこのような見方に，未来予測の頻度論的

方法を感じとり，それを批判する。

　しかしこのような状況のもとで常識離れの判断をするということは，どのように評価されるであろうか。このような判断は，それに基づく行為が善い結果をもたらすかどうか未知である。なぜなら日常的な頻度の高い経験という基礎が欠けているからである。常識を超えた判断については，その社会的な結果が現在よりもより「善い」という将来の予見の妥当性を，経験を越えた別個の方法で証明しなければならない[36]。しかしこの事は前述来の未来予見の蓋然性論から言って，はなはだ困難あるいは不可能であろう。

　直近の未来の予見についてこのような困難が考えられているほどであるから，遠い未来の予見はいっそう困難になる。なぜなら現在の頻度の高い経験が，遠い未来に覆らないと信ずべき理由は，ますます不確になるからである。この見方にも，ケインズが反対した頻度論的見方が伏在する。

　そこでムーアは次のように言う。「一連の行為がほかの行為よりも全体としてよりよい結果をもたらすであろう確率を確定するための第一の困難は，これら２つの行為の永遠の未来に至るまでの諸効果を考慮に入れなければならないという点にある。……我々に確かにできることは，‘直近の未来’と呼べる期間内でのそれら諸行為の効果を計測 calculate するということだけである。……それゆえに我々は，我々の諸行為の諸結果が，我々の見通しうる未来において蓋然的である善のバランスを，それより遠い未来に一般に覆されることがないだろうと信じるだけの理由を確かに持っていなければならない。いやしくも我々が，ある行為の諸結果はほかの行為の諸結果よりも蓋然的にさえよりよいであろうと主張しうるためには，こうした大前提が必要だ。遠い未来について我々は全く無知であるから，蓋然的な見通しのきく期間内でより大きな善を選択することは蓋然的にさえ正しいと言えるだけの正当性はあたえられない」[37]。

　この文章は，ムーア『倫理学原理』第５章「行為に関する倫理学」の文章である。ケインズはこの文章を取り上げて学部卒業のころのアポスルズの例会で「§93の命題；‘行為に関する倫理学’」と題して報告している。彼はまた『確

率論』の,「確率の行為への適用」という似たような表題を持つ第26章でこの文章を再び引用し, ムーアに対する批判の焦点を示している[38]。卒業のころから実に十数年間, 1つの文章に対する批判的関心を心に抱き続けたことになる[39]。

さて, ムーアの言うように, 長期については言うにおよばず, 短期についても行為の結果の見通しが難しいから, 現在の行為の決定は難しいというのであれば, 卒業当時国家公務員を目指していたケインズにとっては大変困ったことになるであろう。ムーアの言う通りなら, 人は常識的行為の範囲内に小さく閉じこもるのが無難であろう。これでは, 人は遠い将来に向けて行動することをあきらめなくてはならないだけではなく, 直近の未来についてさえ, およそ思い切った政策の立案, 実行を支える基盤を失ってしまうだろう。

この点でのムーアとケインズとの違いは, 両人の経歴や関心の違いにも関係する。ムーアはその伝記資料によれば, ギリシア・ローマの古典文学から哲学・倫理学へ, さらにはその基礎としての認識論へと, いわば机上の研究一筋に生きた人である。経済や政治に向けて発言した形跡は見当たらない[40]。ケインズに言わせれば, 彼は「永遠の恍惚の中に住んでいた」人であり,『倫理学原理』第6章の善論も「超世俗的」である[41]。他方ケインズはマーシャルの膝元で経済学を学習した彼の愛弟子であり, 彼によってエコノミストになるよう嘱望された人である。経済学の学習といっても, ケインズは価値・価格論というような基礎的, 抽象的, 原理論的な分野にはあまり興味を示していない。モグリッジは, ケインズは「理論のための理論を嫌った」とも言っている[42]。彼ははじめから貨幣論, 金融論, 貿易論というようなむしろ政策論の対象になりそうな分野に興味を示した。ムーアの倫理学におおかた感銘したケインズが, 政策論の基盤を否認するようなムーアの行為理論に不満を覚えて, この点を修正しようとしたのは納得しにくいことではない。哲学的思索にふけったムーアの生涯とは対照的に, ケインズの生涯は政策理論家あるいは政策立案者として輝いている。

ついでながら言及するが, 彼が「若き日の信条」で,「ムーアの宗教を採用

したが，その道徳を捨てた」と言っているのも，以上の点にかかわりがあるように考えられる。「若き日の信条」に書かれた文章だけでは，そこで言う「宗教」が何を意味し，「道徳」が何を意味するか判然としないが，以上の事情にかかわらせてみると，次のような解釈も可能ではないかと考えられる。すなわち「宗教」というのは，（本章では主題設定の関係上，後で若干言及するにとどめるつもりではあるが）ムーアの「善」についての考えをめぐる事柄であろう。実際，『若き日の信条』では，この点についての賛意をずいぶん詳しく述べている。反面道徳というのは，人の社会に対する働きかけを意味するのではないかと考えられる。この点ではムーアの議論はあまりにも消極的であった[43]。ムーアは先述のように，自らの倫理学を科学的倫理学と呼び，科学的な予測に関するものであって，予測の確度が自然科学の場合とは格段に違うと述べたが，このかぎりではケインズはムーアに反対しているわけではない。両者の違いは，ケインズが，仮に将来の予測が蓋然的でしかないとしても，人間は将来に向けての行動を取らないわけにはいかないのであり，その行為選択の仕方はムーアの言うように消極的なものであってはなるまいと主張した点にある。

　ムーアが，人々は常識的な行為の範囲内に蟄居しがちであるとする理由は，常識的行為の近未来の諸結果については，日常の頻度の高い経験によっておおよその見当がつくけれども，将来に向けての行動を起こすに際しては，その行動が引き起こすであろうはるか未来に至るまでの諸結果の連鎖を見極め計測することができなければなるまいが，このことはほとんど不可能に近いということであった。これでは常識的行動の範囲を出るのは難しく，常識嫌いのケインズにとっては満足のいくものではなかったのである。

　そこで，ムーアのこの論を克服するためには，現在の行為決定に際して，頻度論的な予測や，未来の蓋然的な事柄についての予測が計測できなければならないという方法を，確率論あるいは蓋然性論の枠組の中で反駁し，それに代わる行為決定の方法を示さなければならなかった。その方法として彼が『確率論』において提示したのは，行動を決定する場合の支えになる合理的信念（rational belief）という考えである。

人は，未来に向けてある成果を期待してある行動を決意しようとする場合，現在の諸事情についての知識をもとにして決断する。その成果を得るのに有利と思われる諸事情，また不都合と思える諸事情についての知識を集める。そして両側面を勘案してどのような行動を起こすのが合理的であるかを考える。投資などの経済的な行動決定に際しては，人々が先々の収益チャンスの事情についてどのような意見を持っているかについても，知識を得なければなるまい。こうした有利，不利な関連知識を十分に集めて，それを将来ある成果を得るための行動を選択するための<u>論理的支えとする場合，それをケインズは合理的信念</u>と呼んでいる。そのような知識が十分であればあるほど合理的信念の度合いを高めることができる。

　したがって，合理的信念が的中するかどうかは確率の問題でしかないとしても，人はそれに基づいて現在の行為を決断する。ムーアが要求した「大前提」は，それを得るのが不可能なだけではなく，それを手にする必要がなくなる。そしてそのことによって大づかみながら『一般理論』への道も開かれているように思われる。

　消費性向，流動性選好と利子率の関係，貨幣賃金の下方硬直性，非自発的失業，資本の限界効率についての多くの人々の意見，貨幣当局の貨幣量操作の可能性，投資の社会化の可能性等々，現状についての知識を集めて，つまりこうした事実認識を前提的な諸命題（『確率論』で言えばウエイトの高いエヴィデンス）として踏まえて，ケインズは，論理的・理論的に完全雇用に近づくための方策を導き出している。そのために「古典派理論」の前提を，経験に即した新しい前提に置き換えたのである。こうした合理的信念を導き出すために集められた事実認定が，彼の雇用理論の新しい前提になっているのであるが，それは，将来への予測を立てるために現状についての知識（資料）をできるだけ集めようとしたものであり，その方法は『確率論』で主張されたことと重なるものと考えられる。そしてこの新しい前提的諸命題が，古典派以来の理論体系の前提と違っていたから，『一般理論』が革新的な批判理論であるようにも言われたのである。

しかし前提からの推論の手法，理論分析のツールは，従来の伝統的理論を大いに活用し，援用したものであった。ケインズは言っている，「経済学の古典派理論に対するわれわれの批判は，その分析における論理的欠陥を見出すことではなく，その暗黙の想定が……」現実に合わないことを指摘することであると[44]。そして，その政策目標は，雇用を完全雇用ないしそれに近い状態に維持するということであって，「古典派理論」の主張する理論的帰結とそれほど変りがない。それは保守主義の意図を目指したものにほかならない。それはあたかも，ムーアが，功利主義者やカントに見られる個人的善→全体的善という暗黙の前提を，日常の実情と食い違うと言って批判し，そうすることで彼らの社会観（その前提）を覆したにもかかわらず，功利主義批判家カントの最高善の観念に幸福（＝功利）の要素が含まれていることを指摘し，かつ社会的善の総量の増進に人々の幸福や功利の全体としての増大を含めており，この意味では望ましい帰結としては功利主義の伝統から離れていないというような，伝統的，保守主義的事情に似ている。

　実際，ケインズにとっても，ムーアにおけると同様に，ある行動の直近の結果はともかくとして，遠い将来におけるその諸結果はほとんど予測不可能なものであったから，ケインズもムーアと全く同様とは言えないにしても，やはり保守主義者である。彼はどこかで「私は保守主義者である」と明言している。彼自身，利子率の切り下げや金利生活者のユーサネイジアに言及した後，「その他の諸点においては，上述の理論はその含意において適度に保守的である」[45]と自認している。

　この点は社会主義に対する両人のスタンスを見れば，両者の大きな意味での共通性が浮かび上がってくる。ムーアの場合，社会主義はずうっと遠い将来の期待を意味しているから，その予見の妥当性の証明はほとんど不可能だということになり，このことが社会主義反対の１つの理由であったのは先に述べた。この反対論と実質同じ性質のことかもしれないが，ムーアは言う，「'現在'と呼べるほどに近い未来に得られそうな善は，遠い未来においてそれだけ手に入る確かさが少なくなる善よりも，……一般に優先されるべきだ」と[46]。他方，

ケインズは言う,「より小さくても相対的に確かな善は, より大きくても相対的にいっそう不確かな善よりも, より善い」と[47]。もちろん, ケインズにとっては, どちらの善を選択するとしても, その結果は蓋然的であって, 事前に計算可能なものではない。しかし2つの文章は, 直覚的判断にかかわるものとして読めば, ほとんど相似形である。それはともに共通な保守主義のタイプを表現している。

　そもそもケインズは1920年代に『自由放任主義の終焉』において, 自由放任主義は社会主義への近道でしかないと言って, 自由放任主義に反対していた。『一般理論』も, それが財政金融政策の拡大強化を提案するのは, それが「現在の経済様式の全面的な崩壊を回避する唯一の実行可能な手段であると同時に, 個人の創意を効果的に機能させる条件である」からだと言明する[48]。換言すれば, 『一般理論』の政策提案が, 資本主義体制の崩壊を回避するための手段だと明言しているのである。

☆　　　☆　　　☆

　ケインズは, 所得の不平等とか非自発的失業とか賃金の下方硬直性とか周期的な恐慌とか金利生活者の存在とか, 自由市場経済から生じるいくつもの欠陥を指摘している。このような欠陥の指摘は, 一見革新陣営の資本主義批判と同じ姿勢を意味しているように見えるかもしれない。実際このような指摘は, 彼の雇用増進政策と共に, 当時のいわゆる政治的な革新陣営にも歓迎された指摘であった。しかし, このような姿勢もムーアの有機的複合体という特徴的な把握に照らし合わせてみると, 明確で自覚的な保守主義, あるいは部分的な改良政策の性格を示している。

　ムーアの有機的複合体の考えは直接にはヘーゲリアンの有機統一体の概念の批判という意味を持たされている[49]。ムーアによれば, ヘーゲル的な意味においては全体を構成する各部分は, 潜在的にしろ顕在的にしろ, 全体に対して目的論的な関係を持っている。すなわち各部分は, 原因あるいは手段として, 全体を全体たらしめる必然的な作用因をもつものとしての意義を有する。このような意味での部分を欠けば全体は成り立たないが, 全体から切り離されれば部

分は何の意味も持たない。もし全体と部分との関係がこのようなものであるとすると，個々の部分を，全体から切り離して独自に考える，あるいは独自に改良するというようなことは意味をなさなくなるであろう。

これに対して，ムーアは，有機的複合体を単に，全体を構成する各部分のそれぞれの価値（＝善）の合計が全体の価値（＝善）と一致するとは限らないような関係であると考える。複合的な全体は善い部分と悪い部分と善くも悪くもない部分とからさまざま形で複合的に構成されている。各部分と他の諸部分あるいは全体との関係は，容易に動かすことのできない論理的・必然性の関係で結ばれているわけではなく，各部分はそれなりに独自に考えたり改良したり，そのことを通して全体の善価値を左右することができる関係にある。

悪い部分（たとえば非自発的失業の存在）に目をつぶるのでは，それを矯正する手立てを見出すこともできないから，全体の善を大きくすることはもとより望めない。逆に，悪い部分を知ることは，知識，認識に関することだから倫理的な意味では善くも悪くもないことだが，この知識によって悪い部分を矯正する手立てを見出すことができる場合には，全体の善を大きくする蓋然性も出てくるだろう。したがって，悪いことを知識として認識し悪い部分を矯正する手法を見出すことは，全体としての善の総量を増やすという観点から，蓋然的ながら諸個人が果すべき義務であるとされる[50]。

そうだとすると，当時の労働党左派に対峙しつつも，自由党と労働党右派を糾合して，現存資本主義の善の総量を大きくしようとした保守主義者ケインズが，あからさまな義務意識に駆られて現存の資本主義の諸弊害を指摘し，この知識を，雇用増進政策立案の前提諸命題（エヴィデンス）にした，その改良主義的姿勢はまたしても，ムーアの倫理学に含まれる保守主義の考え方に立脚するものと解釈されるのである。

ところが，ムーアの有機的複合体の定義をそのまま受けとめれば，単に，各部分の価値合計は全体の価値に合致するとは限らないというだけであるから，仮にそうであるにすぎないとすれば，雇用増進という部分改良が全体の善を増進するということも不確定になってしまうであろう。したがってケインズは，

将来に向けての現在の行為決定理論に関してムーアに反対したのと同様に，この場合も，ムーアの有機的複合体の考えを慎重に（修正して）援用している[51]。そのうえで，理論的，論理的に推論するかぎり，雇用問題の改善というような部分的な改良が，全体の善を増進するはずだという理論的信念（『確率論』で言う「合理的信念」）を表明することになっているのである[52]。

しかしこの事情は，ケインズがムーアの有機的複合体の考えに全面的に反対したことを意味するものではなく，むしろその考えを修正して援用したことを意味する。なぜなら，ムーアが批判対象にしたヘーゲル的な有機体論に立脚すれば，（ムーアのヘーゲル理解に立脚するかぎりでは）全体を離れた部分の独自な改良は，意味をなさないとされていたからである。そのかぎりでは，ケインズは，ムーアの有機的複合体の考えを援用することによって，部分的改良論を，しかも雇用理論という部分理論からの全体価値の増進という問題を立てることができているように考えられるのである。このようなケインズの部分改良主義が，ミルやマーシャルのイギリス的な部分改良主義の伝統を受けつぐものであるのは言うまでもない。

4 『一般理論』の一般性をめぐって

ムーアにはある行為の general な妥当性とその universal な妥当性とを区別する観点がある。この点について『倫理学原理』§16 ではおよそ次のように説明されている。——ある一定の行為が，どんな状況においても一定の結果をもたらすだろうという普遍的な（universal な）判断は不可能であり，そのような命題で真なるものはめったにない。同一の行動でも，状況が変われば全く異なった結果をもたらすだろう。ある時代に一般に（general に）真なる判断は別の時代には一般に誤りになるであろう。ある結果が一般にある種の行動から生じるだろうという命題でさえ，その行為を取り巻く状況（＝前提）が同じである場合だけであろう。（自然）科学の法則を確立するにはただ1つの結果を考えればよいが，倫理的判断は，ある行動の諸結果の遠い未来にかけての連鎖を追求

する必要がある。われわれの見通しがこのような遠い未来まで確実に達することはできない。したがって，ある善の残量がある限られた期間内に生み出されると思われるならば，それで満足しなければならない——。

　また，彼は『倫理学原理』の終結部近くの§134; Concluding Remarks で次のようにも言っている。「何かの主題についての真理は，我々の見たいような調和（symmetry）を示すだろうとか，——（あいまいだが普通の言葉を使うなら）それは何か特有な形の「統一性」（unity）を持っているだろうと想定する資格を我々は少しも持っていない。真理を犠牲にして「統一性」や「体系」を求めようとするのは，……それがどれほどこれまでの哲学者たちの慣習であったとしても，それは哲学固有の仕事ではない」と。

　以上2つの文章を合わせて読めば，ムーアが原理的な普遍性や統一性，調和や体系性に対して反対しており，空間的にも時間的にも general という語を，特定の状況に限定していることが分かる。そしてこのようなムーアの見地も，ケインズの『一般理論』の一般性の意味に関係しているのではないかと考えられる。

　『一般理論』の1つのパラグラフから成る第1章で，ケインズは『一般理論』の「一般的 general」である理由を，次のように説明している。「私は古典派理論の諸公準が，1つの特殊な場合にのみ当てはまり，一般的な場合には当てはまらないということを論じようと思う。けだし古典派理論の想定する状態は，いくつかの可能的な均衡状態の1つの限界点に過ぎないからである」。

　ケインズによれば，周知のとおり，「古典派理論」[53]は，自由競争とホモ・エコノミクスの前提（理論的な仮設の状況）のもとで，諸個人の自由な経済行為が，必然的に完全雇用という調和的な結果をもたらすということを，普遍的真理であるかのように体系化している。しかし，この体系の論理的前提を経験的な実状と取り換えてみると，この普遍的真理なるものが実はさまざまな可能性の中の極限的な特殊ケースでしかないということが判明する。

　賃金の下方硬直性，分配の不平等，消費性向，資本の限界効率に関する人々の意見の変化，流動性選好の度合い，利子率，貨幣当局の貨幣量操作の能力等々

の，現実の経験的な状況を前提すれば，諸個人の自由な経済行為の結果はさまざまな雇用水準を引き起こしうる。したがって古典派理論がその理論的仮設的前提から引き出した完全雇用という結果は，その仮設を現実的な状況に合致した前提に置き換えるならば，さまざまな蓋然的諸結果の中の1つという特殊なケースを考えているにすぎない。古典派理論は，この特殊ケースをあたかも普遍的であるかのように述べているのである。それに対してケインズは，この特殊なケースだけではなく，そのほかのさまざまな蓋然的な諸結果を「一般的に」考慮する。

　ケインズの上記の批判は，純粋な経済理論的な思考転換によるように見えるかもしれないが，その転機，あるいはその基盤になっていたのは，前述のように，古典派理論の論理的体系の前提を，日常的な事実の観察に照らし合わせて検討しなおすことである。この批判の方法は，ムーアが功利主義やドイツ観念論に対して批判したときの，その基礎的前提の経験論的な批判の方法にほかならなかった。そのうえで，古典派は完全雇用という特殊な結果だけを問題にしているに過ぎないが，自分は消費性向や利子率などのさまざまな水準や状況を考慮に入れてさまざまな雇用水準を問題にすると言ったとき，一定の行為も状況が違えばさまざまな結果に帰着するという，ムーアの行為――結果の確率論的命題を想起するならば，ケインズの古典派理論批判の心意と方法がよほど理解しやすいように思える。この転換が恩師マーシャルから来るものでなかっただろうことは，『一般理論』第2章「古典派経済学の公準」でマーシャルがしばしば批判の槍玉にあがっていることからも推定される。

☆　　　☆　　　☆

　次にまた，ケインズの理論は短期理論だとよく言われる。確かに彼は長期的な経済動向などを直接の問題にしてはいない。非自発的失業が存在する状況のもとで投資を増やすことに成功した場合，どのように雇用を増やすことができるかを問題にしているに過ぎない。

　『一般理論』第18章「雇用の一般理論再説」冒頭では，自らの理論の総括を試みており，理論全体の前提事項をまとめている。それによると彼は，「利

用可能な労働の現存の熟練と量，利用可能な設備の現存の質と量，現存の技術，競争の程度，消費者の嗜好と習慣，強度の異なった労働の不効用と監督および組織の活動の不効用，および国民所得の分配を決定する諸力……を含む社会構造」をギヴンな与件として，そのうえで，投資をはじめとする諸変数のあいだの関係を考えたのだと言う。これらの与件の中には「労働の現存の熟練と量，設備の現存の質と量」を一定だと仮定するという項目が含まれているが，これはマーシャルの短期の条件を想起させる。ケインズは有名な「マーシャル伝」の中で，一時的，短期的，長期的，超長期的という時間概念の導入を，理論史上の彼の新しい寄与であり「開拓的な着想」であると評価しているが[54]，その中での「短期」の重要な指標とされていた事柄を，ケインズは自らの理論の「与件」として採用している。ミクロとマクロという問題の相違もあるだろうが，彼がなぜほかならぬこの短期の条件を選んだのかは，マーシャルからケインズへの単なる経済理論史的な発展経過としては，必ずしも理解しやすいことではないように思われる。

　しかし，このように数多くの経済的諸事項を「与件」として自らの理論的推論の外に固定化したのは，ある行為の結果をよりよく予見するためには，予見を導くための前提（ムーアの言う状況）をしっかり限定しておくことが必要になるからであって，このことは，ムーアの行為——結果の確率論に照らし合わせてみるとよほど納得しやすくなる。『一般理論』の general は，理論の universal な妥当性に対して対立的な意味を持っていることになる。この点でもムーアの観点が，マーシャルからケインズへの理論の転換の転轍機になっていたことは大いにありうることである。

　しかしこのことは逆に言えば，次のような理論の妥当性の限定を意味する。ケインズがあげた与件や前提事項には，国家財政や国際競争の全面的な検討は含まれていない。したがってこうした事情にまで，前提の網を広げるとすれば，当然それに続く推論も違ってくることになるだろう。ケインズ自身の意図から言えば，先進諸国は植民地争奪・拡張競争のために国外投資を強行することをやめて，むしろ諸国家連携して国内投資を推進することこそが，雇用の拡大を

通じての資本主義とその平和の維持にとって大事だということを主張しようとしたのであったから，あえて伝統的な経済原論の手法を踏襲し，国家財政の多面的な分析や国際競争の事実を捨象して，いわゆるクローズド・システムの体裁をとったのであろうが，しかし，こうした事実を組み入れてもっともっと現実的な前提を置いたとすると，それから引き出される理論的な推論と予見は違ったもの，もっと複雑な様相，もっと多様な蓋然性を持ったものになるはずである。

☆　　　☆　　　☆

さらにまた，経済学史を振り返ってみると『一般理論』に資本主義の長期的な歴史的趨勢についてのまとまった叙述がないという点も，目立った特徴の1つであろうと思う。私たちが学んだイギリス経済学史上の主だった古典は，多くの場合何らかの形で資本主義の歴史的趨勢について大きな関心を払っている。最後の重商主義者と言われるジェイムズ・ステュアートは，封建制の衰退と自由市場経済の興隆とを歴史的な趨勢と見て，そのうえで市場経済の得失を論じている[55]。アダム・スミスの「自然的自由の体系」という構想は，封建遺制と闘いながら，自由のもとでの商品経済の自然的な発展が行きつくはずのシステムとして，したがって歴史的発展の必然的な方向性として描かれている[56]。リカードウは，現在の投下労働量と過去労働の成果としての資本への利潤を考慮に入れた彼の価格理論が，資本主義にも未開社会にも通用する普遍性を持つと主張したばかりではなく，自由市場経済は利潤率の傾向的な低下によって遠い将来においては，その発展が停滞するであろうという歴史理論を表明している。J. S. ミルは，イギリス歴史学派のアシュレーによって，その歴史論が世界各地の歴史的発展の多様性を描いているという点で大変優れていると称賛されたほどであるが[57]，彼は，この歴史理解に立脚して，先進国では分配政策を，後進国では生産増強政策を採るべしという政策論を導き出している。彼は広範な視野で，そのかぎりでは空間的普遍性と歴史的に長期的な方向性を持つ政策論を展開しようとしたのである。マルクスの『資本論』が壮大な歴史理論であったことは多言を要しないことであろう[58]。マーシャルは，その『経済学原理』の

諸原理がどれほど歴史的な普遍性を持ちうるのか，その裏づけを確かめようとする歴史的関心を示している。あるいは過去の正確な理解（帰納）に基づいて将来を信頼できる確実さを持って予測（演繹）できることを，（前章でみたように，これは大変困難だという認識を持つに至っていたにもかかわらず，なお古典的経済学の伝統を踏まえて），経済学の目的に含めている。

ところがケインズはこうした理論史上の伝統にほとんど拘泥していない。ケインズは，必要に応じて歴史上の経験に言及してはいる。彼はまた，歴史学派のクラッパムが，歴史学派のカニンガムを凌駕するマーシャルの歴史研究の水準の高さに感銘している事実を，書き記している。しかし彼は，マーシャルが歴史研究に注ぎ込んだ情熱に対してはいささか評価が冷たくむしろ否定的でさえある。彼は，マーシャルの情熱を「わき道に迷い込み」とか「多大な力の浪費」だったという否定的な言葉で評している。ケインズの言葉を借りれば，「すべてが広範な一般化に煮詰められている」。そのためかえって歴史学派のカニンガムから原理の広範な歴史的妥当性要求に対する批判を受けた[59]。ムーアの用語法に戻ると，それは普遍性（universality）を意味している。ケインズはここでは歴史的な意味での普遍性要求に対して冷ややかであったことになる。『一般理論』の general はこうした一般化の要求を論理的な意味でも事実認識のうえでも，拒否していることを意味している。あるいは『一般理論』に言う一般性は，経済学史上のいくつもの重要な古典が何らかの形で求めた歴史的な普遍性や原理の一貫性，あるいはマーシャルの場合のように歴史的背景の変化にもかかわらず形を変え程度を変えながらも長いスパンで見られる広範な適用可能性に対して，その意義を評価しないような性格のものだということになる。

確かにケインズの『一般理論』は，現在の諸事情を経験的に正確に踏まえて，その前提のうえで，ある政策を採った場合の短期的な効果を論理的に導き出そうとしている。そこには，過去から現在への歴史的推移を踏まえて，その延長として未来の状態を導き出そうとしているわけではないから（このことは前述の頻度論批判と符合しているのだが），理論の中に歴史的な回顧を組み込む必要も，何か長期的に妥当する体系的な原理的普遍化あるいは法則性を求める必要もな

かったのである。

　この点に関して，再びムーアの社会観からケインズ自身の『確率論』における方法意識に話を戻してみると，以上のような『一般理論』のありようはよほど理解しやすいように思われる。

　前述のムーアの行為理論によると，ある行為のもたらす諸結果については，直近の結果はいくらかでも確度の高い予見が可能かもしれないが，遠い未来のそれを予見することは不可能に近い。仮にそうだとすると，過去から現在にかけての歴史の運行にも必然的な法則性は求められなくなるだろうし，現在から未来にかけての確実な予見も，特に長期に関しては，ほとんど不可能なことになるであろう。なぜなら歴史上の人々の行為は次々に予想外の諸結果を引き起こしてきたに違いないと見なされてしまうからである。したがって，過去から現在への歴史的推移を振り返って，そこから未来への予測を立てるという方法もまた，当てはずれになってしまうだろう。このことは『確率論』においては，将来予測に関する頻度論批判，ジョン・スチュアート・ミル的な帰納論批判，あるいは統計学的予測の限界づけという形をとっている。ケインズの方法は，現在の諸事情をつぶさに調べて，この状況についての知識を前提として，論理的・理論的な短期予想を立てようとするものである。したがって，彼の政策理論に歴史的な回顧が入り込む余地はないのである。彼は言う，「未来は決して過去と同じようにはならない，このことをわれわれはよく知っている」と[60]。また，「現在は，過去の経験の偏りのない検討よりも，はるかに有効な未来への手引きをあたえる」と[61]。『一般理論』にいう一般性は，すべてのことを何らかの形で広範な一般化（あるいは普遍化）に煮詰める（先述）ことに対立するような性質のものであったと言わねばなるまい。

☆　　　☆　　　☆

　それにしても，ケインズがムーアに影響されてこのように短期的予想，状況主義，未来の蓋然性論に傾いたという経済学史上の事実は，いったい何を意味するのであろうか。この点でまず想起されることは両者共に体系嫌いになっていたということである。ムーアの体系追求に対する批判は本節冒頭で引用した

Concluding Remarks から明らかである。ラッセルも同じように体系志向を批判し，「体系への愛が，哲学における正直な志向に対する最大の障害物である」と考えた——と伝えられる[62]。ケインズもまた経済理論の体系化ということに反対している。「経済学のような複雑な研究」においては「正確な一般化は望みえない」ものだからだ[63]。

　この考えから彼はマーシャルの体系化志向を批判する。マーシャルにとっての致命的な，あるいは宿命的な決定は，包括的な体系書（a comprehensive treatise）のために「経済の特殊問題に関する一連のモノグラフ」を執筆する計画を放棄したことであった[64]。「彼は自分自身の建前に反して，不可能な終局性（an impossible finality）を達成しようとしていたのではなかったか」。「経済学の進歩と日常的有用性は，先駆者や革新者が体系書（treatise）を避けて，パンフレットやモノグラフの方を選ぶことを要求するのではないだろうか」[65]。「経済学者たちは4つ折版の栄誉を1人アダム・スミスだけに任せなければならず，その日の出来事を掴み取り，パンフレットを風に飛ばし，常に時間の相のもとに（sub specie temporis）ものを書かなければならない」[66]。

　彼が，先行する古典的諸理論を向こうにまわして大きな意気込みで書いた『一般理論』に経済学の諸原理などという伝統的な題名を与えないで，『雇用の……』というような個別的な政策理論であるかのような題を当てたのも，そしてまた『一般理論』に先に見たような数多くの与件を設定して，理論の前提になる状況を狭く限定しているのも，上記のような体系構築反対にかかわっているであろう。マーシャルがやろうとしたように，経済全体の諸事項を体系的に一書に詰め込もうとすること（前述）は，もはや不可能という判断がケインズにはある。

　イギリス経済学史において，このようなことをやろうとした代表的な古典はスミスやミルやマーシャルなどであったと言えるだろうけれども，彼がそのような体系への志向に対する栄誉を与えているのは，スミスだけだというのも興味を引く。ミルは周知のように，スミスとは違った1848年の段階で，スミスに匹敵するような広範な体系を作ることを志したが，ミルはすでに生産は自然

的だけれども,分配は人為的だというように,首尾一貫した形で資本主義の全体像を統一的に描くことはできなくなっている。マーシャルは,生涯をかけてその3部作によって,イギリス,ドイツ,アメリカなどの諸国を取り上げながら,資本主義の理論的歴史的全体像を体系化しようとしたのであるが,ケインズはそれを宿命的な決定,つまりは致命的な失敗だったと評価している。しかし18世紀のスミスだけは,個人的自由を前提にして理論的にも歴史的にも首尾一貫して美しい資本主義の全体像を描き出すことに成功している。ケインズはスミスだけは「全体に対する途切れることのない芸術的感受性」に恵まれたと言っている[67]。ただし,論理的とは言わないで,芸術的と言っているところが興味を引く。

　経済学史についてのあまり注意されることのないケインズのこのような批評が的を射ているとすると,イギリス経済学史においては,資本主義体制の全体像を経験主義に立脚して理論的にも歴史的にも美しく描き出すことのできたのは,スミスだけだったということになる。そしてケインズの時代には,もはや全体像を統一的に,首尾一貫した形で描くこと自体が不可能になったという自覚を,ケインズに見て取ることができる。すなわち,個人的自由を前提にして,経験論の枠をはずさないで首尾一貫して,資本主義の全機構の統一的な説明をすることはもはやできない。なぜなら諸個人の自由な行為が社会全体の善を結果するという確実性が,経験のうえでも,したがってまた理論的にも前提できなくなったからである。スミスが描いた近代社会が,資本主義社会の美しい原像だとするならば,20世紀はそのような美しい原像を求めることがもはや不可能な時代になっている。それどころか自由放任などといっていると,資本主義は全体として崩壊の危機に見舞われるだろう。理論史上の選択肢は,社会主義の必然性論か,資本主義の部分的な救済策だっただろうし,これらの選択肢の中には,マルクス主義に対するさまざまな距離を含んで,さまざまな中間形態があっただろうが,ケインズの立場はもちろん資本主義の部分的な救済策である。

　ケインズが,ムーアの近代思想批判に準拠して,「古典派理論」批判を実行

した状況は，以上のようなものであったから，ケインズは全体的な体系ではなくて，雇用問題という「個々の問題を考察」し，「一応の結論」(provisional conclusion) を出し，さらにその時々の諸事情を熟慮して，その救済策が実際に有効になるように援用することを求めたのである[68]。あるいは，『一般理論』のアイディアは，著者自身は当然ながら正しいと信じているところの1つの仮説（a hypothesis）であると言っているにすぎない[69]。

このような意味では，ケインズ経済学はもはや，スミスやミルやマーシャルの問題意識を継いで，つまり資本主義の全体像を体系的に捉えようとした包括的な経済学の発展史の継承として位置づけるにはいささか問題がある。それは，そうすることが不可能になったことを主張した短期的・部分的な政策理論であったからである。そこには，（普通に使われている意味での）古典派経済学とは異質の性格が伏在する。それは資本主義の全体像の体系的な理論化が不可能になった段階で，資本主義の救済策を提案した政策理論でしかないからである。それは，個人的自由を統一的な原理として資本主義の全体像を描くことができない状況のもとで，個人的自由とは異質の国家政策・国家統制によって，資本主義の救済策を提案したものである。（ケインズは，このような国家介入，国家統制が，個人的自由を抑圧することは少ないと考えていたが，官僚制の弊害については『一般理論』では，ほとんど言及していない。彼は市場の失敗を重視したが，政府の失敗を予見するところがなかった）。当然ながらその救済策は，前提となるその時その時の状況が違えば，そこから導かれる政策も違ってくるのであるから，上記のとおり普遍性の要求や，究極性の要求は出てこないのである。

ここでは1920年代にキングスカレッジでアポスルズに参加し，ケインズの晩年にはケインズの同僚として働いたフレデリック・ハーマーという人のケインズ経済学評を訳載してみたい。この人は，専門の経済学者ではないが，大蔵省の実務面でケインズの仕事ぶりに接していた人であって，そのケインズ評は，それだけに彼のものの考え方についてかえって囚われのない批評になっているように思われる。——「どんなことに対しても彼のアプローチを支配したのは哲学——心の習慣であった。彼はいつも，収集可能なデータを最善の仕方で組

み合わせ，それからそれが導くであろう推論をし，結論を提供……しようとしたし，そうすることに熱心であった。しかし多くの人たちと違って，彼は，<u>前提の基本的重要性</u>と，また不完全な前提のうえでなされる推論の欠陥とを忘れたことはなかった。したがって彼の推論が攻撃にさらされることがめったにありえないような時でも，彼の前提が攻撃されそれが間違っているとか不完全であることが示されえた場合には，彼はいつも喜んでまた意図的に彼の結論を修正しようとした。攻撃に応えようとするとき彼はかなり神経質であったかもしれないが，それに成功した場合には，……いつも考え直しや組み立て直しを始めようとする点で彼は並外れた能力を持っていた。……このような次第で，私の見るところでは，<u>彼の仕事の多くのものの持続的価値は</u>，状況に関する諸事実――つまり<u>前提の批判的検討を引き起こすという点</u>にある。私は，彼が，自分の提出した結論を，どんな事情のもとでも，この前提ほどの重要性を持つものと見なしていたと感じたことはない」[70]。

この文章は，専門の経済学者ではない人のケインズ評であるだけに，ずいぶんそっけない批評のように思われるかもしれない。しかしケインズ自身が，『確率論』において，こうした批評を自ら肯定するような方法意識を以下のように表明している点にも注目しなければなるまい。「我々の知識，あるいは我々の前提が変わるときには，我々の結論は，それ自体においてであるというよりもこれらの新しい前提との関連で，新しい蓋然性を持つ。いまや新しい論理的関係が重要になる。すなわち我々が今研究している結論と我々の新しい想定（supposition＝前提――引用者）との関係が重要になる」[71]。

（謝辞）本章を構想するに当たっては，古典研究会で，数年にわたってカントを読んだ後で，ムーア『倫理学原理』をテキストに選ぶようになったことが大きな機縁になっている。どちらが欠けても本章は成立しなかったであろう。その間，研究会の諸兄姉には，様々なご意見，ご教示をいただいたことに深く謝意を表さなければならない。また，そのほか資料面で立川潔氏，石田教子さんのご助力をいただいたことにも謝意を記しておきたい。

(注)

1) J. Runde and S. Mizuhara (ed.), *The Philosophy of Keynes's Economics*, Routledge, 2003 は，1980年代後半から活発になったケインズ経済学の哲学的な基礎に関する論争史において，様々な問題提起をした人たちに寄稿を依頼して，その論争史を総覧しようとするような論文集を編集（編著）している。議論の状況を一瞥するにはありがたい編集だと思われるが，まさしく本文で記したような印象をあたえている。序文には，各論者の論点が整理してある。巻末には大変詳しい文献録があって，同書と同じ関心を持つ人にとっては便利だと思われるが，本章の問題関心から見れば脱落したかなりの文献があるように思われる。

2) G. E. Moore, *Principia Ethica*, Cambridge Univ. Press, 1903. 深谷昭三訳『倫理学原理』，三和書房，1973年。以下，本文中に『倫理学原理』と表記し，引用・参照個所をセクション（§）ナンバーで示す。同書は，全部で135のセクションを目次，原書，訳書すべてにおいて通しナンバーで表示している。（追記；――本書再校の時点でムーアの *Principia Ethica* は，本章注11）に記したBaldwin版をもとにした新しい邦訳が出版された。泉谷周三郎・寺中平治・星野勉共訳『倫理学原理』，三和書籍，2010年）。

3) G. W. Warnock, *"English Philosophy since 1900"*, Oxford Univ. Press, 2nd ed., 1969. 坂本百大・宮下治子訳『現代のイギリス哲学』，勁草書房，1983年。

4) P. A. Schilpp (ed.), T*he Philosophy of G. E. Moore*, Northwestern Univ., 1942に所収の論文集を参照。

5) G. E. Moore, *Ethics*, 1912. 深谷昭三訳『倫理学』，法政大学出版局，1977年はまさにそのような観を呈している。

6) Cf. J. M. Keynes, 'Frank Ramsay', *Collected Writings of John Maynard Keynes*, vol. X, *Essays in Biography*, Macmillan St. Martin's Press, 1972, p. 338.『ケインズ全集』，第10巻，大野忠雄訳『人物評伝』，東洋経済新報社，1980年，447ページ参照。以下，上記全集はCW. Xなどと略記する。CW. Xからの引証は本章本文中に 'Frank Ramsay', CW. X, p. 338のように略記する。邦訳には原ページが付記してある。

7) Cf. CW. VIII, *A Treatise on Probability*, Macmillan St. Martin's Press, 1973, p. 10. また認識論論争の不満足な現状についての批評を参照。Cf. ibid. p. 291.（追記；――待望久しい『ケインズ全集第8巻，確率論』，佐藤隆三訳，東洋経済，2010年が，本書再校中に出版された）。

8) Cf. B. Russell, *My Philosophical Development*, G. Allen and Unwin, 1959, p. 38.『バートランド・ラッセル著作集』別巻，「私の哲学の発展」，野田又男訳，みすず書房，1965年，43ページ参照。

9) Cf. G. E. Moore, 'An Autobiography', P. A. Schilpp, op. cit., p. 17.

10) Cf. 'Alfred Marshall', CW. X. p. 172.

11）『倫理学原理』第1・2・3章は，ムーアの Lectures in London, entitled 'The Elements of Ethics, with a View to an Appreciation of Kant's Moral Philosophy' とほとんど同文のセクションを数多く含んでいる。Cf. G. E. Moore, *"Principia Ethica"*, revised ed., by T. Baldwin, Cambridge, 1993, Introduction, p. xiii and Appendix, pp. 312-313.
12）Cf. G. E. Moore, 'An Autobiography', Schilpp, op. cit. pp. 19 and 21.
13）B. Russell, *German Social Democracy*, Longmans, Green and Co., 1896.『ドイツ社会主義』河合秀和訳，みすず書房，1990年。
14）Ibid., p. 40. 同上訳，45 ページ。
15）Cf. ibid., p. 39. 同上訳，44 ページ参照。
16）Cf. ibid., p. 30. 同上訳，36 ページ参照。
17）Cf. ibid., p. 40. 同上訳，45 ページ参照。
18）ラッセルはその『数学原理』の序文で，哲学的な問題についてはムーアに依拠していると書いている。しかしムーアはその『自叙伝』で，ラッセルに与えたものよりも彼から学んだもののほうが大きいと書いている。互いに相手の講義を聴講しあっていたような間柄だ。2人の考えが相互に深く浸透しあっていたことは明らかである。そしてケインズは「若き日の信条」で，そのムーアとラッセルの影響のもとで『確率論』を執筆したと述べている（cf. 'My Early Beliefs', CW. X, p. 445）。
19）前出ワーノック『現代のイギリス哲学』参照。
20）Cf. CW. VIII, p. 303.
21）Cf. 'My Early Beliefs', CW. X, p. 446.
22）Cf.ibid., p. 445.
23) probability という言葉は蓋然性とも確率とも訳される。蓋然性は，必ずしも数値表現のできない予想を連想させるが，確率は数値表現の可能な予測を連想させるように思われる。英語の probability は，言葉自体としてはこの2つの事柄を区別していない。ケインズがその『確率論』で強調している事柄の1つは，予測に関しては数値表現のできるものとできないものがあるという点である。賭け事などにおける大数法則は前者に属するが，ケインズの時代にヨーロッパ大戦が起きるかどうかについての予見などは後者に属していた（cf. 'General Theory of Employment', CW. XIV, p. 113）。本章では，厳密に区別立てをするわけではないが，2つの訳語を適宜自由に使うことにする。
24）『倫理学原理』§16および第5章参照。
25）『倫理学原理』§94。
26）Cf. 'General Theory of Employment', CW. XIV, p. 112.
27）小沼宗一『イギリス経済思想史』，創成社，2007年，終章を参照。
28）ケインズとホブソンとの関係については八田幸二「J. M. ケインズの政治・経済思想とJ. A. ホブソンの帝国主義分析」，『経済学論纂』，中央大学経済学研究会，第40

巻第 1・2 号，1999 年。同「J. A. ホブソンの新自由主義と過少消費説」,『経済学史学会年報』経済学史学会，第 40 号，2001 年 11 月など一連の研究を参照。

29) 'Francis Ysidro Edgeworth', CW. X, p. 260. 下線は引用者による。
30) 'Alfred Marshall', CW. X, p. 170.
31) 'My Early Beliefs', CW. X, p. 445.
32) Cf. T. Baldwin (ed.), op. cit., pp. xxvii-xxix.
33) ラッセルも，「人権という極度に個人主義的な理論は，理論的には全く偽りであり，論理的に突き詰めれば社会生活の一切の可能性を破壊してしまう……」と言う。B. Russell, op. cit., p. 166. 前掲訳 162 ページ。
34) 以上，『倫理学原理』§95 参照。
35) 以上『倫理学原理』§§99-100 参照。
36) 『倫理学原理』§99 参照。
37) 『倫理学原理』§93, pp. 152-153。下線は引用者による。
38) Cf. CW. VIII, p. 341.
39) R. スキデルスキー『ジョン・メイナード・ケインズ』(1), 宮崎儀一監訳・古谷隆訳，東洋経済，1987 年，249 ページにも，D. E. Moggridge, *Maynard Keynes, An Economist's Biography*, Routledge, 1992, p. 131 にも，同じ文章が引用されている。ただし，スキデルスキーはアポスルズでの報告が 1904 年 1 月 23 日に行れたとしているのに対して，モグリッジはこの日付が単なる推定にすぎず，いろんな理由でその報告は 1905 年以降のものとしている。ケインズが卒業したのは 1905 年 7 月。
40) Cf. G. E. Moore, 'An Autobiography', P. A. Schilpp (ed.), op. cit. pp. 1-39.
41) Cf. 'My Early Beliefs', CW. X. pp. 443-444.
42) Cf. D. E. Moggridge, op. cit., p. 553.
43) 八田幸二「J. M. ケインズと功利主義——G. E. ムーアの倫理学とケインズの哲学との関係」,『大学院研究年報』(中央大学)，第 26 号，1996 年，125-136 ページは，この点をめぐる関係を手際よくまとめている。
44) Cf. CW. VII, *General Theory on Employment, Interest and Money*, Macmillan ST. Martin's Press, 1973, p. 378. 『雇用・利子および貨幣の一般理論』塩野谷祐一訳，東洋経済新報社，1983 年，381 ページ。翻訳には原典ページが付記してある。引証は CW. VII, p. 378 のように略記する。
45) CW. VII, p. 377.
46) 『倫理学原理』§100。
47) CW. VIII, p. 353.
48) CW. VII, p. 380.
49) 『倫理学原理』§§18-22 参照。

50)『倫理学原理』第6章§133の(3)参照。
51) Cf. CW. VIII, pp. 344-345 and pp. 276-278.
52) カラベリは，相対的にまだ早い時期に最も詳細な形で，ムーア―『確率論』―『一般理論』の結びつきを論証しようとした人であるが，その結びつけ方は，細部にわたって一直線的にすぎるところがある。カラベリはケインズがムーアの有機的複合体の考えをも踏襲していると見ているが, (cf. A. M. Carabelli, *On Keynes's Method*, Macmillan Press, 1988, pp. 148-150 and p. 238) その解釈はそのままには受け入れ難い。なお次の2論文は，ムーアが『倫理学原理』で試みたヘーゲル批判の観点からではなく，有機体論 vs アトミズムという観点からのもので，本章と問題の受けとめ方にずれがあり，しかも相互に見解が対立的なものになっているが，ムーアとケインズをカラベリ的に直線的に結びつけるのは難しいことを示唆している。J. B. Davis, Keynes on Atomism and Organicism, *The Economic Journal*, vol. 99, No. 398. (Dec., 1989), pp. 1159-1172; T. Winslow, The Foundations of Keynes's Economics, in J. Runde and S. Mizuhara, op. cit., pp. 143-158.
53) 以下，「古典派理論」の語は，いちいちカッコに入れることを省くが，ケインズ的な特殊な用語法に拠る。
54) Cf. 'Alfred Marshall', CW. X, pp. 206-207.
55) 拙稿「J. ステュアートとA. スミスの自由市場論」，『経済学論纂』，第43巻第3・4合併号，2003年3月，および本書第1章「ジェームズ・ステュアートと形成期の資本主義観」参照。
56) 本書第2章「アダム・スミスの資本主義観」参照。
57) Cf. J. S. Mill, *Principles of Political Economy*, ed. by W. J. Ashley, Longmans, 1909, Appendix. C, p. 982.
58) 本書第7章「マルクスの資本主義観」参照。
59) Cf. 'Alfred Marshall', CW, X, pp. 209-210. この件については，マーシャルがどのように回答したかをも含めて門脇覚「マーシャルとカニンガムの方法論争」，『大学院研究年報』，中央大学大学院経済学研究科編集，34号，2004年，1-10ページ参照。
60) CW. XIV, 'Some Economic Consequences of a Declining Population', p. 124.
61) CW. XIV, 'The General Theory of Employment', p. 114.
62) Cf. A. Wood, 'Russell's Philosophy, a Study of its Development', in B. Russell, *My Philosophical Development*, (1959), p. 269. 前掲邦訳348-349ページ参照。
63) Cf. CW. VIII. p. 247.
64) Cf. Alfred Marshall, CW. X, p. 182. ケインズ自身も大きな treatise を2冊書いている。しかし全集第10巻の翻訳者大野忠雄氏の「体系書」という訳語選択は，前後の関係から言っても，あるいはケインズが言おうとしている意味から言っても適切であろう

と思われる。

65) Ibid., p. 198.
66) Ibid., p. 199.
67) Cf. ibid., p. 197.
68) Cf. CW. VII, p. 297.
69) Cf. CW. VII, p. 383,『一般理論』の最後のパラグラフ。
70) D. E. Moggridge, op. cit. p. 554. 下線は引用者による。
71) CW. VIII, p. 8.

終　章

総括
——資本主義観の経済思想史

はじめに

　18世紀以降の主としてイギリスの経済学の歴史を振り返ってみる場合，さまざまな理論的・思想史的な論題に焦点を絞って，その学説史の変遷をたどることができるであろう。価値理論史，市場と国家との関係についての学説史，さらにはもっと特定部門にかぎって金融理論史，貨幣理論史，貿易論史，財政思想史など，さまざまな論題に焦点を絞った学説史がありうる。が，そのさまざまな論題の中で，資本主義の歴史的な位置づけやその歴史性についての見方の変遷という論題もまた，茫洋としてつかみにくい論題ではあるが，私たちが現に住んでいる社会の歴史的な位置づけやその性格（特質）をどのように認識したらいいのかという関心から言えば，大変興味深い論題として浮かび上がってくる。

　もっともこうした論題を取り上げるとしても，本章で振り返ることができるのは18世紀中葉以降の学説史である。というのは，資本主義の全体像が体系的に描かれるようになったのは，イギリスでは18世紀，ジェイムズ・ステュアートやアダム・スミスによってである。フランスでは重農主義のケネーやチュルゴーをあげることができるだろうが，彼らも18世紀の人である。それ以前の人たちは，インド植民地論であるとか，貨幣論，為替論等々，新しく出てきた諸問題を，どちらかといえば個別に論じていたのであって，資本主義の全体像を体系的に描くところまでには至っていない。そこで私も長年にわたって

担当した経済学史の講義を，いつも18世紀中葉から始めることにしてきたのである。

　もちろん18世紀に世界の資本主義発展を先導し，したがって資本主義経済学の母国と見なされるイギリスにおいて，資本主義の時代が始まったのは，はるかにそれに先んじる2世紀も前である。しかし18世紀に資本主義という言葉があったわけではない。商業社会であるとか文明化された社会であるとかレギュラーな統治の行われる社会（したがって私有財産の安全が保障される社会）であるとか，あるいは封建的な身分制が弱体化して（このような意味全部を含めて）自然的な自由がよほど実現されるようになった社会だと自覚され表現されていたにすぎない。したがって18世紀以降の学説史を問題にする本書で，論題を資本主義観の変遷としたのは，18世紀イギリス経済学説が資本主義という言葉を使っていたからではない。当時の学説は，資本主義という言葉を知らないままで，実質的には封建制とは違った資本主義的な特徴を論じ，初めて体系的に描き出そうと試みたのである。ジェイムズ・ステュアートもそうであるが，アダム・スミスはまさにその典例である。スミスが解き明かした社会の全体的な構造は，彼自身は文明社会とか商業社会などと呼んでいるのだが，実質的には，今日通用する言葉の意味合いにおいて資本主義的な社会である。むしろ古典的な資本主義社会である。私は本書の始めの部分で，現実には資本主義的な関係が出来上がっているにもかかわらず，生成しつつあるその機構に適切な名称を与えることもできないままで，なお実質的にその機構の歴史的な特質を描き出そうと腐心した諸学説の変遷を問題にしようとした。

　資本主義という用語が本格的に普及し，私たちの住む社会の歴史的名称として市民権を持つようになったのは，20世紀になってからである。Capitalismという言葉は，19世紀の始めに見られないわけではないが，この言葉が，私たちの住む社会の全機構的な歴史的特性を表す名称として用いられ，かつ広く市民権を得たのはやはり20世紀以降である。言葉が広く使われたという意味では，社会主義という言葉の方が資本主義という言葉よりも，時期的に先行している。というのも，社会主義という言葉は，すでに19世紀30年代以降，

私有財産制度という社会制度と対立する言葉として，広く知られていたからである。以上の事情は，重田澄男『資本主義を見つけたのは誰か』（桜井書店，2002年）で興味深く描かれている。

　私が，本書で，まだ資本主義などという言葉がなかったころの18世紀以降の学説史を，資本主義観の変遷として問題にしてみようとしたのは，学説上の社会認識と，実質的な社会変動との間に齟齬が存在するという思想史的な事実が，それはそれとして大変興味深いと思うからである。

　本書で取り上げたのは主としてイギリスの経済思想史である。そのほかには，資本主義という着想の大本を提示し，イギリス古典派を批判してその後のイギリス経済学の発展を対照的な方向に向かわせたマルクスを論じた。

　ところで，学説史上の個々の学説が，その対象としたそれぞれの時代の資本主義の歴史的特性をどう捉えていたか，その思考内容も進化発展してきたのであるが，学説史の背景をなしている実体としての資本主義そのものも，時代とともに成長し進化している。その場合，私は18世紀に関しては，学説がたとえば商業社会と呼んだだけの実態が今日の感覚から言えばれっきとした資本主義社会であったというような，学説的認識とその対象とのあいだに齟齬があったと言ったが，このような学説と実態とのあいだに伏在する齟齬という問題を引き伸ばして見ると，このような齟齬は実態としての資本主義が資本主義という呼び名で呼ばれるようになってからも生じているかもしれないという推定上の疑問が出てくるであろう。このような茫洋とした論題設定の背後には，私たちが住んでいる社会が相変わらず資本主義の名で呼ばれているが，このような呼び方は，知らず知らずのうちに進化している経済の実質的な変化を適切に捉えていないかもしれないという疑問がある。

　たとえばケインズは，資本主義を資本主義の呼び名でもって分析の対象としているが，安易にスミスの名に結びつけられがちだった自由放任の終焉を宣言し，資本主義の全体主義的な社会主義への変革を阻止するために，国家官僚の英知によって資本主義の弊害の矯正と経済のステアリングを目指した。その思考は，先進諸国の保守党だけではなく社会主義的な傾向をもつ諸政党にも受け

入れられ，大きな刺激と影響を与えた。そして実際，ケインズの時代から実態としての資本主義そのものも大幅な変化を遂げている。1980年以降の新自由主義的な巻返しの一時期があったとはいえ，政府・官僚による市場コントロールの著しい発達が生じている。

資本主義の歴史を独自な手法で大づかみに整理したポラニーは，1930年代を「大転換」（great transformation）と呼んで，自由主義的，自動調節的市場経済が，国家関与の下での市場経済（複合社会）へ移行したものと意味づけたが，彼のいう「大転換」の画期は，期せずしてケインズによる経済学の変遷の画期と符合している。

こうした特徴を持つに至った経済機構を，スミスの描いた古典的資本主義の基準から見る場合，このような茫洋とした論題設定の背後には，私たちが住んでいる社会が相変らず資本主義の名で呼ばれているが，このような呼び方は，知らず知らずのうちに進化している経済の実質的な変化を適切に捉えていないかもしれないという疑問がある。スミスの影響のもと19世紀に形成された自由主義的資本主義と同類の機構を持つものとして，同じ呼び名（資本主義）で呼ばれていいものかという問題もあると思う。

こうした呼び名と実態とのタイム・ラグという問題は，逆に，いわゆる旧社会主義国の側からも，光を当てることができる。旧社会主義国は，資本主義との対照性，対立性を強調しつつ社会主義体制を自称していたが，今では自由市場を取り入れ，そのことが世上，社会主義の資本主義化と言われている。これらの旧社会主義国家は，資本主義世界では全体主義国家だと見なされていた。たしかにそうだとすると権力的な全体主義国家が，大きな革命的騒乱も無しにそれと対照的・対立的な国家体制に転換したというのでは，事態は納得のゆく説明を与えられたようには見えない。逆に，資本主義，少なくとも先進資本主義国家の社会体制は，国家の市場経済コントロールの技術において，後進国的で下手な国家統制を標榜しながら事実上は市場経済の拡大を防ぐことのできなかった旧社会主義諸国よりも，先進的な諸側面を持っていた事情を，それなりに十分に考慮に入れざるを得ない。先進資本主義国は，民主主義という政治面

で先進的であっただけでなく，国家による市場経済のステアリングや統御の技術においても先進国であったからである。こうした先進資本主義国は，政治上の民主主義においても，経済ステアリングの技術においても，旧社会主義国よりも先進的であるという側面がなければ，1990年前後に実際に生じた程度の混乱で，移行が実現できるはずがないからである。この事情をさらに別の言葉で言えば，旧社会主義諸国でも市場経済の拡大は不可避というのが自然の勢いであったし，逆にもっとも進んだ資本主義諸国の市場経済機構は，まさにそれを維持するために社会主義的な要素を組み込まざるを得なかったということにもなる。ある意味では最先進の資本主義諸国は，いまでも旧社会主義諸国よりも先進の諸制度を持っているということになる。したがって経済思想の歴史がこのような世界史的な状況をどのように反映してきたかが，興味を呼ぶ問題となる。本章は，こうした含みを持った本書の総括として，イギリスを中心とした経済諸学説の歴史が，（ステュアートからケインズまでの経済学史の伝統的な守備範囲内でではあるが）どのように，またどの程度までこうした世界史的な趨勢を反映してきたかを検討しようとするものである。

1 ジェームズ・ステュアート（1713-1780）

　ステュアートは封建政治と「交易と勤労の現代的制度」とを比較するという問題に関しては，相当に強い歴史的関心を持っていたように思われる。この問題はとりもなおさずステュアートなりの封建制と資本主義との歴史的比較論にほかならない。彼は，この問題を「依存と従属の関係」の「程度の違い」という特徴的な基準で論じている。彼の問題の立て方をこのように彼自身の言葉で表示しても，その含みはすぐには了解しにくいであろうと思われるから，若干ステュアートからの引用に私の解釈を加えながら，彼の問題の立て方自体の性格を検討してみよう。

　先に（本書第1章で）述べたように，ステュアートは近代資本主義社会を資本主義たらしめている資本の概念を十全には捉え得ていない。したがって，封

建制から資本主義への歴史の変転を，土地所有の支配する体制から資本の支配する体制への変化という形で表現することは，彼にとっては想定外の問題である。彼は，彼の時代の経済システムを「交易と勤労の現代的システム」と表現する。ではあるが，彼は，彼の時代に先立つ 2, 3 百年の間に漸進的ながらも大きな変革，彼の言葉を使えば revolution が生じていることを，強く感じ取っている。そこで彼は彼なりの基準で，この大変革を表現しようとするわけである。その基準が「依存と従属の関係」の変化という特徴的な見方である。

ステュアートの見るところでは，依存の度が高ければ従属が強くなり，依存度が低くなれば，それに比例して従属の度合いも軽くなる。敗戦の憂き目を見たにもかかわらず生命の維持を認められた奴隷の，勝者主人に対する依存と従属は一番大きい。子の親に対する依存と従属は 2 番目に高い。土地を所有していない農民の，土地を所有している領主に対する依存と従属は 3 番目に大きい。勤労とその所産を交易する職人や製造業者の，彼らを就業させる人に対する依存と従属は 4 番目に大きい。「彼らを就業させる人」という言葉は，職人や製造業者の顧客であると解釈するのがステュアート論としては通説であろうが，ここで製造業者，すなわちマニュファクチュラーというのは，手作業で物を作る人を意味するだけであって，言葉だけの解釈としては狭く独立自営の業者だけに限定しなければならないわけではないから，逆に「彼らを就業させる人」にはあいまいながら，問い屋制度など初期的な資本—雇用労働の関係を連想しうるような言葉である。

いずれにしても，ここにはすでにステュアートの歴史観，あるいは近代市場経済観（＝資本主義観）の特徴の一端が如実に表現されている。彼は，奴隷制，封建制，近代市場経済の比較を，「依存と従属」という視点で取りまとめている。この基準は彼にとっては，自然的でさえあるように見える。それは奴隷制から近代にいたるまで一貫しているだけではなく，歴史的社会的な人と人との関係が，子どもの親に対する依存というような自然的な関係と同列に並べられているという点にも表れている。しかしそれ以上に特徴的なことは，近代の市場経済をそれ以前の諸社会と画然と区別して，いわば異質のものとして美化しよう

としていないで，「依存と従属」の「さまざまな程度」を表す諸社会の1つとされているにすぎない点である．有史以来歴史は階級闘争の歴史であると書いたマルクスとエンゲルスの言葉をもじって言えば，彼にとっては有史以来の書かれた歴史は，「依存と従属」の歴史である．この点もまた，彼の資本主義観の特徴点の1つであることをまず述べておかねばなるまい．

彼が以上のような「依存と従属」論を展開したのは，人びとの権利を歴史の中に求めるべきだという立場を表明したのであって，スミスと違って，彼は自然法的な，理念的な権利論を退けている．彼の『原理』第2編第13章に見られるように，自然法は「空想的な諸原理」だと見なされる．社会契約説も否定される．したがってまた，「あらゆる政府は同じようなものであるべきだ」という考えや，「下層階級の完全な自由と独立に反するような従属は圧政だ」というような見方も，拒否される．彼によれば，諸階級の従属は国によって大いに異なりうるのである．

ところで，封建政治から「交易と勤労の現代的制度」への歴史的変動はどのように生じたのであろうか．この点を確かめるためには，まず物の生産や交易に関する彼のもっと一般的な経済史の枠組を見ておく必要がある．人間関係の変動は，物の生産や交易の仕方の変動の結果として生じているというのが，彼の歴史観でもあるからである．

『原理』第1編第10章の叙述をフォローしてみると；――彼によれば，経済史の基礎であり起点をなすものは，農業の生産力である．農業の生産力が低くて，農民が自分の（あるいはその家族の）生活を支えることしかできない間は，奴隷制さえ生じえない．しかし，農民が自分たちの家族の生活を支えたうえで，何がしかの余剰を残しうるようになると，事情が変ってくる．戦争の勝者による敗者の奴隷化も可能になる．奴隷制が崩壊して，領主が広範な領地の所有権を手にすることになると，農民の余剰産物は領主の手元に帰することになる．領主はこの余剰農産物を，臣下や従者に給与した．その代償として，彼らは領主に対する心身両面の服従を余儀なくされた．この関係の下では，交易や貨幣＝等価物の流通は基本的な要件にはなっていなかった．領主にとっては，領地

の広さと家臣の数が重要であったから，領主間の領地争いが絶えなかった。しかし，いろいろな事情で，貿易が発展し貿易都市が形成され，都市に対して特権的な自由が与えられるようになると，都市商人と領主およびその家臣団との間で，貨幣＝等価物を使った交易が発展した。それに伴って都市においては，領主たちに向けた製造業も発展した。都市商人の中には，豪奢な富裕を誇る向きも生じたが，領主たちも，社会的地位の上からも商人に引けを取らないほどの豪奢を追求することになった。そのために領主たちはこぞって，財政窮乏に陥り貨幣を必要とするようになった。そこで領主は，余剰の家臣や従者を遺棄したのであるが，そのために彼は権威を失墜した。「そこで彼は，それまでならその果実を消費してきた地所のために借地農業者（ハズバンドマンではない）を探した。この者はアンダーテイカー（請負人）と呼んでもいいが，彼は手始めに徒食の者を追い出した」。追い出された農民は都市に流れ込むことになったのであるが，「やがて遂に，都市で使われる貨幣が勤労者の手に流れ込むようになった。このことが競争を強めることになり，変革（revolution）の悲しい結果を体験するばかりで，その結末を夢にも思わなかった不幸な者たちの子弟は，それによって利益をあげ始めた。彼らは自分たちがその支配下に生れた主人の浪費を満足させることによって，大都市で裕福になり自立していったのである」。

　ステュアートはここで revolution と呼んでいる変革を，繰り返し強調している。それは，後年の歴史家が囲い込みとか農民追放（彼の言葉では「余分な人間の purge」）と呼んでいる事柄にほかならない。それは，後年の学説では賃金労働者の創出過程の重要な一環とされており，したがって資本主義成立の重要な契機とされている事柄である。ステュアートは，この漸進的な，長期に及んだ revolution を，すなわち 16 世紀から 18 世紀にかけて続いたこの変革を，言葉の現代的な意味での資本主義成立の重要契機として知ることはなかったのであるけれども，彼の言葉で「交易と勤労の現代的なシステム」をもたらした revolution として強調しているのである。封建領主は近代的な大土地所有者に変身したのである。領主たちは封建的な抑圧権力と権威を失ったのであるが，

新しい「交易と勤労のシステム」のなかで相変らず重要な役割を担っている。彼自身，そのような大土地所有者の一員であった。

　それではこの「交易と勤労の現代的なシステム」の構造を彼はどのように描いたであろうか。その描き方自体もまた，彼の資本主義観の一特徴を表現している。

　今や地代はすでにすべて貨幣地代として支払われるようになっている。地主は受け取った貨幣で，（租税を度外視するなら）生活物資その他調度品を，商人を通じて購入する。商人は製造業者からそれらの諸商品を買い取って地主に販売し，商業的な仲介の業務に対する当然の利益ないし利潤を保留した上で，受け取った貨幣を製造業者に支払う。商人と製造業者の手元に帰した貨幣で，彼らは食糧その他の生活物資を農民から購入する。農民が受け取った貨幣は，次の収穫期に地主への貨幣地代の支払いに充てられる。以上の貨幣循環のほかには，農民が商工業者から購入する農具その他の調度品と，商工業者が上記循環に加えて農民から購入する農産物の交易が考えられるが，この交易を実現するために一定の貨幣が農民と商工業者との間を絶えず往復することになるだろう。

　いささか図式的にすぎるかもしれないが，ステュアートの考える「交易と勤労の現代的なシステム」は，以上のような貨幣循環になるであろうと考えられる。この図式では，上述の revolution の過程を経て封建領主から変身した近代的土地所有者が，なぜに貨幣を欲したか，なぜに余剰の農民を清掃し企業家 undertaker に土地を貸して貨幣地代の増収を狙ったかが，よく分かるであろう。封建制の盛期に領地の広さと従者の数を増やそうとして武闘に明け暮れたのとは打って変って，今や地主貴族の社会的な勢威は貨幣収入の大きさにかかっている。封建貴族が地主貴族に変身するに伴って，かつての領地拡大欲求の代役を務めるのは貨幣増収になっている。このような意味合いでの貨幣は，富の代表としての貨幣である。貨幣の機能という点から言えば，富の蓄蔵手段としての貨幣である。なるほど当時の金銀貨幣は，腐食せず長持ちする点で土地資産に匹敵する財宝である。そのうえ貨幣は，土地と違って流動性に優れているか

ら，貨幣経済，商品経済，交易社会に適している。こうした貨幣追求，貨幣欲に駆られているのはなにも地主だけではない。すでに領主の封建的な権威は失墜してしまっているのだから，商人も製造業者も農民も自由に貨幣追求に明け暮れている。自由競争が行れている。上述の貨幣循環機構において，貨幣の流れが順調であれば，商人，製造業者，農民が生産費用に付け加える利潤も平準化するであろう。この点の分析においては，ステュアートがスミスに先行していたことは，学史研究においてはよく知られている。

　さて，以上の構図において次の諸点に注目しなければなるまい。

　①　まず主要な登場人物が地主，農民，商工業者である点である。このことは，フランスの当時のアンシャンレジームの下での経済学，重農学派の登場人部と形は同じである。もっとも地主の役割は両者の間には大きな開きがある。アダム・スミス以後の19世紀のイギリス経済学においては，主要登場人物はいつも，資本家，労働者，地主の3階級である。そして主役はいつも資本家である。それゆえ彼らは資本主義を資本主義として描くことができたのである。したがって，ステュアートの階級構造はいささか古めかしさを残していることになる。それは封建時代の士，農，工商という階級区分を引き継いでいるからである。しかし，ステュアートの貨幣循環機構にとっては，この士農工商の尾を引いたような区分が案外にぴったり適合的な役割分担をさせられているのである。近代資本主義認識が当初はこのような過渡的な形で表されたということに，私は注意を惹かれるのである。

　②　次に，貨幣が最高の流動性をもった富の中の富，富の代表と見られたということと，上述の貨幣循環論的市場経済との（矛盾？）関係である。このことに関しては貨幣循環上のさまざまな関節について論ずべきことが多いのであるが，ここでは基本的なことに1点だけ言及するにとどめる。地主が受け取った貨幣地代を，何かの思惑で大事に貯め込んだとしたらどうなるだろうか。商工業に対する需要が減退し，商工業者は十分な貨幣収入を得られないから，商工業者から農民への需要も減退するだろう，したがって農民の地主への地代支払い能力もそがれることになろう。市場経済は全体として萎縮するだろう。

地主にとって金属貨幣は富の中の富であるからには，地主は将来の何かの用向きに備えて大事に貯蓄したであろう。地主は本来は倹約家である。したがって，政府は貨幣循環がうまくゆくようにするためには，主として地主階級に奢侈，贅沢を奨励しなければならない。地主の手元に貨幣が滞留しないようにしなければ，商工業に対する有効需要が減少し，さらに農業への需要も減少してしまう。したがって，このような基本的な点を取り上げただけでも明らかなように，彼の近代市場経済認識には，ポラニーが 19 世紀イギリス経済について特徴づけたような「自動調節的市場経済」という認識はなかったのであって，このこと自体が彼の資本主義観の特徴の 1 つになっているである。こうした初期資本主義のつかみ方は，後期資本主義のケインズによるつかみ方と共通している。こうして，彼の近代市場経済認識においては，政府の有効需要創出政策が必要であり，地主の奢侈，贅沢が奨励されなければならなくなる。しかしその反面，商工業者，ましてや農民の贅沢が奨励されたわけではない。彼らの贅沢が習慣になり，賃金が引き上げられるようであれば，外国に比べて諸物の価格が上昇し，その結果は貿易上大変不利になってしまうだろうからである。ステュアートは低賃金の支持者である。

③　このような訳でステュアートの議論には，貨幣でもって直接に賃金労働者を雇用するために支出し，手工業的な工場（マニュファクチュア）を経営し，生産性を上げることによって販路を広げ，元手として支出した元本の増殖を図ろうとするような話がなかなか見当たらない。つまり生産資本の明白な認識が見出しにくい。マニュファクチュアの萌芽と思えるような事態に関するエピソードが時折読み取れないわけではないが，それはまだあいまいだ。ほんの 9 年後に出されたスミス『国富論』以後の経済学では，まことに当たり前の生産様式と見なされているこのような資本の描写がステュアートには見出しにくい。資本という言葉はもっと違った意味で，流通過程や信用業で現れる姿で使われている。スミス以後 19 世紀にかけての経済学では，資本主義という言葉の中核となったような，このような生産資本の把握が見えにくいのである。このことは，社会の階級構成に，資本家と賃金労働者というつかみ方が登場しなかっ

たことに対応している。それでも，彼の描く市場経済は，彼自身が明言しているように封建的統治形態が崩壊した後の貨幣市場であり，政府のさまざまな干渉があるとはいえ，すべての人が貨幣を追求し，商人も製造業者もできるだけ多くの利益（利潤）を自由に追求しているところの，まぎれもない資本主義である。彼はただ，イギリスではすでに長い間資本主義的生産様式の初期形態として見られたはずのマニュファクチュア的生産の意義を，十分評価できなかっただけである。現実の資本主義の発達度合いと彼の理論認識の間には，大きなタイムラグがあったことになる。

④　彼の主著の副題は「自由諸国民の経済政策の科学に関する試論」となっている。それでは彼の言う自由諸国民というのはどんなことであっただろうか。『原理』第2編第13章で彼は次のようなことを言っている；――ある国民が自由であるのは，彼らが法律によって支配されていることを意味する。この法律は周知徹底されており，恣意的に作られたものでなく，その変更は，特定の個人とか階級に対する好意や偏見からではなく，社会全体にかかわる理由に則って規則的で一定の方法によってだけなされるように制定されなければならない。この定義にしたがえば，専制的な統治のもとでは，民衆の自由は不安定であるとはいえ，その自由があり得ないわけではない。

したがって，規則的な法に基づく統治のもとでは，その臣民の誰もが，自らの私的利益の命ずるままにふるまってよいということになる。「交易と勤労は」たしかに共和制の下でもっともよく栄えてきたのではあるが，それでも自由というものは，民主制の場合と同様に君主制とも両立しうるものであるからである。もっとも君主制の下では自由はずっと破られやすいのであるが。

自由にとっての最大の敵は，彼によれば，政体の違いよりも，恣意的な権力である。恣意的な租税賦課，恣意的な経済統制等々は，交易と勤労を破壊する。彼はこの観点から，封建制や絶対王政に付随する権力の不規則で恣意的な行使を批判する。それは交易と勤労のいずれに対しても不利であるからである。

それゆえに封建制は「交易と勤労の現代的な制度」へヨーロッパのすべての国々を通じて変革されつつある。これは歴史の趨勢であって，交易と勤労は今

や時代の流れになっている。彼は『原理』第1編「序言」で,「この自由の精神にのっとって」「現代政治の一般的な体系において最も興味深く思われる分野の研究」を取り扱うと言っている。このことが彼の主著の副題の趣旨であろう。

しかし,「交易と勤労の現代的システム」も,貨幣循環を滞らせるような基本的な矛盾を抱え込んでおり,そのほかにも均衡破壊的なさまざまな自然的要素を含みこんでいるから,為政者は常時目を光らせて均衡を保持するための「スキルフルハンド」を振るわなければならない。それだけではなく,人びとは自由競争のもとでそうするのであるから,家族構成の多寡を始めとする諸個人のさまざまな諸事情に左右されて,弱肉強食,貧富の格差等々の状況を生じるであろう。したがって,ステュアートは決してこの体制が幸福と安全と充足に至る唯一の道だとは考えていないのである。こうして自由競争からはみ出す貧困の問題は,ステュアートからケインズに至るまで形を変えながら一貫して続く資本主義観の問題であったことになる。

彼は,自由化への傾向がヨーロッパ全域を通じての不可避の趨勢であると考えていたし,そうであるから,その行き着いた先の自由市場の構成諸原理や政府の役割を解き明かしているものと解釈できるかと思われるが,そうかと言って,彼がこのような形で実質的に描かれた資本主義の機構を,絶対的な機構とも永続的なシステムとも見ることができなかったのは,上の文章からも明らかである。実際彼は次のような危惧の念を表明しているのである。弱肉強食の競争社会,貧困の問題,「ここから現代国家の衰微する主たる原因が生じてくる。すなわち,それは自由から生ずるのであり,自由と離れがたく結びついている」(『原理』第1編第12章)。「自由の精神は優れた政体を作り上げるかもしれないが,この精神がまたそれを粉々に打ち砕くかもしれない」(同上第20章)。

史上初めて本格的な市場経済の(資本主義の?)大体系を提示したステュアートの資本主義の将来についてのこうした予感は,必ずしも的外れではなかった。そのことは19世紀以降,マルサスが人口論(人口過剰と貧困の問題)を始めとして,マーシャルが貧困問題を経済学の主題に据えたこと,ケインズが失

業の不可避性と政府のスキルフルハンドの必要性を強調するに至ったこと，等々によって証明されている。

2 アダム・スミス（1723-1790）

　経済理論的にいえば，ステュアートからスミスへの移行は，農民，商工業者，地主の間での貨幣循環から，マニュファクチュアによる生産性への視点変換，資本の生産部門への投下による分業の生産性向上メカニズムの認識をテコにしている。需要供給が価格に与える影響などについては，両者の間に大きな違いがあるとは言え，それでもステュアートはスミスの先行者であるだろう。また，歴史のつかみ方についても両者の間に類同性がある。農業の発展を起点にする経済の発展が，政治権力の変化，封建制から近代的な自由主義への歴史的変化の基盤をなしている。そして両者とも，18世紀の商業社会の全体的な機構を，体系的に描きだそうとしている。これらの諸点は経済学史の分野ではよく知られている事柄であろう。

　しかし，理論と歴史との関係をめぐるその体系の構成，あるいは編別の編成は際立った相違を示している。ステュアートは，人口から始まり，農業，商工業，競争価格理論，貨幣論，財政論と，随所で歴史的な分析を交えながら，しかも全体の体系が歴史の発展の順序を念頭に置いた形になっている。それに対して，スミスの『国富論』の体系は，ステュアートのそれに比べるとその対照性が際立っている。イギリス経済学史のうえでも，ある意味では一種特異な構成をとっている。『国富論』は，第1, 2編で自由市場経済のいわば理想的・理念的な原理を解明し，第3, 4編で，現実の歴史を論じ，この理念的な原理から現実を逸脱せしめた封建制度と重商主義的諸政策を糾弾している。原理論部分と歴史，政策論の部分が，いかにも特徴的な形で区分され，特徴的な形で前・後に配置されている。理想的な原理からの封建制度と重商主義の逸脱を批判し，かつまた封建制度の崩壊によって自由の体系の基礎ができ，また重商主義の行き詰まりによって自然的自由の体系への移行が不可避であろうことを，

歴史分析の手法で明らかにした後，自由市場経済の下での国家の役割を第5編で解明しようとする。もちろん『国富論』の各編で随所に歴史分析と歴史批判が行われているが，編別編成上の各編の主題は上記のように画然と区別されている。このような経済学体系の編成は，スミスが込めた意味合いにおいては，必ずしも19世紀以降継承されていない。デイヴィッド・リカードウの『経済学および課税の原理』(1817)は，ある意味では始めから終りまで演繹的，理論的であって，それ以後の経済学の歴史において，理論経済学のお手本と見なされたと言えるだろう。ジョン・ステュアート・ミルの『経済学原理』(1848)は，周知のように生産論，分配論，交換論という編成を試みているが，『国富論』との違いは明らかである。19世紀ドイツで行われた，理論，歴史，政策の区分方法もスミスの編成とは意味を異にする。

　実はこうしたスミスの『国富論』の編成は，スミスの経済学を支えた思想や方法と深く結び付いている。この点を，『グラスゴウ大学法学講義』(1762-63年ころ)，『道徳感情論』(1759年)，「哲学的研究を導き指導する諸原理」(水田洋ほか訳『アダム・スミス哲学論文集』，名古屋大学出版会，1993年に所収。当該論文の邦訳は只腰親和担当) との関連で，若干の指摘を試みたい。それぞれの著作が経済学の外側から『国富論』を支える要素になっていると考えられるが，そのうち『法学講義』と『道徳感情論』については研究の蓄積が厚いから，要点を略記するにとどめる。しかし，哲学的研究の指導原理については若干私見の提示を試みてみよう。星野彰男氏は『市場社会の体系』(1994年，新評論) の第1章において，スミスのプラトン評価が高かったことを指摘しているし，その後も只腰親和『「天文学史」とアダム・スミスの道徳哲学』(1995年，多賀出版) などがあるが，プラトンのイデア論と『国富論』との関連という問題は，まだまだ検討されることが少ないように思われるからである。

　① まず，グラスゴウ大学での『法学講義』を取り上げてみよう。周知のようにスミスは，その冒頭でグロチウスを始めとする自然法学者の名をあげ，自らも自然法学の体系を目指していることを鮮明にしている。近代的な自然法学は，生命，身体，自由，私有財産の安全に関して自然権を主張する。スミスに

おいては，私有財産権は獲得権とされており，それは狩猟，牧畜，農業，商業の歴史的発展の中で，生産の様式や人びとの同感感情のあり方の発展に対応して，形を変えながら発展してきた権利であるが，スミスの時代，すなわち商業の満面開花した社会においては，もはや侵すべからざる自然権と見なされている権利である。したがってこれらの自然権は，自然法学者たちにおけると同様にスミスにおいても，普遍的で永遠な権利であった。『国富論』第1，2編の原理論の骨格は，こうした普遍的で永遠な権利が，保障されていることを基礎条件として構想されている。

しかし，このように合理的なこととして構想された自然法は，現実世界の実定法とは違っているものと考えられた。自然法は，あるべき法として構想され，実定法がそれに倣うべきものとして構想されている。したがって，自然法＝自然権の保証を前提に構想された原理論的市場経済の骨組は，現実の経済とは違ったもの，現実はそれに倣うべきものということになる。このような考えが，『国富論』第1，2編の理念的な構想と，第3編の現実の歴史や第4編の現実の重商主義的資本主義とを区別する構想とも結びついているであろう．

② 次に，『道徳感情論』との関連を見てみよう。上記の諸権利はそれ自体，スミス当時の人びとによって同感されていたものと見られているが，それらの権利の行使の仕方についても人びとの同感を伴うもの，あるいは伴うべきものと見られている。この点は『道徳感情論』でも『国富論』でも同様であろう。自由競争場面でのフェアプレイの主張などはその一例であろう。人間にこうした同感の能力があるということは，スミスにとっては普遍的で永遠不変なことであった。スミスは単に自然法思想を受け継いだだけではなく，同感理論によって，市場経済における人びとの自然権行使の様式を，経済理論の形式で理論化している。

③ また我々は，スミスの古代哲学論にも注目しなければなるまい。長い中世神学の不毛の時代を超えて，スミスは神学化される以前の古代哲学に強い関心を寄せている。あるいは古代哲学と近代科学の方法とを結びつけている。

そこでまず，彼の遺著『哲学論文集』を構成する3論文のうちの1つ「天

文学史」から，上記の邦訳にしたがって，哲学は一見ばらばらに見える諸現象を結合する原理を探究する科学だとする，スミスの見解を引照してみよう。彼によれば，哲学はばらばらな諸現象を結合する「見えない鎖」(invisible chain) を示し，想像力の乱れを鎮めようと努力するのだが，そのためには「その結合諸原理が全人類にとってなじみ深い体系」でなければならない。したがって真理の全体は「われわれが毎日経験する現実という1つの主要な事実によって結合」されねばなるまい。と言うのも，一見ばらばらで無秩序に見える諸事象間に，結びつきや結合原理を見出すことによって得られるわれわれの「想像力の安らぎと平穏が，哲学の究極の目的である」からだ。スミスは「見えない鎖」，「隠された鎖」という言葉を頻繁に使用している。その中の1つとして有名な「invisible hand of Jupiter」(訳31ページ)という句も出てくる。

　この脈絡から言えば，invisible hand は，中世の神学的伝統とも関連があるだろうけれども，それ以前の古代ギリシア哲学のスミス的解釈とも結びついている。この点は「見えない手」をもっぱら神の手のように理解するのがスミス論の通説になっているのが現状であるから注意を要する。Invisible hand は，「毎日経験する現実」を基礎にした結合原理の探求，「隠された鎖」の哲学的探索という意味合いを持っているからである。

　結合原理が，我々になじみ深い毎日経験する現実に求められねばならないと言われている点も重要である。我々は，このような事柄として，同感原理や交換性向やその他人間の本性とされた諸性質を思い出すであろう。

　次にこの最後の点に関連して，上記の『哲学論文集』のもう1つの論考「古代倫理学と古代形而上学の歴史」から，「本性」や「本質」に関するスミスの文章を引照してみよう。「個物ではなく，種または普遍が哲学の対象である。……物質世界で生ずるすべての異なる事象を結合するために，事物のすべての特殊的種 (species) の本性 (nature) または本質 (essence) がなんであるかを決定するのが……自然哲学の任務である」。「科学の対象……は，永続的で不変的で常に存在しており，……どんな変化も被らないようなものでなければならない。そういうものとは諸事物の種または種的本質 (specific essence) のことである。

……しかし人間性，すなわち人間の本性は，常に存在し常に同一であり，けっして生成せずけっして消滅しない。それゆえこれが科学，理性，理解力の対象である」。それではこの種あるいは種的本質はどのように見出されるのか。スミスは経験論の立場から，こう言っている。「個々の正義の行為は正義の不変的本性の観念を，個々の推論や個々の科学は科学や推論の普遍的本性の観念を，個々の丸さは丸さの普遍的本性の観念を，個々の正方形は正方形の普遍的本性の観念を呼び覚ますであろう」と。したがってスミスのこの遺稿論文の結論的な部分で，我々は次の文章に遭遇する。「諸事物のすべての種類に含まれている種的本質または普遍的本質は，それ自体我々のいずれの感覚の対象でもなく，理解力によってのみ知覚されうるものであった」。だから invisible なのである。個々の人間，友人，知人，隣人は目に見えるが，人間としての人間，人間なるもの，種的本質としての人間は，1つの（理想的，理念的）観念なのであるから目に見えない。「だが，各対象の種的本質をわれわれが判断するのは，感覚できる諸性質によってであった。したがってわれわれは，感覚できる諸性質のうちにあるものを本質的と見なした……」。

上述の「個々の正義の行為は正義の普遍的本性の観念を……呼び覚ます」と同じように，個々の人間の行為は人間の普遍的本性の観念を呼び覚ますのであり，逆に人間の種的本質は，大なり小なり個々の人間のうちに観察されるというのである。われわれは上記の文章を読むと，同感の能力を始め彼が human nature と見ていることが，一般的，哲学的にスミス自身の手で解説されているかのように感じるであろう。

しかし反面，上記引用のかぎりでは直接に言及されていないとはいえ，上記の事柄の別表現であるにすぎないが，プラトンからスミスが肯定的に引き出した考えには次の論点も含まれている。種的本質は上の文章に言われているとおり普遍的，不変的なのであるが，それと対照的に個物，現象，感覚の対象，したがって現実に目の前に存在する特殊な事象は，常に変化するものであるだけではなく，種的本質とは違った多様で特殊な姿を示しており，種的本質から大なり小なり逸脱している。この関係は，プラトンの哲学者国家と，戦争に明け

暮れるアテネ歴代の現実の諸国家との関係を示唆している。プラトンは言うまでもなく，哲学者国家という理念を掲げて，現実のアテネ国家を批判したのである。そこには，哲学者恩師ソクラテスを非業の死に追い込んだ現実のアテネ国家に対する悲痛なまでの現状批判が潜んでいる。人間という理想像と，目の前にいる個別の人間の姿との関係を想起してもいいのかもしれない。1人として種的本質そのままの人，理念的な人間の観念そのままの人は存在しないであろう。（先回りになるが，資本主義の種的本質，つまりは理念と，イギリス重商主義の現状，フランス資本主義の現実，等々は，それぞれに資本主義の本質の一面を備えているだろうけれども，理念的な資本主義の観念そのままの姿では現れない）。

いずれにしても，『国富論』の構成が，第1，2編の原理論と，第3編の現実の歴史の自然的行程からの逸脱，第4編のイギリスの現実経済の原理からの逸脱を描くという方法をとっているのは，先述の自然法思想とつながる側面を持つと同時に，また上述のスミスの哲学論と結びついていると考えざるを得ないのである。その上で，実定法は自然法に近づけなければならないという自然法学に見られる関係は，スミスにおいては，近代商業社会の現実の歴史が，様々な逸脱にもかかわらず紆余曲折を経て，結局は自然的自由の体系に近づくのが当然だという歴史的，経験的な見方になっている。この点は，商業社会が満面開花したことによって富裕が国民各層に行き渡るようになったという，スミスの経験的な観察から得られた自信に導かれている要素が多分にあるであろう。

スミスが自然法学の体系をスミスなりに構築しようとしたことはよく知られていることであるが，新村氏もその著『経済学の成立』（御茶の水書房，1994年）で指摘するように，『法学講義』でも『国富論』でも自然法という言葉はほとんど使っていない。その代りにしばしば使われているのは「自然的」という言葉である。自然的という用語は，かつて高島善哉氏がまとめられたように，当然そうあるべき当為，何がしかでも普通に見られる普遍性，自然にそうなるべき必然性，永遠・不変性を意味する。自然的というこの言葉の含意がこの通りだとすると，これらの意義は，スミスの思想を支えたと考えられる前述来の諸

要素にすっかり対応している。

☆　　☆　　☆

　彼は，このような意味を含めて，自然価格，自然利潤，自然賃金，自然地代，富裕の自然的進歩，自然的自由の体系，等々の特徴的な用語を含む『国富論』第1，2編の諸原理（合わせて第3編第1章の自然的進歩の理念的な構想）を取りまとめたのであろう。こうした自然的原理の体系は，前記のようなスミスの方法から見れば，『国富論』体系の冒頭に配置されることになろう。なぜなら，この原理は現実の歴史や資本主義の現状を批判する基準を与えるものであるからだ。基準なしには歴史と現状を批判することができないからだ。こうして『国富論』に特有な体系構成が出来上がっているように考えられる。それは，自然法を否定した上で，現実の歴史的発展に準拠して農業，商工業，信用等々の項目を順次論じようとしたステュアートの論述方法に比べても，対照的な特徴を示しているのである。

　それは経済的には私有財産の安全とか個人的な自由の保障によって成り立つものである。自由な経済活動は，政府官僚の国策的な指針に従うべきものではなくて（官僚制批判），普通の市民の同感を得るようなものでなければならない。すなわち重商主義政策の実質的な立案者層の利害に結びつくものではなく，一般の消費者利益を基礎にするものでなければならない。したがって生産の目的は消費でなければならないし，生産資本の効用も，利潤追求や貴金属貨幣追求ではなくて，生産性の向上と安価な商品の多量供給でなければならない。自由競争はむしろ低い利潤率をもたらすのが自然であろうし，人為的に引き上げられた高い利潤率は高価格の原因になるだろう。逆に，賃金水準は（重商主義の主張とは違って）高くてしかるべきである（高賃金論）。というのも，社会の物的な生活を支え，また社会の大多数を占める人たちの収入が，豊かであるというのはエクイタブル（equitable；衡平）であるからである（『国富論』第1編第7章）。また高賃金は労働の生産性を向上させる刺激になるという意味において，さらに賃金は国内市場を潤沢にするという意味において，経済的にも正当化の理由を有するのである。

『道徳感情論』や自然法思想やプラトンのイデア論に支えられて，スミスが描いた理念的・原理的な資本主義像は，その一端を見るだけでも以上のようにまことに美しく描かれている。そのために，スミスの理念的な資本主義像は，スミス以降資本主義を肯定的に見ようとした経済学者たちによって，1つの古典的な範形として繰り返し参照されることになったのである。ただしそれは，資本主義批判者マルクスによれば形而上学的であり，政府官僚のコントロールなしでは資本主義が維持できないと見たケインズによれば，それは見事な芸術的作品である。

　しかし，イギリス経験論の立場に立つスミスにとっては，「自然的自由の体系」も欠陥無しの完璧なものとは見なされない。そもそも人間の本性そのものが，完璧なものではなく，さまざまな弱みを持つものであるからである。道徳感情に関しても人びとの同感感情には，富者や権力者を称賛し，貧しい境遇の人びとを軽蔑するという性向があるが，このことは身分の区別や社会秩序を維持するのに必要であるけれども，同時にわれわれの道徳感情の腐敗の重大で最も普遍的な原因である。また，『国富論』においても，分業は社会的生産力の最大の原因であるけれども，分業労働に従事する労働者は，1つの部分的な仕事に拘束され続けるために，えてして社会的な広い視野，知識，能力を失ってしまいがちであり道徳的な退廃を招きがちである。したがって国家は，こうした弊害を矯正するために教育の制度を樹立し，経費の支出を考慮しなければならない。この見方もまた，後代の経済学者に受け継がれた観点を示している。市場経済あるいは分業社会から生じる弊害は，もっと広くマーケット・フェイリュアというように拡張解釈されて，国家によって救済されねばならないとされ，スミス以後の正統派の経済学に受け継がれることになる。

　いずれにしても，スミスのこのような「自然的自由の体系」は，イギリス近代史のどの段階の資本主義の現実とも食い違っている。それは，スミスの時代に重商主義的資本主義の現実批判の観点を提供したのであるが，そのほかの時代の資本主義の現実に対しても，批判の観点を提供している理念である。スミス自身は，重商主義的植民地体制の崩壊を目の当たりにして，「自然的自由

の体系」の実現可能性，さらにはその実現の必然性に希望を託したのであったが，その後の実際の資本主義の発展はスミスの楽観的な希望を満たすどころではなかったのである。それであるから，『国富論』以後数十年を経ずして産業革命の時代にはスミスの経済思想は，3つに分裂して引き継がれることになるのである。

3 マルサス，リカードウ，初期社会主義（19世紀初期）

スミスの理念的な資本主義像（『国富論』第1・2編）は，全般的富裕の可能性という美しい可能性を描いたものであるが，その後の資本主義発展の現実は大きく食い違ったものになった。そのために本節表題の三者は，それぞれ違った形でスミス経済思想を批判的に継承することになった。

価値・価格理論史という観点からすれば，リカードウとマルサスは大きく取り上げられねばなるまいが，資本主義観の変遷という観点からは，初期社会主義者たちの残した影響が大変大きい。リカードウやマルサスは私的所有制度の永遠性，したがって資本主義の不変性というスミスにも含まれていた観点をそれぞれに打ち固めているにすぎない。それにスミス経済思想のこれらの3つの分裂形態を経済理論史的に詳しく論じるとすると，本章の紙数は大幅に限度を超えるだろうから，本章ではスミスと次節のジョン・ステュアート・ミルとのつなぎとして，資本主義観の歴史的な変遷という観点から，試みにマルサス，リカードウ，初期社会主義のポジションを思い切って簡潔に描いてみよう。

T. R. マルサス（1766-1834）

全般的富裕というスミスの期待に反して，現実の資本主義は大幅な貧富の格差を引き起こした。周知のように，これに対してゴドウィン（1756-1836）は1793年に，私有財産の制度を変更すれば貧困問題は解決するという理論を発表した。マルサスの『人口論』（1798年）は，これに対する1つの反対意見である。すなわち人口は幾何級数的に1, 2, 4, 8……のように増える「自然的」傾向を持つのに対して，食料は算術級数的に1, 2, 3, 4, 5……のように増え

るにすぎない。というのも農業では地味豊かな土地に制約があるから，資本と人手を増やしてもそれに比例しては収穫は増えないであろう。収穫逓減の法則が1つの「自然法則」として作用すると言うのである。したがってそのうちに必然的に人口過剰が生じ，人口の一部分は貧困化せざるを得ないだろう。このことは1つの自然法則であって必然的に作用する法則であるから，私有財産性や自由競争制度を変更しても避けることはできない。貧困化は，自然のせいであって社会的な制度のせいではないということになる。したがって私有財産制度や自由競争の制度を変革するという考えは不要・不毛のこととなる。

スミスは，「自然的自由の体系」が人びとの全般的富裕をもたらすであろうと観測し，このことが慈悲深い神という伝来の自然神学の思念と一致するように示唆している。したがって人間の自由な行動とその結果（＝全般的富裕）に対して大きな信頼と自信を表明し，自然の働きに対して楽観的な期待を抱いていたのである。しかしマルサスの人口法則は，慈悲深い神という観念に直接には一致しないということになる。そこでマルサスは慈悲深い神という観念について，神は人の幸せのために試練を与えているという（古くからあった）もう1つ別の神学的解釈を持ち出した。すなわち貧乏な人は結婚と子孫の増殖を自制すべきである。神はこうした自制を人間に課し，そのような試練に耐え，人口の増加を抑制した場合に初めて，人びとが豊かさを享受できるように思し召しておられると。マルサスはキリスト教の牧師であったが，慈悲深い神の観念と現実との間にこうした逆説的な関係を認定せざるをえなかったことは，神学と経済科学とをさらに大幅に引き離すことになった。

逆に，マルサス人口論はその後のイギリス経済学に大きな影響を与えた。リカードウもジョン・ステュアート・ミルもその他の経済学者も，人口論を現実的な理論として受け入れた。後代のケインズにおいてさえその人口論を受け入れているような表現が見られる。当時，その人口論を拒否したのは社会主義者たちだけだった。特にマルクスは，ほかならぬ資本主義それ自体が人口過剰をもたらすメカニズムを持っていることを証明した。企業は機械化を推し進めて競争に勝ち抜こうとする。手持ちの資金をできるだけ最新式の機械への投資に

振り向けようとする。できるだけ人手を省こうとする。そのために，本書第7章で見たように，労働に対する需要の増加は妨げられる，あるいは事情次第で減少し，失業という人口過剰現象が現出する。したがって彼は資本主義的な競争制度が人口過剰と貧困の元凶だと主張した。以上の事情から，マルサス人口法則を受け入れるかどうかは，資本主義という社会制度（ここでは私有財産制度）を変革する必要を認めるかどうかという，それぞれの論者の資本主義観と深く関連することになった。

D. リカードウ（1772-1832）

彼は，スミスが「自然的自由の体系」成立の条件とした私有財産制度と自由競争を，経済理論を編成する場合の当然のこととして前提している。そのような意味でスミスの理念的な原理を受け継いでいる。したがって私有財産および自由競争の制度が歴史的にどのように形成されたかという，スミスには見られた歴史分析はリカードウにはない。リカードウが問題にしたのは政策問題である。重商主義政策の遺物，穀物輸入制限法を廃止して，自由貿易政策を樹立することである。彼は，人口法則と収穫逓減の法則についてはマルサスと見解を共にしたが，穀物法については見解を異にした。彼は，穀物輸入の制限は，国内の穀物の価格を高騰させ，賃金水準を引き上げることによって利潤率を引き下げる。そのために国内の資本蓄積に有害な作用を及ぼす。すなわちそれは資本による労働雇用に有害な作用を及ぼすと考えた。この場合には，貨幣賃金の上昇は通常穀物価格の上昇に遅れをとるから，実質賃金はかえって悪化するであろう。逆に国内的に自由競争が行われるばかりではなく，対外的にも自由貿易が実行されるという前提を置いて考えれば，安い穀物が自由に輸入され，国内穀物価格が低下し，賃金水準が下がり，利潤率は高い水準に維持され，そのため資本の投資水準も旺盛を維持することができ，資本による雇用力も高く維持されることが理論的に推理される。この場合には貨幣賃金は安くなるとしても，穀物価格はもっと大幅に安くなるから，実質賃金はむしろ上昇する傾向をもつであろう。したがって穀物輸入制限政策は，仮に地主階級にとって有利だとしても，国民の最大多数を占める労働者（および資本家）にとっては不利益

をもたらし，逆に自由貿易はこの最大多数者に利益をもたらすことになる。したがってリカードウの自由貿易主義の底には，人びとの行為が利己的な功利に導かれるとしても，社会的な福利を実現しうるというベンサム功利主義が横たわっていることになる。

　リカードウはこうした政策論争を，理論的に基礎付けるためにスミスの価値論を批判的に継承して，イギリス経験論の限度内で投下労働価値説に仕あげた。それというのも，上記のリカードウ政策論には，賃金が上がれば利潤が圧迫され，また賃金が下がれば利潤は大きくなるという業界人の常識が含まれていたが，このような賃金・利潤の相反関係を証明するための基礎理論としては，投下労働価値説が好適だったからである。この点は，本章の主題の関係上，詳論することなしに通過することにするが，リカードウにおいては，価値理論（ミクロ理論）と資本蓄積＝経済成長論（マクロ理論）と政策論が統一的な体系をなしている。そのため独立・自立した経済理論のもっとも有力な古典として，以後今日に至るまで検討吟味の対象になりつづけている。

　しかし反面，リカードウ体系には歴史論の持つ意義が大変少ない。このことは例えば次の点に現れている。スミスの体系にとっては，前述のように歴史論は不可欠の構成部分であった。それに対応して，独立生産者の社会では投下労働価値説が通用するが，資本家的生産の社会では，労働の所産の一部が利潤として資本家に与えられねばならないから，投下労働価値説はそのまま通用しないというような表現が見られる。ところがリカードウは，まさに資本家的な生産社会において投下労働価値説の成り立つことを証明しようとしたわけであるが，同時に彼は資本なるものが人類史の当初から存在するものと主張した。すなわち人類史の当初から使用されていた生産手段と資本とを同一視してしまった。そう主張することによって，投下労働価値説は人類史の当初から現在まで，同様に通用するものとしたのである。資本概念が生産手段と同一視されるならば，人類はその歴史開闢以来，資本を使用して生産をしてきたことになろう。このような考えでは資本主義なるシステムは，統治形態としてはいざ知らず，経済形態としては人類史のある一時期を画するものという考えもまた拒否され

る。当然ながらこのような見方は，その後のイギリス経済学に，次のような見方ともども踏襲される。

それでは国の内外にわたって自由競争が保障された状態での資本主義の将来はどうなるのであろうか。リカードウはマルサスにならって人口論と収穫逓減の法則を取り入れたから，資本主義以外の経済形態を考えない。仮に，自由競争を前提するとしても，資本の蓄積が順調に進行すると，収穫逓減の法則が働くために，資本主義は結局のところは穀物価格の上昇，賃金の上昇，利潤率の低下を余儀なくされる。このことは避けることのできない法則である。そこで，はるかに遠い将来を予見してみると，利潤率は徐々にある最低限まで押し下げられ，資本家たちの利己心を刺激しえないほどになって，そのため資本蓄積意欲も阻喪し，経済成長率も低くなり，挙句には経済成長は停止するに至るだろう。経済学史上，体系的な意味で初めて資本主義のどん詰まりの認識（したがってその矛盾の認識）が表明されたにもかかわらず，彼は資本主義以外の経済形態を考えなかった。このような資本主義観は，資本主義永続観をも含めて，その後のイギリス経済学の経済成長論，低成長論において，さまざまに洗練された諸形態で踏襲されていると言わねばなるまい。

というのもリカードウは，人びとが経済的利益や利己心に誘導されて，自己の経済的行動や政治的見解を決めるものと信じていたのである。リカードウは，自由競争，自由貿易の体制が整えられれば，見通すことのできる相当な長期にわたって，安い穀物の輸入によって貨幣賃金の上昇は抑えられるから，利潤率は高めに維持され，資本蓄積と労働者の雇用は順調に進行し，賃金の実質的な水準はかえって改善されるだろうと予想していたのである。そのことによって社会の最大多数を占める資本家と労働者の利益は増進されるわけであるから，功利主義の立場から言っても，私有財産制度の変革を求める必要は出てこないのである。

その上，リカードウの投下労働価値説には，マルクス的な搾取論のイデオロギーは含まれていない。彼においては，本来的に自由な商品交換契約は双方の利益が実現する場合に取り交わされる（彼の国際価値論＝国際分業論を想起された

い）。雇用契約もこのような交換理論の適用として考えられていたのであろう。そのうえ，資本蓄積テンポが順調な場合には，労働需要も大きく，実質賃金上昇のチャンスも開かれるという関係にある。こうした資本主義認識であるから，彼に社会主義への顧慮を見出すことは困難であろう。彼は，オウエン氏の平行四辺形（社会主義実験）はまったく実現不可能なものだと考えていたである。

　ただ，ぜひとも一言言及しておかねばならないと思われるが，彼は，自由貿易システムを実現するためにも，財政改革を実現して政府の無駄遣いを避けるためにも，ベンサムやジェームズ・ミルなどと共に，議会改革運動を進めようとした。実際彼は自ら議員になってこの運動を推進しようとした。すなわち選挙権の拡大を推し進めようとした。この運動は，当時の少数者貴族を中心とした官僚制的支配機構を民主化しようとするものである。この点は後述するように，イギリス経済思想史の大変大事な伝統的特質として注目すべきことである。当時の穀物輸入制限法は地主貴族という少数者の利益と結び付いていると考えられたから，彼の経済理論の標榜する多数者利益（資本家と労働者の利益）を実現するためには，政治改革もまた必要だと考えられたのである。

オウエン（1771-1858）

　前述のように，19世紀初頭の資本主義の現実はスミスの理想に反して貧富の格差を増大させた。その理由づけをマルサスは人口法則や資本の過剰蓄積に求め，リカードウはナポレオン戦争の戦後不況や穀物法などの保護主義に求めた。しかしマルサスやリカードウとは違って，その原因を資本主義の制度自体に結びつけ，そうした窮状を救済するための人道主義的な思想と運動が生じた。

　そのような運動の中には，貧困と貧富の格差の原因を私有財産制度と私的な競争の制度に求め，したがってこれらの私的制度に反対して，さまざまなかたちの社会的な協同の組織を求めようとした人たちがあった。すなわち社会主義者たちである。

　社会主義という呼び名はイギリスでは1830年代頃から普及したといわれる。社会主義という名称やその運動が知られるようになったのは，資本主義という呼び名が普及するよりもはるかに早い。この事実は，思想史上の出来事と現実

社会の変化とのあいだにある齟齬(そご)の問題として注目すべきことであろう。19世紀初期のこの社会主義を，マルクス主義の直接的間接的影響を受けた19世紀後半以後の社会主義と区別して，本章では初期社会主義と呼ぶことにする（その理由はマルクスを扱う節で説明する）。

　初期社会主義にほぼ共通な主張はおおよそ次のようなことであろうと考えられる。私有財産制度も私的な競争も，弱肉強食という非人間的な結果を引き起こす，それは資本や土地という私有財産に基づく不労所得を可能にし，労働に基づく所有というスミス的な理念を実現不能にしている。人間の平等という近代思想の理念にも反する。したがって資本や土地の共同使用をとおして共同生産を実行し，生産物の分配も労働に基づく所有を実現する形に変革すべきである。労働に基づく分配は，それほど大きな不平等を引き起こさないはずだし，共同生産者はこのことに刺激されて労働に励み生産性も確保できるはずである。フーリエはファランジュと称した2000人規模の共同体実験計画を作成した。またオウエンはスコットランド，グラスゴウの近くのニュー・ラナークで1800年からこうした人道主義的な工場経営を実験した。労働者とその家族合わせて1800人ほどを雇用する当時としては大規模な紡績工場において理想主義的，人道主義的実験を試みた。当時14時間ないし16時間が普通だった労働時間を10時間半（あとでは10時間）に短縮し，当時の雇用慣行の弊害を改めて10歳以下の幼児の就労を禁止し，幼児と児童に対しては工場内で初等教育を施し，工場内に労働者の住宅や厚生施設や生活協同組合を作った。

　実験工場は当初は，立派な営業成績を上げた。労働者たちがオウエンの理想に刺激されて奮起したからである。ヨーロッパの各地から人道主義的な貴婦人たちが実験工場見学に訪れ，千客万来のありさまであったという。しかし間も無く不振に陥ることになった。オウエンは，その後もアメリカに渡り，私費を投じて広大な土地を購入し，共産主義的な共同村の実験を試みた。彼は土地の最終的な処分権を保持したが，土地の実質的な使用権やその収益の分配については自由，平等，民主主義の原則に基づいて，共同討議によってことを運営しようとした。しかしこの実験も2年で破綻した。厳しい資本主義的競争の荒

波の中では，理想的な個別実験を長続きさせることはできなかったのである。初期社会主義者のこのような個別実験の失敗は，後年のマルクスに対しては明らかに，社会主義なるものを考え直す機縁を与えている。

オウエンはイギリス帰国後も協同組合知識普及協会の運動などを続けたが，なかでも本節で指摘したいのはスミスやリカードウの投下労働価値説を誤って適用し，全国衡平労働交換所を開設したことである。スミスやリカードウの言う，個々の商品を生産するのに必要な労働時間というのは，その生産部門での平均的な労働時間であったのだが，オウエンは，個々の商品にそれを生産するのに個々人が実際に費やした労働時間を記して Labour Note を発行し，その個別の，実際の投下労働時間どおりの交換を実現しようとする理想主義的な実験を行ったのであるが，このやり方も市場では通用せずまもなく失敗に終った。彼はスミス的な投下労働価値説を誤った仕方で応用しようとしたわけであるが，しかし彼の社会主義の中には，不労所得や大幅な不平等に対する批判と共に，自己労働に基づく所有という，これまたスミス的な理念が息づいていたことにも注意しなければならない。

☆　　　☆　　　☆

以上オウエンについてのあまりにも簡略化した概観であるが，初期社会主義のおおよその姿をこれによって想像することが許されるとすれば，本章の目的からは次のようなことが指摘されねばならないように思われる。①初期社会主義は個人主義的な自由や平等，スミスの言う「全般的富裕」→功利主義が提唱する最大多数の最大幸福というような古典派的な（したがって近代資本主義的な）理想を引き継いでいる。②「衡平労働交換」や労働切符など，経済理論としては不合理なところがあったし，失敗したかもしれないが，それはともかく，初めての道義的な資本主義批判・私有財産制度批判であった。初めて資本主義とは違った社会組織がありうるという問題を提起した。③初期社会主義の主張はかなりの部分がその後の資本主義およびその学説のなかに，少なくとも目標とすべきこととして吸収された。労働時間短縮，初等教育，共同組合，労働者の福祉等々がそれである。この意味では，その後の経済思想史は，初期社会主

的要素を取りこみつつ進化してきたと言えるのではあるまいか。それによって資本主義それ自体の変質が生じて現在に至っていると言えるだろう。これらの意味で初期社会主義がその後の資本主義と経済思想史に及ぼした影響は非常に大きいのである。その経過は，以下においていくらかでも明らかにすることができるだろう。広い意味で初期社会主義の走りといわれるゴドウィンまで含めて言えば，彼に直続するマルサスやリカードウが人口法則などを前提にして，資本主義の永続を証明する構えをとったのも，すでに初期社会主義の経済学説への反応ということになる。

19世紀と言えば資本主義発展史の中で自由主義的な市場経済を現出した典型的な一時期と言われるのであるが，経済思想史は早くも社会主義に対する対応を迫られることになったわけである。そのことは次節で述べるジョン・ステュアート・ミルに明確に見うけられる。資本主義という呼び名がまだ一般的に普及していない時期に，経済学説は，社会主義への対応を考えねばならなくなったし，社会主義的な主張を考慮に入れたなんらかの政策提案をしなければならなくなった。19世紀，やっと資本主義が完成したといわれるその時期に，あるいはヴィクトリアン・エイジという呼称でイギリス資本主義の最盛期でもあったこの時期に，すでにこうした事情が生じている点は注目に値する。以下に概括する通り，ミルに続くその後の経済思想史は，社会主義思想への対応という課題を抱えて，それに反対するにせよ，形を変えてそれを取り入れようとするにせよ，いずれにしてもこのような課題を念頭において展開することになる。

4　ジョン・ステュアート・ミル（1806-1873）

先行理論との関係から言えば初期社会主義，リカードウ，マルサスを引き継ぎ，後継理論との関係から言えばマーシャルによって引き継がれたという，学説史上重要な変換点を占めるJ. S. ミルは，主著『経済学諸原理』（1848年）のなかで初期社会主義の提起した問題を大きく取り扱った。彼の社会主義に対す

る態度は周知のとおり次のように要約できる。①社会主義者たちの道義的な資本主義批判には同意すべきものがある。②しかし現在のところ私的・利己的な風潮が蔓延しており，社会主義的な道徳はまだ未熟であるから，すぐに社会のシステムを社会主義に移行させるのは時期尚早である。私的・利己的な人たちが社会主義のもとで生活することになれば，人びとは生産の現場ではできるだけ楽をしようとし，消費の場面では平等を主張するだろうから，社会は全般的な貧困に見舞われるであろう。③したがって，これまでだれも試みることさえしなかった私有財産制度の改善を試みるべきである。

これは，ミル以降において，資本主義を護ろうとする人たちが，ねんごろに社会主義を断る場合のひとつの定型的な論理になった。人心が現況のままでの社会主義への移行を，ミルは時期尚早と考えたとすると，後年のマーシャルは too quick to assume と表現した。

この論理の中で重要な点は，初期社会主義者の影響を受けて，ミルが初めて本格的に試みようとした私有財産制度の改善である。スミスは封建制度的な上級所有権の関係を批判した。封建制のもとでは農民の土地の最終処分権は領主に属し，領主の領地の最終処分権は国王に帰属している。そのため農民の土地使用権は制約されていた。農民は土地を自由に使用できなかった。だから生産性が低かった。これを批判してスミスが主張した近代資本主義的な私的所有というのは，かつて川島武宜氏が「商品的所有」と呼んだものにほぼ等しいように考えられるのであって，1人の所有主が1つの物の所有権のすべての要素（処分権，使用権，収益権）を統一的に所有している関係である。これがなければ私的で自由な商品交換は発展しえないであろう。したがってスミスの資本主義成立論は，主として農民の土地使用権の漸次的な強化と，この使用権に対する領主の強権的な支配力の漸次的弱体化（領主財政の逼迫と家臣団の解体）を意味する。このプロセスは，封建制の末期に長期にわたって徐々に進行したのであって，封建制から資本主義への体制移行は短時間の急変として描かれてはいない。

ここで主として問題にすべき資本所有について吟味すると，マニュファクチュアのマスターの生産手段に対する関係を問題にしなければならない。彼はそ

の生産手段に関してその処分権，使用権，収益権のすべてを掌握している。そのような所有主として彼は古典的な資本家である。スミスはこうしたいわば古典的な私的所有権の樹立されることを主張したのだし，またそのことを自然的で永遠なことと考えたのである。したがって彼にとっては，この古典的な私的所有権の改訂などは，まだ問題になりえなかった。リカードウもまたスミスの立場を踏襲し，それを経済学の前提として踏まえているだけである。したがって，私有財産制度の改善という問題を，経済学の大きな問題として前面に押し出したのは，ミルが初めてであり，またこのことが経済学の歴史において持つ意味も大きい。こうした転換が生じたについては，初期社会主義の影響があったことはまた明らかである。初期社会主義は経済学の前提を反省させるという点では，経済思想史上きわめて大きな影響を及ぼしたと言わなければならない。

　したがってミルは，スミスの言う「自然的」＝永遠不易だという考えを変更しようとする。この点もまた重要だと考えられるので，若干説明を加えておきたい。彼にとっては「自然的」というのはそうあるべきだという当為を意味しない。自然の風雪は時折破壊的な猛威を振う。したがってこの自然災害に人為的な備えをすることも必要だし，それは人間にとっては自然な行為である。だからほとんどすべての川には人の手によって河岸，堤防，橋が建設されているのである。

　自然的なことと人為的なこととは，はっきり区別しなければならないし，（人為的な対策は自然法則を利用しなければならないのだから，その意味で）自然的なことが基礎であり基本であるけれども，人為的な対策もまた必然的に生じるのであるから，物事の推移は，自然的なことがらに人為的な手が加えられるものとして考えるほかはない。例えば，マルサスの人口法則はそれ自体としては自然法則であるが，生活水準の向上，教育の普及，文化的その他のエンターテイメントの普及，晩婚（前述のように，生活条件の整わない人は婚期を遅らせるべきだという考えはすでにマルサスにも見られる。マルサスはこのことを道徳的抑制の中に含めている），等々によって，自然法則としての人口法則の災害はかなり克服することができるとミルは考える。

こうした見方はすでに1848年段階で，経済学の編成を生産論，分配論，交換論，社会の発展論，国家論に区分したことの中にも含まれている。生産論は，スミス的な見方を立てて自然法則を問題にするという。しかし実際には，先に述べた人口法則のように人為的な側面も論じられている。分配論は人為的だという。例えば，国民すべての人が社会主義へ移行すべきだという意見でまとまれば，私有財産制度は今すぐにでも社会主義に移れるなどとも言う。しかし，人びとの私的利己的道徳観はなかなかしたたかで容易に人為的に変更できるものではないから（つまり自然法則的な面があるから），上述のとおり社会主義への移行は時期尚早だということになってしまう。このように自然的と人為的は一応区別されているのであるが，両者は全く別の事柄ではない。（それゆえ生産論と分配論における自然的と人為的には「混乱」があるという解釈もある）。いずれにしてもこうした自然的と人為的との交叉を通じて，経済の機構も変化してゆくというのがミルの狙いである。これは資本主義についての新しい見方であった。

それと対照的に第3編の商品交換論は，基本的にはスミスやリカードウが論じたように，私的所有と私的競争やそれに対応した人間の私的な利益追求行為を前提に踏まえた上で成り立っているに過ぎない。このような狭い古典派的な前提の上に立脚することを認める限りでは，その分析はすでにリカードウが渾身の力を込めて論理を押し詰めている。おそらくまさにそのような意味を込めて，ミルは，第3編の始めの方で，交換論についてはもはや特に言うべきことはあまり残されていないなどと，一瞬読者を驚かせるようなことを言っているのである。実際には国際価値論などに見られるようなミルによる新しい開拓がなされ，新しい苦心が払われているのであるが，いずれにしてもその内意は基本的には，スミスやリカードウが主張した商品交換＝自然的・不変的というがごとき事は，特定の前提条件のもとで歴史的には一時期に見られる事柄に過ぎないのであって，彼らはこの限られた前提の上に成り立つ自由競争的交換理論に関しては十分に言及しているから，ミルが新しく追加すべきことは少ないが，ミルがやろうとしている歴史的な観察は，もっと違った分配制度の可変性という問題であり，交換論の前提事項の改編である。この点についてはスミ

スもリカードウも配慮をしていなかったのである。以上の次第であるから，第4編第3章の社会発展論では自然的と人為的は撚り合された綱のようになっており，条件次第で発展の様相は幾通りもありうると言うのであって，ここにこそミル本来の独壇場が設定されているのである。そして後年のマーシャルが，青年時代，経済学研鑽の手始めとして最も強い関心を寄せたのがこの箇所であった。

第4編の全容を詳しく論じる紙数はないが，次の企業形態の変化についてのミルの見解を例にとって，今見たミルの独壇場の意味を吟味してみよう。——スミスにとっては独立小商品生産者間の等価交換は，私的労働に基づく私的所有を実現するものとして，彼の経済学の起点であると同時に基点でもあると言えるだろう。このことから出発して彼は私的所有としての資本と私的所有としての労働能力との自由な交換《雇用》契約を基礎として，個人資本家企業（マニュファクチュア）をめぐるさまざまな諸問題を考察した。その中には労働生産性の向上や労働者の生活水準の向上や単純な分業労働の繰り返しの中で労働者がえてして無知蒙昧になるという知的，道徳的退廃などが含まれていた。リカードウも個人資本家企業をほぼ唯一の企業形態として前提している。資本主義と言われうる時代の企業形態として彼らが主として考察したのは，この個人資本家企業である。この個人資本家企業は彼らにとっては「自然的」な企業形態であった。

ところがミルにとって独立小商品生産者は，製造業においては自由競争に耐えるだけの生産性を上げることができないがゆえに，もはや時代遅れになっている。農業においては必ずしもそうではない。というのは大きな農場は粗放的になって生産性が落ちるが，自作農の場合は，私的な労働と私的な収入とが結びついており，スミスが見ていたとおり労働や生産性に対する刺激も大きく，侮りがたい競争力を維持することができるからである。自律的な労働とその収入との結びつきというスミス的な観点を，ミルもまた引き継いでいることは，農業における自作農の意義を高く評価していることによっても判明する。

ところが製造業における個人資本家企業は企業の諸形態の中では最悪のもの

であった。企業の全資産（資本）を所有する個人資本家のもとで，賃金労働者は個人的な自由権も平等権も抑圧されるからである。自分の労働を自分のためにすることができなくなっている。労働の疎外が生じるからである。この疎外は，スミスの見た知的，道徳的退廃を引き起こすばかりでなく，さらにまた近代的市民の自律性も自尊心も損なう。ミルにとってはこの意味で個人資本家企業はさまざまな企業形態の中でも，労働者にとって最悪の形態であった。この点は後述のマルクスとマーシャルに至る対照的な受け継がれ方との関係で注目しておかねばならない。独立心と自尊心を持った知的な労働者なら，すなわち近代的な市民なら，労働に基づく所有の関係が断ち切られ，個人資本家の差配のもとに永く黙従し続けるなどということは，できない相談だとミルは言っている。この言明は，スミス的，リカードウ的個人資本家企業社会の永続可能性をあからさまに否定するものである。すなわち古典的な資本主義像の永続可能性を否定するものである。この点を大きく取り上げて厳密な論理で理論化したのが，マルクスであるのは言うまでもない。

　資本主義工業の発展は，個人資本家企業の小さな資本力を超えてしまう。「自然的」に共同出資企業の必要性が高まる。鉄道業などの大規模事業がその典型である。そうかといってこの自然な趨勢を放置しておくと，いろんな点で私的所有と私的競争に余計な混乱を生じさせるであろう。そこで自然必然的に「人為的」な法制化の必要が生じ，事実，ミルが主著『原理』の諸版を出していたころには，朝野にわたって株式会社法をめぐる議論が続いていた。株式会社は数多くの株主が共同出資して大きな資本を調達しなければならない。株主は専門の能力を持った経営者を雇わなければならない。経営者に事業を任せるとしても，従来の個人資本家企業の常識からして当然のしきたりにしたがって企業内容が秘密にされると，その企業がうまく運営されているかどうか判断する手がかりがないわけであるが，このような従来のプライヴァシーのしきたりを踏襲する状況の下で，数多くの出資者を募ることができるであろうか。そのほかにも株式会社には，従来の個人資本家企業のしきたりを破るいくつもの問題点があったから，株式会社を発展させるためには，新しく「人為的な」法制化を

工夫しなければならなかった。会社に対してはその業績を定期的に公表すべき義務を負わせる。出資者には個人資本家が事実上負っていたところの無限責任を負わせない。有限責任会社とする。そうすることで数多くの人が出資しやすくなるように法律を整備する。雇われ経営者には資本の経営権を委ねる（資本を所有していなくても資本の使用権を委ねる）。経営能力を持った高級労働者として高給をもって遇する。その方が出資者自身が経営に乗り出すよりもはるかに上策である。等々。

こうしてミルにおいては生産手段の私的所有権は変質している。生産手段の私的所有は共同的な所有に変り始めた。生産手段の所有権は，処分権と使用権と収益権との3つの要素に分割された。個々の株主は資本の最終的な処分権を部分的に持つことになった。経営者は使用権を委ねられた。こうした事情の下で，経営者は会社が上げた利潤のうち，最低限，利子相当分を株主に支払えばよいことになる。したがって，収益権をめぐる可能性としては，利潤のうち利子を越える部分を，労働者に分配することもできなくはないことになった。すなわち労働者に対する利潤分配制度の問題（すなわち20世紀的な問題）が，いち早く提起されたことになるのである。

ミルの思想的な志向においては，スミス的な生産手段の私的所有＝個人資本家的所有，その処分権，使用権，収益権の統一的な所有はすでに崩れている。もし株式会社が社会の生産の全部を掌握すると，純粋な，古典的な生産手段の私的所有は無くなっていることになるであろう。資本の処分権と使用権は分離した。所有と経営の分離は，A. A. バーリとG. C. ミーンズ（1932）以来の20世紀の特徴であるように言われることがあるかと思うが，実はそうではなく，株式会社法が成立する19世紀中葉の時点で，すでにミルにおいて明確に，そして積極的な意味を持たされて認識されていた。株式会社の普及の度合いが違うだけである。労働者への利潤分配も，20世紀の労働運動の課題の1つであったのであるが，理論としては，また可能性としては，ミルにおいてはっきりとした問題提起がなされ，またマーシャルにも（経済騎士道の美名のもとで）受け継がれている。こうした生産手段の所有形態の変化は，資本主義の，そして

また資本主義観の漸次的な変質，進化を意味するであろう。

　もっともこうした株式会社の発達が，資本所有の形式を社会化させ，所有と経営とを分離させたと言っても，自由競争のもとでの株式会社の，資本企業としての内容が変質するわけではない。ミルはこの後者の側面に十分な目配りをしていない。次に述べる協同組合も，ミルの高い評価にもかかわらず，ミル以後の実際の発展において，自由競争下の企業であるという制約を逃れることはできなかったのである。

　ミルの発想は，以下に述べる協同組合論がそうであるように，社会の部分改良が社会全域に広がり，したがって社会体制の改良にもつながると考えたのであろう。この発想は言うまでもなく初期社会主義者の個別実験の発想を受け継いだものであろう。しかしミルは，上記の所有形態の変化をテコにして，以下にも若干述べるような資本主義改良の方途を考えようとしているのである。

　ミルはさらに社会主義者オウエンなどの影響を受けて協同組合の普及と進展に大きな関心を抱いた。なかでも労働者だけがなけなしの資金を出し合って設立した生産協同組合の進展に期待を寄せていた。この協同組合では，共同労働者は出資者であり資本の完全な意味での所有者であり，また労働者である。しかも加入者は，ミルによれば完全に個人的な自由を保証されなければならない。出資によって加入も自由なら，脱退も自由でなければならない。しかも資本の処分，使用，収益の分配について，出資者＝労働者として，その決定に平等に参画するのでなければならない。彼はそのための合理的な方法をかなり詳しく検討している。ミルは，啓蒙思想に含まれていたこうした個人的自由や平等を，厳しく実現すべきものと主張している。こうした企業内民主主義の厳しい主張は，20世紀のソ連型の企業においては，からきし実行されなかったのであり，そのことが労働者の不満を醸成したという事実も想起すべき論点であろう。

　ミルはその他の企業形態としては公営企業についても論じている。

　以上は主として生産，といっても工業に関することであるが，農業についてはどうであろうか。ミルは，土地の公有化については，現代の状況下と比べてさえも，ずいぶん思い切ったことを考えていた。土地が売りに出されたら一月

285

の間は中央，地方の政府に買い取り交渉の独占権を与えるべきである。もし公共の利用に資するようなら，そのような土地は公的な所有に帰すべきである。公有化された土地は，税金の代りに差額地代を取って，農民や農業協同組合に貸し出すのがよい。このことを農民の立場から見ると，土地の相対的な肥沃度などを考慮にいれた上で差額的な税金は納めるけれども，土地経営はまったく自由であるから，公有地の借地人は，事実上自作農と変りがない。私的な労働が私的な所有になる。つまりスミス的な労働→所有の起点（基点）関係が実現する。公有地が協同組合に貸し出された場合は，私的労働→私的所有ではないが，私的個人の共同→共同労働→共同所有→協議分配→個人的所有という，上に見た共同的な新しい形で労働所有関係が実現するはずである。

　以上を振りかえってみるとミルは，スミス的な意味での人間の「自然的」傾向，すなわち私的労働→私的所有が，公的な土地買い上げや協同組合という「人為的」な法制化や政策の介添えを得て，自由な個人の共同労働→協議分配をとおしての共同労働→個人的所有に進化することを期待しているように見受けられる。この事態は次節で述べるマルクスの見地，すなわち生産手段の共同占有に基づく個人的所有の復活という命題と，類似していると言えるだろう。ミルの主張は少なくともこの一点では，マルクスに先行していたと言えるだろう。ミルは，労働→所有というスミス的な起点（基点）が，このような新しい形で復活されうると期待したのであろう。こうしたスミス→ミルの間に，共同労働という初期社会主義の発想が入り込んでいることも明らかであろう。思想史の上で資本主義の改良，したがって資本主義の維持のために社会主義の取り込みが明確に始まったことになる。

　しかし上記最後の文章は，ミルとマルクスとの違いを示している。ミルが，社会全体としては私的所有や自由競争の原理が維持されているのに，個別企業に関しては共同の原理が実現することを願っている点は，初期社会主義の個別実験に似ている。初期社会主義者も多くの場合，企業レベルのアソシエイションの実験が成功し，これが社会的に広がってゆくことを期待したのであるが，この点ではミルも同じである。ミルの考えでは，この世には独立小商品生産者

も個人資本家企業も株式会社も協同組合も公営企業も共存する。それらは市場で互いに競争する。そして生産性の優れた企業形態が生き残り普及するであろう。彼自身はこうしたミックスト・エコノミーにおいて共同組合の制度が発展することを強く希望したのである。ミルはその方向で資本主義の改良と漸次的変化を期待しているのである。しかし，初期社会主義の個別実験の経験をネガティヴに評価したマルクスにとっては，ミル的な個別企業的な実験が漸次広がって，社会全体のシステムとして実現しうるだろうという見通しは立てられなかったのである。

5　カール・マルクス（1818-1883）

　マルクスの盟友エンゲルスは，『空想から科学への社会主義の発展』でマルクスの経済学説を科学的だと評しただけでなく，この科学的学説に基づいているという意味で，彼の社会主義を科学的社会主義と呼び，このことと対照させて，19世紀初期の社会主義を空想的社会主義と呼んだ。もっとも，マルクス自身は，この本の宣伝を兼ねてこの本の序で科学的社会主義という言葉を使っているのを別にすれば，自分の社会主義思想を積極的に科学的社会主義と自称してはいない。主義にもとづく主張と観察に基づく科学とは違うことを自覚していたからであろう。私自身も「空想的社会主義」という用語を避けて，先述のように初期社会主義という用語を使っている。

　ところで，エンゲルスがマルクスの経済学説を科学的と見なした理由は２つある。すなわちマルクスには剰余価値論と史的唯物論があるという２点である。この評定は，マルクスとエンゲルスの間にさまざまな考え方の齟齬があるにもかかわらず，マルクスの経済学説そのものに関しては，一般にほぼ妥当な評価だと受けとられているようであるから，論点を絞るためにこの２点についてマルクスの資本主義観の特徴を振り返ってみよう。

　第７章で述べたように，資本家的な企業が一般的に行われる社会を想定すると，資本家は生産手段の所有者である。労働者は生産手段を所有していない

から，雇われて賃金をもらうにすぎない。生産物の価値のうち賃金支払いを超えた部分は，剰余価値として資本家の，あるいは資本家的企業の所有に帰する。この関係は初期社会主義者が感じ取ったような道義違反だというだけではなく，マーシャルが言うように資本家の「盗み」でもなく，資本主義諸国の基本法に基づいて合法的に生じる。その所以は次のような，今日でも多くの人が日常的に経験しているような理由によるとマルクスは分析する。

　商品交換は買い手の立場から見れば，商品の価値を支払って，商品の使用価値を受け取ることを意味する。買い手は手に入れた使用価値を自由に使用することができる。最大限に活用することも捨てることもできる。商品交換は売り手にとっては，商品の価値を受け取って，その使用価値を手渡すことである。手渡された商品の使用価値を買い手がどのように使用するかは，買い手の自由であって，売り手に口を挟む権限はない。

　商品交換が全社会的に広がるようになると，土地や労働能力のように本来商品ではなかったものも商品扱いされるようになる。商品交換に類似した形で，資本家企業と労働者との間で雇用契約が結ばれるようになる。資本家は労働能力の買い手として労働力商品の価値を支払い，その使用価値を受け取る。その価値は労働力商品の生産費ないし再生産費，簡単にいえば賃金労働者の生活費ということになる。その使用価値は買い手にとっての利用価値であって，それは企業で資本に剰余価値をもたらしうるような仕方で労働してもらうことである。企業は剰余価値をもたらしてくれないような労働者を，わざわざ雇用することはしない。

　ところで資本家企業の剰余価値取得に役立つ労働というのは，二面性をもつものである。それは一面では平均的な能力をもつ労働として何時間労働してくれるかという問題である。他面では個々の工場で生産される使用価値を立派に製作するために特定の技能を発揮してくれるということである。そして購入した労働をこの両面でどのように使用するかは，<u>商品交換の原理に従う限りでは</u>，買い手たる個人資本家の権限に属する。資本家は労働者をできるだけ長時間働かせようとするだろう。スミス，リカードウの古典学派労働価値説によれば，

労働時間に比例して価値が生産される。もしも賃金として支払った価値に等しい価値を労働者が生産するだろう時間だけ，労働者を働かせたとすれば，資本家の手元には支払賃金の価値と等しい価値が回収されるだけであるから，資本家にとっては労働者を雇い入れる意味がなくなる。逆に，賃金の価値を生産するのに必要な時間を超えて，労働者が長時間の労働をさせられたとしても，それは商品交換の法則（⇒法律）を侵犯したことにはならない。なぜなら，商品はその価値を支払った買い手の手で自由に使用してよいというのが商品交換の法則だからである。剰余価値はこのように商品交換の原理と古典派労働価値説にしたがって資本家企業の手に入るものと，マルクスは分析した。（以上，『資本論』第1巻参照）。

☆　　　☆　　　☆

さて，第7章で論じたこうした分析の意味をどう理解すべきであろうか。それが本節での問題だ。

① 私的な労働に基づく私的な所有とその交換は，したがって古典派労働価値説は，生産手段を所有していた独立小商品生産者の関係において想定された関係であって，スミスが近代資本主義を理念的に描く場合の土台石になったものであるが，これは資本主義のメカニズムにおいて客観的に否定されている。雇用契約に基づいて企業内で働く労働者にとっては，自らが動かす生産手段の所有者ではないから，投下労働による取得が否定されているだけではなく，自分の労働能力をどのように働かせるかということをめぐっての自由権も平等権も存在しない。賃金労働者は，会社命令に従った労働を強要される。労働そのものが自由な自己から疎外されている。このような疎外現象は，初期社会主義者の道義的な批判の的になったことであり，すでにJ. S. ミルによっても改良すべき重要なポイントとして取り上げられたことであるが，マルクスはこの疎外現象を，すなわち自由資本主義のもとでの労働者の自由の喪失を，商品交換の原理そのものから説明したのである。また，この疎外現象は現代においても日常的に広く行われている資本主義の冷酷な事実である。

② 上記のような労働者の自由喪失の現象は，資本主義社会の基本法に基づ

くものであるから，初期社会主義者が考えたように単に道義の問題であるだけではない。資本主義社会の基本的制度の問題である。また，個別に理想的な実験を試みてその成果を順次社会的に普及させていこうという希望の問題であるだけでもない。もちろん彼にとってもこの現象は道義の問題でもあり，また彼は個別実験の意義も高く評価したのであるが，さらにそれは社会の基本システムとしての私有財産制度の改廃という問題に結びつけられているのである。ここには初期社会主義の提起した問題の，マルクスによる継承と批判の両面がみられる。その場合，イギリス経済思想史は初期社会主義の信条を継承したのであって，逆にマルクスの理論には総じて反対してきたのである。なぜなら上記の制度の改廃は，労働者による立法権の獲得にかかわるからである。

③　上記のような資本—賃金制度のもとでは，賃金労働者は賃金や労働条件をめぐって駆け引きをしなければならない。スミスが言うように，労働者は1人1人で交渉する場合には，資本家よりも交渉上不利な立場にあるから，団結して団体交渉しようという動きも出てくる。しかし，元来商品でないものが商品扱いされている事態をめぐっての交渉であるから，明確に生産費のようなものが計算されるわけでもなく，また労働賃金や労働条件は，市民的な権利を主張する生身の人間と切り離すことはできないから，交渉は難航するであろう。そのうえ労働者も資本家も，法的な権限から言えば，私有財産所有者としては対等な権利を有するものであるから（労働者は労働能力の私的所有者であるから），交渉の決着はいよいよ難しくなる。労働力商品の雇用契約と近代的市民権の自由，平等，自立の思想とは矛盾する側面を持つからである。労働者が団結して争議を起こすようになると，社会的な混乱が引き起こされる。そこで，資本主義においては初期の時代から，労働争議への国家の介入，法的な調整と権力的な抑圧がしばしば強行された。マルクスは初期資本主義の時代についても，産業資本主義時代の工場法に関しても，この点を注意深く論じている。資本主義の根幹を成す資本—賃金労働関係において，レッセ・フェールは行われたことがない。資本主義経済のメカニズムを維持するためには，資本—賃金労働という，その中軸的関係に対する国家統制が不可欠だったことになる。発達した段

階の工場法は，労働時間の制限やそのほかの労働条件の改善などによって，むしろ資本家の飽くなき剰余価値渇望を抑制するように考案されてきた。そうしなければ，資本主義のシステムを維持することが困難であるからだ。それは見方によっては，国家による資本主義の非人道的な側面への改良主義的な働きかけと見なされうるであろう。実際マーシャルもそのような意味で工場法を肯定している。おそらくマルクスも一面においてはそのことを否定しないであろう。資本家の剰余価値渇望を自由に放任することが，資本主義の維持を可能にするかどうか。マルクスは資本主義生成の当初から，国家の介入なしには資本主義の発展や維持は行われてこなかったという歴史的な事実をつかみ取っているように思われる。この点は，少々ディメンションが異なるが，後年ケインズが自由放任は社会主義への近道だと言って，資本主義市場に対する国家干渉の必要を論じたことを想起させる。20世紀の社会福祉政策も，一面では初期社会主義思想の資本主義への取り込みであるが，マルクス的な観点から見れば（おそらくケインズ的な見方からしても），他面では，資本主義維持という意義を持つものとなるであろう。換言すれば，初期社会主義思想の取り込みなしには資本主義は維持できないということを，このことは示唆しているであろう。

④ マルクスによれば資本は競争に勝つために機械化を推し進める。その結果，投下資本に占める機械設備への投資の割合は上昇し，労働雇用に向けられる割合は縮小した。すなわち，マーシャルを引き合いに出すまでもなく，省力化のための機械設備強化という形で代替原理が働く。そのため，一国全体の投資額が大きくなった割合には，労働者への需要は伸びなくなった。資本蓄積テンポがあまり急速でないような状況のもとでは労働需要はかえって減少し失業が発生するであろう。マルサスの自然主義的な人口過剰論の真の根底は，競争に勝つためには，資本をできるだけ機械設備に向けざるをえないというメカニズムにあったというのがマルクスの見解である。貧困は自然的な原因によるから，社会制度の改変はあまり意味をなさないというマルサスの『人口論』の社会観は，マルクスにおいては否定されたのである。社会全体としても資本の構成は資本集約的になった。剰余価値の追求という資本の本性だけを問題にする

とすれば，上述の資本の動態からは，資本主義の発展のなかで失業などの労働者の困窮はむしろ避けがたいという結論になるだろう。資本主義が生みだすこの難題のメカニズムを原理的に解明したことは，学説史上マルクスの1つの特徴である。

☆　　　☆　　　☆

さてエンゲルスが，マルクスの経済学説を科学的だと見なす第2の理由は，マルクスに史的唯物論があったとする点にある。なぜ史的唯物論が，マルクスの学説を科学的なものにすると見なされたのであろうか。

1つには，人びとが物質的な利益を追い求めている経済という行為が，社会の歴史を突き動かしてゆく原動力であることを，彼が客観的に解明しているという点に求められる。しかし，これは言うまでもなく英仏の古典派経済学の中で培われた伝統を発展させたものである。ステュアートもスミスも，そして18世紀のそのほか幾人もの人たちが，商品経済の発展が封建制を突き崩した原動力であったことを明らかにしている。当然ながら，古典派の歴史論の関心は，歴史の経験科学的な認識であって，社会主義の問題ではなかった。マルクスは古典派のこのような歴史分析から多くを学んだことを自認している。

2番目には，マルクスが資本主義の発展を客観的・自然必然的な法則性を持つものと捉えている点が強調される。すなわちエンゲルスの言う科学は法則性の科学である。スミスには「富裕の自然的進歩」という理念的な歴史理論があったし，リカードウには natural course of things という歴史の予見論があった。しかしスミスもリカードウも社会主義者ではない。エンゲルスが，マルクスを科学的社会主義者に仕立て上げたのは，マルクスが，このような必然史観に立脚して，将来の社会を予見したと見なしたからであろう。

前にも述べたように，法則というのは law, Gesetz であるが，これは中世神学における神の掟につながる。近代初頭の自然神学は，この（神の）法則を，経験科学的に立証し確かめてみようとしたのである。こうして経験科学が出発したが，それは当然法則を求める法則性の科学であった。ニュートンもスミスもリカードウも，それぞれ別の意味で法則性の科学を体系化している。そして

マルクスもエンゲルスも，もう１つ別個の法則性の科学を樹立しようとしたのである。この限りでは彼らもまた中世以来の思考習慣の大枠を引き継いでいると言わなければならない。法則は，カントも言っているように必然性を意味する。それは道徳に関しては，何々すべしという必然性を意味するだろう。それは将来の予測については，ある必然性の法則にしたがって，結局は物事がある一定の方向に向かって進行するほかないという目的論的な見方になるだろう。エンゲルスの主張する史的唯物論も，資本主義は必然的に社会主義に向かって進行すると考えた限りでは，こうした考えの流れを引いている。

しかし問題は，甚だ困難であるはずの将来社会への見通しが，どのような方法で，どのような限度で行われたかということである。問題は，過去から現在に至る唯物論的な歴史に立脚して，将来を直観的に，政治的に，勇敢に予測するのか，あるいは過去から現在に至る歴史の科学的な分析に徹して，そこに見られる将来社会への変化のモーメントを摘出するにしても，将来社会の到来の予測そのものについては，オープン・クエスチョンにとどめるのか，ということである。前者は社会主義の主義的主張であろうが，自然科学のいくつかの分野ならいざ知らず少なくとも社会科学においては，後者が，科学に踏みとどまる立場であると言わねばなるまい。

将来社会の見通しは難しいから，イギリスにおいては，見方が対照的な方向に発展した。法則をこのように固定的，普遍的，不変的なものと考える歴史観をめぐっては，ミルはすでに法則性の科学から一歩抜けだそうとしていると言える。彼のいう人為的作用は，自然的，したがって不変的な法則性を踏まえなければならないが，自然法則の働きを改善できるような人為的な領域が重視されている。先に述べたが，国民すべてが社会主義を主張するなら，今すぐにでも社会主義へ移行できるだろうなどという極端な発言も見られる反面，その意向は時期尚早だとも見なされる。このような考えの底には，歴史を必然性の法則に基づく目的論的発展だとする考えに対して，歴史を人為的に可変だとする考えが潜んでいる。ダーウィンの後を受けて，マーシャルにおいても法則の持つ不変性，普遍性はよほど限定されている。彼は相変らず法則という言葉を使

ってはいるが，それはある条件のもとでのそれに対応したある傾向性を言うにすぎない。ケインズにおいては，法則という言葉は，『確率論』の数学的定理においてはともかくとして，歴史論としてはほとんど見られなくなっている。この点は後で検討しなければならない。

　マルクス自身は，エンゲルスのように史的唯物論を組織立って定式化してはいない。『経済学批判序説』の序文に，自らの研究の指針として，アジア的，古代的，封建的，近代ブルジョア的というような，いかにも手短な（しかも過去から現在までの）社会発展段階論を示している。ただ，彼の研究の主力は，理論的，歴史的にイギリスを中心にした西ヨーロッパにおける資本主義発展の経済メカニズムの解明に注がれたことは確かである。彼が，資本主義の客観的な運動の中に社会主義への移行のモメントを見出そうとしていたこともまた確かである。しかし彼は，科学者として，将来を予測するという点では，慎重であり，禁欲的であったように見受けられる。社会主義運動の実際的な運動家たちから，社会主義運動と将来の社会主義についてのマルクスの意見を強く求められて，非公開を条件にして（なぜ非公開を懇望したのかをここでは問題にしたいのだが）書かれた回答書（『ゴータ綱領批判』）では，マルクスが，主義者としては，きわめて根本的な意味での社会主義者であった事が歴然としている。しかしこの非公開私信は，科学者の目から見れば，実際の歴史が社会主義者たちの希望する綱領通りには進まないだろうとする綱領批判文書である。その全容をここで検討する紙面はないから，彼の研究の主力が，将来社会への移行プロセスの予測よりも，現在までの資本主義の発展の解明に向けられた（だから将来の予見にかかわる回答を非公開の私信にとどめるよう懇望した）ことを考慮して，『資本論』第3部のなかから，次の1点だけを指摘するにとどめたい。

　それは，彼の株式会社論や協同組合論である。前節で述べたように，ジョン・ステュアート・ミルは株式会社や協同組合の発展可能性に注目し，資本所有が私的所有から集団的・社会的所有へ移行することを問題にし，この社会化の歴史的意義を高く評価した。このミルの見解は，全面的にではないが少なくとも一面においては，マルクスの株式会社論，協同組合論に引き継がれている。前

述のように，マルクスは株式会社に言及し，それを「社会的資本」と呼んでおり，「社会的企業」と意味づけている。彼によれば，株式会社は「資本家的生産様式そのものの限界内部での資本家的な私的企業の止揚である」。株式会社は「資本が生産者たちの所有に，しかしもはや孤立的生産者の私的所有としてではなく，結合生産者たちの所有として，つまり直接の社会的所有（Gesellschaftseigentum）としての所有に再転嫁するための必然的な通過点である」。協同組合が，この点に関しては株式会社よりもさらに一歩進んだ企業形態とみなされていたことは言うまでもない。

　ミルがすでに見ていたように，株式会社では経営と所有は分離されている。かつての古典的な資本所有権，すなわち1人の資本家が生産手段の処分権，使用権，収益権をすべて統一的に所有していた古典的な資本所有権は，ここでは3つの要素に分離されている。個人資本家対賃金労働者という対立構造は，遅れた分野で残存する小規模経営で見られるにすぎない。したがって社会全体として，資本家階級対労働者階級という二大階級の区分をヴィジュアルに見るのも難しくなっているであろう。先に上げたバーリとミーンズが，その「序文」で，スミスの私的な資本所有を，現状に合わないと言って激しく批判しているのはそのためである。株式会社が社会全体の資本の大きな割合を占めるようになるにつれて，生産手段の私的・個人的所有の占める割合は小さくなっている。マルクスはこうした事態の中に，資本主義の社会主義的生産様式への転生のモメントが徐々に醸成されて行く様を見て取っていたのであろう。

　協同組合では，もしそれが自由で民主主義的に運営されているならば，資本所有の3つの要素はすべて組合員総体に属することになる。しかしここでも生産手段の私的・個人的所有は見られなくなっている。

　したがって個人資本家企業から株式会社，さらには協同組合への企業形態の発展のなかに，（ミルとともに）マルクスは，資本所有の3つの要素のうち処分権が弱体化し，使用権が強化され，それに応じて収益権が直接的な生産者に有利になって行く可能性を見ている。こうした事態をマルクスは資本主義から社会主義への「必然的な通過点」であると評価したのであろう。

しかしマルクスはその「通過」がどのように進行するか，その移行プロセスについては取り立てて何も述べていない。その問題が将来の予見にかかわることであるからである。にもかかわらず，マルクスは，彼が眼前に観察した上述のような「社会的資本」の漸次的，漸進的な普及は，スミスの古典的な資本主義像，すなわち私的・個人的資本所有を大幅に超え，大幅に変質させているのであるから，次の社会への移行がどのように行われるにせよ，その経済的な基盤になるであろうと，現状を評価したのであろう。いずれにしてもスミス的な古典的資本主義像は，マルクスの時代にはすでに大きく変化していたということになる。

　しかし，会社の資本主義的な性格がなくなったわけではない。株式会社は相変らず，利潤追求を目的にしており，そのために激しい競争戦を展開している。二大階級という対立構造は，変形されてしまったとはいえ，かえって陰湿になっている。マルクスもすでに資本主義的生産様式の発展の中で，労働者の間での等級制の発展に注目している（『資本論』第1部，『マルクス・エンゲルス全集』第23巻，大月書店，435，459，472，482ページなど参照）。会社規模が巨大になると，資産の実際的な使用をその末端に至るまで経営者が直接担当することはできなくなるから，経営者によって利潤追求の目的を負わされた資産の実際上の運用と指示命令権は，額の大小に準じて，部長，課長，係長に分担させざるをえない。経営者を頂点に，上級労働者が下級労働者に指示命令を下す官僚制的なヒエラルキーが出来上がる。個人資本家による賃金労働者の支配の代りに，上級労働者による下級労働者の支配が生じる。労働者と労働者との間に対立や葛藤が生じる。それぞれの等級の労働者の間でも出世競争と人間疎外が生じる。このような様式で，マックス・ウェーバーが指摘したように，企業内での官僚制が発展する。したがってこうした点を考慮すると，株式会社の発展が社会主義への通過点だと言っても，会社が資本企業であるかぎり，また利潤追求という目的で労働者間に官僚制的な等級制が組織されているかぎり，またこの官僚制を克服するための企業内民主主義が確立されていないかぎり，上記の通過点は必ずしも明るい見通しを提供しているわけではない。企業内民主主義の問題

は，企業外の民主主義の発展と強く結びついている。

　以上のような資本の所有権の変質（社会的所有，経営権＝使用権の強化など）は，資本主義の歴史的変質・進化に関して見られるだけの新しい歴史論ではないように思われる。封建制から資本主義にかけて，土地所有権についての使用権の強化という同類の漸進的な歴史的変化は，スミスやミルにおいても，またその考えを学んだマルクスにおいても見出される。封建社会の盛期においては封建領主の土地処分権者としての領主権力は土地の使用方法に対して干渉し，現物収益を可能な限りで収奪した。商業が発展し領主財政が逼迫すると，領主は一定の（相当に高い）貨幣地代を収得する代りに，土地の使用権の長期化と自由化を許容せざるをえなかった。このことは農民には大きな刺激を与えた。一定の地代さえ支払えば残りの収益を享受し，その一部を手元に蓄積することさえできたからである。土地は長期の借地契約期間にわたって自由に経営することができた。スミスが見るところでは，こうした人たちの間から，イギリスの華と謳歌されたヨーマンリーが輩出したし，彼らのあいだから借地農業資本家も生れた。ミルは彼の『原理』で，このような借地農民を自作農あるいは小土地所有者（peasant proprietor）と呼んでいる。地代は支払わなければならないが，安定した使用権を所持しているから，土地所有者と呼んで差し支えないと考えられたのである。マルクスもまた，『資本論』第3部の「資本主義的地代の発生」の章で，長期にわたる封建的地代の漸次的な変化，変質の過程に関して，精密，詳細な分析を提示している。封建的領主的土地所有権，上級所有権が，土地使用権の強化という形で実質的に変化・変質した。この変化が封建制から資本主義への移行のひとつのプロセスになったという認識である。

　以上のような土地所有権の変遷において，経済構造という点から見て，どこまでが封建制で，どこからが資本主義であるか，二者択一の解答を要求するのは愚かであろう。事態は明らかに漸進的なプロセスとして進んでいる。ところが注目すべきことは，資本主義の発展の途上で，株式会社や協同組合について，マルクスが上記の土地所有権の変質と同類のプロセス分析を行い，またそれと同類の歴史的意義を付与していることである。マルクスにもこうした漸進的な

変化を見定める経験主義があったことになる。この意味でもマルクスが『資本論』第1部を進化論のダーウィンに献呈しようとしたということも，納得がゆくであろう。またこの点に関するかぎりでは，マルクスの経験論はイギリス経験論の伝統をつよく引き継いでいるのである。

6 アルフレッド・マーシャル (1842-1924)

マーシャルは周知のとおりマルクスの剰余価値理論を批判した。彼の立場から言えば，「剰余」は賃金労働者の労働だけの所産ではない。それは雇い主や中間支配人の労働の所産でもあり，さらに資本の産物でもある。また個々の企業の組織が優秀であるかどうかにも依存する。したがって「剰余」は労働に対して加えられた不正あるいは「搾取」ではない。彼は，マルクスが剰余価値論の創出によって，近代社会の基本法の基盤の上で企業内での人間関係の疎外現象が生じるその機構を解明し，いわば近代社会のさまざまな精神的病弊と苦痛の根源，労働者の企業内生活の自由喪失の根源を解き明かした苦心のほどをすっかり無視して，マルクス学説において剰余価値は「盗み」であるとされていると揶揄している。

また彼はマルクス学説のもう1つの特徴とされている史的唯物論から引き出された見解，すなわち資本主義が必然性の法則にしたがって発展するという見方にも反対する。そのためマルクスの追随者たちは，資本主義の将来について前述のように，「運命論的結論を引き出した」と言って，マルクス以降の社会主義者たちと自説との対照的な違いを強調している。この点は本章の主題に直接関連するので，後述においてもっと詳しく検討しなければならない。

マルクスは『資本論』第1部においては，資本主義の発展の一般的法則は労働者の窮乏だと考えたが，マーシャルの見方はこの点でも違っている。なるほどマルクスが主として議論の対象とした19世紀初頭においては，長時間労働や幼児の雇用など悪条件のもとで労働によって引き起こされた精神的肉体的な悲惨と病気は最悪となったが，マーシャルの見るところでは，状態は19世

紀後半には徐々に改善されて今日に至っている。本書第8章で述べたように，彼の資本主義に対する姿勢は，この認識によって大きく規定されている。

　マルクス批判の姿勢とは対照的に，マーシャルはJ. S. ミルに強く引きつけられている。ミルが社会主義者の資本主義批判に耳を傾け，その批判を資本主義の中に取り込むことによって資本主義の改善を図ろうとした，そうした姿勢に対してマーシャルもまた共鳴しているのである。しかも，ミルが今すぐ社会主義へ移行するのは時期尚早だと言ったのに似て，マーシャルもそれは「あまりにも性急」だと言った。ミルは，今すぐに社会主義の制度に移行しても，人びとの精神が資本主義的な利己主義のままであれば，生産場面では人びとはできるだけ楽をしようとし，消費場面ではできるだけ得をしようとするだろうから，社会の生産力はかえって低迷し，人びとの生活はおしなべて貧しくなるだろうと考えた。ミルは，初期社会主義者の理想主義的な実験の失敗を見て，そう考えたのである。マーシャルもこの考えを違った言葉で引き継いでいることは明らかである。したがって両者の経済学はともに資本主義を対象とし，その大枠のなかで活動している市民の心理と経済行為とを対象にすることになる。

　性急な社会主義化に反対してミルは，私有財産制度の改善を通じての資本主義の弊害の矯正を試みようとした。その場合，ミルは自然的な原因のなかには人為的に改良可能なものがあるという立場に立っていた。この点でミルは古典派的な自然法の思想を超えていたのである。そしてマーシャルは，ミルのこの改良主義的な立場を受け継いで，報酬の不平等の自然的な原因になっているものも，人間のまったく左右することのできないものではないという立場に立っている。当然ながらその主張の内容は，時代の相違を反映した違いを含んでいる。ミルが協同組合運動などを通じての協同の精神の涵養を期待したのに対して，マーシャルは騎士道精神を持ち出している。ミルの場合には，協同組合運動の発展は現在から近未来への希望であったが，マーシャルにとってはそれは過去から現在への経験であって，ミルの楽観的な希望どおりには事態が進展しなかったことが明らかであった。しかし19世紀後半以降のイギリス経済の発展の中で，労働者の生活水準が向上し続けているという基本的な認識に立って

（そして性急な社会主義者はこの認識を欠いているとマーシャルは言うのであるが），彼は労働者が紳士になることを希望したり，企業家が騎士道の精神をもっともっと身につけることを希望したりすることになるのである。ミルが共同の精神がプリヴェールすることがまず必要だと考えたのに対応するかのように，マーシャルも「経済騎士道の可能性」と題する論考で，経済的な利己心の克服と人道主義的な心情を含む「経済騎士道」が十分発達するまでは，集産主義は重大な脅威になるでしょうと言い，また「騎士道に基づく真の社会主義」（前出）などという，今から考えればミルと同じくらいに楽観的な希望的願望を書き記しているのである。

　また，マーシャルは1907年（定年退職前年）の講演で次のように言っている。「現代のすべての経済学者は社会主義者であります。私自身も，経済学についてはなにも知らないうちから，すでに社会主義者でありました。私が，A. スミスとJ. S. ミル，そしてマルクスとラッサールを読んだのは，社会改革において国家やその他の機関によって実現できるものは何かを知りたいと思う願望からでありました。それ以来私はいよいよ確信に満ちた社会主義者として成長しつづけました」。この文章では彼は自らを社会主義者であるかのように言っている。しかしその意味は，社会改良のために国家やその他の機関がなしうることは何かという問題である。すなわち社会改良の立場である。それは資本主義対社会主義と言われる場合の社会主義の意味ではない。それは社会主義に影響された人の資本主義改良というほどの意味である。しかし，社会主義という言葉がこの意味で使われたということに相応の注意を払わなければなるまい。それは彼の資本主義観の特徴を表現するものにほかならないからである。したがって，ここで社会主義というのは，生産手段の全面的な国有を目指すような社会主義ではない。それは，むしろレッセ・フェールに対立するものである。レッセ・フェールから生じる弊害を，社会福祉の観点から国家がどのように矯正しうるかという問題である。1909年11月12日の手紙に見られるように，「社会主義についての私自身の考えは，個人の生活と仕事に対する責任を，できるだけ個人の肩から降ろして国家に負わせる運動である」。

以上かいつまんで述べた特徴的な論点を念頭に置きつつ，いま少しマーシャルの資本主義観の特徴を整理してみよう。

　①　マーシャルは，19世紀後半の資本主義発展の中で，イギリスの（および西ヨーロッパの）労働者の生活水準は向上していると考えている。これが彼の社会主義観＝資本主義観の基本であろうと思う。この点は，世界の最先進国，広大な植民地を支配した大英帝国の恵まれた境遇を写し取った見解だっただろうが，マルクスの資本主義論と対照的な見方を構想する要石になっている。マルクスは，「資本論」第1部で，資本家企業内での労働者の自己疎外，自由および労働に基づく所有の喪失という深刻な問題を解明し，そのうえで資本主義発展の必然的法則として，労働者の失業や窮乏化を考えていたが，マーシャルは，剰余価値説を否定したことによって，労働者の自己疎外という深刻な問題に相応の反省を加えようとはしなかったから，労働者の人間的な福祉という観点は，企業生活の外部での，消費生活の質や水準の向上を軸にして解決されることになる。したがって，資本主義の発展のなかで労働者の生活水準が改善されているのだとすれば，その改善をもっと推し進めればいいことになる。

　②　それでは，自由放任の市場経済を進めてゆけばそれでいいのかというと，そうではない。彼は，普通に言われていたような意味でのレッセ・フェールの原則を是認しなかった。彼は，19世紀の始めに，リカードウに帰せられる「賃金鉄則」を生み，初期社会主義を生み，あるいはマルクスを産み落としたのは，このレッセ・フェールによるところが大きいと考えた。それは，19世紀初期において医学の進歩によるところの大きい人口増加や収穫逓減やナポレオン戦争などの原因も重なって，貧富の格差というマーシャルが経済学の大問題と捉えた大きな弊害をもたらしたのである。レッセ・フェールは貧困の問題を解決しえないどころかそれを生み出した。たしかに19世紀の後半になると，機械の設置増大等々の効果が要因になって，全体としては労働者の消費生活の水準は改善されたのではあるが，まだ注意の行き届かない弱者（彼の言う residuum）が取り残されている。マーシャルが自分もまた社会主義者だというのは，こうした弱者救済の方策を考えようとしているからにほかならない。それは社会改

良主義に近い意味合いを持っている。彼は「協同組合」と題する 1889 年の講演で，自分自身を「社会改良家」とも呼んでいるのである。

③　貧困救済の方策は，事情に応じてさまざまになるであろうから，マーシャルにとっては，永久不変の一般的な法則性という考えはかなり弱くなっている。したがってスミスに見られる自然法的な法則観は見られない。マルクスの自然法則的な必然性という見方もない。法則という言葉は相変らず使用しているが，前にも触れたように，法則というのはせいぜいある特定の条件のもとで生ずるある特定の傾向性を意味するにすぎない。条件が変ればまた違った傾向が現れるであろう。スミスが使用した自然的 natural という言葉は，ある条件下での normal という形容詞に置き換えられた。スミスの用語をそのままの形では使用できなくなったのである。

スミスはなるほど自由競争の原則を自然的な法則として定式化した。しかし彼の狙いは，封建的政治的な経済統制に対する個人的自由の要求であった。彼は，重商主義のもとでの一部商工業者と政府との不公平で不効率な癒着を批判した。彼は，重商主義のもとでの官僚と産業の癒着を批判したのである。しかし一般的な利益になると判断される場合には，彼の自由主義には一見例外的に見えるような国家干渉政策が肯定されている。彼は，航海条例を安全上の軍事的理由で是認している。実は，J. S. ミルもマーシャルもこの例外的な政策を正しかったと評して，スミスを擁護している。彼は，スミスもミルも自分自身もレッセ・フェールの唱導者だとは認めていないのである。すなわち手放しの自由主義的な資本主義はどの時代にも存在しなかったと言っているのである。

④　以上の見方には当時のイギリス歴史学派の影響が絡んでいるであろう。この学派によれば，歴史は，経験的な事実調査を踏まえて帰納法的にまとめなければならない。人間は利己的利益追求に走るという前提に立って演繹論的に導き出された原理論的命題を，歴史のあらゆる段階に，あるいは事情の異なるさまざまな諸国に，そのまま普遍的・不変的なものとして適用することはできない。歴史主義的な方法に立脚すれば，人間の行動や社会制度はもっと多面的であることが判明する。経済学で提示されている諸原理は，歴史的にも地域的

にも限定的な相対性を持っているにすぎないはずだ。

　このような考えは，すでにある程度はJ. S. ミルに見られた認識であるが，一般的普遍性を表現しようとする経済学の美しい原理と諸国経済の実情との乖離が大きくなって，貧困問題を経済学の課題にしなければならなくなったマーシャル段階では，いっそう強く認定されるようになっていたのである。

　ところで各国の過去の歴史が多様な諸事情を持つものとして，経験論的に描かれねばならないとすると（マーシャルの『産業と商業』における欧米先進諸国の経済史の描写はスミスの「富裕の自然的進歩」という理念的歴史理論に比べると，このような特徴を示している），各国の資本主義の将来も，ひとつの普遍的一般的法則にしたがって発展するという確実性はないと認識されることになるであろう。歴史学派が強調した方法は経験論と帰納法であるが，マーシャルによれば単なる帰納法によっては，将来を予想することは難しい。歴史上の複雑な諸事象を正確に解釈し意味づけるのも大変難しいことであるが，未来の状況を予測するのはもっと難しい。過去から現在に至るさまざまな諸事情の集積からは，厳密な経験論の立場に立つ限り，現在から未来にかけての予見を立てることは必ずしもできるわけではない。なぜなら現在から将来にかけても様々な変化が生じることが，ひとつの蓋然性として予想されるだけだからである。この見解は次節で論じるケインズの予見理論（不確実性論）との関係で重要な経済思想史的意味をもつものと思われる。歴史的予測の確実性に関するかぎり，マーシャルはケインズとつながる一面を持っているように思われる。

　マルクスまでに見られた発展の必然性という考えを捨てたからには，将来の予見はただの可能性，あるいは「希望」ということになろう。実際マーシャルは資本主義の将来の長期的な見とおしについて確定的な予見は行っていないし，彼の方法に立脚する限りそれは方法違反である。過去から現在までの経験的な趨勢から，近未来の状況を可能性あるいは希望として想像するにとどまる。『産業と商業』第3編最終章の第8項は「将来の可能性」と題されている。その冒頭の文章は，「我々はここで，将来の可能性について想像をめぐらしてみることにしたい」となっている。そしてその項の最後の文章は「しかし熟考すれ

ばするほど，我々の予言における自信のなさが増大する」となっているのである。そしてここにマーシャルの資本主義観のひとつの特徴があると見なすことができる。彼はもはや，スミスやリカードウのように，一定の方式に従う資本主義が不変的に永続するだろうとは言えなくなっているのである。

⑤　マーシャルは当時の急進的な社会主義，資本主義の対立概念としての社会主義，場合によってはG.D.H.コールのギルド社会主義にも反対した。ここでその理由を考えてみよう。マーシャルはこのような社会主義では人びとのアクティヴな活力が殺がれると考えている。生産手段を国有化しようとするのであるから，その使用権はどうしても政府あるいはそれに相当する官僚制的な機関に集中する。そうすると普通の労働者はその機関の長官の指示に従うことになる。人びとの企業心は殺がれ，危険負担，責任負担は軽減するであろう。自尊心も失われるであろう。大きな企業や国有企業でも官僚制的な上司，部下の人間関係ができるだろう。昇進は先任順のところてん方式にならざるを得ないだろう。これはてき面に人びとの自主性，活性，競争心をなくさせてしまうだろう。政府レベルで官僚制が発展するだけではなく，企業面でも官僚制が発展する。その結果は生産力の発展のための十分な刺激を欠くことになろう。なぜなら生産性を高める効果を持つ企業心が萎縮してしまうからである。したがってマーシャルはこの種の社会主義に反対する。『産業と商業』の第14章第7節において彼は，同様な趣旨でコールのギルド社会主義にも反対する。それは最後には軍事的専制を必要とするだろうとまで言っている。この反対論はスペンサーの社会主義反対論の相似形である。

　この点はイギリス経済思想史における資本主義観・社会主義観を考える場合の１つの要石である。社会主義の官僚制化の危険に対するこのような反対は，イギリス思想史の伝統に結び付いているからである。マーシャルは，それを官僚支配に従順なドイツその他の国民に対するアングロ・サクソンの自由志向に帰している。

⑥　それではどうするか。上記の見方から言って当然の勢いとして，労働者の生活水準を引き上げるための環境や制度の改善が問題になる。

環境や制度の改善は自由競争にゆだねることはできない。前述したように，社会的な弱者がレッセ・フェールの下で困窮しているという現実がある。初等教育だけでなく，中等，高等教育を総じて労働者階級にも開かれたものにしなければならない。そうすることによって，労働者階級の潜在的な能力を引き出し，経済的には生産力の発展に，また芸術その他文化的な分野での成果を上げるうえで，大きな活力を実現させなければならない。このような教育制度の民主化の主張はマーシャルが機会あるごとに強調しているところである。それを十分に実現するためには国家の関与が必要である。それに伴って若干の国費が必要になるであろうが，その結果得られる成果は，その費用を埋め合わせて十分あまりがあるであろう。このような国家の関与の必要性は，代を重ねるごとにその重要性を増しているとマーシャルは見ているのであるが，このことは，資本主義に対立する概念としてではなく，レッセ・フェールに対立する国家関与という意味において，マーシャルの社会主義の定義を構成しているのである。あるいは国家と協力して富者の騎士道に期待しなければならない。このことが彼の支持する社会主義にほかならない。本書第8章で述べたように，「騎士道に基づく真の社会主義」という特徴的な言葉が見られる所以である。

　⑦　最後に，スミスとの関連で次のことを付け加えておきたい。

　1)　スミスも分業の弊害について言及し，それを救済する方策として教育への政府の関与を提案している。分業労働に従事して毎日単純な作業をするだけになった労働者は，知的にも道徳的にも退化・退廃してしまうだろうとスミスは言う。広い社会的，政治的関心も持てなくなるだろうとも見なされている。スミスはここに大きな問題を見出していたのである。この点はスミスの節で言及した。

　ところで，マーシャルの下層労働者の生活改善の問題，その知的能力開発，その社会・政治的関心の啓発，一口で言って下層の労働者でも市民的な教養を身につけることができるようにするための教育というマーシャルの目標は，まぎれもなくスミスのこのような自由競争に基づく分業の弊害救済策を，19世紀から20世紀にかけての転換期の状況に合わせて，変化転成させたもののよ

うに思われる。

　しかし，彼のこの目標設定は，スミスとのつながりを持っているというだけでもなく，また彼の経済学を彼の倫理観と結び付けているというだけでもなく，上述の事情を考慮するならば，当時かまびすしく議論された社会主義思潮への彼なりの対応という意味をも持っていたことに留意しなければならない。変化転成と言ったのはそのためである。スミス以降の資本主義の発展が社会主義の批判にさらされていた状況において，いわゆる革命的社会主義，彼の言葉で言えば「性急な impetuous 社会主義」に反対しつつ，資本主義の progressive improvement を可能にするための課題は，上記の貧困の問題を解決することであったからである。スミスにはマーシャル的な定義においてさえ社会主義という問題はなかったであろうから，両者の間の違いはもちろん歴然としているのであるが，両者の資本主義観の底を流れるイギリス市民社会論の一貫した伝統を感じさせる。

　2）このことと関連して，マーシャルはスミスと同様な意味合いで高賃金論を主張している。高賃金は労働者の労働意欲を高め，生産性を向上させるというのである。しかしそれだけではなく，この主張は，スミス以降の思想展開を受け止めて，労働時間の短縮や工場法による労働条件の改善とも結び付けられており，社会の最大多数者としての労働者の生活の質を高めようとすることと結び付いている。スミスは，社会の物質生活を支え，社会の最大多数を占める労働者の高賃金を衡平 equity だと判断したが，マーシャルの主張にもそれと同様な倫理的感覚が受け継がれていると見ることができるだろう。

　3）前述のようにスミスもマーシャルも単なる自由放任主義ではない。スミスには分業の弊害に対する公的政府の教育への関与という問題などがあり，自然的自由の体系の下での国家の役割という問題がある。マーシャルには，労働者教育の問題のほかにも，時代の進展に対応して独占の監視や情報公開，社会的公正の観点から若干の社会政策，生活環境を改善するための若干のインフラストラクチュアなどの提言がある。しかしこうした時代の違いに応じた違いを超えて，公的な政府関与の必要の根拠づけをめぐっては，両者の発想の仕方は

意想外に共通している。周知のことだが，スミスはその根拠を「商業ベースには乗らないが，社会にとって有用な事業は，国家がやるべきだ」というように規定した。マーシャルは，「必要不可欠で，しかも政府以外の何人も能率的になしえない仕事に」政府は全力を尽くすべきだと提起した。言葉は若干違うが，発想そのものはおおよそ同質である。このことはマーシャルがスミス的な伝統を力を尽くして守ろうとしていることを示しているのであろうか。

　（しかし，次節で述べるべきことであるが，国家の関与に関してスミス的な思考の伝統が引き継がれたのは，必ずしもマーシャルまでだとは言えないだろう。言葉遣いとしては，ケインズにさえも受け継がれているように見える。ケインズは『自由放任の終焉』(1926) で次のように言っている。「国家のなすべきことで最も重要なことは，私的個人が既に達成しつつある諸活動に関連するものではなくて，個人が担当できる範囲外であって，もしも国家が実行を決意しないならば，誰1人として実行できない決意に関連するものでなければならない」。しかし，通貨，信用，財政，福祉政策，公共事業，等々という市場経済全体の需要関係を統御しようとする機能が，国家の agenda でなければならないというような資本主義の現段階において，実質的にスミス的な自由主義国家の理念が維持されているかどうかはまた別の問題である。）

　4）　最後に，国家の社会への関与に当然伴う官僚制に対する世論の監督，民主的な官僚制監視という大変重要な論点を，マーシャルもまた踏まえていたということである。普通にいわゆる社会主義は官僚制的になるから反対だというのがマーシャルの社会主義反対の有力な論拠であった点からすれば当然のことである。「騎士道」の論文においては，マーシャルがこの官僚制に対して，情報の公開を求めているだけではなく，通信の発達（いまでいうメディア）にもその効果があがることを期待している。他方では国民の市民的教養の向上（これは当然国民の市民としての政治的関心の向上，政治的参加機会の増大を含む）を基礎にした国民の側からの官僚制監視の強化の必要を説いている。「人民は今日では……彼らの統治者を統治することができ，権力と特権の階級的な濫用を阻止することができる」。この点でも，マーシャルの思想は，イギリス型の伝統を感じさせる。スミスには，司法官僚の自由裁量，非効率を制約するために，で

きるだけ市場原理を取り入れて，それをチェックしようとする発想があった。その目標は，できるだけ市場原理によって官僚の自由裁量的な行政を統御，制約しようという点にあった。上記のマーシャルの思想も，スミス以来のこうしたイギリスの官僚制批判の伝統を引き継いでいるのである。

7 ジョン・メイナード・ケインズ (1883-1946)

株式会社の発展については，ミルもマルクスもマーシャルもそれぞれに注目したところであったが，ケインズにとってそれは，資本主義発展の現段階ではあまりにもありふれた当たり前の事象になっていた。ミル以降，所有と経営の分離は，上記3者によってそれぞれの用語でもって注目されてきたところであったが，ケインズにとってそれは，既成事実であっただけではなくて，それに基づいて資本主義社会の階級構成を見なおす基盤をなすほどのものになっていた。

周知のようにアダム・スミス以来資本主義社会は基本的に資本家，労働者，地主の三大階級によって構成される社会だと見なされてきた。したがって経済学の体系を構想するに際しては，生産論において労働，資本，土地が生産の三要素とされ，分配論においてはこれに対応して賃金，利潤，地代の分析が経済理論の三大支柱となってきた。（ただしマルクスにおいては，生産的労働者の賃金を越える剰余価値が企業者利得や利子や地代に，さらには不生産的労働者の賃金に分解するという特有の構想になっている。）

ケインズにおいては，株式会社が一般化した段階の資本主義を反映してか，階級区分が変化し，投資家階級，企業家階級，労働者階級となっている（貨幣改革論第1章）。スミスやリカードウの資本主義像の立役者，生産手段を私的に所有して企業を営む個人資本家，およびその階級は，ケインズの資本主義像においてはすっかり影をひそめてしまった。資本主義像が変ってしまったのである。

投資家階級というのは株式や公債の購入，ないし売買をしている人たちであ

る。不生産的な地主はイギリスでは大方この階級に編入されたであろう。手持ちの貨幣価値が高まるから，インフレーションよりもデフレーションの方がこの階級にとっては有利である場合もあるかもしれない。ケインズがデフレーションに反対し低金利を主張して，そのユウサネイジア（自然死）にあえて言及したのは，この階級を念頭に置いていたのである。企業家は労働者とともに実質的な企業経済の担い手と見なされていて，ケインズが生産的階級という場合は，企業者と労働者との両階級を指すことになる。労働者階級は生産的労働者と不生産的労働者とに区別されることはない。労働組合の力を借りて賃金の引き下げに抵抗する。したがって賃金が決定される労働市場に関しては，自由競争の原理は働かなくなってしまっている。すなわち彼の見た資本主義においては，自由競争の中のもっとも重要領域において，自由競争原理が働かなくなっているのである。

　株式会社の発展にともなって証券市場も発達する。それは投資家階級に証券売買のゲーム・センターを提供する。投資家がある会社の株式を長期に保有することをもくろんでいる場合には，彼は利子を若干上回る配当を目当てにしているだけである。投資家が株式の売買で利ざやを稼ごうとする場合は，ある会社の株が将来上がるか下がるかを判断しなければならないわけであるが，その判断の仕方は必ずしも科学的ないし法則的であるだけではなく，大いに直感的，的屋的，勝負師的である。アニマル・スピリットが物を言う。ケインズは美人に選ばれた人に票を入れた人に対して，賞金が与えられるという場合の美人投票の例を挙げている。自分の好みは脇において，多くの人が投票しそうな美人に票を入れておかないと，賞金にあずかる見込みは立たないというのである。投資家も，ある会社の将来をほかの投資家たちがどう判断しそうであるかを考慮して，株価の上がり下がりを直感的に判断する。偶然的で，会社投資の将来の限界効率にあまり関係のなさそうな出来事でさえも，会社の人気や株価の動きに影響する。したがって株式市場でのその会社の株価の動きはそれだけ不確実になる。しかし株価の上がり下がりは，その会社にとっては，会社の信用，会社金融の容易さを左右するから企業経営上重大な意義を有する。

こうした現代資本主義の特徴に着目したから，ケインズにとってはその初期の頃から，アダム・スミス以降の伝統的な法則性の科学に対する執着はよほどなくなっている。この点はケインズ経済学の特徴でもある。自然価格の法則，自然利潤率均衡化の法則，利潤率の傾向的な低下の法則，資本主義経済の発展法則，賃金鉄則，等々に匹敵する必然性の法則という考え，言葉を変えれば自由競争のもとでは必然的にそうならざるをえない法則，あるいは政策によっても容易に変更させることのできない必然的法則性という考えに対して，ケインズは執着しているようには見えない。マーシャルの正常価格という，まだ法則科学の伝統を感じさせる見方は，マクロ的，政策理論的な雇用理論の背後にしまいこんでいるように思われる。完全雇用の達成は自然必然的に成立するものではなく，人為的・政策的に達成可能であるにすぎないが，このような条件の成立はむしろ例外的と呼びたくなる状況なのである。この見方は，初期資本主義の事情を描いたステュアートの見方に似ている。

　このことに関連して，市場経済の全体を統一的な論理的科学の体系として論述しようとする執着心も少なくなっているように思われる。ヘーゲルに影響されたマルクスは言うに及ばず，マーシャルでさえも，資本主義経済の構造を，もっとも基本的な原理から出発して，なんらかの形の論理的な体系によって描きだそうという志向に執着している。総体系を形成するという志向に執着しないということは，資本主義の全体を有機的な全体とは見ないことを意味する。ケインズは彼の初期の論文『貨幣改革論』(1923)において，資本主義の全体的機構の一部としての貨幣制度について，その管理通貨制度への改革を強く主張した。資本主義経済の他の諸部分は自由主義のままで，その一部としての貨幣制度を国家管理にすることを強く主張した。体系性志向は，1つの原理への拘束と結びつきやすいであろう。個人主義的な自由主義の首尾一貫する論理体系として資本主義を体系的に把握するという具合である。あるいは計画原理によって社会主義経済を理論化するという具合である。しかし，そのどちらも不可能だと見なされる現実認識がケインズにはある。体系性を重視しようとしても，金融や財政支出は国家統制だけれども，また労働市場では労働組合の存在

によって賃金は下方硬直的になっているのだけれども，企業経営は自由主義だというような，資本主義だか社会主義だかわからないような中間的混合状態は，原理的に一貫した体系としてはつかみにくいであろう。

　さらにこれらのことと関連して，資本主義の将来に向けての変化が，なにか必然的な法則に支配されているというような考えもなくなっている。すなわちスミスやリカードウやマルクスに見られたところの，法則的な資本主義発展観は，自由放任主義の終焉とともに終焉した。前述のようにマーシャルでさえもすでに，過去から現在までの進化のプロセスを経験的にフォローできるとしても，遠い将来に向けてどのような進化が必然であるかという問題については，経験論の立場からは推断できないと考えたから，資本主義の遠い将来がどうなるかについては，1つの法則性を持つものとしては，答えようとしていないのである。ただ希望としてはこうなってほしいと言い，近い将来ならばこうなりそうだと言うにとどまったのである。ケインズは，1920 年代に，数世代の後になれば世の中は社会主義になっているかもしれないなどと予見したりしているが，英知をもって対処すれば資本主義の弊害（失業）を克服しうるのだ，この点について人びとは自信をもって事に当たるべきだとも主張している。『一般理論』の第 24 章では，ケインズは『一般理論』を資本主義の全面的な崩壊を阻止するために書いたと明言している。このように彼自身はもちろんはっきりした目的を持っているのだけれども，社会が全体としてある方向に向かって必然的に進行してゆくものだという歴史論，法則的な資本主義発展論は，もはやすっかり消滅しているのである。この点，スミスの資本主義観に比べると，全く対照的な見方になっている。

　このようなケインズの考えは，認識論としては，『確率論』（= Probability 論 = 蓋然性の意味を含む。初稿は 1908 年，稿を練って 1921 年出版）にまとめられている。社会が客観的に将来どうなるかということを，人間は認識できない。しかし人間は，過去から現在までの経験を資料（前提）として，将来について意見や見通しを立てたがる。しかしこの見通しは確実性をもつわけではない。当たるかもしれないし見込み違いに終るかもしれないという蓋然性を持つにすぎな

い。見通しが遠い将来にかかわるものであればあるほど，見通しが当たる見込みは小さい。見通しが近い将来にかかわるものであればあるほど，多くの場合見通しが当たる見込みは大きいだろう。過去から現在までの経験を資料（前提）にして近い将来の見通しを立てようとする場合，過去から現在への経験を否定するような（新しい，別種の）資料がまったく存在しない場合には，多くの人びとは大方過去から現在までの経験が近い将来も存続するであろうという見通しを立てるだろう。しかし人びとは，過去から現在までの同じ資料を前提する場合でさえも，違った見通しを持つことがある。今後利子率が上がるか下がるか，今後物価が上がるか下がるか，今後景気が良くなるかどうか，今後ある会社の株価が上がるか下がるか，この種のすべての問題について人びとの意見は分かれる。そして人びとのうちより多くの人たちが，上記のさまざまな選択肢のうちのどちらの見通しに傾くかによって，利子や株価や物価や景気に影響が出てしまうことになる。あるいは貯蓄や投資に影響が出る。つまりは現代の資本主義は不確実性の経済メカニズムをもっているわけである。

　他方，ケインズ経済学の時代的な背景となっている1920年代から30年代にかけての状況を見てみよう。

　まず1914年から18年にかけての第1次世界大戦は，国家官僚による経済統制を発達させた。マルクス経済学のサイドでは，この時期を国家独占資本主義の始まりの時期と見ている。金本位制度も中断され，通貨の国家管理が行われた。ケインズは1926年に有名な『自由放任の終焉』という論考を発表したが，仮にも自由放任主義と呼ばれうるほどの状況は，事実上，はるかに早く終焉していたことになる。ケインズがこの事実を明確にタイトルに掲げたことは，彼の資本主義観の特徴を端的に明示している。

　戦争が終って20年代のイギリス経済はデフレ的な不況と高い失業率に苦しんでいた。反面，労働争議が頻発しただけではなく，1917年のロシア革命に連動して，世界の多くの国で共産党が設立され，革命を目指した運動が拡大していった。マーシャルもすでに革命的な社会主義への反対を表明していたし，この種の社会主義を避けるために社会福祉等の重要性を強調するところがあっ

たのであるが，ケインズの場合には，この点はもっとはっきりしている。この点は，前述のように，資本主義の全体としての社会主義化を避けるための唯一の方策はケインズ的な国家干渉であるとした『一般理論』最終章の言明で明らかである。彼は，マーシャルのように自らを（自らの定義における）社会主義者に擬するような態度を捨てて，はっきりと，もしも労資間で階級闘争が生じた場合には，私は資本家の側に立つと明言する。

　このことの意味は2重である。それは一面では，資本主義の社会主義への移行は，動かしがたい歴史の必然的法則ではないということを踏まえている。というのも，その移行が必然的法則であるとすれば，それを避けるための方策は効果がないはずだからである。もう1つの面は，人為的な政策によって自由主義経済を，長期的にはともかくとして少なくとも短期の未来に関しては，維持できるという信念を持っていたことを意味している。

　彼の『雇用，利子，および貨幣の一般理論』は，このような信念を論証しようとした政策理論である。それは資本主義経済のシステムを，単純なことがらから説明を始めて，順次複雑なことがらに説き進んで，その全体を体系化しようなどとしたものではない。むしろ，市民の自由な経済活動に直接の指示命令を下すことなしに，国家が統御できる分野としての金融や財政の政策の効果を論じたものである。ある意味ではそれは部分理論である。それは普遍的・不変的な一般的法則性を解明しようとしたものでもないし，そのような広い一般的な妥当性を主張するものでもない。それは，イギリスの20年代から30年代の失業問題を解決することによって，社会主義化を阻止しようとしたものであろう。そのような普遍化は，ケインズ以降特にアメリカン・ケインジアンの手によって試みられたが，その試みはケインズ経済学をいっそうケインズらしく仕立てたわけではなく，むしろそれを新古典派的に仕立て直したにすぎない。

　ケインズの政策理論は，多くは時事的な政策問題にかかわる特殊理論である。それは個人主義的な自由競争を存続させながら，資本主義の保守というよりは資本主義の進化をはかろうとするものであった。彼は保守党に反対した。単に従来の個人主義的自由主義を墨守しようとするのは，社会主義への近道を準備

してやるようなものだと言うのである。本書冒頭の章で述べたようにジェームズ・ステュアートは，自由によって結ばれる社会は，自由によって崩壊するかもしれないと言ったが，19世紀の自由主義的資本主義を経た後，20世紀になってケインズは，この予言的命題を実証することになったのである。

　彼は労働党の左派にも反対した。彼は労働党右派と手を結んだ形での自由党の立場を支持した。それは個人主義的な自由を認めると同時に国家の社会政策を推し進めようとする立場であって，今日まで続いている立場である。この立場に関してはケインズは，マーシャルの見地を（経済理論におけるように批判したというよりは）一歩前進させたようなところに位置すると言えるだろう。彼は個人と国家の中間組織が重要な役割を果すのが丁度いいと述べている。その意味は，自由企業を擁護しようとする保守主義と大規模企業の国有化を進めようとする当時の左派社会主義の中間どころという意味であろうと想像される。マーシャルにならって，彼はこの後者の社会主義には賛成しなかったのである。

　いずれにしても，社会主義化に反対したケインズであったが，社会主義化を阻止するためには，社会福祉政策や失業救済策のような貧困救済政策を履行しなければならなかった。ここにはスミスにおけるように資本の急速な蓄積と資本主義の成長を謳歌する力強さは感じられない。もとよりその反面としての貧困問題は，ジェームズ・ステュアートに始まって，本書のそれぞれの章節で言及してきたすべての経済学が，それぞれの形で取り上げている。異存があるかもしれないが，リカードウの自由貿易政策論でさえも，ナポレオン戦争直後の不況と困窮（当時 distress と呼ばれた状況）を解決するための方策であるという意味を持っていた。しかし，あとで述べる資本主義に含まれる道義的な問題点として，大なり小なり資本主義的な自由市場批判の意味を込めて，貧困の社会的救済の必要を主張し，かつ実践したのは初期社会主義以来のことである。そしてこの初期社会主義的な思想がJ. S. ミルやマーシャルにどのように取り入れられたかは，すでに述べてきたとおりだが，ケインズの社会福祉政策賛成の立場や雇用促進政策もこうした流れに乗っているものと見ることができる。しかしケインズにさえ初期社会主義の流れを見るという評価に関しては，意見は分

かれるであろう。彼の政策は，資本主義の補強策を意図したものにほかならないからである。私自身は，社会主義的な要素を取り入れなければ資本主義の維持は不可能であったろうし，資本主義を補強しようとすれば社会主義的な要素の取り込みが不可避であったろうと考えている。私は，そうした立場でケインズの経済思想史上の位置づけを考えている。経済思想史における初期社会主義の意義はこの点にかかわっている。この傾向は，ケインズの時代以後，新自由主義的反動の1時期を除けば，国家関与の領域はケインズ政策よりもはるかに多面的に拡大されつつ現代に至っている。それに伴って，福祉国家などの美辞麗句を過度に振り回しながら，スミス的な資本主義像をはるかに超えて，国家官僚制度による市場経済統御の技術も大幅に発達したように見受けられる。

実は私は，こうした推移の中に体制移行の下地の形成が徐々に，漸進的に進んでいるのではないかという気がする。封建制から資本主義への移行を参考にしても（政治史的にはイギリス市民革命とかフランス大革命というような明確な画期が見られるとしても），経済史的には特に本書で問題にしているイギリスや西ヨーロッパに関しては，その移行は長期にわたる漸進的なものであった。そしてこの漸進的な推移は，本書で取り上げたステュアート，スミス，J. S. ミル，マルクス，それにマーシャルによってそれぞれに描かれている。その意味では体制移行の経済的基盤の漸進的な形成という命題は，経済学史の本流で論証された定説であると言えるだろう。イギリスの場合，資本主義の発生・成長は16世紀からというのが，上記の人たちに限らず歴史家の通説であるが，政治的な画期（1688年の市民革命）はそれよりもずっと遅れるし，ステュアート（1767年）やスミス（1776年）が資本主義の成立を全体的な体系として把握し，それを表現できたのはもっと遅れたのである。フランス革命（1789）はさらに後のことである。このような事情は，封建制の下での資本主義的な経済関係の発生，成長がどれほど遅々たるものであったか，しかも人間がそれをそれとして認識するのにどれほど手間取ったかを示している。

もっともケインズの政策志向は，上記のような資本主義の維持という立場だけによって彩られているわけではない。前述の初期社会主義の流れとの関連で

言えば，それと合わせて公正，正義および平和の観点が見られる。彼は1920年代のイギリスの不況と失業の問題を克服すべき重要な社会経済問題として取り上げたが，このことに関して彼は，「不況について何の責任もない労働者が，失業の憂き目に合わされているのはインジャスティスだ」と書いている。ある意味では常識的な道義観である。資本主義的な自由競争の欠陥を道義的な意味でも正義に反するものと見ていた点は，はっきりと押さえておかねばなるまい。

このことに関連して，不労所得を受け取る不生産的階級と見なされた金利生活者のユウサネイジアを，むしろ政策的に是認した点や，ベヴァリッジがイギリスの社会福祉政策を推し進めるために有名な報告書を準備していた過程で，ケインズがその主旨に賛意を表明しただけではなく，積極的に自分の意見を述べて報告の作成の手助けをしようとした点なども，周知のことではあるが一言言及しておかねばならない。この点に関してはさらに，彼の累進所得税や累進的な相続税への賛意が，単に消費性向引き上げという経済理論的な意味で言われただけではなく，上述の道義的な正義観，公正観にも結びついていた点も，周知ながら言及不可欠であろう。こうした手放しの自由放任的な資本主義に対する批判と改良策は，19世紀初頭の初期社会主義以来手を変え品を変えて，連綿と引き継がれてきたことであって，それに伴って資本主義をどのように見るかその見方が変ってきただけではなく，資本主義そのものが変化・変質してきている。この点本章の主旨から言って注目したいところである。

資本主義の経済思想史を振り返ってみると，アダム・スミスは分業労働に従事する労働者の道徳的，知的頽廃を指摘し，それを矯正するために若干の国家の関与が必要だと論じた。マルサスは『人口論』で貧困の不可避性を論じた。初期社会主義者たちは，その解決のために社会主義的な個別実験を行った。J.S.ミルは，資本主義的競争社会おいては労働と収入が逆比例しているという実情を指摘し，そうした実情を改善するため政府がなすべき諸方策を検討した。マーシャルの段階になると，資本主義の生み出す貧困そのものが，経済学の解決すべき課題だと宣言され，教育政策を始め若干の福祉政策やインフラ政策が提案された。ところがケインズに至ると，資本主義的諸弊害の元凶である不景

気と失業が，あからさまに経済学の大著のタイトルになった。理想的なスミス『国富論』で希求された明るさはもはや見出しがたい。その間，古典の書名に盛られたキーワードもスミスの wealth of nations（wealth ← weal ← well 幸せ）からケインズの失業（＝ unemployment →失業→貧困）に変貌している。こうした経済思想史の足取りを振り返ると，従来四方八方から批判の矢を浴びせられたマルクスの命題，すなわち資本主義はその発展とともに労働者の窮乏化をもたらすという命題は，あながち的をはずしていなかったことが判明する。

　ケインズの国内諸政策は第2次大戦後の先進諸国の広範な指導者たちに迎え入れられた。彼の立場は先述のように，「個人と国家の中間組織」すなわち保守的な資本主義と社会主義との中間ということであったから，彼の政策理論は保守党系の政治家にも労働党系の政治家にも受け入れられることになった。行政の執行に当たる官僚層にも徐々に広く染み込んでいった。ケインズ主義は穏健な社会主義的発想を取り込んでしまっているのであるから，保守党と革新党とが角つき合わせる意気込みも弱まってしまう。保守党系から社会党系へ，またその逆へという政権交替がいくつもの先進国で見られるようになった。British socialism under Labour Party などという一瞬首をかしげたくなるような表現が目につくこともある。資本主義についての経済学の見方もケインズ的なものに変化したが，資本主義の実態も変質したのである。

　経済思想史の回顧という本章の課題を若干超えるかもしれないが，次の事態にも一言言及しておきたい。最近，社会主義国家を自称していた国々が，市場経済を取り入れて，資本主義諸国との対立を解消させた。その際に血なまぐさい大騒乱なしにシステム移行が遂行されたことは，やはり大きな特徴であった。それはなぜかというと，先進資本主義諸国が国家官僚による経済統御という点でも社会福祉という点でも，ある意味では社会主義的な要素をすでに長年にわたって取り入れてきているので，社会主義だ資本主義だという激しい対立の壁が低くなっていたという事態の変化に関連があるのではなかろうか。ケインズに至る経済思想史における資本主義観の変遷もそのことを示唆しているように思われる。そうでなかったなら，あの程度の騒ぎで体制移行が実現されること

はむずかしかったであろう。仮にスミスやリカードウが描いた古典的な資本主義が，純粋で典型的な資本主義だとすると，ケインズ以後の先進資本主義像がはたして資本主義と言えるのかどうかという問題も，成り立ちうるような状況である。それがスミス的な古典的資本主義像とは格段に違った進化を遂げていることは明らかである。もっともこの先，各国，各地域の資本主義が，思想史上さまざまな形で提起された社会主義像のいずれかを，実現するのかどうかは明白ではない。あるいは現に発達した官僚制的資本主義が，今後もますます発展するだけではなかろうかという問題もある。いずれにしても現代が定義のしにくい過渡期にあることは確かなのであろう。

したがって，今私たちが住んでいる社会を私たちは資本主義と呼んでいるけれども，後代の百年かそれ以上後代の人たちが，同じ名称を与えてくれるかどうか，必ずしも予断できないのではないかとも思われる。ケインズ経済学の「中間組織」論もそのような問題を投げかけているのかもしれない。

しかしその場合，ケインズおよびケインズ的な国家干渉主義を引き継いだ諸学説に，マクロ的な政策理論が提示される反面で，官僚制的支配に対する民主主義的なチェックあるいは批判の色が大変薄いということは，大変気になることである。英知に満ちた有能な官僚が，景気対策，失業対策を講じてくれればよいというわけにはゆかない。

周知のように，ウエーバーは1918年第1次大戦終了時点でロシア革命後の不安定な情勢を心配した兵士たちの要請に応じた講演で，資本主義が続いても社会主義になっても官僚支配が強化されることになるのであるから，両システムの間にあまり大きな違いはないという将来社会の認識を披露している。実際，第1次大戦後官僚制と国家独占資本主義は著しく発達し，強化されてきた。ウェーバーの流れをも組み入れているフランクフルト学派のホルクハイマーやアドルノは，第2次大戦中に彼らが亡命したアメリカの実情をつぶさに見聞して，官僚制政府および軍部（官僚）のメディア操作，大衆操作の結果として，アメリカも実質的には全体主義的社会になってしまっていると判断した。国民大衆がほぼ1つの意見に集約されてしまうような強力な世論形成の組織が発達し

ているからであり，また少数意見の自由な発表は，さまざまな社会的圧力を受けるのが実情であるからである。ケインズにこうした現代的な傾向に対する警戒心がどれほど希薄であったかは，彼が『一般理論』のドイツ語版への序論で，1936年に，自分の政策が一番うまく適用されるのはドイツの「全体主義国家」(totalitarian state) においてであるという，不注意な言葉を書いていることからも知られる。

かつて旧ソ連および東欧諸国で見られたように，前近代的で半封建的な社会を社会主義に反転・転化させても，相変らず前近代的で半封建的な社会主義ができただけだったのであるが，このような道理から言えば，官僚制的資本主義を社会主義に転嫁させても，官僚制的社会主義になるだけではなかろうか。前述のウェーバーの警告はこの点を鋭く突いている。

資本主義経済の現状において，国制的なディメンションでの官僚制と企業内の官僚制の発達は，避けることのできないことであろう。前者は，ケインズ以降経済学の常識になったように，資本主義の自動調節機能が働かなくなり，失業を始め，社会の安寧が危ぶまれるほどの貧富の格差が拡大したことによるだろう。民間の産業は，医療，教育，交通，公共事業等々，各分野ごとに監督官庁の許認可，その他の監督を受けている。民間産業においては，本書のマルクスの章で述べたように，利潤追求を目的にする企業の大規模化と，この目的のための労働者の等級制が編成されている。上級労働者の下級労働者に対する指示，命令，支配のヒエラルキーが組織され，このことは労働者の現代的な疎外現象の原因になっている。どちらのディメンションをとってみても，スミスが描いたような自己調整的な自由な企業活動は存在しなくなっており，またミルが熱心に希求したような労働者の市民的な自律の条件も損なわれている。こうした状況のままで，現行の資本主義が何か新しい体制に移行して，仮に企業の目的が，利潤追求から何か新しい別の目的（例えば国家のための生産増強という目的）に取って代ったとしても，上記の官僚制的等級制や上級労働者による下級労働者支配のヒエラルキーが，止揚される保障はない。したがって，資本主義か社会主義かという問題を越えて，社会的，企業内的な官僚制の改良は，不可

避的に必要なことであるに違いない．こうした状況を超えるために，NPOの活動や，草の根運動や各種の自治活動など様々な試みがなされているわけであるが，それはそれとして，以上に見た経済思想史はこの問題に対してどのような示唆を与えているであろうか．

　イギリス経済思想史はアダム・スミス以来，国家的，政治的官僚支配に対しては伝統的に批判を続けている．繰り返しになるけれども，スミスは封建制を批判した，すなわち封建時代の役人支配，役人の自由裁量を批判したのである．重商主義国家の干渉を，つまり（貴族によって代行された）国家官僚と産業との癒着を詳細に吟味し批判した．リカードウは当時の地主貴族的な議会と政府の経済への干渉がおおよそ不生産的で非効率的であるという強い不信感を持っていたように思われる．彼の自由主義，議会改革運動はとりもなおさず当時の官僚制に対する批判である．ミルは，市民の自立と自律とが大事だと信じていた．彼はすでに，自由放任ではいろいろな弊害が生じることを認識していたが，政府が家父長的感覚でその弊害を救済することに強く反対し，個人の自由が市民的自律を達成できるような制度造り（例えば土地の公有化とその個人への賃貸）などに政府機能を限定するよう，政府のやるべきこと，やってもいいこと，やるべきでないことについて詳細に検討した．被統治者が統治者を牽制すべきなのである．「政治的奴隷の状態を防止する唯一の安全保障は，ただ，被統治者の間に知性，能動性及び公共心が広まって，それが統治者たちを牽制するということよりほかにはないのである」（『経済学原理』第5編第11章）．また前述のとおり政治面での民主化要求と相俟って，特に協同組合論で，彼は，企業内の自由と民主主義の可能性を厳しく，且つまた詳細に検討した．マルクスは旧社会主義諸国政府によって政治的に利用されたために，全体主義思想家であるように言われることがあるが，彼は，イギリス近代思想史の研究に生涯を費やし，科学者として将来社会の詳細な見取り図を描くことを控えた人であるとはいえ，時折将来への希望を述べるような機会には，それを自由人の連合体とか，協同組合の協同組合（＝国家）と表現しているのであって，基本的にイギリス市民社会の伝統を引き継いでいると考えたい．マーシャルは個人の尊厳を大事なこ

ととして主張し，反面国有その他個人の自由を制限するような国家干渉に大変強い警戒心を表明している。マーシャルの章で述べたように，国民の教育水準の向上や「通信」（今日の言葉で言えばメディア）の自由を確保するなどして，人民が「統治者を統治し，特権の階級的な乱用を阻止する」という内容の主張を繰り返している。当時の急進的な社会主義に対する彼の反対は，今のままでの性急な移行によっては官僚制支配に帰着し労働者の自由と自立が見込めないという点にある。以上のようなイギリス思想史の自由の伝統は，今日なお重要な意義を持つことは明らかである。

　これに比べて，ケインズはイギリス人の気質からして個人的自由が束縛されることをイギリス人は決して許さないだろうという確信に，あたかも安住し安心しているかのようにも見える。反面ケインズ的な政策を遂行しようとすると，えてして官僚の英知が尊重され，官僚制が発達するであろうということに対する警戒心は，それほど強く明白には表明されていないように見える。実際，彼自身が極めて有能なエリート官僚でもあった。ケインズ以後の資本主義の発展は，ケインズの真意をゆがめていたのかもしれないが，実際上は官僚統制を経済の隅々まで行き渡らせている観がある。国家独占資本主義あるいは官僚制資本主義の観を呈している。

　こうした時代に，イギリス経済思想史はどのような意義を有するであろうか。もはや自由放任などといっても詮無いことである。むしろその意義は，市民の自律，市民的な自由の大事さを，資本主義か社会主義かという問題を越えて，思想史の全体を通して連綿として主張し続けているという点にあるのではなかろうか。すなわち官僚制資本主義の統制に対する，健全な市民的監視と牽制が，どのように大切であるかを示しているのではないだろうか。これは私たちにとってまことに大事な示唆であろう。官僚制資本主義を転倒させただけでは，官僚制社会主義の展望しか開けないだろうからである。

　反面，イギリス資本主義に批判的な目を向けて，企業内での資本支配のもとでの労働者の自由喪失・人間疎外が生じているとするドイツ人マルクスの糾弾を，イギリス経済学史は十分には斟酌しえなかった。とくにマルクス以後は，

その社会主義への警戒心から，労働価値説に反対して効用価値説を展開し，むしろ剰余価値追求から生ずる人間疎外から目をそらして来た。現在ではこの問題は，企業内官僚制のヒエラルキー組織のもとでの労働者相互の人間疎外という形に変貌している。この点に関しては，我々は，マルクスの剰余価値論に注目すべきであるだけでなく，さらにミルの企業内民主主義論にも十分な関心を向ける必要があるだろう。

あとがき

　私は従来，自分の書いた論文を読み返すことを滅多にしなかった。論文を作成するときには，いつも全力投球をしている。できるだけの苦心もしている。他人さまがどう見てくれるかはともかくとして，自分としてはともかく最善と思える苦心と労力をつぎ込んでいる。それだけに，一度手を離れた論文を読み返したいとは思わないことが多かったのである。苦労のほどを思い出したくないということもあったかもしれないし，読み返しをすると全部書きなおしたくなりそうだという恐れもあった。

　「まえがき」でも述べたように，今回，かつて発表したいくつかの論稿を，私の経済学史の講義の反省と回顧の意を込めて，1冊の書にまとめる機会を与えられた。当然ながら私はかつて発表した旧稿を初校，再校と，一再ならず読みかえすことになった。そのため期せずして，自己反省をする機会を与えられた。

　ところでたまたま，索引の作成をしている時，中大大学院でかつて一緒に勉強した髙橋聡君から，現代経済思想研究会で髙島善哉氏の市民社会論について報告してくれとの要請を受けた。私は，これは引き受けなくてはいけないと判断した。髙島先生は，学部から大学院生にかけてご指導いただいた私の恩師である。実は，私は自分の一連の旧稿を読み返しているうちに，私が論究しようとしてきた問題に，先生の影響が伏在していることを，改めて感じていたところだったのである。ちょうどそのような時に，髙橋君からの報告要請を受けたのである。

　私は，中央大学で経済学史の講義をしていた時にも，また1つ1つの論文

を作成していた時にも，先生の影響を自覚してはいない。自分の思い込みとしてはむしろ逆であった。自由に自分独自の考えを進めようと努めていた。だから各論文の個別の論題の取り上げ方，論旨展開の仕方は，確かに私のものになっているかと思う。索引を作成してみても先生への言及は2箇所しか見あたらない。

　しかしいくつもの論稿をまとめて読み直してみると，そこに先生の影響が伏在しているのを感じざるをえないのである。高島先生は，社会科学の論ずべき課題として「体制」と「階級」と「民族」，さらに「市民」の問題を強調しておられた。私が本書を「資本主義観の経済思想史」と題してまとめたのは，先生の言われた「体制」の問題にかかわっている。また，ブルジョア的なイギリス経済思想史を主として取り扱っているのに，どうしてもマルクスを1枚取り入れざるをえなかったのは，先生のいわゆる「階級」の問題があったからであろう。また，イギリス経済思想史の底に流れる一貫した底流として探り当てようとしたのは，アダム・スミス以来の「市民社会」の伝統である。資本の拘束に抵抗し，国家権力と官僚統制に対抗する市民的な伝統である。J. S. ミルの言葉をかりれば市民の自由と尊厳を求める努力であり，マーシャルの言葉を借りれば統治者を統治しようとする市民的な意気込みである。ただ，最先進資本主義国イギリスの経済思想史に最も欠けているのは，長年にわたる植民地支配の末に20世紀の帝国主義戦争，現代の民族抗争をひきおこした「民族」の問題である。この点については，スミスおよびその後の欧米正統派の経済理論そのものが「自由貿易帝国主義」の傾向をもつことを，批判的に指摘することになった。議論の内容には，時代のへだたりに応じた違いがあるが，問題関心そのものに先生の影響が多分に見受けられる。

　いったい我々が，他国の，主としてイギリスの思想史を問題にしなければならない理由はどこにあるのか。現代世界あるいは現代社会を考える上で，体制，階級，民族，市民という諸問題は，ややもするといささか大きすぎて抽象的であると受け止められるかもしれない。しかし現代的な諸問題の基盤を大づかみに見定めるためには，これらの諸問題は最も基本的・基礎的な問題であろうと，

あとがき

私は考えている。マスコミをにぎわしている千変万化の混乱した諸現象を，大きな，そして基本的な思考基準に乗っけて意味づけようとするには，経済思想史の大きな本流からそれを掴みだすのも有効であるだろう。そうすることによって私たちは，資本主義なるものが私たちにとってどのような歴史的な意味を持つかについて，経済思想史上の偉人たちの叡知を参考することができるからである。私は，先にあげた4点の問題視角からこれらの偉人たちの叡智の助けを借りて，私たちが現に住んでいる資本主義の大づかみな意味の解析を試みることは，大変大事なことと考えている。私としては，そうした思考方法があるということを，読者が汲み取ってくだされば誠に幸いである。

初出一覧

　本書に収めた初出論考は次のとおりである。本書収録に際して各章とも多少の加筆，修正を行った。

第1章　「ジェームズ・ステュアートの資本主義観——資本主義初期の原始蓄積論」，『中央大学経済学部創立100周年記念論文集』，中央大学出版部，2005年10月．

第2章　「アダム・スミスの資本主義観」，音無通宏編著『功利主義と社会改革の諸思想』，『中央大学経済研究所研究叢書43』，中央大学出版部，2007年3月．

第3章　「アダム・スミスの経験科学と神学の問題」，『経済学論纂』第37巻第1・2号合併号，中央大学出版部，1996年4月．

第4章　「スミスとミル——「自然的」という言葉をめぐって」，『経済学論纂』第40巻第3・4号合併号，中央大学出版部，2000年3月．

第5章　「アダム・スミスの『道徳感情論』とJ. S. ミルの『功利主義論』」，『経済学論纂』第39巻第3・4号合併号，中央大学出版部，1999年2月．

第6章　「J. S. ミルとマルクスの資本主義観」，『中央大学経済研究所研究叢書34』，中央大学出版部，2000年9月．

第7章　「マルクスの資本主義観」，『中央大学経済研究所年報』第38号，中央大学出版部，2007年10月．

第8章　「アルフレッド・マーシャルの資本主義観——経済思想史に見るその意味」，『経済学論纂』第45巻第3・4号合併号，中央大学出版部，2005年3月．

第9章　「G. E. ムーアの倫理学とJ. M. ケインズの資本主義観——社会・経済思想史上の関係を問う」，『経済学論纂』第49巻第1・2号合併号，中央大学出版部，2009年1月．

終　章　「総括——資本主義観の経済思想史」，新稿．

事項索引

人物順,学説順という本書の構成上の理由から,索引は人物別・時代順にまとめた。一般的事項はできるだけ少数に絞った。

一般的事項

ウェーバーの将来像＝官僚支配の強化 ……………………………………… 318
官僚制資本主義→官僚制社会主義 ………………………… 203, 319, 321
近代社会と資本主義 ………… 31, 32, 39
現在の経済体制 ……………………… 48
資本主義という言葉
  ……………… 32, 48-49, 250-251
資本主義の維持と社会主義的な要素の取り入れ ……………………………… 315
社会主義という言葉 ……………… 250
自由貿易の世界史的な意味 ……… 46
初期社会主義 ……… 153, 155, 181, 270
初期社会主義とイギリス経済思想史
  ……………………………… 290, 315
初期社会主義と空想的社会主義 …… 287
スミスからマーシャルまでの官僚制批判
  ……………………………… 203, 320-321
スミス的な古典的資本主義 ……… 318
政府・官僚による市場コントロール
  ……………………………………… 252
政治的官僚制と企業内官僚制の発達
  ……………………………………… 319
前近代的社会→前近代的社会主義
  ……………………………… 203, 319
先進資本主義国と旧社会主義国
  ……………………………… 252-253
ソ連（の企業内民主主義の欠如）
  ……………………………… 137, 285
ソ連型社会主義 ……………… 143, 149
体制移行の経済的基盤の漸次的形成（封建制→資本主義） ……………… 315
社会体制の呼び名と実態とのタイムラグ
  ……………………………………… 252
東欧型社会主義諸国 ……………… 201
貧困問題の思想史（ステュアートからケインズまで） …………… 314-315
  314-315, 316-317
封建末期の土地所有権の変質と現代資本主義の資本所有権の変質 ………… 297
法則 ……………………………… 292-293
法則性の科学（スミス→マルクス）
  ……………………………………… 164-165
法則性の科学（ミル→マーシャル→ケインズ） ……………………… 293-294
法則性のとらえ方の変遷（スミス→ミル→ダーウィン→マーシャル） ……… 165
法則の不変性・普遍性 …………… 165
呼び名と実態とのタイムラグ …… 252
労働者の現代的な疎外現象 ……… 319

ステュアート, J.

為政者のスキルフルな手腕 … 21, 27, 262
依存と従属の比例関係 … 6, 17, 253, 254
依存と従属の歴史 ………………… 255
貨幣循環の経済 …… 8, 25, 257-259, 261
貨幣支出と資本の投下 …………… 19
急激な革命 ……………………… 9, 10

原始蓄積論の体系	22-23
封建制＝恣意的権力	3, 4, 5
近代的自然法を否定	5, 24, 255
近代市場社会の形成史	255-256
交易と勤労の現代的制度	255, 257-258, 260, 261
小屋住み農の排除	12
雇用問題	4, 16
事実上の資本家	15
自由	5, 260
自由の最大の敵＝恣意的な権力	260
ジェントルマン	13-15
市場の震動	7
地主の奢侈，贅沢の奨励	259
資本賃金労働関係	17-19
消費税	23, 26
植民地と母国	18
スパルタ礼賛	7
スミス資本主義観との対比	11
政治形態の変転	10
体制の漸進的な進化	10
賃金労働者	12-13, 17
独立小商品生産者	12
女房たちの紡糸	14
日雇い労働者	12-15
封建貴族の地主への転身	8, 256
マニュファクチュアの表現	259
封建制から近代的市場社会への移行	4, 9, 255-256, 260
有効需要創出政策	259
緩やかな変革	9
余分な人間の purge	56, 256
利潤	16, 17
レヴォリューション（revolution）	254, 256, 257
流通論的な枠組み	20

スミス，A.

atone	56

イデア論	38, 263, 269
カラス事件	63, 65
完全性の観念→完全性への願望→神の観念	62
官僚制批判	268
現実の歴史の分析	262
基本権	34
希望の宗教	68
近代自然法学	36, 263
経済学のスタートボード	128
交換理論の基本原理	39
高賃金論	268
衡平	42, 268
古典的，規範的資本主義像	42, 252
古代哲学	36, 264
自然的	35, 36, 38, 39, 85, 267
自然的自由の体系	31, 46, 269
自然的＝理念的な理論	41, 42, 262
自然権	264
自然法的な理念	37
自然法と実定法	36, 264, 267
資本	39, 40
資本家と賃金労働者の関係	41
市民的道徳と宗教的教義	73
諸現象を結合する原理	265
種的本性または本質	265, 266
種的本質または（不変的）普遍的本質	266
種的本質と個物・現象・感覚の対象	266
宗教	67
宗教の有用性	68
私有財産権	34
自由貿易帝国主義論	43
自由貿易の原理	45, 46
贖罪論（atonement）	55-63
第1審→良心の裁判所→いっそう高い裁判所	66-67, 70, 72
同感の原理	54

同感と理性的な反省　（功利判断）
　　…………………………… 57-58, 102
同感論と経済論………………………… 264
同感論とヒュームの功利論 ………… 102
同感の心理機構と心の救済・慰めの3段
　階 ………………………………………72
道徳的観念と神の諸規則 ………………69
徳性→完全な徳性→神の観念 ……60-62,
心の慰め（同感→良心→宗教による）
　　………………………………… 64-65, 71
半神 …………………………………67, 70
比較生産費論的な国際分業論 …………45
見えない鎖 …………………… 265, 266
見えない手 ……………………… 54, 265
罪の意識 ………………………… 60, 62
理念的な資本主義観 ……………………42

マルサス, T. R.

ゴドウイン批判 ………………………… 270
自然法則 ………………………………… 271
収穫逓減の法則 ………………………… 271
試練を与える神 ………………………… 271
私有財産制度の変革は不要・不毛 … 271
人口法則 ………………………………… 271
貧困化 …………………………………… 271

リカードウ, D.

経済成長論 ……………………………… 274
議会改革運動（＝官僚制批判）…… 275
功利主義 ………………………………… 274
事物の自然的コース（＝法則）…… 292
資本主義の永続観 ……………………… 275
自由貿易政策 …………………………… 272
人口法則 ………………………………… 274
生産手段と資本との同一視 ………… 273
収穫逓減の法則 ………………………… 272
賃金・利潤相反関係 …………………… 273
投下労働価値理論 ……………………… 273

オウエン, R.

共産主義的な共同村 …………………… 276
初期社会主義者 ………………………… 275
私有財産制度（資本主義）の改善の提案
　　………………………………… 275-278
初期社会主義の経済思想史に与えた影響
　　………………………………… 277-278
人道主義 ………………………………… 275
道義的な資本主義批判 ………………… 277
貧富の格差の原因＝私有財産制と私的競
　争制 …………………………………… 275
理想主義の個別実験 ………… 276-277
労働者の境遇改善の諸方策 ………… 277

ミル, J. S.

株式会社 ………………………… 136, 283
神の概念 …………………………………88
企業内民主主義 ……… 137, 144, 285, 322
希望の宗教 ………………………………81
教育と自己陶冶 ………………… 92, 119
協同組合 ………………………………… 285
共同労働→協議分配→個人的所有 … 286
究極目的の証明 ………………………… 106
個人（資本家）企業 ……… 136, 282-283
功利主義的目的論 ……………………… 105
市場社会＝社会発展の初期段階 ………97
自然も社会も可変的 ………… 97-98, 280
自然的 ………………………… 87, 99, 134
自然的＝人為的選択＝当為 …… 90, 134
同感感情を功利主義の基礎に ……… 120
自然法則 …………………………………88
自然法批判 ………………………… 87, 90
社会主義＝時期尚早 …………………… 281
社会的功利の適用は難しい ………… 111
社会的同感 ……………… 114, 118, 138
社会的感情・道徳水準向上の可能性
　　………………………………… 137, 138
私有財産制の人為的改造 ……… 98, 279

329

私有財産制か共同所有制かの2者択1
　はない………………………………99
収穫逓減の法則………………………133
宗教の有用性…………………………81
少数意見の尊重………………………122
初期社会主義の影響……………280, 285
所有と経営の分離………136, 284, 285
実定法から自然法へ…………………93
人為的＝自然法則の選択・利用
　………………………89, 131-132, 133, 281
人為的分配制度と生産力……………134
人口法則（その克服）
　………………………………129, 133-134, 280
スミスの同感論とミルの同感論
　………………………………………112-113,
代議制の必要性……………107, 111, 118
対立的な社会組織における同感論の行き
　詰まり……………………………117-118
Desire は desirable の証明 ………… 106
土地と生産手段の分配………………130
当為（＝第2の自然）…………… 89, 94
独立小商品生産者……………………282
貧困は諸悪の根源……………………96
分配＝人為的制度……………………131
文明諸国の前進的な経済的運動……135
ベンサム・同感と反感の原理…101-103
封建制から資本制への歴史的変動
　………………………………………172-173
本能と感情を尊重する理性…………95
本来の（第1の）自然と第2の自然
　………………………………………93, 94
ミックスト・エコノミー……99, 141, 286
歴史理論＝各地の多様性……………91
労働者自身の協同組合………………137
労働者の自尊心の喪失………………136
労働の疎外，道徳的退廃……………283
労働者への利潤分配の可能性…137, 284
労働費と利潤の対立関係……………136
良心（と世論）………………115, 122-123

世論と当為………………………96, 122

マルクス，K.

アジア的，古代的，封建的，近代ブルジョア的 ………………………………166-169
株式会社と協同組合…138-142, 294-296
機械化……………………………157, 291
経営と所有の分離………………171, 295
『経済学批判』の「序言」…………166
経済学批判体系の計画………………162
企業内官僚制……171, 296（ウェーバー）
企業内民主主義…………………149, 296
工場法（マルクスとマーシャル）
　………………………………………290-291
古典派経済学の批判…………………156
共産主義（＝自由で平等な生産者からなる諸協同組合の共同計画）…………140
協同組合運動＝偉大な実験…………141
協同組合運動の限界…………………141
近代経済学と労働分配率……………161
国際貿易の国内経済への影響………161
国家の経済への関与…………………162
近代経済学の費用＝価格の観念……161
ザスーリッチ宛ての手紙…149, 162, 177
三位一体の定式……………………159, 162
自然法則の必然性…………136, 164, 292
私的所有としての資本の止揚………138
私的で統一的な資本所有権…………171
史的唯物論………163, 164-174, 292-294
資本→利子，労働→賃金，土地→地代
　………………………………………159
資本の有機的構成……………………159
資本主義生産様式の本質……………155
資本主義の最後の鐘…………………158
資本と労働の対立の止揚……………139
社会的企業………………138, 170, 295
社会的資本………………138, 170, 295
社会主義への通過点…………………139
社会変化のモーメントの摘出…293-294

| 事項索引

商業資本の利潤……………………… 161
商業労働者の賃金…………………… 161
商品交換の原理……………………… 155
剰余価値（論）
　　153-158, 159, 161, 288-289, 321-322
剰余価値論と労働者の自由喪失，自己疎
　外…………………………… 289, 322
剰余価値の利潤への転化…………… 160
剰余価値の費用への転化…………… 161
剰余価値関係と三位一体論的な意識
　…………………………………… 162
将来社会の見通し…………………… 293
初期社会主義批判…………………… 154
人口論（マルサスとマルクス）‥291-292
処分権，使用権，収益権…………… 171
生産価格論………………………158-164
生産手段の社会的所有……………… 139
生産手段の共同占有を基礎とする個人的
　所有……………………… 142-143, 286
生産者と生産手段の結合（スミス→ミル
　→マルクス）……………………… 146
生産・分配峻別論批判…………129-130
賃金労働者とブルジョア階級との対立関
　係…………………………………… 157
転化の論理………………………160-161
平均利潤率低下の法則……………… 170
貧困（失業）を生み出す資本主義のメカ
　ニズム……………………………… 158
封建末期の土地所有権の変質と現代資本
　主義の資本所有権の変質………… 297
本源的所有………………………144-145
マルサスの『人口論』批判………… 158
目的論的歴史観……………………… 166
利潤率の均等化……………………… 159
労働者階級の窮乏化…………… 187, 292
労働者の間の等級制の発展…… 296, 319

マーシャル, A.

イギリスの市民的な伝統……… 194, 196

イギリスにおける官僚制批判の伝統
　……………………………… 198-199, 308
改良主義……………… 185, 188, 201, 300
下層労働者の生活改善の問題……… 305
官僚制的社会主義に反対…………… 193
官僚制への反対根拠（スミス→ミル→マ
　ーシャル）………………………… 194
官僚制（政治的および企業内の）に反対
　…………………………………… 304
官僚制の民主主義的な監視………… 198
騎士道精神……………………… 185, 300
騎士道に基づく真の社会主義
　………………………… 186, 195, 300, 305
教育制度の民主化…………… 194-195, 305
航海条例を弁護（スミス→ミル→マーシ
　ャル）………………………… 189, 302
高賃金論（スミス→マーシャル）…… 306
史的唯物論に反対……………… 183, 298
国家社会主義に反対………………… 193
国家の役割の規定（スミス→マーシャル
　→ケインズ）………………… 306-307
社会主義（＝改良主義）
　……… 186, 187, 188, 201, 300, 301-302
社会主義の官僚制化の危機………… 304
将来予測の蓋然性（→ケインズ）
　……………………………… 191, 303
剰余………………………………… 182
剰余価値理論への反対……………… 298
スペンサーの社会主義反対論に類似
　…………………………………… 304
性急な社会主義者たち………… 185, 299
ダーウィンの進化論………………… 189
統治者を統治する…………………… 199
法則→ある条件の下でのノーマルな傾向
　性…………………………… 188-189
法則の不変性，普遍性批判………… 189
法則の歴史的な限定性（ミル→マーシャ
　ル）………………………………… 190
マルクス批判………………………… 183

331

民主的な官僚制監視……………… 307
歴史は飛躍せず………………………… 191
歴史学派の影響………………… 190, 302
レッセ．フェールに対立
　……………… 186-188, 300-301, 305
労働者の生活水準の向上 … 185-186, 301
労働時間の短縮，工場法，高賃金
　……………………………… 194, 196
労働者を紳士にする……………… 197

ムーア, G. E.

アダム・スミス以来の楽観的な資本主義
　観の終焉……………………………… 218
イギリスにおけるドイツ観念論……… 209
一般的（general）と普遍的（universal）
　との違い……………………… 232-233
オックスフォード・アイデアリズム
　……………………………………… 209
カントの道徳律は社会的善を結果すると
　は限らない…………………… 217-218
期待と結果との隔たり…………………… 214
行為理論………………………………… 214
個人の行為とその社会的結果の関係は蓋
　然的…………………………………… 218
功利主義とドイツ観念論の両面批判
　……………………………………… 215
功利主義の論理構成……………………… 215
自然権や自然法を確率論の観点から否定
　……………………………………… 223
人権という極度に個人主義的な理論を否
　定＝ラッセル…………………………… 245
善そのものは定義不可能……………… 218
善は快を含むが逆命題は成立しない
　……………………………………… 216
古典的，啓蒙的，調和的楽観論への批判
　……………………………………… 211
ドイツ観念論に対する批判…… 210, 212
ヘドニズム（快楽主義）への反発…… 209
未来予測の蓋然性論……………… 222

ムーア社会観の諸命題……………… 217
ムーア行為理論の保守主義……… 223-224
目的論的歴史観・社会主義必然論・未来
　予測の確実性に反対………… 211, 212
有機的複合体論＝ヘーゲル的有機的統一
　体論批判……………………… 230-231
有機的複合体論と部分改良の可能性
　……………………………… 230-231
『倫理学原理』（1903）の思想史上の意
　義……………………………………… 208

ケインズ, J. M.

イギリス的な部分改良主義の伝統
　…………………………………… 232, 240
一般的（general）と普遍的（universal）
　の違い………………… 232-233, 235
『一般理論』の言う general の意味…… 235
『確率論』と不確実性の経済認識
　……………………………… 311-312
『確率論』における合理的信念……… 228
『確率論』における頻度論の批判……… 238
『確率論』におけるミル的帰納法批判
　……………………………………… 238
官僚制的経済統制の発達……………… 312
官僚制について…………………………… 241
均衡理論批判＝ムーアの近代思想批判を
　転轍機とする…………………………… 220
均衡理論の基礎としての功利主義を批判
　……………………………………… 221
ケインズの保守主義……………… 229-231
個人と国家の中間組織……… 200, 314, 317
個人的自由主義の首尾一貫した論理体系
　を放棄………………………………… 310
古典派経済学の公準＝前提を批判…… 219
雇用理論と新しい事実＝前提……… 228
『自由放任の終焉』……………… 200, 312
自由放任は社会主義への近道……… 230
状況主義，未来の予測の蓋然性……… 238
証券市場の発達…………………………… 309

| 事項索引

前提からの推論手法には伝統的理論を活用 ··· 229
前提事項に依存する理論の妥当性の限定 ··· 241-242
体系（構築）嫌い ················· 238, 239
体系構築の栄誉はスミスだけに ··· 239-240
短期理論と短期予測 ············· 234-235
短期的，部分的な政策理論 ········· 241
ヒュームの問題のカント学派的解決に批判的 ·································· 212-213
プロバビリティー（probability）という言葉 ·· 244
法則的資本主義発展観の終焉 ··········· 311
マーシャルの短期の条件と『一般理論』の短期の与件 ························· 235

マーシャルの体系化志向を批判 ········ 239
ムーアとの違いの背景 ···················· 226
ムーアの行為理論における確率の扱い方を批判 ·································· 213
ムーアの未来予測の頻度論的要素を批判 ·· 224-225
ムーアの有機的複合体論とケインズの部分改良論 ··························· 230-232
楽観的な資本主義観は事実に反する ·· 220
リカードウ以来の長期均衡論を批判 ·· 219-220
理論の普遍妥当性を排除 ················ 237
「若き日の信条」における道徳と宗教 ·· 226-227

人名索引

あ

アシュレー, W. J. ················ 91, 236, 246
アドラツキー, V. V. ······························ 151
アドルノ, T. W. ·································· 318
アリストテレス ······························· 10, 24
有江大介 ··· 100

い

イグナチェフ, M. ································ 49
飯田 鼎 ·· 51
飯塚正朝 ·· 29
石倉雅男 ·· 170
石田教子 ····································· 204, 242
泉谷周三郎 ·· 243
井原吉之助 ·· 124

う

ヴァイナー, J. ······································ 79
ウィトゲンシュタイン, L. ················ 208
ウィンスロー, T. ································ 246
ウィンチ, D. ································· 49, 82
ウエーバー, M. ·········· 49, 163, 296, 318
ヴェブレン, T. B.
················· 99, 189, 174, 179, 204
ウォルハイム, R. ······························· 100
ウッド, A. ··· 246
ウレーナ, E. M. ··································· 179
上野 格 ··· 176

え

エッジワース ······························ 219, 221

エンゲルス, F.
······ 100, 143, 147, 148, 166, 175, 177,
179, 180, 211, 255, 287, 292-294

お

オウエン, R.
······· 137, 181, 199, 275, 276, 277, 285
大内兵衛 ·· 147
大島幸治 ·· 82
大田一廣 ·· 176
大野忠雄 ····································· 243, 246
大村泉 ·· 180
小川浩一郎 ································· 143, 148
小沼宗一 ·· 244

か

カーマイケル, G. ································ 55
カウツキー, K. ································ 158
カニンガム, W. ···················· 189, 204, 237
カラベリ, A. M. ································· 246
カント, I.
··· 50, 82, 210, 211, 212, 217, 218, 293
柏 經學 ·· 81
門脇 覚 ······································ 204, 246
河合秀和 ·· 179
川島武宜 ·· 279

き

ギャラハー, J. A. ································ 46
キャンベル, R. H. ······················· 48, 124
ギルボー, C. W. ···························· 203, 204
北原 敦 ··· 205

334

| 人名索引

北原 勇 ································ 165, 178

く

クート, G. M. ·························· 204
クラッパム, J. H. ····················· 237
グリーン, T. H. ················ 125, 209
クリスプ, R. ·························· 124
グロス, T. H. ························ 125
グロチウス, H. ················· 34, 263
久保芳和 ································ 82
熊谷次郎 ······························ 147

け

ケイムズ（Henry Home）······· 55, 75
ケインズ, J. M.
　··· 10, 24, 33, 106, 165, 166, 184, 192,
　200, 204, 207-247, 251, 252, 253,
　261, 269, 271, 291, 294, 303, 307,
　308-322
ケインズ, J. N. ······················· 192
ケネー, F. ····················· 33, 37, 249

こ

コール, G. D. H. ·············· 193, 304
ゴドウィン, W. ················ 270, 278
コント, A. ······························ 97
小泉 仰 ·························· 81, 100
小林 昇 ······················ 28, 46, 51
近藤加代子 ···························· 49

さ

ザスーリッチ, V. I. ················· 177
サン・シモン, C. H. ················· 97
酒井 進 ························· 14, 29
坂本百大 ······························ 243
佐藤金三郎 ···························· 180
佐藤隆三 ······························ 243

し

ジェヴォンズ, W. S. ················· 221
シジウィク, H. ··············· 209, 210
シュンペーター, J. A.
　························ 164, 166, 167, 187
シルプ, P. A. ··············· 243, 244, 245
塩野谷祐一 ···························· 245
重田澄男 ······················· 49, 251
朱牟田夏雄 ················· 99, 100, 149

す

スキデルスキー, R. ················· 245
スキナー, A. S. ················ 29, 48, 124
スコルプスキー, J. ············ 100, 124
スタイン, P. G. ··················· 48, 124
スティリンガー, J. ···················· 99
ステュアート, D. ···················· 81, 82
ステュアート, J.
　···1-30, 33, 38, 40, 41, 49, 53, 162,
　236, 249, 250, 253-262, 268, 292,
　310, 314, 315
スペンサー, H. ··············· 194, 201, 304
スミス, A.
　···1, 10, 11, 16, 19, 20, 24, 27, 31-51,
　53-125, 127, 128, 138, 143, 153,
　156, 157, 162, 164-166, 169, 172,
　178, 181, 182, 186, 189, 194, 195-
　199, 202, 236, 239, 240, 241, 249-
　252, 255, 258, 262-270, 272, 276,
　277, 280-283, 286, 288, 290, 292,
　296, 297, 302-308, 310, 311, 314-
　316, 318-320
スミス, C. ···························· 167, 178
末永茂喜 ······················ 100, 147, 178
杉原四郎 ······························ 81, 147
杉山忠平 ································ 50
鈴木健夫 ······························ 205

335

せ

セイ, J. B. 128, 220

そ

ソクラテス 267

た

ダーウィン, C. R.
　　............ 86, 98, 165, 174, 189, 293, 298
ダウド, D. 167, 178
高島善哉 99, 267
高橋洋児 176
竹本 洋 28, 50
田添京二 29
只腰親和 50, 81, 263
立川 潔 242
田中正司 49, 55, 82
田中敏弘 28
田中秀夫 50
谷川 稔 205

ち

チュルゴー, A. R. J. 249

つ

鶴田満彦 178

て

デイヴィス, J. B. 246
テイラー, H. 86, 100, 147
ティルマン, R. 204
テンプル, W. 15
手島正毅 149, 178
寺中平治 243

と

ドナー, W. 124
ドライヤー, D. D. 124

な

東畑精一 178
永井義雄 49
永沢越郎 179, 203, 204
中山伊知郎 178

に

ニュートン, I. 36, 97, 164, 292
新村 聡 49, 80, 267
西沢 保 204

の

野田又男 243

は

ハーシェル, F. W. 98
ハート, L. A. 123
ハーマー, F. 241
バーリ, A. A. 171, 284, 295
バーンズ, J. H. 123
ハイエク, F. A. 122
ハイルブロナー, R. L. 49
パスカル, R. 10, 29
ハチソン, F. 54, 55, 75
ハンセン, F. R. 177
橋本比登志 82
長谷部文雄 151, 176
八田幸二 244, 245
服部文男 180

ひ

ピグー, A. C. 179, 200, 204, 205, 219
ヒューム, D.
　.. 10, 56, 57, 74, 80, 82, 95, 101-103,
　　111, 125, 209, 212

ふ

ファーガソン, A. 7, 10, 11

フィーバー, G. ……………………… 123
プーフェンドルフ, S. …………… 34, 49
フーリエ, F. M. C. ……………………276
ブラックストン, W. ………………… 103
ブラッドリー, F. H. ………………… 210
プラトン ……………… 24, 30, 38, 266, 267
ブレナー, R. ………………………… 170
深谷昭三 ………………………………243
福鎌忠恕 …………………………… 81, 82
藤沢令夫 ……………………………… 30
古谷 隆 ……………………………… 245

へ

ベヴァリッジ, W. H. ………………… 316
ヘーゲル, G. W. F.
　… 164, 168, 209, 210, 211, 212, 230, 232, 310
ペティー, W. ………………………… 29
ベルンシュタイン, E. ……………… 158
ペレルマン, M. …………………… 23, 30
ベンサム, J.
　… 101, 102, 103, 107, 108, 114, 115, 123, 124, 198, 199, 209, 211, 221, 275

ほ

ボールドウィン, T. ………………… 244
ホッブズ, T. ………………………54, 55
ホブソン, J. A. ……………………… 220
ポラニー, M. …………………… 252, 259
ホルクハイマー, M. ………………… 318
ホント, I. …………………………… 49
星野彰男 ………………………80, 176, 263
星野 勉 ……………………………… 243
細川嘉六 …………………………… 147
本間要一郎 ………………………… 178

ま

マーシャル, A

　… 33, 165, 166, 179, 180, 181-205, 207, 210, 220, 226, 232, 234, 236, 237, 239, 241, 261, 278, 279, 282-284, 288, 291, 293, 298-308, 310, 312-316, 320
マクタガート, J. E. ……………… 209, 210
マクフィー, A. L. ……………… 48, 79, 123
マルクス, K.
　… 10, 16, 17, 20, 23-27, 33, 41, 49, 79, 127-180, 181-183, 186-189, 191, 197, 202, 211, 236, 251, 255, 269, 271, 274, 277, 283, 286, 287-298, 300-303, 308, 311, 315, 320, 322
マルサス, T. R.
　… 77, 96, 117, 129, 158, 261, 270, 272, 274, 275, 278, 280, 291, 316
前田俊文 ……………………………… 49
松石勝彦 …………………………… 29, 30

み

ミーク, R. L. ……… 48, 82, 124, 178, 179
ミーンズ, G. C. ……………… 171, 284, 295
ミズハラ, S. …………………… 243, 246
ミラー, A. ………………………… 100
ミラー, J. ………………………… 81
ミル, J. …………………… 125, 128, 199, 275
ミル, J. S.
　… 33, 43, 50, 74, 81, 85-149, 159, 162, 170-172, 178, 179, 181, 182, 184-186, 190, 192, 194, 198, 199, 201, 202, 221, 232, 236, 238, 239, 241, 263, 270, 271, 278-287, 289, 293-295, 297, 299, 300, 302, 303, 308, 314-316, 320, 322
水田健 ……………………………… 176
水田洋
　… 29, 48, 50, 80-82, 123, 124, 125, 178

337

宮崎儀一 245
宮崎犀一 46, 51, 176
宮下治子 243

む

ムーア, G. E. 124, 207-247
村岡健次 205
村田陽一 148

も

モグリッジ, D. E. 226, 245
望月清司 147, 179

や

八幡清文 28
山崎怜 49
山下重一 81, 123

ら

ラッサール, F.
　130, 137, 147, 158, 172, 186, 300
ラッセル, B.
　179, 208, 209, 211, 212, 239, 243-245
ラファエル, D. D.
　48, 56, 79, 80, 123, 124

り

リカードウ, D.
　33, 153, 156, 157, 162, 164, 181, 182, 187, 189, 190, 198, 199, 219, 220, 236, 263, 270, 272-275, 277, 278, 280-283, 288, 292, 304, 308, 311, 314, 318, 320
リスト, F. 46, 51
リンネ, C. 97

る

ルソー, J. J. 87, 92
ルンデ, J. 243, 246

れ

レイノー, D. 29
レーニン, V. I.
　143, 148, 151-153, 158, 160, 163, 166, 177, 180

ろ

ローゼン, F. 123, 125
ロック, J. 55
ロビンソン, R. E. 46
ロブソン, J. M. 99, 124

わ

ワーノック, G. W. 208, 243, 244
和田重司（拙稿）
　29, 148, 176, 177, 246
渡辺邦博 29
渡辺雅男 170

著者紹介

和田 重司（わだ しげし）

1933年	熊本県天草島生まれ
1956年	一橋大学経済学部卒業
1961年	一橋大学大学院経済学研究科博士課程退学
1963年	大阪経済大学経済学部講師・経済学史担当
1970年	中央大学経済学部助教授・経済学史担当
2004年	中央大学名誉教授・経済学博士

著 書　『スミス国富論入門』（編著，有斐閣，1977年）
　　　　『アダム・スミスの政治経済学』（ミネルバ書房，1978年）
　　　　『経済学史講義』（編著，新評論，1985年）
　　　　『市場社会——思想史に見る』（共著，リブロポート，1992年）
　　　　『経済学の知のあり方を問う』（編著，新評論，1997年）

論 文　「私的所有の社会的構造と国家」（『現代国家理論と現実』，中央大学社会科学研究所編，1993年）
　　　　「スミスの同感理論とホルクハイマーの啓蒙批判」（『体制擁護と変革の思想』，池庄司敬信編，中央大学出版部，2001年）
　　　　「ハーバーマスのマルクス理解について」，（中央大学『経済学論纂』，2001年）
　　　　「J. ステュアートと A. スミスの自由市場論」，（中央大学『経済学論纂』，2003年）

資本主義観の経済思想史

2010年8月30日　初版第1刷発行

著　者　　和 田 重 司
発行者　　玉 造 竹 彦

郵便番号　192-0393
東京都八王子市東中野742-1

発行所　中央大学出版部

電話 042（674）2351　FAX 042（674）2354
http://www2.chuo-u.ac.jp/up/

Ⓒ 2010 Shigeshi Wada　　　　　　　　印刷　藤原印刷
ISBN 978-4-8057-2176-6